Gault&Millau

GENUSSGUIDE DEUTSCHLAND

DIE BESTEN ADRESSEN

BADEN-WÜRTTEMBERG

186 Weingüter, 198 Restaurants und Gaststätten, 120 Hotels und 121 Genussadressen, von den Gault&Millau-Experten entdeckt, getestet und bewertet.

Liebe Leserinnen,
liebe Leser,

Anfang 2022 hat der Verlag Henris Edition die Lizenz für Gault&Millau in Deutschland sowie Italien übernommen und dabei vieles beibehalten, was in den letzten zwei Jahren entwickelt wurde. Dazu gehören der genaue Blick in die Regionen und die „Vermessung" des guten Geschmacks bis in die einzelnen Ortschaften hinein. Dabei gilt es, Qualitäten der Region in Form von Restaurantbewertungen und Tipps gesammelt wiederzugeben, die vielen bemerkenswerten Winzer darzustellen, Hotels nicht nur aufzulisten, sondern bewusst auszuwählen, und Einkaufsmöglichkeiten zu nennen, die das Besondere der Region erlebbar macht. Die Facetten eines Landes sind nicht allein des Weins wegen berauschend.

Wir freuen uns, dass wir Ihnen mit **„Baden & Württemberg"** den **ersten deutschen Genussguide** präsentieren dürfen. Danke an das Land und vor allem die Tourismus-Verantwortlichen um Andreas Braun für die großartige Unterstützung. Mein Dank gilt auch dem intern und extern besetzten Expertenteam unter Federführung von Otto Geisel und organisatorischer Umsicht von Hannah Fink-Eder. Wir haben hiermit eine neue Reiseführer-Generation geschaffen, die bald um andere Regionen und Länder erweitert wird. Den vordersten Startplatz nimmt nun mit diesem Genussguide das Land Baden-Württemberg ein!

Ihr

Hans Fink
Founder Henris Edition
(Gault&Millau Verlag)

BADEN-WÜRTTEMBERG

Liebe Leserinnen, liebe Leser,

Kein Anspruch, vielmehr Realität: Baden-Württemberg ist unter den deutschen Bundesländern das Genießerland Nr. 1. Das betrifft nicht nur die vielfach ausgezeichneten Gourmet-Adressen, sondern auch die regionale Genusskultur. Im Süden lebt der Landgasthof noch – hier in guter Tradition, dort modern interpretiert. Eine eher kleinräumige Landwirtschaft und viele authentische regionale Produkte sind das Fundament für kulinarische Erlebnisse. Darunter finden sich geschützte Originale wie Schwäbische Spätzle, Fränkischer Grünkern, Höri-Bülle vom Westlichen Bodensee, Schwarzwaldforelle oder Maultasche.

Nicht zu vergessen den Wein, der den Anbaugebieten Baden-Württemberg auch sein touristisch attraktives Gesicht verleiht. Dieser Guide leitet zum Genuss an, er verleitet zum Genießen. **Er gibt Urlaubstipps und Empfehlungen, macht bekannt mit den so unterschiedlichen Regionen wie Schwarzwald, Bodensee oder Schwäbischer Alb** und stellt einige Protagonisten der Genusskultur vor. Nur eines schafft er sicherlich nicht: dass er alle guten Erzeuger, Veredler und Gastgeber erfasst. Denn zum Glück – für Gäste wie Einheimische – ist im Genießerland Baden-Württemberg viel Dynamik zu erleben.

Viel Vergnügen auf Ihrer Genussreise
durch Baden-Württemberg!

Andreas Braun
Geschäftsführer
TMBW

Der Perfekte Begleiter

Ganz nach Vorliebe oder Weinauswahl

… können Ihre Gäste das Teinacher
Mineralwasser in einer von drei beliebten
Sorten genießen. Vom spritzigen
Teinacher Gourmet Classic über
das fein perlende Vergnügen
des Teinacher Gourmet Medium
bis hin zum Teinacher Gourmet
Naturell für stille Genießer.

Mineralbrunnen Teinach GmbH • Badstraße 41 • 75385 Bad Teinach • www.teinacher.de

Liebe Leserinnen, liebe Leser,

Guter Geschmack ist weder beim Kochen noch beim Wein mit dem Metermaß messbar, mit der Briefwaage zu wiegen oder mit der Stoppuhr festzuhalten. Wie in der Musik oder bei den bildenden Künsten sind diese Wahrnehmungen höchst individuell geprägt. Kurz: Für Geschmack gibt es keine Mathematik!

Insofern feiern wir mit diesem Buch die faszinierende kulinarische Vielfalt, die sich hier im Südwesten allergrößter Vitalität erfreut. Wo sonst reicht das Spektrum von Spitzenrestaurants, die zu den allerbesten der Welt gehören, bis hin zu auf lokale Genüsse spezialisierte Adressen, die sowohl als Metzgerei, als Bäckerei, als Besenwirtschaft oder auch als gemütliche Einkehr in einer eigenen Liga spielen?

Explizit beim Wein ist diese enorme Vielfalt in den vielen Anbaugebieten in Baden und Württemberg in einer Fülle vorhanden, wie man sie ihresgleichen weltweit kaum mehr findet. **Verglichen damit sind die berühmten Weinbaugebiete Burgund wie Bordeaux, die Champagne wie die Loire, das Piemont wie die Toskana bei Weitem nicht so facettenreich aufgestellt.** Wir wünschen Ihnen mit diesem Buch – gleichsam ein Wegweiser hin zu den besten Adressen – ebenso viel Vergnügen, wie es das Gault&Millau-Team bei den Recherche-Besuchen zwischen Tauber und Bodensee erleben durfte.

BADEN-WÜRTTEMBERG

Sehr herzlich, Ihr

Otto Geisel
Leiter des Expertenrats

Inhalt

BADEN-WÜRTTEMBERG

BADEN-WÜRTTEMBERG

Legende

ICONS

Inhaberin / Inhaber

Betriebsleiterin / Betriebsleiter

Kellermeisterin / Kellermeister

Gastgeberin / Gastgeber

Chefköchin / Chefkoch

Sommelière / Sommelier

Geschlossen

Reservierung nötig oder empfohlen

Barrierefrei, für Behinderte besonders geeignet

Parkplatz

Keine Kreditkarten

Terrasse / Garten

Raucherlounge

Hunde nicht geduldet

Übernachtungsmöglichkeit

Regionale Küche

Besonders schönes / historisches Ambiente

Eigener Gemüsegarten

Wellness & Spa

Pool / Seezugang

Aufladestation für Elektro-Autos

Schloss- & Burghotel

Gute Bar / Barkeeper

Keine Kinder

Familienfreundlich

Golfanlage

Bemerkenswerte Weinkarte

Bemerkenswertes Restaurant

Außergewöhnlich guter Service

KLASSIFIZIERUNG

WEINGÜTER

🍇🍇🍇🍇🍇 🍇🍇🍇🍇🍇	einzigartig
🍇🍇🍇🍇 🍇🍇🍇🍇	deutsche Spitze
🍇🍇🍇 🍇🍇🍇	beeindruckend
🍇🍇 🍇🍇	sehr empfehlenswert
🍇 🍇	empfehlenswert

GASTRONOMIE

🍴🍴🍴🍴 🍴🍴🍴🍴	Höchstnote für die weltbesten Restaurants
🍴🍴🍴 🍴🍴🍴	Prägende Küche, führend in Kreativität, Qualität und Zubereitung
🍴🍴 🍴🍴	Höchste Kreativität und Qualität, bestmögliche Zubereitung
🍴 🍴	Hoher Grad an Kochkunst, Kreativität und Qualität
🍴 🍴	sehr empfehlenswert
Gault Millau	Von Gault&Millau Ausgezeichnete Empfehlung
🍽	Empfehlung
🦁	„Schmeck den Süden"- Empfehlung

HOTELS

★★★★★	De Luxe
★★★★	First Class
★★★	Komfort
★★	Standard
★	Tourist
★s	Den Zusatz „Superior (s)" erhalten Spitzenbetriebe innerhalb der einzelnen Kategorien.
WEIN SÜDEN HOTEL	Vertrauensvoller regionaler Genuss

EINKAUFEN

WEIN SÜDEN VINOTHEK	Vertrauensvoller regionaler Genuss

Rotes Symbol herausragend in seiner Kategorie.

Unsere Grundsätze

Gault&Millau ist für die Entdeckung des perfekten Genusses an Ihrer Seite. Ob wir Sie in die Welt der Gastronomie einladen, schon mal vorgegessen haben und danach den Tisch organisieren oder ob wir die Zimmer im Hotel schon mal geprüft haben – es verhält sich mindestens so wie mit dem Wein, den wir für Sie schon probiert haben und von dem wir wissen, dass er gefällt. Auch der Weg zum richtigen Laden, der wunderbares Handwerk anbietet, ist nicht weit. Wir haben dort schon eingekauft und probiert – das ist unsere Natur, dem sind wir verpflichtet: **Ihrem Genuss.**

Wie gehen wir vor

Bei den Weinen: **Die Gault&Millau-Weinverkostungen** erfolgen blind in mehreren Panels. Die Weine werden in vergleichbaren Klassen (Rebsorten, Qualitätsstufen, Ausbauarten und Jahrgängen) eingeordnet. Die Panels setzen sich aus professionellen Verkosterinnen und Verkostern des Gault&Millau-Teams, international erfahrenen Gästen und der lokalen Weinszene zusammen, um vor allem den regionalen Spezialitäten ein besonderes Augenmerk zu verleihen.

Bei den Restaurants: **Die Gault&Millau-Restaurant-Testerinnen und -Tester** kommen anonym als zahlende Gäste und verfügen über jahrelange Erfahrung in der gehobenen Gastronomie. Aufgrund ihres Wissens und Urteilsvermögens können sie die Leistung der Küchen und der Restaurants im internationalen Vergleichsmaßstab fair beurteilen. Dabei wird auf Natürlichkeit, Tierwohl, Eigenständigkeit, Bekömmlichkeit und den Verzicht

auf künstliche Aromen ein besonderes Augenmerk gelegt. Zu den **Gault&Millau-Empfehlungen** gesellen sich einige Schmeck-den-Süden-Restaurants, die – mit drei Löwen ausgestattet – höchste Ansprüche in puncto Regionalität und Qualität erfüllen. Das Credo: kurze Wege vom Acker auf den Teller als aktiver Betrag zu Klimaschutz und Nachhaltigkeit.

Bei den Hotels: **Die Hotelempfehlungen** stammen von den regional erfahrenen Gault&Millau-Testerinnen und -Testern, sowie Gault&Millau-Autorinnen und -Autoren und der Gault&Millau-Redaktion.

Verkostet wurde in „Fruchtig & Fein Simplify" Zwiesel-Gläsern.

Die Aufnahme erfolgt unabhängig von klassischen Hotelbewertungen. Unter den Hotelempfehlungen finden sich auch „Weinsüden Hotels", die den Gast mit Weinkompetenz und Weinerlebnissen willkommen heißen.

Die Gault&Millau-Tipps weisen dabei gerne auch auf Betriebe hin – Gasthäuser, Bäcker, Metzger, Vinotheken, Ab-Hof-Läden –, die nach Meinung unseres Gault&Millau-Teams und der einheimischen Expertinnen und Experten einen Umweg wert sind.

BADEN-WÜRTTEMBERG

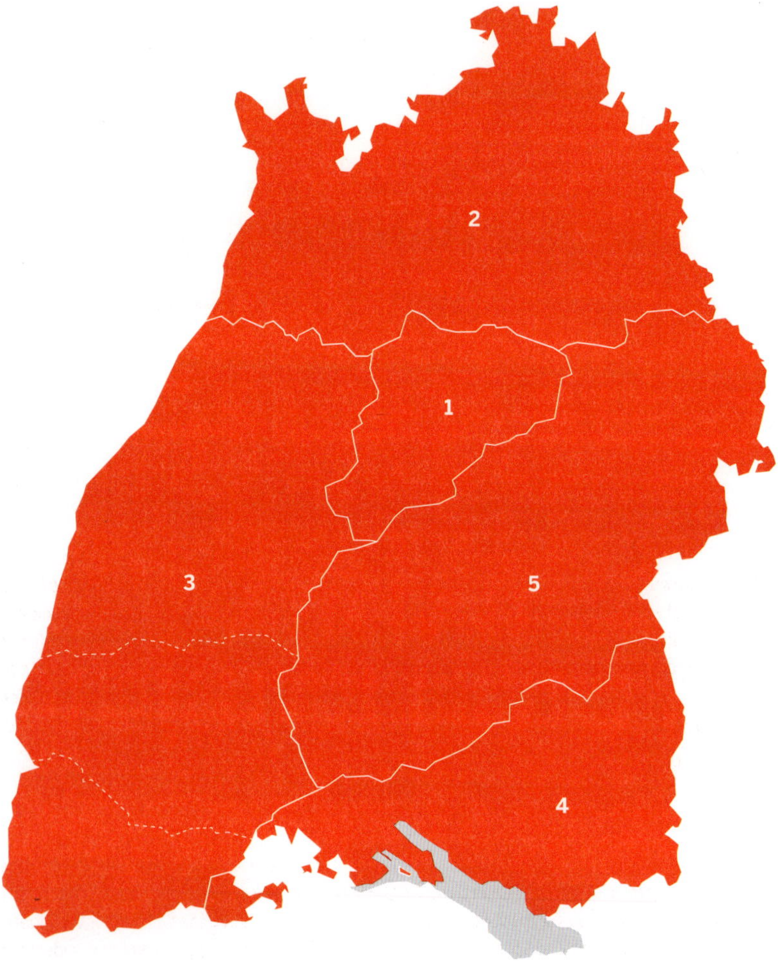

BADEN-WÜRTTEMBERG

2

1

3

5

4

1 Stuttgart & Umgebung
2 Zwischen Rhein, Neckar & Tauber
3 Schwarzwald
4 Bodensee & Oberschwaben
5 Schwäbische Alb

Baden-Württemberg im Überblick

1 STUTTGART & UMGEBUNG

Die baden-württembergische Landeshauptstadt bietet echten Genuss: in zahlreichen Restaurants, die mit schwäbischer und internationaler Karte aufwarten oder beim Einkauf von regionalen Produkten. Und nur ein paar Kilometer jenseits der Stadtgrenze landet man in den idyllischen Weinbergen des Remstals.

2 ZWISCHEN RHEIN, NECKAR & TAUBER

Zu dieser Region im nördlichen Baden-Württemberg gehören Heidelberg und Heilbronn, aber auch der Odenwald oder Hohenlohe und das Taubertal sowie der Kraichgau. Die Flüsse Rhein, Neckar, Tauber, Kocher und Jagst, an denen immer wieder Weinberge in den Blick kommen, geben der Landschaft ihr Gesicht.

3 SCHWARZWALD

Kaum eine andere Region hat so klare Markenbotschafter: Der Bollenhut, die Kuckucksuhr und die Kirschtorte stehen eindeutig für den Schwarzwald. Dabei ist der Schwarzwald noch mehr: ein Paradies für Wanderer, Mountainbiker und Gourmets, die Spitzenküche mit grandiosen Ausblicken in die Natur schätzen.

4 BODENSEE & OBERSCHWABEN

63 Kilometer lang ist dieser See, der im Alpenvorland zwischen Deutschland, Österreich und der Schweiz liegt. Die Weinregionen Baden und Württemberg grenzen aneinander; auch viele Obstplantagen prägen die Landschaft. Bei Singen liegen auf 560 Metern die höchsten Weinberge Deutschlands.

5 SCHWÄBISCHE ALB

Die Alb und Genuss? Diese Kombination war früher undenkbar. Zu steinig der Boden, zu karg die Landschaft, zu kühl das Klima. Aber seit einigen Jahren punktet die Alb mit neu entdeckten alten Produkten wie der Alb-Linse, mit Dinkel, Lammfleisch oder mit Kräutern, die auf den Magerwiesen wachsen.

iStock

Die Heimat des guten Geschmacks

Von Vincent Klink

Baden-Württemberg ist nicht nur das **sonnigste Bundesland** Deutschlands, es ist auch mit dem Genuss verbunden wie kein anderes. Von **badischer Tafelkultur, schwäbischem Qualitätsbewusstsein und zwei Hochzeiten**, die beiden Seiten gut getan haben.

Im Alphabet steht das B vor dem W und deshalb beginne ich meine Reise durch Land, Leute und Kultur im Badischen. In dieser Gegend kommt es weniger auf die im Schwäbischen so drängende G'schaftelhuberei an – hier weiß man einfach etwas besser, was im Leben wirklich zählt. In diesem lang gezogenen Landstrich sind Genießer besser aufgehoben als sonst wo in Deutschland, denn dieses Land hat eine lange Genusshistorie, die nicht nur, aber auch von Frankreich rüberschwappte. Die Markgrafen von Baden waren bereits im 12. Jahrhundert zugange – und die Badener lassen auf ihre „Herrschaft" bis heute nichts kommen.

Das Herrschaftsgebiet legt sich wie ein Halbmond um Württemberg. Beim Bodensee angefangen, am Rhein entlang, über Freiburg, Offenburg bis hinauf nach Mannheim und ins romantische Heidelberg, um sich dann obendrauf auf Württemberg zu legen, bis hin nach Wertheim und Tauber-

bischofsheim im Norden. Vom Bodensee bis hinauf an die hessisch-bayerische Grenze ist es ein weiter Weg und man kann unterwegs viele unterschiedliche Badener erleben. Da wären die Höhen des Schwarzwalds mit einem Menschenschlag, dem das raue Klima einen beharrlichen, geradlinigen Charakter mitgegeben hat. Da braucht es nicht wegen jeder Kleinigkeit einen Vertrag, sondern was gesagt ist, das gilt wie geschrieben. Dann geht es von den Höhen hinab zum Bodensee, voll ins süße Obst. Die Schweiz ist nicht weit, und bei Lörrach ums Eck hat sich der Südbadener schon immer mit seinen Nachbarn, den Elsässern, vertragen müssen. Im Rheintal sind sich auf beiden Seiten die Menschen ähnlich und die Wunden des Kriegs mittlerweile abgeheilt. Hier wächst Wein und wo Wein wächst, könnte ich jetzt zu dichten beginnen, aber das haben andere schon getan. Besonders Johann Peter Hebel mit seinen alemannischen Gedichten.

An Freiburg mit seinem Münster, von dem der bedeutende Kunsthistoriker Jacob Burckhardt sagte, es sei der schönste Turm auf Erden, fährt man am weinstockgespickten Kaiserstuhl vorbei, und über Offenburg führt der Weg nach Baden-Baden. Wer sich für einige Zeit vor den Problemen der Zeit in einen therapeutischen Frieden, in eine gehobene Lebensart zurückziehen möchte, der ist ebendort genau richtig. Egal, welche Sozialprobleme die Republik schwanken lassen, davon kriegt man in den Gefilden der immer noch spürbaren „Belle Époque" kaum etwas mit. Weiter geht es an den Puls unserer Zeit, wenn man das Zentrum für Kunst und Medien, das ZKM in Karlsruhe, aufsucht. Man kann diese Stadt getrost als Kunststadt in den Himmel heben. Nicht weit in nordöstlicher Richtung beeindrucken mich das Fachwerk der Stadt Bretten und das Melanchthonhaus. Wenn ihn auch längst nicht alle kennen, der Brettener Philipp Melanchthon ist einer der bedeutendsten Badener. Sehr gescheit, besonnen und von humanistisch geschliffenem Wesen diente er sein ganzes Leben als Martin Luthers „Stimme der Vernunft".

Die nächste große Stadt wäre Mannheim. Sie wartet unter anderem mit den Reiss-Engelhorn-Museen auf. Die Namensgeber der umfangreichen Sammlungen gründeten einst die Badische Anilin- und Sodafabrik (BASF), heute im pfälzischen Ludwigshafen, das wohl größte Chemiewerk der Welt. Der wichtigste Beitrag jedoch, den Baden geleistet hat, der bis heute wirkt und ganz Deutschland aufgerüttelt hat, verbindet sich mit den beiden Namen Friedrich Hecker und Gustav Struve. Für unsere heutige Demokratie, mit der oft gedankenlos umgegangen wird, müsste man ihnen täglich danken. Sie sind die großen Männer der Märzrevolution 1848. Diesen Helden zum Gedenken wäre es an der Zeit, in Deutschland einen Jahrestag des Freiheitsstrebens auszurufen.

Der schnelle Ritt durch das Land Baden hinterlässt keinen Hungernden, denn nirgends gibt es so zahlreiche gute Gasthäuser wie in Baden. Diese Badener sind mir ein wirkliches Brudervolk, da sie das Genießerische und die Tafelkultur vorsichtshalber ins Diesseits und nicht ins kommende Paradies verlegt haben.

Trotz der „Heirat" mit Württemberg hat es seine Eigenständigkeit bewahrt, und das ist gut so. Geistere ich durch die Täler und Höhen, dann rede ich nie von Baden, sondern spreche immer vom „Großherzogtum", was mir als Schwaben, manchmal auch Sauschwab genannt, schon so manches Freibier eingebracht hat.

Aber Achtung, wir Schwaben werden gewohnheitsmäßig verkannt, und dies trotz der Tatsache, dass der aufrechte Gang der Menschheit im Schwäbischen, bei Memmingen, erfunden wurde. 14 Millionen Jahre

© TMBW_Lengler

*Der schnelle Ritt durch das Land
Baden hinterlässt keinen Hungernden,
denn nirgends gibt es so zahlreiche
gute Gasthäuser wie in Baden.*

alt, weist der Körperbau des Vorfahren mit dem Namen Danuvius Guggenmosi darauf hin, dass er bereits aufrecht stehend über den Topfrand gucken konnte. Die Finderin seiner Knochen, eine mittlerweile berühmte Forscherin der Tübinger Universität, konnte dem Rohköstler des Miozäns allerdings nicht nachweisen, ob er bereits als Gourmet gewisse Vorlieben hegte. Wiederum erheblich später heiratete Beatrix von Burgund 1156 den schwäbischen Kaiser Barbarossa und milderte dessen Testosteronüberschuss stark, denn sie hatte Troubadoure im Gepäck. Sie förderte die Minne, Dichtung und Tafelkultur, indessen die schwäbischen Mannsbilder ständig auf sich selbst und die Nachbarn eindroschen. Als Rittersleut' machten sie sich zudem auf den Weg ins Heilige Land, um das Christentum gegen die Muselmanen zu verteidigen. Schaut man genauer hin, so war der eigentliche Antrieb aber die Gier. Dabei zeigte der Islam den Staufern in vielfacher Hinsicht eine höhere Kultur. Für die römisch-deutschen Kaiser, besonders für Friedrich II. von Hohenstaufen, der perfekt Arabisch sprach, gestalteten sich die verfilzten Bremsmaschinisten des Vatikans als ziemlich lästig. Er baute sich in Apulien das Castel del Monte und ließ auf jedem Stockwerk ein Bad einbauen. Die Reinlichkeit hatte er von den Moslems gelernt. Dies geschah zu einer Zeit, als das Waschen des Unter-

leibs vom Papst als „unsittliche Berührung" geahndet wurde.

Der ständige Zoff mit der Kirche mündete schließlich, ein paar Jährchen später, in den Widerstand, den Martin Luther in deutschen Landen entfachte. Er verdammte die Ablassbriefe, mit denen man seine sündige Seele freikaufen konnte. Aus heutiger Sicht könnte man dies getrost als Vergnügungssteuer für die Zukunft loben. Ohne dieses christliche Bakschisch wäre die Stadt Rom um viele Kunstdenkmäler ärmer. Ein Michelangelo hätte womöglich wegen Auftragsmangels auswandern müssen. Eine Reise nach Schwaben hätte er sich aber sparen können. Dort arbeiteten Künstler, die ihm in nichts nachstanden. Allein aus meiner Heimatstadt Schwäbisch Gmünd stammen zwei Maler höchsten Niveaus. Der eine, Hans Baldung Grien, ist wohlbekannt, der andere, Jerg Ratgeb, nur Kennern geläufig. Beide pflegten mit Albrecht Dürer regen Austausch, der bis heute als Erstes genannt wird, wenn von altdeutscher Kunst die Rede ist.

Infolge der Buchdruckerkunst und des alles hinterfragenden Protestantismus wurde auch das Schwabenland mit reichlich Intelligenz aufmunitioniert. Der schwäbische Pfarrhaushalt entließ geniale Großhirne in die liebliche Landschaft. Ich nenne jetzt mal Georg Wilhelm Friedrich Hegel, der sprach gnadenloses Schwäbisch, auch am Berliner Uni-Katheder. Er sagte nie

Der Adel und das Großbürgertum aßen die Filets und das Volk die Kutteln, den Ochsenmaulsalat, die sauren Nierle oder den Zwiebelkuchen.

„etwas" denn dieses Wort prononcierte er als „ebbes", was in Berlin Begeisterungsstürme hervorrief. Er sagte also nicht „etwas Denken hilft", sondern „ebbes Denka könnt helfa". Dann wären da noch die Pfarrer Eduard Mörike, der Philosoph Friedrich Wilhelm Joseph Schelling aus einer Leonberger Pfarrersfamilie, die Dichter Ludwig Uhland und Friedrich Hölderlin, der Aufklärer Christoph Martin Wieland. Nicht zu vergessen, als Brennglas des scharfen Denkens, die Universität in Tübingen und das dortige Evangelische Stift.

Der für damalige Verhältnisse exquisite Bildungsstand im Schwabenland schlug auch auf untere Klassen durch. „Denken hilft", das wurde auch über die Sonntagspredigten, die Bibel-Betstunden transportiert, was Nachdenklichkeit und wachen Geist, die Neugierde und den Erfindergeist beflügelte. Bis heute wird davon gezehrt, wenn man an die Autoindustrie, den Maschinenbau, die Feinmechanik und viele andere Hand- und Kunstfertigkeiten denkt. Ursächlich hat es damit zu tun, dass es beispielsweise auf der Schwäbischen Alb viele Steine gab und wenig Brot. Da musste man sich für den Erwerb schon etwas einfallen lassen, um auch den Mittagstisch abwechslungsreich zu gestalten.

Nirgendwo gibt es für einen Landstrich eine solche Vielfalt an unterschiedlich ausgetüftelten Kochrezepten. Ähnlich der italienischen „Cucina povera", der italieni-

schen Armenküche, kam es darauf an, die regionalen Zutaten auf eine höhere Ebene zu befördern. Der Adel und das Großbürgertum aßen die Filets und das Volk die Kutteln, den Ochsenmaulsalat, die sauren Nierle oder beispielsweise den Zwiebelkuchen. So etwas funktioniert nur, wenn hochbegabte Köchinnen und Köche sich an den Herd werfen. Nehmen wir demonstrativ für Dutzende origineller Rezeptschöpfungen eine „Pfitzauf". Das ist nichts anderes als ein Pfannkuchenteig. Hatte Oma genügend Eier übrig, so gab man davon die dreifache Ladung ins Gemenge, füllte damit die gebutterte Kaffeetasse halb voll und stellte alles in den Ofen. Aus der Tasse erwächst bei ordentlicher Hitze eine Art kleiner Fußball, innen saftig und viel heiße Luft, außen erfreute knusprige Anmut. In alten Kochbüchern nachweisbar, ließ man es dabei nicht bewenden: Im feuchten Wiesengrund wurden Frösche gesammelt, Froschschenkel dann mit Zwiebeln geröstet, Schnecken die man auch schwäbische Auster nannte, wurden mit Kräutern gebacken, Krebse waren fast alltäglich und alles gipfelte bis heute zur Erkennungsmelodie der schwäbischen Küche, der Maultasche. Es stimmt übrigens nicht ganz, dass die Italiener das Rezept für ihre Ravioli bei den Schwaben stibitzt haben, es war, raunt man sich zu, umgekehrt.

Ganz klar, sparsam sind wir Schwaben schon, aber dafür auch umso mehr von

nachhaltigem Bewusstsein. „D'Qualität muaß stimme", und so ist ein teurer Mercedes oder Porsche erst dann kaputt, wenn andere Autos bereits als Schrott recycelt sind. Hohe Restaurantpreise werden akzeptiert, wenn sie „ihr Geld wert sind". Manchmal denke ich auch, dass die Schwaben richtige Verschwender sein können. Das Verkniffene dabei, also der gelegentliche Sparschlitzmund, kommt womöglich nur davon, dass unsere Großzügigkeit niemandem auffallen sollte.

Sicherlich war auch die Nähe zu Frankreich, überhaupt nach dem Krieg, den lernbegierigen Schwaben, wie ihren badischen Brüdern und Schwestern, sozusagen ein kulinarisches Trainingslager. Der Schwabe, nicht immer angenehm, lernt schnell. Ein alter schwäbischer Winzer vertraute mir einmal an, dass man Bordeauxweine beim „beschta Willa net trinka ka". Seine Söhne schickte er später zum Weinbaustudium nach Frankreich oder Italien. So hat sich südlich des Mains und zwischen den Sprachgrenzen Lech und Rhein alles aus Ton-Steine-Scherben-Vesper zu einer gourmandisen Hochkultur hochgeschaukelt, die im restlichen Deutschland einen beträchtlichen Futterneid aufkommen lässt. Doch lieber Neid als Mitleid, das war und ist im Schwabenland schon immer angesagte Devise.

© Axel Martens

VINCENT KLINK

1949 in Gießen geboren, wuchs er in Schwäbisch Gmünd auf und absolvierte eine Lehre bei Meisterkoch Walter Haas. 1974 eröffnete er zusammen mit seiner Frau das Restaurant Postillion in Schwäbisch Gmünd, das er schnell in die Spitzenliga führte. Seit 1991 leitet er in Stuttgart die Wielandshöhe, ebenfalls mit überragendem Erfolg. Große Bekanntheit erlangte Vincent Klink auch als Herausgeber von Zeitschriften, als Buchautor, TV-Koch, Musiker und durch sein Engagement für Umwelt- und Naturschutz.

Heldinnen und Helden des guten Geschmacks

Ein Unternehmer, der Weingüter rettet, eine Köchin, die die Vielseitigkeit liebt, und zwei Winzer, die ungewöhnliche Wege gehen – Gault&Millau würdigt Ausnahmetalente aus Baden-Württemberg.

Alina Bebrout

GASTRONOMISCHE INNOVATION bi:braud, Ulm

© Alexandra Sinz

BADEN-WÜRTTEMBERG

Die Liebe zum Kochen entdeckte die gebürtige Münchnerin gleich nach dem Abitur: 1990 geboren lernte Alina Bebrout im Laufe ihrer noch jungen Karriere auch gleich die ganze Bandbreite kennen, arbeitete in hochdekorierten Küchen ebenso wie auf einer Berghütte in Tirol und später auf Mallorca, ehe sie in Ulm sesshaft wurde. Nach zwei Jahren als Souschefin ist sie heute **Gastgeberin in ihrem kleinen, aber sehr feinen Restaurant und besticht durch eine ungemein subtile Küche,** wobei sie regionale Spezialitäten neu und international interpretiert und gerne auch als Tapas-Menü serviert.

Thomas und Markus Gruler

GASTRONOMISCHE TRADITION Seehalde, Uhldingen

Dass man den ohnedies schönsten Ort am Bodensee noch schöner machen kann, indem man sich gegenseitig zu Höchstleistungen antreibt, das zeigen die Brüder Markus und Thomas Gruler. Küchenchef und Patron Markus bürgt als passionierter Fischer für fangfrische Ware direkt aus dem See, wobei sein klassisches Verständnis für harmonische Teller freilich weit über den See hinausreicht (Stichwort Innereien). Sein Bruder Thomas Gruler besticht durch seinen besonders aufmerksamen und liebevollen Service, der den Aufenthalt in der Seehalde perfekt abrundet.

© Hotel Restaurant Seehalde

Heinz Heiler

VORDENKER DES ÖKOLOGISCHEN WEINBAUS

beigestellt

Die Liebe zum Wein wurde ihm quasi in die Wiege gelegt: 1940 in der Weinregion Kraichgau geboren, legte Heinz Heiler aber erst einmal eine eindrucksvolle Karriere als **europaweit tätiger Immobilienhändler, Bauunternehmer und Co-Founder der Motel-One-Hotelgruppe** hin, ehe er in den 2000ern mit Heitlinger und Burg Ravensburg zwei Traditionsweingüter vor dem wirtschaftlichen Ende bewahrte und Schritt für Schritt in eine erfolgreiche Zukunft führte, indem er sie auf Biodynamik umstellte. Mit einer Gesamtfläche von 140 Hektar gehören die beiden Betriebe mittlerweile zu den größten Produzenten in Sachen Bio-Wein in Deutschland.

Jürgen Mäder

CHANGEMAKER Edeka Südwest, Offenburg

© Michael Bode

Jürgen Mäder ist eine treibende Kraft, wenn es um die wichtigsten Initiativen innerhalb der Landwirtschaft Baden-Württembergs geht, wie beispielsweise das Engagement um das Württemberger Lamm, das Schwarzwald-Bio-Weiderind sowie das Hofglück-Programm für Schweine und Geflügel. Letzteres ist mit zwei von zwei möglichen Sternen des Tierschutzlabels „Für Mehr Tierschutz" des Deutschen Tierschutzbundes gekennzeichnet. Zudem tragen Hofglück-Artikel die höchste Stufe 4 der Kennzeichnung „Haltungsform". **Dieses nachhaltige Qualitätsbewusstsein in die gesellschaftliche Breite und Verfügbarkeit zu tragen,** ist das große Verdienst dieses Überzeugungstäters, der gleichwohl Menschenfreund wie Tierfreund ist.

Jörg Sackmann

HOTEL Hotel Sackmann, Baiersbronn

© Hotel Sackmann GmbH

BADEN-WÜRTTEMBERG

Dass ein Lockdown auch etwas Gutes mit sich bringen kann, beweist das Familienhotel Sackmann in Baiersbronn. **Jörg Sackmann, einer der kreativsten Köche des Landes,** hat zusammen mit seiner Schwester Waltraud in einer einjährigen Umbauphase das Haus nicht nur komplett renoviert, sondern auch gleich für die nächste Generation neu ausgerichtet. Heute erwarten den Gast **Zimmer und Suiten in zeitgemäßem Design und mit dem 360° Murgtal-Sky-Spa ein Wellnessbereich, der seinesgleichen sucht:** Auf rund 1.000 Quadratmetern, aufgeteilt auf zwei Ebenen, verfügt dieser unter anderem über einen Infinity-Pool, eine 360-Grad-Panorama-Sauna und einen Barfuß-Sky-Walk.

Christine Garcia Urbina

MEDIEN Tricky Tine

© Ana Fernweh Photography

Das Erfolgsrezept der Stuttgarter Food-Bloggerin ist simpel: **Man nehme eine Prise Mut, eine ordentliche Portion Kreativität, viel Neugier und Gespür.** Mit dieser Mischung bloggt Tricky Tine seit 2015 für eine wachsende Followerschaft, arbeitet als Autorin, Content Creator, Social Media Managerin und hat mit Ehemann Alfonso in Stuttgart den Kreativraum „Studio Urbina" gegründet, wo Workshops, Ausstellungen und Tastings stattfinden.

Auf ihrem Blog **www.trickytine.com** und Social Media rückt die Botschafterin für Kulinarik-Themen aus Deutschlands Süden Spezialitäten aus Baden und Württemberg in den Fokus, interpretiert alte Klassiker neu und kreiert eigene Rezepte.

Hanspeter & Edeltraud Ziereisen

WEINKULTUR Hanspeter & Edeltraud Ziereisen, Efringen-Kirchen

© Qfact – Phillipe Steinmayer, Weingut Ziereisen

BADEN-WÜRTTEMBERG

Deutschlands Winzer mit der markantesten Handschrift ist nicht nur in den Königsklassen Pinot Noir und weiße Burgunder ein Star, vielmehr wendet sich Hanspeter Ziereisen, gelernter Schreiner und seit 1991 Winzer, gemeinsam mit seiner Frau Edeltraud mit derselben Liebe und Aufmerksamkeit auch der für das Markgräflerland typischen und oft unterschätzten Rebsorte Gutedel zu. Die Ziereisens gehen hier auch ungewöhnliche Wege, wie der lange Ausbau in von ihnen restaurierten uralten Holzfässern zeigt. **Und der Erfolg gibt ihnen Recht –** in New York avancierte der Gutedel nämlich zum wahren Geheimtipp unter den besten Sommeliers.

STUTTGART & UMGEBUNG

Von einer schwäbischen Metropole und einem weinseligen Umland

Von Anke Kronemeyer

Maultaschen und Trollinger, Spätzle und Lemberger: Genau – mehr **eindeutige Marke und klares Symbol für schwäbische Genüsse** gibt es nicht. Auch wenn es wesentlich mehr kulinarische Aspekte gibt, so weiß man doch genau, wo man sich bei dieser Kombination befindet – in und um Stuttgart. Die baden-württembergische Landeshauptstadt gilt als pulsierende Wirtschaftsmetropole, das benachbarte Remstal als Region mit hohem Freizeitwert, in dem zudem noch toller Wein wächst. Eine perfekte Mischung also von Kultur und Natur sowie Großstadt und Landleben.

H ier das Werk von Mercedes-Benz, dort die Firmensilhouette von Bosch, etwas weiter das Porsche-Imperium: Stuttgart steht eindeutig für Industrie, Schwerpunkt Autofertigung. Aber – und genau das ist das Faszinierende an der Landeshauptstadt – fährt man nur wenige Kilometer stadtauswärts, steht man im Grünen. Sogar in den Weinbergen, wie zum Beispiel in Untertürkheim. Gleich nach der Stadtgrenze beginnt das Remstal und damit eine ganz andere Welt als die einer Großstadt mit ihren rund 640.000 Einwohnern, von denen übrigens mit 45 Prozent fast jeder zweite Migrationshintergrund hat. Stuttgart war immer schon „multikulti", das Wort kann hier erfunden worden sein. Hier leben Italiener, Türken, Amerikaner, Japaner und Deutsche traditionell in einer für alle Seiten fruchtbaren Beziehung.

Allein der Einfluss der Italiener auf die schwäbische Gastronomie ist bemerkenswert, genauso wie die der orientalischen Küche. Stuttgart ist gastronomisch gesehen zudem auf hohem Niveau: Spitzenköche wie Vincent Klink auf der Wielandshöhe oder Bernd Bachofer in Waiblingen gehören ebenso dazu wie viele andere engagierte Köche in allen Stadtteilen oder Orten der Region, die sich vor allem der regionalen und saisonalen Küche verschrieben haben – mit all ihren Einflüssen aus der ganzen Welt, die ja eben in Stuttgart und der Region zu Hause ist. Ein ganz besonderer kulinarischer Treffpunkt in der Landeshauptstadt ist die Markthalle nahe des Dorotheenviertels, in der sich nicht nur Hobbyköche Inspirationen für ihr Abendessen holen. Dort gibt es die exotischsten Gewürze und Feinkost aus allen Ländern der Welt.

Stuttgart wirkt auf viele anziehend, weil die Stadt nicht nur zahlreiche Arbeitsplätze in Industrie und Gewerbe, sondern auch in der Dienstleistung bei Behörden, Messe oder Flughafen bietet und zudem eine hohe Lebensqualität hat. Das hängt zum einen mit dem großen Kulturangebot zusammen – mit Schauspiel, Oper, Museen, Musicals –, aber auch mit der Möglichkeit, die Natur zu genießen: in der Stadt, direkt in der Nachbarschaft oder mal schnell bei einem Ausflug in den Schnee im Schwarzwald.

Aber auch die schwäbische Lebensart begeistert viele – wenn sie sich daran gewöhnt haben, dass der Schwabe an sich einem nicht sofort mit überbordendem Charme begegnet, dass es etwas braucht, bis man ihn in seinem Dialekt versteht, und dass man seine Bescheidenheit nicht als Lustfeindlichkeit interpretiert. So ist der Schwabe halt. Genießen kann er trotzdem, auch wenn er es vor sich selbst oft nur schwer zugibt. Das Glas Wein schmeckt ihm schon mittags zur Vesper – das ist doch schon mal Genuss in Reinkultur.

Damit wären wir bei Speis und Trank. Maultaschen und Spätzle, saure Kutteln, Gaisburger Marsch und Linsen sind weit über die Grenzen von Baden-Württemberg als Nationalgerichte bekannt. Aber wer kennt jenseits von Stuttgart das Filderkraut? Dabei handelt es sich um einen weißen Kohl, aus dem auch Sauerkraut gemacht wird. Eben auch – und nicht nur. Wie viele alte Gemüsesorten erlebt das Filderkraut in der Spitzengastronomie und bei Hobbyköchen eine Renaissance. Früher wurde Sauerkraut rustikal zu Schlachtplatten ge-

Stuttgart ist schon seit Jahrzehnten eine Multikulti-Stadt mit vielen Nationen unter einem Dach.

reicht, roch die Wohnung noch tagelang nach Kohl und war es eher ein Arme-Leute-Essen. Heute wird es ganz elegant zum gebratenen Zander oder zu Maultaschen, zu Tofu und Rostbraten gereicht. Dabei wird es genauso roh wie auch vergoren – beziehungsweise ganz modern fermentiert – zubereitet. Es wächst ausschließlich auf Feldern südlich von Stuttgart auf den fruchtbaren Lössböden und wird direkt vor Ort nach der Ernte verarbeitet.

Welche Rolle spielt der Wein in und um Stuttgart? Eine große – zum einen natürlich als täglicher Begleiter zur Vesper oder zum Abendessen, aber auch als Landschaftskulturgut und Wirtschaftsfaktor. Viele Winzer, die meisten im Remstal, leben vom Ertrag ihrer Weinberge. Dabei bleiben nicht alle Tropfen im Land, auch die Exportzahlen sind beachtlich. Neben den Winzern gibt es in und um Stuttgart traditionell viele Genossenschaften. Das hat Vorteile für die Verbraucherinnen und Verbraucher, die so auf günstigere Alternativen in der Flasche zurückgreifen können. Es ist aber auch gut für den Erhalt der Kul-

turlandschaft. Gerade rund um Stuttgart gibt es viele Steillagen und Mauerweinberge. Dass sie gepflegt werden, liegt auch an den zahlreichen kleinen und Nebenerwerbswinzern der Weingärtnergenossenschaften, die ihren Hauptjob „beim Daimler", „beim Bosch" oder anderswo in der Industrie haben.

Die meisten Winzer der Region rund um Stuttgart bauen ihren Wein im Remstal an, entlang der 80 Kilometer langen Rems, die von Esslingen auf der Schwäbischen Alb nach Remseck am Neckar fließt.

Dort begegnet dem Besucher eine Landschaft, die von sonnigen Weinbergen, lichten Waldgebieten, bunten Streuobstwiesen und einer idyllischen Auenlandschaft geprägt ist. Zahlreiche Aussichtpunkte und innovativ gestaltete Aussichtstürme bieten einen tollen Rundblick, der bei gutem Wetter bis zur Schwäbischen Alb reicht.

Im Remstal laden Orte wie Fellbach, Kernen, Schorndorf oder Schwäbisch Gmünd ein, sich mit Land und Leuten zu beschäftigen, in eine der zahlreichen Besenwirtschaften einzukehren und den Trollinger,

Im Remstal führt ein Wanderweg über 215 Kilometer von der Quelle bis zur Mündung der Rems in den Neckar.

Lemberger, Sauvignon Blanc oder Riesling direkt vom Winzer zu verkosten. Das Remstal ist ein Eldorado für Wanderer. So führt der Remstalweg über 215 Kilometer von der Quelle der Rems bis zur Mündung in den Neckar entlang von kleinen Orten, Feldern und Wäldern. Bei der 40 Kilometer langen Genusswanderroute lässt man sich unterwegs in Gasthöfen oder im „Besa" verwöhnen. Aber auch Pilger-Wanderer finden an sieben Etappen die Möglichkeit, ihre Pilger-Stempel abzuholen.

Aber ganz egal, wie sich der Besucher das Remstal erobert – ob zu Fuß, mit dem Fahrrad oder privatem Pkw –, er sollte auf jeden Fall ins Kino gehen. Nein, nicht in ein normales, abgedunkeltes mit Leinwand, sondern ins Open-Air-Kino. In den Weinbergen von Beutelsbach stehen Stühle und Bänke – und das war's. Genau dort ist das schönste Kino überhaupt: Man kann einfach Platz nehmen, in die filmreife Landschaft gucken und nichts tun. Okay – vielleicht ein Glas Wein aus der eigenen Kühltasche trinken. Aber sonst nichts. Außer: das Leben genießen.

WEITERE INFORMATIONEN
www.stuttgart-tourist.de
www.remstal.de

BADEN-WÜRTTEMBERG

© Anke Kronemeyer

Sebastiano Di Gennaro

Wenn jemand die italienische Tafelkultur nach Stuttgart gebracht hat, dann ist es Familie Di Gennaro: **Michele und Antonio gehören zur Gastarbeiter-Generation,** die in den 1960er-Jahren aus Apulien nach Deutschland kam. Sie bauten einen italienischen Feinkost- und Weinhandel auf mit Filialen in der Stuttgarter Markthalle, Sindelfingen, Düsseldorf und Nürnberg. **Aus dem Distributionszentrum in Stuttgart-Ost beliefern sie bundesweit Einzelhandel und Gastronomie.** Sebastiano Di Gennaro startete 2008 eine grundlegende Erneuerung des Unternehmens.

EMPFEHLUNGEN

Landgasthaus Hirsch

Kaiserstraße 8,
73650 Manolzweiler
T +49 (0) 7181 41515
www.hirsch-manolzweiler.de
Nur wenige Kilometer von
meinem Elternhaus, auf einem
landschaftlichen Hochplateau,
liegt der Hirsch in Manolzweiler.
Mit Hingabe und Raffinesse in-
terpretieren Simone und Sven
Waldenmeier neben regionalen
Gerichten Spezialitäten aus der
Heimat meiner Familie, wie den
Brotsalat. Im Biergarten sitzt
man schattig zwischen Bäumen,
mein Lieblingsplatz ist die
Terrasse im ersten Stock des
Restaurants.

Bottega da Giulia

Traubenstraße 61,
70193 Stuttgart
T +49 (0) 711 5042 8523
www.bottega-da-giulia.de
Für einen kleinen Einkaufsaus-
flug besuche ich gerne Giulia
und ihre Mama in ihrer bezau-
bernd kleinen Bottega da Giulia
am Hölderlinplatz. Hier herr-
schen noch echter italienischer
Flair und hoher Qualitätsan-
spruch. Doch anstatt nur einzu-
kaufen, wird es – sofern man
noch einen Platz ergattert –
meist auch noch ein Teller hausgemachter Pasta. Ihre Penne
al Tonno schmecken wie an der
Amalfiküste!

Markthalle Stuttgart

Dorotheenstraße 4,
70173 Stuttgart
www.markthalle-stuttgart.de
Wahrscheinlich teile ich diese
Leidenschaft mit vielen anderen Stuttgartern: Das Flanieren
in der historischen Markthalle
ist und bleibt ein Fest für die
Sinne – frischeste Produkte,
eine riesige Auswahl an internationalen Spezialitäten und
die herrlich wuselige Atmosphäre. Hier gibt es alles, was das
Feinschmecker-Herz begehrt –
und noch viel mehr!
> S. 95

Restaurant im Künstlerhaus Stuttgart

Reuchlinstraße 4B,
70178 Stuttgart
T +49 (0) 711 5047 0235
**www.kuenstlerhaus.de/
restaurant/**
Wenn sich die Gelegenheit für
eine spontane Mittagspause
ergibt, gehe ich gerne in das
Künstlerhaus. Bereits in seiner
Boteca di Vino begeisterte Sebastian Werning, der bei Vincent
Klink und Martin Öxle lernte, mit
einem Händchen für herausragende Weine. Nun setzt er mit
dem Künstlerhaus einen drauf,
bietet neben exzellenter Küche
auch idyllisch-entspannte Hin-
terhof-Atmosphäre.

Ritzi

Friedrichstraße 6,
70174 Stuttgart
T +49 (0) 711 2184 3822
www.ritzi-stuttgart.de
Anlässlich des Geburtstags
meines Vaters haben wir unlängst im Ritzi am Stuttgarter
Kronen-Carré einen wunderbaren Abend verbracht. Ich mag
den kosmopolitischen Flair,
den die Bar, Brasserie und das
Gourmetrestaurant verströ-
men. Die französische Küche
mit orientalischem Twist ist
eine echte kulinarische Entdeckung.
> S. 83

Zur Weinsteige

Hohenheimer Straße 28–30,
70184 Stuttgart
T +49 (0) 711 2367 000
www.zur-weinsteige.de
Ganz oben auf meiner „Bucket
List" steht ein Besuch bei
Andreas Scherle in seiner Weinsteige. 2020 wurde er vom
Deutschen Weininstitut für die
beste Weinkarte in einem Hotelrestaurant ausgezeichnet,
2021 mit dem „Traubenadler
Sommelier" des Verbands
Deutscher Prädikatsweingüter.
Vor allem aber reizen mich als
großen Mosel-Fan die über
500 verschiedene Rieslinge,
die er lagert.
> S. 86

BADEN-WÜRTTEMBERG

N

BÖNNIGHEIM

SACHSENHEIM •

VAIHINGEN
AN DER ENZ
•

Es gibt kaum eine andere Metropole, in der
die Weinberge so weit in die Stadt hinein-
reichen wie in Stuttgart – nicht nur am Neckar.
Ein großer Teil des Weins aus dieser Region aber wächst
im Remstal,und das seit Jahrhunderten. Die meisten
Weinberge dort liegen auf 300 bis 400 Meter Meereshöhe.
Die Weinorte heißen Fellbach, Kernen, Weinstadt,
Remshalden, Schorndorf oder Waiblingen. Spitzenweine
aus diesem Landstrich sind mit ein Grund dafür, dass
Württemberg als Weinland immer beliebter wurde. Und
man nicht nur den Trollinger mit ihm verbindet.

B
10

A
8

B
464

EHNINGEN
•

HERRENBERG
•

A
81

BADEN-WÜRTTEMBERG

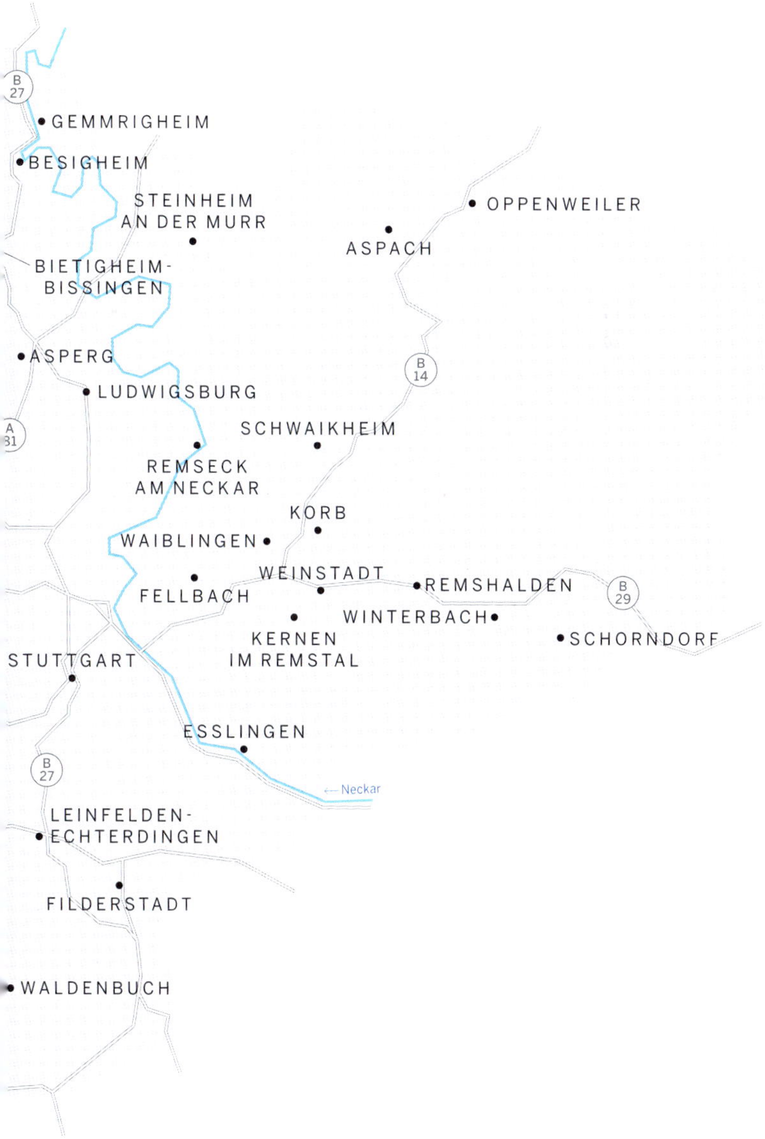

B 27
GEMMRIGHEIM
BESIGHEIM
STEINHEIM AN DER MURR
OPPENWEILER
ASPACH
BIETIGHEIM-BISSINGEN
ASPERG
B 14
LUDWIGSBURG
A 81
SCHWAIKHEIM
REMSECK AM NECKAR
KORB
WAIBLINGEN
WEINSTADT
REMSHALDEN
B 29
FELLBACH
WINTERBACH
KERNEN IM REMSTAL
SCHORNDORF
STUTTGART
ESSLINGEN
B 27
Neckar
LEINFELDEN-ECHTERDINGEN
FILDERSTADT
WALDENBUCH

BADEN-WÜRTTEMBERG

Übersicht

 WEIN

WEINGUT GRAF ADELMANN

Burg Schaubeck 1
71711 Steinheim an der Murr
> S. 58

WEINGUT ALDINGER
Schmerstraße 25
70734 Fellbach
> S. 58

WEINGUT BEURER

Lange Straße 67
71394 Kernen im Remstal
> S. 59

COLLEGIUM WIRTEMBERG

Württembergstraße 230
70327 Stuttgart
> S. 59

**WEIN- UND SEKTGUT
CHRISTEL CURRLE**

Tiroler Straße 17
70329 Stuttgart
> S. 59

WEINGUT DAUTEL

Lauerweg 55
74357 Bönnigheim
> S. 60

WEINGUT DIEHL

Württembergstraße 203
70327 Stuttgart
> S. 60

WEINGUT DOREAS

Ernst-Heinkel-Straße 85
73630 Remshalden
> S. 61

**WEINGUT BERNHARD
ELLWANGER**
Rebenstraße 9
71384 Weinstadt
> S. 61

WEINGUT J. ELLWANGER

Bachstraße 27
73650 Winterbach
> S. 62

WEINGUT ESCHER
Seestraße 4
71409 Schwaikheim
> S. 62

FELLBACHER WEINGÄRTNER

Kappelbergstraße 48
70734 Fellbach
> S. 63

LEON GOLD
Buocher Weg 9
71384 Weinstadt
> S. 63

KARL HAIDLE

Hindenburgstraße 21
71394 Kernen im Remstal
> S. 63

WEINGUT HEID
Cannstatter Straße 13/2
70734 Fellbach
> S. 64

**WEINGUT HERZOG
VON WÜRTTEMBERG**

Schloss Monrepos
71634 Ludwigsburg
> S. 65

WEINGUT JOHANNES B.
Höhe 1
70736 Fellbach
> S. 66

GERD KELLER

Rechentshofer Straße 8
74343 Sachsenheim
> S. 66

WEINGUT KLOPFER

Gundelsbacher Straße 1
71384 Weinstadt
> S. 67

WEINGUT KUSTERER

Untere Beutau 44
73728 Esslingen am Neckar
> S. 67

WEINGUT MAIER

Zehnmorgenweg 2
71409 Schwaikheim
> S. 67

WEINGUT MAYERLE

Bauersberger Hof 19
73630 Remshalden
> S. 68

WEINGUT MERKLE

Blankenhornstraße 12–14
74343 Sachsenheim
> S. 68

PARFUM DER ERDE

Nolten 8
71384 Weinstadt
> S. 68

RAINER SCHNAITMANN

Untertürkheimer Straße 4
70734 Fellbach
> S. 69

ALBRECHT SCHWEGLER

Steinstraße 37
71404 Korb
> S. 69

WEINGUT SONNENHOF

Sonnenhof 2, Ortsteil
Gündelbach
71665 Vaihingen an der Enz
> S. 70

**WEINGUT DER STADT
STUTTGART**

Breite Straße 4
70173 Stuttgart
> S. 71

TEAMWERK ESSLINGEN

Lerchenbergstraße 16
73733 Esslingen am Neckar
> S. 71

**WEINMANUFAKTUR
UNTERTÜRKHEIM**

Strümpfelbacher Straße 47
70327 Stuttgart
> S. 72

WEINGUT WÖHRWAG

Grunbacher Straße 5
70327 Stuttgart
> S. 72

WEINGUT ZIMMERLE

Kirchstraße 14
71404 Korb
> S. 72

BADEN-WÜRTTEMBERG

GASTRONOMIE

5

Bolzstraße 8
70173 Stuttgart
> S. 73

AUGUSTENSTÜBLE
Augustenstraße 104
70197 Stuttgart
> S. 73

AUSTERN- &
CHAMPAGNERBAR
Dorotheenstraße 4
70173 Stuttgart
> S. 74

BACHOFER
Marktplatz 6
71332 Waiblingen
> S. 74

BEI DEN STEINS
Albert-Schäffle-Straße 6
70186 Stuttgart
> S. 74

DANZA RESTAURANT &
WEINBAR
Stuttgarter Straße 33
71638 Ludwigsburg
> S. 75

DÉLICE
Hauptstätter Straße 61
70178 Stuttgart
> S. 75

DER ZAUBERLEHRLING
Rosenstraße 38
70182 Stuttgart
> S. 75

RESTAURANT & HOTEL
EINHORN
Hauptstraße 55
71570 Oppenweiler
> S. 76

FÄSSLE – LE RESTAURANT
Löwenstraße 51
70597 Stuttgart
> S. 76

GASTHAUS LAMM
Hauptstraße 23
71546 Aspach
> S. 76

GASTHOF KRONE
Nürtinger Straße 14
71111 Waldenbuch
> S. 77

GOURMETRESTAURANT
NICO BURKHARDT
Höllgasse 9
73614 Schorndorf
> S. 77

HEGEL EINS
Hegelplatz 1
70174 Stuttgart
> S. 78

HUPPERTS
Gebelsbergstraße 97
70199 Stuttgart
> S. 78

KNAUSBIRA STÜBLE
Heumadener Straße 15
70329 Stuttgart
> S. 78

RESTAURANT LAMM
Winterbacher Straße 1
73630 Remshalden
> S. 79

LAMM FEUERBACH
Mühlstraße 24
70469 Stuttgart
> S. 79

BADEN-WÜRTTEMBERG

LAMM ROSSWAG

Rathausstraße 4
71665 Vaihingen an der Enz
> S. 79

LANDHAUS FECKL

Keltenweg 1
71139 Ehningen
> S. 80

MAERZ

Kronenbergstraße 14
74321 Bietigheim-Bissingen
> S. 80

MALATHOUNIS

Gartenstraße 5
71394 Kernen im Remstal
> S. 81

MARKTWIRTSCHAFT BESIGHEIM

Marktplatz 2
74354 Besigheim
> S. 81

RESTAURANT MEISTER LAMPE

Solitudestraße 261
70499 Stuttgart
> S. 82

NAGARE

Feuerbacher-Tal-Straße 34
70469 Stuttgart
> S. 82

NATURPARKHOTEL LANDGASTHOF STROMBERG

Güglinger Straße 5
74343 Sachsenheim
> S. 82

NOVA

Rigipsstraße 1
71083 Herrenberg
> S. 83

OETTINGER'S

Fellbacher Straße 2–6
70736 Fellbach
> S. 83

RITZI

Friedrichstraße 6
70174 Stuttgart
> S. 83

SANSIBAR BY BREUNINGER

Karlspassage
70173 Stuttgart
> S. 84

SCHWABENSTUBE

Stuttgarter Straße 2
71679 Asperg
> S. 84

SPEISEMEISTEREI

Schloss Hohenheim 1b
70599 Stuttgart
> S. 84

WEINSTUBE FRÖHLICH

Leonhardstraße 5
70182 Stuttgart
> S. 85

WIELANDSHÖHE

Alte Weinsteige 71
70597 Stuttgart
> S. 85

ZUM OCHSEN

Kirchstraße 15
71394 Kernen im Remstal
> S. 85

ZUR WEINSTEIGE

Hohenheimer Straße 30
70184 Stuttgart
> S. 86

BADEN-WÜRTTEMBERG

BADEN-WÜRTTEMBERG

🛏 HOTELS

ADLER ASPERG
★ ★ ★ ★ ₛ
Stuttgarter Straße 2
71679 Asperg
> S. 87

BACHOFER
★ ★ ★ ★
Marktplatz 6
71332 Waiblingen
> S. 87

BOUTIQUEHOTEL PFAUEN
Höllgasse 9
73614 Schorndorf
> S. 88

**DESIGNHOTEL
DER ZAUBERLEHRLING**
★ ★ ★ ★
Rosenstraße 38
70182 Stuttgart
> S. 88

EMILU DESIGN HOTEL
Nadlerstraße 4
70173 Stuttgart
> S. 88

GASTHOF HASEN
★ ★ ★ ★
Hasenplatz 6
71083 Herrenberg
> S. 89

HOTEL HIRSCH
Kanalstraße 1–7
70736 Fellbach
> S. 89

HOTEL JAZ STUTTGART
Wolframstraße 41
70191 Stuttgart
> S. 89

HOTEL LAMM ROSSWAG
Rathausstraße 4
71665 Vaihingen an der Enz
> S. 90

HOTEL ROSE
★ ★ ★ ₛ
Kronenbergstraße 14
74321 Bietigheim-Bissingen
> S. 90

HOTEL ZUR WEINSTEIGE
★ ★ ★ ★
Hohenheim Straße 28–30
70184 Stuttgart
> S. 90

**RESTAURANT & HOTEL
EINHORN**
Hauptstraße 55
71570 Oppenweiler
> S. 91

WALDHOTEL STUTTGART
★ ★ ★ ★ ₛ
Guts-Muths-Weg 18
70597 Stuttgart
> S. 91

EINKAUFEN

AB-HOF-VERKAUF

DER SONNENHOF
Sonnenhof 1
70378 Stuttgart
> S. 92

**ERDBEER & SPARGEL
SCHMID**
Heinzenberger Weg 50
74343 Sachsenheim
> S. 92

ESELSMÜHLE
Eselsmühle 1
70771 Leinfelden-Echterdingen
> S. 92

HOF LEUTENECKER
Hohe Anwand 1
71686 Remseck am Neckar
> S. 93

BÄCKEREI

KÖNIGSBÄCK
Gablenberger Hauptstraße 77
70186 Stuttgart
> S. 93

FEINKOST

**BIO-KÄSEREI VOSSELER –
BITTENFELDER KÄSE**
Römerstraße 36
71336 Waiblingen
> S. 93

FRISCHEPARADIES
Ulmer Straße 159
70188 Stuttgart
> S. 94

GOURMET BERNER
Bruckwiesenstraße 1
71384 Weinstadt
> S. 94

HOCHLAND-KAFFEE
Chemnitzer Straße 13
70597 Stuttgart
> S. 94

KELTENHOF
Keltenhof 1
70794 Filderstadt
> S. 95

MARKTHALLE
Dorotheenstraße 4
70173 Stuttgart
> S. 95

REMSTAL-MARKT MACK
Strümpfelbacher Straße 11
71384 Weinstadt
> S. 95

REWE MARKT AUPPERLE
Stuttgarter Straße 32
70736 Fellbach
> S. 96

METZGEREI

METZGEREI KAUFFMANN
Fellbacher Straße 9
70736 Fellbach
> S. 96

VINOTHEKEN

DANIEL'S WEINE
Oberdorf 8
73650 Winterbach
> S. 97

DIE TRAUBE
Hauptstraße 91
71384 Weinstadt
> S. 97

BADEN-WÜRTTEMBERG

VINOTHEK BÖNNIGHEIM
Schlossstraße 25
74357 Bönnigheim
> S. 98

**VINOTHEK FELLBACH
ALTE KELTER**
Untertürkheimer Straße 33
70734 Fellbach
> S. 98

**VINOTHEK IM
WEINBAUMUSEUM
STUTTGART**
Uhlbacher Platz 4
70329 Stuttgart
> S. 98

**WEINGUT DER STADT
STUTTGART –
VINOTHEK STADTMITTE**
Breite Straße 4
70173 Stuttgart
> S. 99

WEINHAUS STETTER
Rosenstraße 32
70182 Stuttgart
> S. 100

WEINKORB VINOTHEK
Rosenstraße 1
71404 Korb
> S. 100

Spezialitäten aus dem Genießerland

Badischer Wein g. U. &
Württemberger Wein g. U.

Schwäbische Maultaschen
g. g. A.

Gutes Essen und Trinken haben in Württemberg und Baden eine lange und stolze Tradition. Hier wusste man schon immer die Qualität und Vielfalt der heimischen Produkte zu schätzen. Das Ergebnis ist bekannt: Heute ist der Süden der Feinkostladen Deutschlands. Alle weiteren geschützten Originale aus Baden-Württemberg sowie genussvolle Rezepte aus dem Genießerland finden Sie unter:

schmeck-den-sueden.de

Schmeck den Süden
Baden-Württemberg

Wein

BADEN-WÜRTTEMBERG

Weingut Graf Adelmann

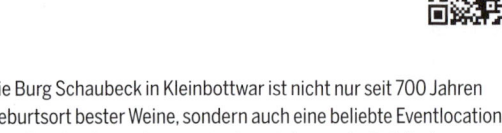

Burg Schaubeck 1,
71711 Steinheim an der Murr
T +49 (0) 7148 9212 20
www.graf-adelmann.com

👤 Felix Graf Adelmann
🏠 Ruben J. Röder
🍾 Ruben J. Röder
Rebfläche 29 ha
Gründung 1297

Die Burg Schaubeck in Kleinbottwar ist nicht nur seit 700 Jahren Geburtsort bester Weine, sondern auch eine beliebte Eventlocation. Felix Graf Adelmann hat inzwischen nicht nur die Rebfläche vergrößert und in Kellertechnik investiert. Einige Weinberge werden auch biodynamisch bewirtschaftet. Ziel sind elegante, vielschichtige Weine, die dennoch Zug und Trinkfluss haben. Gezielter, aber vorsichtiger Einsatz von Holz sorgt für Eleganz und Präzision in den Weinen aus einem klassischen Rebsortenportfolio.

Weingut Aldinger

Schmerstraße 25,
70734 Fellbach
T +49 (0) 711 5814 17
www.weingut-aldinger.de

👤 Hansjörg & Matthias Aldinger
🏠 Hansjörg & Matthias Aldinger
🍾 Matthias Aldinger
Rebfläche 30 ha
Gründung 1492

Die Latte für Hansjörg und Matthias Aldinger lag hoch, als sie die Verantwortung für die Weine von Vater Gert übernahmen. Doch mit Leidenschaft und Akribie haben sie das ohnehin bärenstarke Portfolio noch einen Tick feiner, differenzierter und präziser gemacht. Ob Lemberger, Spätburgunder oder Riesling: Überall glänzt der Fellbacher Betrieb. Aber auch der wiederbelebte Trollinger, der Sauvignon oder die internationalen Sorten wie der überwältigende Brut-nature-Sekt überzeugen.

© Markus Bassler

Weingut Beurer

Lange Straße 67,
71394 Kernen im Remstal
T +49 (0) 7151 42190
www.weingut-beurer.de

👤 Marion & Jochen Beurer
🏠 Marion & Jochen Beurer
🍷 Marion & Jochen Beurer
Rebfläche 14 ha
Gründung 1997

Jochen Beurer ist eigenwillig, macht eigenwillige Weine und wird in seiner Entscheidung für die Biodynamie vor rund 15 Jahren heute vollumfänglich bestätigt. Seit 2003 setzen die Beurers auf Spontangärung und wissen, dass Wein einfach Zeit braucht. Mit dem Museumsweinberg unter der Y-Burg in Stetten hat Beurer das nächste Kapitel aufgeschlagen. 25 Rebsorten, selten bis gar nicht mehr angebaut, dürfen hier im gemischten Satz wachsen und sind somit womöglich die Zukunft, allemal aber ein spannendes Erlebnis bei einer Führung.

Collegium Wirtemberg

Württembergstraße 230,
70327 Stuttgart
T +49 (0) 711 3277 7580
www.collegium-wirtemberg.de

🏠 Martin Kurrle
🍷 Thomas Eckard
Rebfläche 150 ha
Gründung 2007

Die Grabkapelle am Rotenberg ist einer der magischen Orte Stuttgarts. Rund um diesen gruppieren sich die Weinberge der Mitglieder des Collegium Wirtemberg, 2007 aus den Genossenschaften Uhlbach und Rotenberg hervorgegangen. Betriebsleiter Martin Kurrle hat die Collegiums-Qualitätspyramide auf ein sehr solides Fundament gestellt, sowohl Tradition wie Edition überzeugen in ihren jeweiligen Segmenten.

Wein- und Sektgut Christel Currle

Tiroler Straße 17,
70329 Stuttgart
T +49 (0) 711 3427 1734
www.weingut-currle.de

👤 Christel Currle
🏠 Christel Currle
Rebfläche 5 ha
Gründung 1974

Über das Niveau der einfach guten Besenwirtschaft hat sich Christel Currle längst erhoben – dennoch hat sie stets ein waches Auge auf die Alltagsweine für den gutseigenen Ausschank. Seit 2007 aber zeigt sie, dass auch ein Merlot unter ihren Händen höchste Weihen erreichen kann. Und besonderen Wert legt sie auf die Versektung ihrer eigenen Grundweine, die komplett im Weingut passiert. So wartet sie mit einem klassisch flaschenvergorenen Sekt aus Muskat-Trollinger auf – eine wahre Rarität in Württemberg.

Weingut Dautel

Lauerweg 55,
74357 Bönnigheim
T +49 (0) 7143 8703 26
www.weingut-dautel.de

Ernst Dautel war neben der HADES-Gruppe ein Pionier für den Einsatz des Barriques in Württemberg und setzte schon früh und erfolgreich auf Chardonnay. Sohn Christian übernahm 2013 in der 21. Generation. Das Rüstzeug holte er sich in Bordeaux, Burgund und Südafrika, USA und Australien. Seine Weine zeigen, wo er die großen Vorbilder sieht: Weniger in der Wucht als vielmehr in der Feinheit und Finesse, mit der Lage und Rebsorte optimal zum Ausdruck gebracht werden.

- Christian Dautel
- Christian Dautel
- Christian Dautel
Rebfläche 14 ha

Weingut Diehl

Württembergstraße 203,
70327 Stuttgart
T +49 (0) 7113 34051
www.weingut-diehl.com

Der Wiedehopf ist das Wappentier der Familie Diehl. Das Weingut wird seit 2019 von Thomas Diel gemeinsam mit seinen Eltern Marianne und Reiner geführt. Dem Vogel ist auch eine Weinserie gewidmet, daneben reihen sich Gutsweine und Erste Lage sowie Cuvée-Linien ein. Das Sortenspektrum ist breit und reicht bis zu Schaumweinen nach der traditionellen Methode. Alle Weine zeigen die Höhenlinien der Weinberge rund um den Rotenberg an, sollen authentisch sein und durch Vielschichtigkeit überzeugen.

- Thomas Diehl
- Thomas Diehl
- Rainer Diehl
Rebfläche 7 ha
Gründung 1972

Weingut Doreas

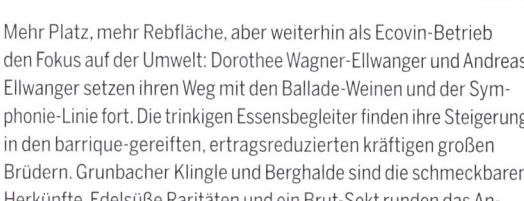

Ernst-Heinkel-Straße 85,
73630 Remshalden
T +49 (0) 7151 75569
www.doreas.de

👤 Dorothee Wagner-Ellwanger
🏠 Dorothee Wagner-Ellwanger
🍷 Andreas Ellwanger
Rebfläche 9 ha
Gründung 2006

Mehr Platz, mehr Rebfläche, aber weiterhin als Ecovin-Betrieb den Fokus auf der Umwelt: Dorothee Wagner-Ellwanger und Andreas Ellwanger setzen ihren Weg mit den Ballade-Weinen und der Symphonie-Linie fort. Die trinkigen Essensbegleiter finden ihre Steigerung in den barrique-gereiften, ertragsreduzierten kräftigen großen Brüdern. Grunbacher Klingle und Berghalde sind die schmeckbaren Herkünfte. Edelsüße Raritäten und ein Brut-Sekt runden das Angebot nebst Destillaten ab.

Weingut Bernhard Ellwanger

Rebenstraße 9,
71384 Weinstadt
T +49 (0) 7151 62131
www.weingut-ellwanger.com

👤 Yvonne & Sven Ellwanger
🏠 Yvonne & Sven Ellwanger
🍷 Sven Ellwanger
Rebfläche 35 ha
Gründung 1975

Yvonne und Sven Ellwanger haben im Familienweingut nicht nur die Ökologie im Blick und arbeiten klimaneutral. Die Geschwister haben auch ein Händchen für den Holzeinsatz, sei es beim Sauvignon Blanc Fumé oder beim Lemberger aus der Großheppacher Wanne „SL", sowie dem Spätburgunder aus dem Steingrüble „SL". Der Syrah gelingt ebenso wie der einfache Sauvignon „Höhenluft", der prägnant, aber nicht laut ist, oder der Lemberger aus der Steillage. Spontane Gelüste lassen sich am Weinautomaten stillen.

BADEN-WÜRTTEMBERG

© Lukas Breuß Photography

Weingut J. Ellwanger

Bachstraße 27,
73650 Winterbach
T +49 (0) 7181 44525
www.weingut-ellwanger.de

👤 Jörg & Felix Ellwanger
Rebfläche 26 ha

Offen für Neues war schon Jürgen Ellwanger, als er mit seinen Kollegen von der HADES-Gruppe das Barrique in Württemberg hoffähig machte. Und dass der Zweigelt im Remstal beste Qualitäten liefert, ist auch dem Senior zu verdanken. Da können sich die Söhne Jörg und Felix getrost an den Feinschliff machen und neben aller Dichte in den Weinen auch nach Finesse und Vielschichtigkeit schürfen. Und die zeigt sich auch schon bei einfachen Qualitäten, ob aus traditionellen oder neuen Sorten.

Weingut Escher

Seestraße 4,
71409 Schwaikheim
T +49 (0) 7195 57256
www.wein-escher.de

👤 Ottmar & Christian Escher
🏠 Ottmar & Christian Escher
🛢 Christian Escher
Rebfläche 15 ha

Christian Escher hat viel frischen Wind ins Familienweingut gebracht (und wirbelt auch Stuttgart mit seinem Gin auf). Nach Handlese und Spontanvergärung – die Rotweine auf der Maische – bilden die Tropfen eine klare Qualitätspyramide mit der Basis Heimat. Auf die folgt der Bergkeuper, die Spitzengewächse in der Goldlage. Auch wenn das Angebotsspektrum breit ist, zielt Escher mit seinen neuen Dichtpflanzungen klar auf die Qualitätsspitze ab.

Fellbacher Weingärtner

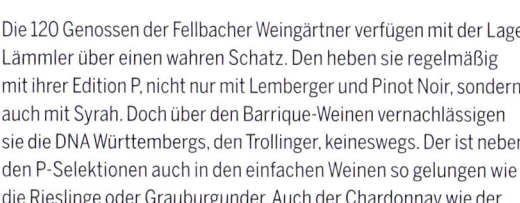

Kappelbergstraße 48,
70734 Fellbach
T +49 (0) 711 5788 030
www.fellbacher-weine.de

Tobias Single
Rebfläche 190 ha
Gründung 1858

Die 120 Genossen der Fellbacher Weingärtner verfügen mit der Lage Lämmler über einen wahren Schatz. Den heben sie regelmäßig mit ihrer Edition P, nicht nur mit Lemberger und Pinot Noir, sondern auch mit Syrah. Doch über den Barrique-Weinen vernachlässigen sie die DNA Württembergs, den Trollinger, keineswegs. Der ist neben den P-Selektionen auch in den einfachen Weinen so gelungen wie die Rieslinge oder Grauburgunder. Auch der Chardonnay wie der Sauvignon Blanc gehören zu den Klassenbesten.

Leon Gold

Buocher Weg 9,
71384 Weinstadt
T +49 (0) 7151 1691 215
www.weingut-gold.de

Leon Gold
Leon Gold
Leon Gold
Rebfläche 15 ha

Den Traum vom eigenen Weingut verwirklichte Leon Gold 2015 nach klassischer Ausbildung im Remstal - und hat mit seinem neuen Keller auch optisch ein Statement gesetzt. Aus biologischer Bewirtschaftung stammen die Trauben für die vier Qualitätskategorien Gutswein, Ortswein, Lagenwein und Reserve. Der Sortenspiegel der zum Teil im Halbstückfass ausgebauten Weine reicht von den Klassikern wie Riesling und Lemberger bis hin zu Cabernet Sauvignon, Zweigelt und Chardonnay.

Karl Haidle

Hindenburgstraße 21,
71394 Kernen im Remstal
T +49 (0) 7151 9491 10
www.weingut-karl-haidle.de

Moritz Haidle
Moritz Haidle
Moritz Haidle
Rebfläche 23 ha
Gründung 1949

Am Lemberger von Moritz Haidle kommt nicht vorbei, wer die Qualitätsspitze im Blick hat. Was Vater Hans zu Höhen geführt hat, konsolidiert der Sohn mit Umstellung auf Bioanbau und seinem Faible für die alten Reben vom Riesling in der Lage Pulvermächer. Aber auch im mittleren und im Basissegment zeigt sich die Handschrift mit präzisen und gehaltvollen Weinen, die stets trinkanimierend sind. Die Großen Gewächse vom Lemberger sind internationale Spitze und mitunter monumental.

Weingut Heid

Cannstatter Straße 13/2,
70734 Fellbach
T +49 (0) 711 5841 12
www.weingut-heid.de

👤 Markus Heid
🏠 Markus Heid
🛢 Markus Heid
Rebfläche 12 ha

Markus Heid hat sich als Autodidakt ins Weinmachen hineingefuchst und aus dem elterlichen Mischbetrieb ein VDP-Weingut gemacht. Aus dem Fellbacher Lämmler und dem Stettener Pulvermächer kommen Große Gewächse – Lemberger, Pinot Noir und Riesling sind die Protagonisten. Die Melchisedec-Weine, benannt nach einem Vorfahren, sind Cuvées und Rebsorten auf höchstem Niveau. Die bereits seit 2007 biologisch bewirtschafteten Parzellen werden streng getrennt ausgebaut, egal wie klein sie sind.

Weingut Herzog von Württemberg

Schloss Monrepos,
71634 Ludwigsburg
T +49 (0) 7141 2210 60
www.weingut-wuerttemberg.de

👤 S.K.H. Carl Herzog
von Württemberg
🏠 Joachim Fischer
🍷 Joachim Fischer
Rebfläche 38 ha
Gründung 1677

Die Domäne Monrepos liegt in Ludwigsburg im Herzen des Lagenportfolios des adligen Produzenten. Denn die Weinberge erstrecken sich vom Kloster Maulbronn und dem Gündelbacher Steinbachhof über die Rotweinlagen Hohenhaslacher Kirchberg und Mundelsheimer Käsberg bis Untertürkheim und zur Monopollage Stettener Brotwasser. Aus letzterer kommt ein berühmter Riesling, aus Mundelsheim und Hohenhaslach Spätburgunder, Trollinger, aber auch Syrah und Zweigelt. Die Tropfen sind allesamt nahbar und animierend trinkig.

BADEN-WÜRTTEMBERG

Weingut Johannes B.

Höhe 1,
70736 Fellbach
T +49 (0) 1742 4867 28
www.weingut-johannesb.de

👤 Johannes Bauerle
🏠 Johannes Bauerle
🍶 Johannes Bauerle
Rebfläche 12,5 ha
Gründung 2013

Nach der Ausbildung zum Weinküfer, zum Techniker und Betriebswirt mit Stationen in Neuseeland und Südtirol startete Johannes Bauerle voll durch und gründete sein eigenes Weingut. Basis des Betriebs sind beste Weinlagen in Fellbach und Bad Cannstatt, die der Familie gehören. So kann Bauerle aus den Top-Lagen Lämmler und Zuckerle mit seiner Leidenschaft Weine herauskitzelt, die zum Teil aus traditionellen Sorten, aber auch aus internationalen wie Sauvignon Blanc oder Cabernet Sauvignon kommen.

Gerd Keller

Rechentshofer Straße 8,
74343 Sachsenheim
T +49 (0) 7147 7909
www.weinbauer-gerd-keller.de

👤 Gerd Keller
Rebfläche 5 ha
Gründung 2000

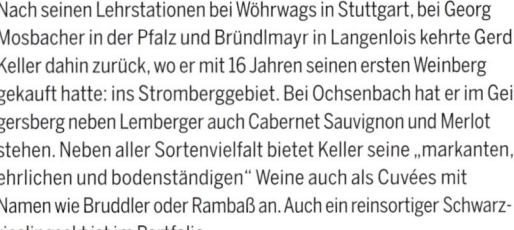

Nach seinen Lehrstationen bei Wöhrwags in Stuttgart, bei Georg Mosbacher in der Pfalz und Bründlmayr in Langenlois kehrte Gerd Keller dahin zurück, wo er mit 16 Jahren seinen ersten Weinberg gekauft hatte: ins Stromberggebiet. Bei Ochsenbach hat er im Geigersberg neben Lemberger auch Cabernet Sauvignon und Merlot stehen. Neben aller Sortenvielfalt bietet Keller seine „markanten, ehrlichen und bodenständigen" Weine auch als Cuvées mit Namen wie Bruddler oder Rambaß an. Auch ein reinsortiger Schwarzrieslingsekt ist im Portfolio.

Weingut Klopfer

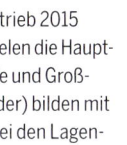

Gundelsbacher Straße 1,
71384 Weinstadt
T +49 (0) 7151 6038 48
www.weingut-klopfer.de

👤 Familie Wolfgang Klopfer
Rebfläche 18 ha
Gründung 1980

Mit dem Einstieg von Christoph Klopfer wurde der Betrieb 2015 komplett auf Bio umgestellt. Klassische Rebsorten spielen die Hauptrolle, Riesling aus den Top-Lagen Cannstatter Zuckerle und Großheppacher Steingrüble (auch Weiß- und Spätburgunder) bilden mit dem Lemberger Kleinheppacher Greiner die Spitze bei den Lagen- und Reserveweinen. Auch den Ortsweinen wird Zeit zur Reife (den Roten im großen Holz) gegeben. Vinothek mit herrlicher Aussicht.

Weingut Kusterer

Untere Beutau 44,
73728 Esslingen am Neckar
T +49 (0) 711 3579 09
www.weingut-kusterer.de

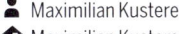

👤 Maximilian Kusterer
🏠 Maximilian Kusterer
🍷 Maximilian Kusterer
Rebfläche 6 ha
Gründung 1983

Nach der Übernahme des Weinguts 2020 kann Maximilian Kusterer mit dem 2018er Neckarhalde Spätburgunder erstmals eine ganz eigene Duftmarke setzen. Der aus einer Dichtpflanzung von 11.000 Rebstöcken pro Hektar stammende Wein gibt die Richtung für die Zukunft vor. Auch der Chardonnay Réserve zeigt, wo es langgeht. In der modernen Kelter im Weinberg kümmert sich die Familie nach der Verschlankung des Sortiments auch besonders um die Rebsorte Blaufränkisch, die ebenfalls in der Steillage angebaut wird.

Weingut Maier

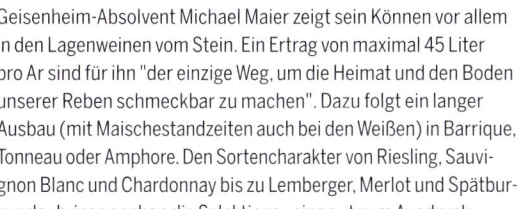

Zehnmorgenweg 2,
71409 Schwaikheim
T +49 (0) 7195 5565
www.maier-weingut.de

👤 Weingut Maier
🏠 Michael Maier
🍷 Michael Maier
Rebfläche 15,5 ha

Geisenheim-Absolvent Michael Maier zeigt sein Können vor allem in den Lagenweinen vom Stein. Ein Ertrag von maximal 45 Liter pro Ar sind für ihn "der einzige Weg, um die Heimat und den Boden unserer Reben schmeckbar zu machen". Dazu folgt ein langer Ausbau (mit Maischestandzeiten auch bei den Weißen) in Barrique, Tonneau oder Amphore. Den Sortencharakter von Riesling, Sauvignon Blanc und Chardonnay bis zu Lemberger, Merlot und Spätburgunder bringen schon die Selektionsweine gut zum Ausdruck.

Weingut Mayerle

Bauersberger Hof 19,
73630 Remshalden
T +49 (0) 7151 73408
www.weingut-mayerle.de

👤 Nina Mayerle
🏠 Nina & Matthias Mayerle
🍷 Nina & Matthias Mayerle
Rebfläche 10 ha
Gründung 1994

Mit zwei Dritteln roten Sorten ist das Weingut Mayerle typisch für Württemberg. Die werden alle auf der Maische vergoren und durchlaufen die malolaktische Gärung. Zu den Klassikern Trollinger, Lemberger und Spätburgunder kommen Muskat-Trollinger, Zweigelt, Merlot und Cabernet Sauvignon hinzu. Bei den Weißen dominiert Riesling, Kerner wird auch auf der Maische vergoren und Traminer, Grauburgunder und Sauvignon Blanc runden das Sortiment ab.

Weingut Merkle

Blankenhornstraße 12–14,
74343 Sachsenheim
T +49 (0) 7046 7677
www.weingut-merkle.de

Rebfläche 12 ha
Gründung 1988

Das Weingut Merkle führt seinen besonderen Weg der Weinbereitung bereits im Namen: Wildspontan. Damit ist ein dritter Weg zwischen Spontangärung und Reinzuchthefen gemeint. Merkles haben dazu wilde Hefen aus der Natur identifiziert und reproduzierbar gemacht. Der vielschichtige Ausdruck dieses Verfahrens lässt sich am besten in der Vielfalt an Lembergern schmecken, die sich im Angebot befinden. Ebenso an den Weißweinen vom Müller-Thurgau über Riesling bis zum Sauvignon Blanc.

Parfum der Erde

Nolten 8,
71384 Weinstadt
T +49 (0) 170 5659 118
www.parfum-der-erde.de

🏠 Rainer Dr. Scholz
🍷 Andreas Knauß
Rebfläche 2 ha
Gründung 2006

Mit kultivierter Provokation möchten Andreas Knauß und Dr. Rainer Scholz Strümpfelbach wieder auf die Landkarte setzen. Dazu haben sie im Remstal alte Parzellen mit außergewöhnlichem Potenzial gefunden, die sie biologisch bewirtschaften. Aus den Keuperverwitterungsböden mit hohem Gehalt an Ton und Kalk wollen sie mit den passenden Rebsorten das Potenzial von Traube und Lage heben. Ob Riesling, Pinot Noir oder Regent, Müller-Thurgau oder Schiller: allesamt eigenwillig-eigenständige Gewächse.

Rainer Schnaitmann

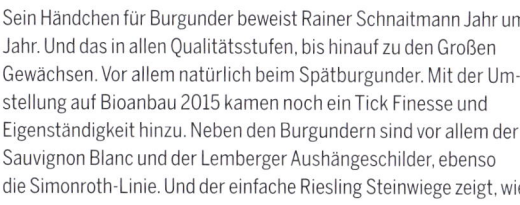

Untertürkheimer Straße 4,
70734 Fellbach
T +49 (0) 711 5746 16
www.weingut-schnaitmann.de

👤 Rainer Schnaitmann
🏠 Rainer Schnaitmann
Rebfläche 24 ha
Gründung 1997

Sein Händchen für Burgunder beweist Rainer Schnaitmann Jahr um Jahr. Und das in allen Qualitätsstufen, bis hinauf zu den Großen Gewächsen. Vor allem natürlich beim Spätburgunder. Mit der Umstellung auf Bioanbau 2015 kamen noch ein Tick Finesse und Eigenständigkeit hinzu. Neben den Burgundern sind vor allem der Sauvignon Blanc und der Lemberger Aushängeschilder, ebenso die Simonroth-Linie. Und der einfache Riesling Steinwiege zeigt, wie hoch Schnaitmann die Latte inzwischen legt.

Albrecht Schwegler

Steinstraße 37,
71404 Korb
T +49 (0) 7151 3040 137
www.albrecht-schwegler.de

👤 Julia & Aaron Schwegler
🏠 Aaron Schwegler
🍷 Aaron Schwegler
Rebfläche 15 ha
Gründung 1990

Albrecht Schwegler hat mit seinen großartigen Rotwein-Cuvées aus der „Garage" ab 1990 erst überrascht und dann alle Zweifler mit Beryll, Saphir und Granat zum Schweigen gebracht, mit dem „Oifache" manchmal auch das Maul gestopft. Auf dieser fantastischen Basis macht sich Sohn Aaron mit seiner Frau Julia dran, das Portfolio auszubauen. Und sich vor allem an der Königsdisziplin Pinot Noir zu versuchen. Der Anfang ist vielversprechend und mit dem akzentuierten Holzeinsatz sehr selbstbewusst!

© Ute Greiner

Weingut Sonnenhof

Sonnenhof 2,
Ortsteil Gündelbach,
71665 Vaihingen an der Enz
T +49 (0) 7042 8188 80
www.weingutsonnenhof.de

Martin Fischer
Walter Bibo
Julian Böllmann
Rebfläche 50 ha
Gründung 1973

Der Sonnenhof gehörte zu den Barrique-Pionieren der HADES-Gruppe. Was zeigt, dass die Familie Fischer neben den Weinen für jeden Tag stets auch die Qualitätsspitze im Blick hatte. Seit 2019 ist Martin Fischer alleiniger Inhaber. Mit Walter Bibo als Betriebsleiter (vormals Joachim Heger) dürfte die Qualität des breiten Sortenspektrums auch für die Zukunft gesichert sein. Dieses reicht vom Trollinger über Lemberger und Spätburgunder bis zu Syrah, Merlot und Cabernet Sauvignon bei den Roten.

© Katharina Rosch

BADEN-WÜRTTEMBERG

Weingut der Stadt Stuttgart

Breite Straße 4,
70173 Stuttgart
T +49 (0) 711 2165 7507
www.weingutstuttgart.de

 Timo Saier

Frank Haller

Rebfläche 16 ha
Gründung 1949

> Weingut der Stadt Stuttgart –
  Vinothek Stadtmitte   S. 99

Reben sind ein Markenzeichen an vielen Stellen des Stadtgebietes der Landeshauptstadt. Die Tropfen des städtischen Weingutes blieben oft hinter den Erwartungen zurück. Nun aber weht mit Timo Saier ein frischer Wind. Neben den Klassikern wie Riesling, Trollinger und Lemberger fühlen sich im warmen Stadtklima auch Merlot und Syrah wohl. Neupflanzungen mit Piwi-Sorten verschieben das Gewicht zu Weißweinen hin. Mit dem Cannstatter Zuckerle verfügt das Weingut über eine absolute Top-Lage.

BADEN-WÜRTTEMBERG

Teamwerk Esslingen

Lerchenbergstraße 16,
73733 Esslingen am Neckar
T +49 (0) 711 9189 620
www.teamwerk-esslingen.de

Rebfläche 72 ha
Gründung 1901

Die Esslinger Weingärtner müssen ordentlich schuften und haben zugleich einen wahren Schatz: Ein Drittel ihrer Weinberge sind terrassierte Steillagen, die den Schweiß und besten Most fließen lassen, wenn man sich mit Hingabe widmet. Das tun die Genossen und gießen ihre Mühe in drei Weinsegmente, von Ebene 3 über Stufe 8 bis zu Keller 11, mit den besten Tropfen. Große Sortenvielfalt und Experimentierfreude zeigen sich hier, bis zu einem flaschen-vergorenen Brut-nature-Sekt.

Weinmanufaktur Untertürkheim

Strümpfelbacher Straße 47,
70327 Stuttgart
T +49 (0) 711 3363 810
www.weinmanufaktur.de

🏠 Saskia Wörthwein
🍷 Jürgen Off
Rebfläche 95 ha
Gründung 1887

Unter der Ägide von Kellermeister Jürgen Off waren es die Genossenschaftler aus Untertürkheim, die als erste Württemberger den Hebel in Richtung Qualität umlegten. Die Weinmanufaktur gliedert ihre Weine mit einem bis drei Sternen. Ganz oben in der Qualitätshierarchie die Großer-Stern-Weine. Die Cuvée Mönch Berthold war der Auftakt zu einer ganzen Reihe von Rebsortenverschnitten. Und es wird weiter experimentiert: mit Grauburgunder unfiltriert und als Orange-Weine, mit Viognier oder Cabernet Franc.

Weingut Wöhrwag

Grunbacher Straße 5,
70327 Stuttgart
T +49 (0) 711 3316 62
www.woehrwag.de

👤 Hans-Peter Wöhrwag
🍷 Carsten Kämpf &
Hans-Peter Wöhrwag
Rebfläche 20 ha

Hans-Peter Wöhrwag hat den Riesling in Schwaben neu erfunden. Elegant, spielerisch, vielschichtig statt breit und erdenschwer. Und so spielt der Riesling mit 44 Prozent noch heute die erste Geige, insbesondere aus der Monopollage Untertürkheimer Herzogenberg kommen die Vorzeigeweine. Doch auch wenn rote Rebsorten nur 40 Prozent ausmachen, sollte man an den Lembergern und Spätburgundern nicht vorbeigehen. Man darf gespannt sein, wie sich gerade hier die Impulse von Tochter Johanna auswirken.

Weingut Zimmerle

Kirchstraße 14,
71404 Korb
T +49 (0) 7151 33893
www.zimmerle-weingut.de

👤 Jens Zimmerle
🍷 Jens Zimmerle
Rebfläche 17,5 ha

Das neue Weingut am Ortsrand von Korb ist wie die Weine der Zimmerles: klar und geradlinig. Aus den biologisch bewirtschafteten Weinbergen mit den Top-Lagen Korber Berg, Sommerhalde und Kleinheppacher Greiner kommen die Trauben für die Premium-Linie Goldader mit Lemberger, Spätburgunder und Zweigelt, aber auch Trollinger, Chardonnay, Grauburgunder und Sauvignon. Unter den Zweitweinen findet sich ein Viognier. Sehenswerte Brennerei im Weingut.

Gastronomie

5

Bolzstraße 8,
70173 Stuttgart
T +49 (0) 711 6555 7011
www.5.fo

Res.

An die einstige Funktion als Bahnhofsgebäude erinnern im Restaurant in der ersten Etage nur noch die mächtigen Stahlträger mit den dicken Nieten, ansonsten dominieren gediegene dunkle Farben und gedämpftes Licht. In diesem eher intimen Ambiente inszeniert Alexander Dinter mit technischem Können, Zutaten aus aller Welt und sehenswerten Arrangements ein großes, aber vor allem einfallsreiches Geschmackskino im Crossover-Stil, das teilweise grandiose geschmackliche Spannungsbögen zu bieten hat.

Augustenstüble

Augustenstraße 104,
70197 Stuttgart
T +49 (0) 711 6212 48
www.augustenstüble.de

Res.

Beste französische Bistroküche, exzellente Weine und eine heimelige Atmosphäre bieten die Gastgeber Sabine und Günther Oberkamm im Stuttgarter Westen. Küchenchef Tobias Traub hat seine Menüs nach den Kriterien „Aus dem Wasser", „Vom Land" sowie „Klassiker" geordnet, letzteres mit Entenleberterrine, Rillettes vom Landschwein und einem wunderbaren Bœuf bourguignon; alle Gänge sind auch einzeln zu haben. Zudem gibt es immer wieder Sondertermine wie Abende mit Bistro-Klassikern oder Provence-Wochen.

Austern- & Champagnerbar

Dorotheenstraße 4,
70173 Stuttgart
T +49 (0) 711 4704 400
www.fischhalle-stuttgart.de/
#austernundchampagnerbar

Wer einen Marktbesuch gern mit dem Genuss von Austern oder Jakobsmuscheln krönt, ist in der liebevoll renovierten Fischhalle von Stuttgarts historischer Markthalle richtig. Das Top-Fischgeschäft Looß bietet zur Verkostung an, was morgens vom Pariser Großmarkt oder regionalen Züchtern geliefert wird. Bei der Zubereitung geht es international zu, von der bretonischen Fischsuppe über Tintenfisch-Tataki auf Algensalat bis zum Ceviche des Tages. Dazu gibt es Weine zu fairen Preisen.

Bachofer

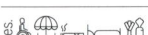

Marktplatz 6,
71332 Waiblingen
T +49 (0) 7151 9764 30
www.bachofer.info

> Bachofer   S. 87

Ausflüge in asiatische Küchen beherrscht Bernd Bachofer wie kaum ein zweiter deutscher Koch. Vor allem japanische Elemente wie Wasabi, Edamame, Miso und Teriyaki prägen die Gänge seiner Crossover-Menüs, aber auch koreanisches Kimchi, chinesische Dim Sum oder grünes Thai-Curry gehen hier schlüssige Verbindungen mit Eismeersaibling, Ibérico-Schwein oder vegetarischen Grundlagen ein. Mittags kann das Angebot im schick durchgestylten Restaurant nach unserer Erfahrung stärker ausgedünnt sein, als die Karte verspricht.

Bei den Steins

Albert-Schäffle-Straße 6,
70186 Stuttgart
T +49 (0) 711 64518 045
www.beidensteins.de

Es ist vor allem die herzliche Atmosphäre, die die Stammkunden in diesem Restaurant, das als eines der besten in der Landeshauptstadt gilt, so schätzen. Man sitzt dort gemütlich – drinnen wie draußen mit viel grüner Umgebung, alles ist geschmackvoll eingerichtet. Französische Käserahmsuppe, Wildkräutersalat, gebeizter Lachs, gegrillter Bauch vom Schwäbisch-Hällischen Landschwein, Pulpo vom Grill oder Kartoffel-Blutorangenpüree mit Beilagen nach Wahl: Die Speisekarte ist saisonal, mediterran und vor allem kreativ, richtet sich auch an Vegetarier und Veganer.

BADEN-WÜRTTEMBERG

DANZA Restaurant & Weinbar

Stuttgarter Straße 33,
71638 Ludwigsburg
T +49 (0) 7141 9779 70
www.danza-restaurant.de

Restaurants in Kulturstätten werden leicht als bloße Verpflegungsstationen für Besucher der Museen, Theater oder wie hier des Forums Ludwigsburg abgetan. Der Küche wegen lohnt aber zweifelsfrei auch an spielfreien Tagen ein Besuch in dem weitläufigen und hohen Speisesaal, dessen Eingang ein wenig verborgen liegt. Was auf der Karte jeweils mit ein paar Hauptzutaten angedeutet ist, inszeniert Björn Bergmann farbenfroh, detailreich und ausgesprochen zeitgenössisch.

Délice

Hauptstätter Straße 61,
70178 Stuttgart
T +49 (0) 711 6403 222
www.restaurant-delice.de

In ihrem intimen Gewölbekeller mit nur fünf Tischen bezaubern Evangelos Pattas und Andreas Hettinger seit Jahren mit professioneller Präzision und gelebter Empathie: ein echtes Lieblingslokal für viele Stuttgarter Gourmets. Pattas als Sommelier und Ein-Mann-Service und Hettinger als Solist in der winzigen offenen Küche bieten ein modernisiert französisch-klassisches Fünf-Gänge-Menü mit marktfrischen regionalen Zutaten und hervorragender Patisserie, das gern en détail am Tisch erläutert wird – eine gedruckte Karte gibt es nicht.

Der Zauberlehrling

Rosenstraße 38,
70182 Stuttgart
T +49 (0) 711 2377 770
www.zauberlehrling.de

Seit 2016 steht Fabian Heldmann im familieneigenen Designhotel am Herd und vermittelt dabei zusammen mit dem Patissier Philipp Kortyka einer Schar von Auszubildenden die Geheimnisse seiner weltläufigen Küche. In dem mit barocken Anklängen in Aubergine-, Gold- und Eierschalentönen gestalteten Gourmetrestaurant gehört dazu neben tadellosem Handwerk nicht zuletzt die Kunst des dekorativen Anrichtens mit der Pinzette, dank der auf manchen Tellern ganze optisch wie aromatisch erfreuliche Gärtchen zu sprießen scheinen.

> Designhotel
  Der Zauberlehrling   S. 88

BADEN · WÜRTTEMBERG

Restaurant & Hotel Einhorn

Hauptstraße 55,
71570 Oppenweiler
T +49 (0) 7191 340 280
www.restaurant-einhorn.de

> Restaurant
  & Hotel Einhorn   S. 91

Die Stube des gepflegten Landgasthofs strahlt eine gediegene Gemütlichkeit aus, zu der regionale Klassiker wie Zwiebelrostbraten oder Maultaschen bestens passen. Aber der kochende Hausherr Alexander Munz bietet auch Feineres und Moderneres an, etwa sautierte Jakobsmuschel und Garnele auf Tagliatelle mit Ratatouille und Krustentierschaum oder Lammrücken mit Pak Choi, Trüffel-Gnocchi und Brombeeren. Auf der schönen Terrasse kann man auf mehreren Ebenen Platz nehmen.

Fässle – Le Restaurant

Löwenstraße 51,
70597 Stuttgart
T +49 (0) 711 7601 00
www.restaurant-faessle.de

Schon der Name „Fässle – Le Restaurant" lässt ahnen, dass die mittags wie abends gut besuchte Traditionswirtschaft eine Mischung aus Schwäbischem und Französischem bietet. Bei Patrick Giboins Veredelung von Brasserie-Klassikern nimmt selbst der feine Geschmack einer fabelhaft knusprigen Anchovis-Krokette in der Fritteuse keinen Schaden, als Schlenker in die deutsche Bodenständigkeit gibt es einen mürben Tafelspitz und zum Abschluss beste französische Patisserie. Das „Menu du jardin" bringt auch Vegetarier in den Genuss von Giboins Kunst.

Gasthaus Lamm

Hauptstraße 23,
71546 Aspach
T +49 (0) 7191 20271
www.lamm-aspach.de

Schon die Rindertatar-Variante zeigt den Anspruch dieser Traditionsgaststätte: selbstverständlich handgeschnitten und angerichtet mit Pinienkern-Vinaigrette, Kartoffel-Spaghettini, Eigelb und Kaviar. Regionales wie der Zwiebelrostbraten mit Rotweinsauce und handgeschabten Spätzle ist hier gesetzt, ansonsten geht der Blick vor allem nach Süden, etwa zu Tagliatelle mit feiner Parmesansauce und italienischer Sommertrüffel oder kross gegrilltem Oktopus mit marinierten Tomaten.

Gasthof Krone

Nürtinger Straße 14,
71111 Waldenbuch
T +49 (0) 7157 4088 49
www.krone-waldenbuch.de

In der behaglichen historischen Gaststube wird zeitgemäße Haute Cuisine serviert. Erik Metzger folgt keinen Moden, sondern kocht ohne Schnickschnack und mit besten Produkten. Ganz klassisch überzeugt bei ihm ein gebratenes Entenleberschnitzel mit karamellisierten Haselnüssen, Petersilienwurzelpüree und sämiger Jus, von einer dazu gereichten Kalbszunge mit eigenen feinen Akzenten ergänzt. Den zarten Eigengeschmack eines pochierten Saiblings auf Berglinsen mit Rosenkohlblättern verstärkt Mandelschaum.

BADEN-WÜRTTEMBERG

Gourmet-restaurant Nico Burkhardt

Höllgasse 9,
73614 Schorndorf
T +49 (0) 7181 6699 010
www.pfauen-schorndorf.de

> Boutiquehotel Pfauen   S. 88

Im modern schicken, nur acht Plätze großen Gourmetrestaurant hinter der Fachwerkfassade lässt Nico Burkhardt seiner Vorliebe für Inszenierungen freien Lauf – auf die Idee, Weinbergschnecken in einer halb aufgeschnittenen Flasche zu servieren, kommt nicht jeder. Hier gibt es dazu Gerstenrisotto und Frankfurter Grüne Soße sowie ein paar Brombeeren für den erfrischenden säuerlichen Kick. Manche Gerichte mögen übertrieben dekorativ wirken, sie bestehen aber immer aus besten Produkten und zeugen von Burkhardts Händchen für originelle Zubereitungen.

Hegel Eins

Hegelplatz 1,
70174 Stuttgart
T +49 (0) 711 6744 360
www.hegeleins.de

Das Restaurant im Lindenmuseum mit Holzschindeln und Brokatvorhängen an den Wänden ist ganz und gar nicht museal. Eine Speisekarte gibt es nicht, dafür erläutern Service und Brigade gern, was in fünf oder sieben Gängen auf den blanken Holztisch kommt. Daniel Mästlings Küche liefert Showeffekte (Stickstoff! Zuckerwatte! Sponges! Pulver!) und nordischen Chic (Moosbeete! Algenbutter!), dies aber mit tadellosen Zutaten und einem feinen Gespür für deren Eigengeschmack, ergänzt durch milde, manchmal sehr milde Würzakzente.

Hupperts

Gebelsbergstraße 97,
70199 Stuttgart
T +49 (0) 711 6406 467
www.hupperts-restaurant.de

Sein Ziel „moderne Klassik" erreicht Michael Huppert in seinem kleinen, angenehm schlicht gehaltenen Restaurant mit großem Respekt vor erstklassigen Grundprodukten, die er durch Begrenzung der Komponenten, Fokussierung der Aromen und eine Vielfalt von Techniken herausstellt: Das Sous-vide-Verfahren nutzt er, wo es gut passt, wie bei zwei Tage lang zu aromatischer Zartheit gegarten Rinder-Short-Ribs, der Zander jedoch wird in Limettenöl confiert, während Schwarzwurzeln und Kräuterseitlinge vom Anbraten und Ablöschen mit Cognac profitieren.

Knausbira Stüble

Heumadener Straße 15,
70329 Stuttgart
T +49 (0) 711 4288 05
www.knausbira-stueble.de

Wer mal richtig schwäbisch essen möchte, ist in dieser gemütlichen, mit viel Holz eingerichteten, familiär geführten Stube richtig. Denn hier wird heimatverbunden gekocht – und das durchaus kreativ und unkonventionell, aber immer auf hohem Niveau. Kutteln kommen in römischer Art auf den Teller, Maultaschen mit dem unvergleichlichen Kartoffelsalat, es gibt aber auch Lammhaxe und Cordon bleu vom Kalb. Der Wein stammt zum großen Teil von Winzern aus Baden-Württemberg. Apropos: Knausbira ist der Name einer heimischen Birnensorte, so werden aber auch die Bewohner des Stadtteils Hedelfingen genannt.

BADEN-WÜRTTEMBERG

Restaurant Lamm

Winterbacher Straße 1,
73630 Remshalden
T +49 (0) 7181 45061
www.lamm-hebsack.de

Wenn es echte, leibhaftige Gastgeber im wahrsten Sinne des Wortes gibt, dann hier, in diesem über die Ortsgrenzen hinaus bekannten und beliebten Restaurant von Markus und Sylvia Polinski, die von einem aufmerksamen Team unterstützt werden. Sowohl mittags als auch abends ist das gemütliche Restaurant immer gut gefüllt und die Gäste freuen sich über die schwäbisch-mediterrane Gourmetküche und vor allem über ein Glas Wein aus der umfangreichen Weinkarte, die unter Regie von Sommelier Daniel Hasert viele regionale, aber auch beachtliche internationale Weine vorhält. Zum Lamm gehört außerdem ein Drei-Sterne-Hotel.

Lamm Feuerbach

Mühlstraße 24,
70469 Stuttgart
T +49 (0) 711 8822 622
www.lamm-feuerbach.de

Stammgäste wissen, dass es hier keine Speisekarte gibt, und sie vermissen sie auch nicht: Brigitte Idler kocht tagesfrisch, was sie morgens auf dem Markt eingekauft hat. Nicht nur Stuttgarts Slow-Food-Gemeinde, die sich hier trifft, erfreut sich an Kalbsschnitzel mit Spargel-Kartoffel-Ragout, an Klößchen von Hecht und Lachs mit Blattspinat oder Filetgulasch Stroganoff mit Spätzle. Manche Fans kehren gezielt donnerstags ein – dann gibt es die zu Recht hochgeschätzten Maultaschen.

Lamm Rosswag

Rathausstraße 4,
71665 Vaihingen an der Enz
T +49 (0) 7042 21413
www.lamm-rosswag.de

Für dieses Restaurant muss man sich Zeit lassen: Die Küche von Steffen Ruggaber ist ambitioniert, und die vielen kleinteiligen Gänge müssen ja erst mal angerichtet und dann am Tisch angesagt werden. Zutaten und Handwerk sind erstklassig, und meist passt alles herrlich zusammen, so wie beim gebeizten Stück Fjordforelle, würzig-fruchtig umrahmt von Rauchaalmousse, Himbeere und Oxalis; nur manchmal steht die Fülle der Fokussierung im Weg. Die Zeit zwischen den Gängen lässt sich angenehm mit der eindrucksvollen, rein deutschen Weinkarte verbringen.

> Hotel Lamm Rosswag   S. 90

BADEN-WÜRTTEMBERG

Landhaus Feckl

Keltenweg 1,
71139 Ehningen
T +49 (0) 7034 23770
www.landhausfeckl.de

Eine Rarität: ein anspruchsvolles Restaurant auf dem Land, das mittags geöffnet hat und dann sogar das volle Programm anbietet! Mit Präzision und Handwerkskunst bringt Franz Feckl Gerichte auf die kleinteilig angerichteten Teller – wie eine feste, aromatische Rotbarbe im intensiven Bouillabaisse-Fond mit viel Gemüse, Muscheln, hauchdünnen Croûtons und Rouille-Tortellini oder regionalen Maibock, einmal kurz gegart, einmal geschmort, mit Thymiankrapfen, süffiger Portweinsauce, Mairüben und perfekt passenden gepfefferten Erdbeeren.

Maerz

Kronenbergstraße 14,
74321 Bietigheim-Bissingen
T +49 (0) 7142 42004
www.maerzundmaerz.de

> Hotel Rose   S. 90

Schon die Champagnerauswahl wäre die Reise wert: Namhaftes zu günstigen Preisen steht neben Newcomern, Sommelier Christian Maerz schenkt gern Passendes glasweise ein. Dabei kann es nicht einfach sein, die Getränke mit der vielschichtigen Küche seines klug experimentierenden Bruders abzustimmen. Nahezu genial zum Beispiel, wie Benjamin Maerz Waller mit gelben Paprikatrauben, knusprigem Kohl-Dim-Sum und einem Vadouvan-Karotten-Sud verknüpft oder im vibrierend-spannenden Dessert Original-Beans-Schokolade mit Pflaume, Shiso und Thaibasilikum-Sud.

BADEN-WÜRTTEMBERG

Malathounis

Gartenstraße 5,
71394 Kernen im Remstal
T +49 (0) 7151 45252
www.malathounis.de

Vergessen Sie sämtliche Griechenland-Klischees: Das gemütliche Restaurant mit 50er-Jahre-Täfelung und rot gepolsterten Sitzbänken ist die Bühne für eine beschwingt moderne Mittelmeerküche. Einer perfekt krossen Rotbarbe auf geschmortem Trevisano, roter Zwiebel, Senfkörnern und Forellenkaviar gab Joannis Malathounis durch Tomatenvinaigrette und Johannisbeeren einen markanten Säurekick, beim wunderbar saftigen Filet vom Schwäbisch-Hällischen Schwein wurde die Jus würdig durch eine Zitronen-Mayonnaise vertreten, die ihren Namen verdiente.

Marktwirtschaft Besigheim

Marktplatz 2,
74354 Besigheim
T +49 (0) 7143 9099 091
www.marktwirtschaft-besigheim.de

Regional verwurzelt, aber weltläufig, das ist das Küchenkonzept dieser Kreuzung aus Restaurant und Bistro mitten in der Altstadt des Weinbauorts zwischen Stuttgart und Heilbronn. Im lockerstilvollen Mix aus Fachwerk und urbaner Einrichtung wird Schmackhaftes ohne Firlefanz aufgetischt – wie geschmorte Lammhaxe mit Rosmarinjus, mediterranem Schmorgemüse und cremiger Polenta oder Escabeche vom Lachs mit Soja, Sesam, Koriander, Gemüse und Basmatireis.

BADEN-WÜRTTEMBERG

Restaurant Meister Lampe

Solitudestraße 261,
70499 Stuttgart
T +49 (0) 711 9898 980
**www.restaurant-
meisterlampe.com**

So wie Daniel Stübler das einstige Gasthaus Hasen im Vorort Weilimdorf modernisiert hat, so entschlackt er in der Küche regionale Spezialitäten auf hohem Niveau: Beim Luggesleskäs peppte er den Quark mit Sprossen, Radieschen-Schnitzen und knusprigen Roggenbrotstücken auf, ein glänzend geschmorter Rinderbug mit Kürbispüree war aufs Wesentliche reduziert. Auch tadellose Desserts wie Schokokuchen mit vortrefflichem Sauerrahm-Eis sichern die Beliebtheit des oft voll besetzten Restaurants.

Nagare

Feuerbacher-Tal-Straße 34,
70469 Stuttgart
T +49 (0) 711 9354 1290
www.restaurant-nagare.de

Res.

Wer hier bloß Sushi mitnimmt, isst zwar auch gut, verpasst aber mehr als nur sorgsame Arrangements auf schönem Geschirr und erfrischend ungekünstelten Service. Shinichi Nakagawa hat nach Stationen in seiner Heimat auf der Wielandshöhe und im top air gekocht und beherrscht einen interessanten Spagat zwischen japanischer und europäischer Küche. Den zeigt schon der erste Gang des Menüs, in dem später natürlich auch Sushi folgt: eine milde Misosuppe mit zwei Tortellini, deren Füllung aus Nordseekrabben das Aroma trefflich hervorbringt.

Naturparkhotel Landgasthof Stromberg

Güglinger Straße 5,
74343 Sachsenheim
T +49 (0) 7046 599
**www.naturparkhotel-
stromberg.de**

Seit über 30 Jahren steht Familie Gemrig nun schon für Gastlichkeit und geschmackliche Freude der schwäbischen Küche. Manfred Gemrigs Speisekarte gibt einen Überblick über die Fleischsorten dieser Region: Vom Hohenloher Rind über Kalb und Schwein ist bis zum Ochsenbacher Weidelamm ist alles vertreten, was sich der Genießer wünscht. Dass der allergrößte Teil der verwendeten Lebensmittel aus der unmittelbaren Region stammen, steht für die Gemrigs außer Frage. Der Genussführer Schmeck den Süden zeichnete sie dafür unlängst mit der Höchstwertung von drei Löwen aus.

BADEN-WÜRTTEMBERG

noVa

Rigipsstraße 1,
71083 Herrenberg
T +49 (0) 7032 77344
www.nova-gourmet.de

Fürs Séparée hinter der gutbürgerlichen Gaststube kocht auf wenigen Quadratmetern David Höller, eines der vielversprechendsten Nachwuchstalente hierzulande. Zwischen gebeiztem Färsenfilet mit Limette, thailändischen Pfefferblättern und Cognac und einer Tranche vom bretonischen Steinbutt mit knusprigem Fenchel und Fenchelpollen machten hier knackiger Kopfsalat, cremige Avocado, Gurkenspiralen, nussiger Buchweizen, Zitrusgel, fein scharfe Kresse sowie ein Sud von Salat, Spinat und Petersilienöl sogar den Salatgang zum spannungsvollen Glanzstück.

Oettinger's

Fellbacher Straße 2–6,
70736 Fellbach
T +49 (0) 711 9513 452
www.hirsch-fellbach.de

> Hotel Hirsch   S. 89

Die Gastfreundlichkeit hier erweckt ein Wohlgefühl, das Michael Oettinger mit seiner ganz und gar zeitgemäßen, aufgeweckten und neugierigen Küche voll ungewohnter Geschmacksverbindungen weiter verstärkt. So verleiht er gebeiztem Kohlenfisch ein intensives Kohle-Aroma, Glockenapfel steuert ein säuerliches Element bei, Kefir und Kohlrabisud bilden das milde Geschmacksbett. Quasi ein Muss im Oettinger's ist die Bouillabaisse, die zum Beispiel mit einem satten Stück Wolfsbarsch und gegrillter Jakobsmuschel serviert werden kann.

BADEN-WÜRTTEMBERG

Ritzi

Friedrichstraße 6,
70174 Stuttgart
T +49 (0) 711 5050 050
www.ritzi-stuttgart.de

Mit rotem Teppich am Empfang und urbanem Chic in Silber und Schwarz wird in Sichtweite des Hauptbahnhofs die Stuttgarter Szene umworben. Der separate, leicht erhöhte Gourmetbereich wirkt eher wie eine Dreingabe. Was der bedingt kompetente Service dorthin brachte, war ordentlicher, sauber zubereiteter, aber aromatisch sehr zurückhaltender Crossover-Standard, aus dem ein spannendes Dessert mit Melone, Mandarinen, Oliven und Cheesecake herausragte – Küchenchef Ben Benasr kann eigentlich deutlich mehr.

Sansibar by Breuninger

Karlspassage,
70173 Stuttgart
T +49 (0) 711 2112 200
www.sansibarbybreuninger.de

Wie am Meer fühlt man sich zwar nicht direkt, aber ein Hauch von Nordseeluft weht dann doch durch Stuttgarts Innenstadt: Mit dem Sansibar-Konzept hat sich Breuninger in Stuttgart (und Düsseldorf) einen prominenten Gastro-Partner an Bord geholt. Gemeinsam mit Sansibar-Gründer Herbert Seckler, der übrigens aus Baden-Württemberg stammt, wurde das Gastronomiekonzept entwickelt. Im Restaurant in der Karlspassage stehen knapp 400 Plätze – 100 davon auf der großen Terrasse – zur Verfügung. Die Speisekarte lehnt sich an das Sylter Original an – auch hier ist die Currywurst eines der beliebtesten Gerichte. Es gibt aber auch Kalbsbäckchen, Wiener Schnitzel, viele Fischgerichte und – als Reminiszenz an die Örtlichkeit – schwäbische Maultaschen.

Schwabenstube

Stuttgarter Straße 2,
71679 Asperg
T +49 (0) 7141 26600
www.adler-asperg.de

> Adler Asperg   S. 87

Wer in diesem verlässlichen Hort schwäbischer Bodenständigkeit nicht bei Flädlesuppe und Zwiebelrostbraten Halt machen will, dem tischt Küchenchef Max Speyer französisch angehauchte Klassiker auf wie den Gänseleber-Riegel, die schmelzige, dezent mit dunkler Schokolade, schwarzer Walnuss und einem Hauch Kardamom gewürzte Terrine wurde von cremigem Parfait gekrönt. Ein Sonderlob verdient die Patisserie für einen göttlichen Pfirsich mit weißer Schokolade, Pfirsich-Estragon-Sorbet und Himbeeressig-Sabayon.

Speisemeisterei

Schloss Hohenheim 1b,
70599 Stuttgart
T +49 (0) 711 3421 7979
www.speisemeisterei.de

Brot gibt es bei Stefan Gschwendtner erst nach dem Hauptgang. Vorher, meint er, würde die hervorragende knusprige Sauerteig-Focaccia nur von den Feinheiten seiner Küche ablenken – ungewohnt, aber wohlüberlegt wie so vieles im Kavaliersbau von Schloss Hohenheim, wo Gschwendtner seit 2008 kocht. Für seine Gerichte bedient er sich überall, kombiniert regionale und internationale Produkte, von der leicht geräucherten Forelle aus Calmbach bis zum Nacken vom spanischen Eichelschwein mit klassischen wie asiatischen Aromenspendern.

Weinstube Fröhlich

Leonhardstraße 5,
70182 Stuttgart
T +49 (0) 711 2424 71
www.weinstube-froehlich.de

Mit Traditionen geht man sorgfältig um in dieser „anständigen" Weinstube mitten im Rotlichtviertel, das zeigen schon die wunderbar patinierten alten Holztische. Deswegen halten wir uns in den schönen Stuben auch lieber an schwäbische Klassiker wie Rinderkraftbrühe, Zwiebelrostbraten mit Spätzle oder geschmälzte Maultaschen mit Kartoffelsalat statt an Experimente wie Pastinaken-Rote-Bete-Pannacotta auf Babyspinat und Granatapfelmousse auf Kiwi-Carpaccio.

Wielandshöhe

Alte Weinsteige 71,
70597 Stuttgart
T +49 (0) 711 6408 848
www.wielandshoehe.de

Am Hang über Stuttgart pflegen Vincent Klink und sein Küchenchef Jörg Neth klassisches Küchenhandwerk, das nicht in kulinarischer Gestrigkeit verharrt, und eine schwäbisch-mediterrane Aromenwelt, die sich auf Zutaten der Saison und der Gegend gründet. Menüs (eine vegetarische Variante des glaubwürdigen Gemüseliebhabers Klink inklusive) oder à la carte, mittags oder abends, dazu wunderbare Weine – hier herrscht Wahlfreiheit, auch wenn der Wirt stets klare Ansichten hat: Die Wielandshöhe bleibt im Grundsatz ein Gasthaus.

Zum Ochsen

Kirchstraße 15,
71394 Kernen im Remstal
T + 49 (0) 7151 94360
www.ochsen-kernen.de

Zweierlei vom Blumenkohl, dazu ein spanischer Baloiro Blanco, Rinderfilet à la Bordelaise, dazu ein Château Pontet-Fumet aus dem Bordeaux: In der ehemaligen Herberge der „Herren von Stetten" hat man Ahnung sowohl vom Kochen als auch vom Wein – und vor allem vom Zusammenspiel beider Genusskomponenten. Das Hirschkalb kommt auf Walnusscreme, der Kalbstafelspitz auf einer Meerrettichsauce auf den Teller, serviert wird alles äußerst freundlich in modernem Ambiente. Die dazugehörige Landmetzgerei bietet Rostbraten, Saitenwürstchen, hausgemachte Maultaschen, Fleischküchle oder Weißwürste an.

BADEN-WÜRTTEMBERG

Zur Weinsteige

Hohenheimer Straße 30,
70184 Stuttgart
T +49 (0) 711 2367 000
www.zur-weinsteige.de

> Hotel Zur Weinsteige   S. 90

Dieser sympathische Ort bietet eine Zeitreise für alle Sinne, vom Interieur, das untrüglich an die 1990er-Jahre erinnert, bis zur weit zurückführenden Jahrgangstiefe auf Andreas Scherles gigantischer Weinkarte. Die Küche seines Bruders Jörg ist fest in der französischen und schwäbischen Klassik verwurzelt, dabei immer schnörkellos und zudem moderat kalkuliert. Die Gerichte werden zwar – alles andere erschiene hier unpassend – im Stil vergangener Dekaden angerichtet, schmecken aber keinesfalls gestrig.

Hotels

Adler Asperg

★★★★ₛ

Stuttgarter Straße 2,
71679 Asperg
T +49 (0) 714 1266 00
www.adler-asperg.de

> Schwabenstube   S. 84

Dieses familiengeführte Vier-Sterne-Hotel in der ruhigen Stadt Asperg, nicht weit von Ludwigsburg entfernt, blickt auf eine über 160 Jahre während Geschichte zurück. Die 67 Zimmer und drei Themen-Appartements sind komfortabel und hell gestaltet, die Restaurants des Hauses bieten ein großes Spektrum zwischen gehobener Küche, traditioneller Hausmannskost und spanischen Spezialitäten. Im Sommer speist man am besten im Gartenrestaurant unter freiem Himmel.

Bachofer

★★★★

Marktplatz 6,
71332 Waiblingen
T +49 (0) 7151 9764 30
www.bachofer.info

> Bachofer   S. 74

Das moderne Boutique-Hotel mit acht individuellen Design-Zimmern befindet sich in einem denkmalgeschützten Gebäude – einer ehemaligen Apotheke – oberhalb des Restaurants. Alle Zimmer sind nach Gewürzen benannt (Kardamom, Muskat, Safran & Co) und schaffen so die harmonische Verbindung zum ausgezeichneten Restaurant, das von Bernd Bachofer geführt wird und neben regionaler Küche auch von den Küchen Südostasiens, Japans und Chinas inspiriert ist.

Boutiquehotel Pfauen

Höllgasse 9,
73614 Schorndorf
T +49 (0) 7181 6699 010
www.pfauen-schorndorf.de

Klein, aber fein: Das Boutiquehotel, das sich in einem beeindruckenden Fachwerkhaus aus dem 17. Jahrhundert befindet, verfügt nur
über sieben Zimmer, die alle individuell eingerichtet sind und jeweils
den Namen einer bekannten Automobil-Persönlichkeit tragen. Das
Haus hat zudem zwei (kleine) Restaurants, in einem überzeugt der
mehrfach ausgezeichnete Hausherr Nico Burkhardt mit französisch
inspirierten und modern interpretierten Gerichten.

> Gourmetrestaurant
  Nico Burkhardt   S. 77

Designhotel Der Zauberlehrling
★★★★

Rosenstraße 38,
70182 Stuttgart
T +49 (0) 711 2377 770
www.zauberlehrling.de

> Der Zauberlehrling   S. 75

13 Zimmer, vier Suiten, zwei Häuser – das sind die Eckdaten des
Hotels, die Räume sind mit außerordentlich viel Liebe zum Detail
ausgestattet. So verfügt „Mondschau" zum Beispiel über einen
Blick gen Himmel und Dachterrasse, „Paddington" indes über Kamin
und Kupferbadewanne. Kein Wohn-Wunsch, der hier nicht erfüllt
werden kann. Und sollte man dieses Kunstwerk dann doch auch mal
verlassen wollen, könnte man im hoteleigenen Gourmetrestaurant –
selbstredend einem der hippsten in Stuttgart – einkehren.

EmiLu Design Hotel

Nadlerstraße 4,
70173 Stuttgart
T +49 (0) 711 3420 620
www.emilu-hotel.com

Ein Design-Hotel mitten in Stuttgart, eingerichtet in einem früheren
Verwaltungsgebäude: Das EmiLu – benannt nach der Inhaberin Luise
und ihrer Tochter Emilia – wird privat geführt und richtet sich an
den Business-Gast ebenso wie an den Stadt-Touristen. Im Restaurant
Fritz werden Frühstück und kleine Gerichte serviert, entspannen
kann man in der Sauna, trainieren im Fitness-Raum. Die 90 Zimmer
in verschiedenen Größen – inklusive elf Suiten – sind stylish mit
viel Liebe zum modernen Design eingerichtet.

BADEN-WÜRTTEMBERG

Gasthof Hasen

Hasenplatz 6,
71083 Herrenberg
T +49 (0) 7032 2040
www.hasen.de

Am Rande des Naturschutzgebietes Schönbuch und der historischen Stadt Herrenberg liegt dieses traditionelle 4-Sterne-Ringhotel. Es verfügt über komfortable Zimmer, ein Gros davon wurde 2019 renoviert und ist eine ideale Basis für Ausflüge in die nahe gelegene Umgebung. Aber auch für Tagungen und Feste ist die Location mit fünf bestens ausgestatteten Räumen, die zwischen zehn und 120 Personen fassen, ideal.

Hotel Hirsch

Kanalstraße 1–7,
70736 Fellbach
T +49 (0) 711 95130
www.hirsch-fellbach.de

> Oettinger's   S. 83

Der Business-Hotel wird inzwischen in dritter Generation von der Familie Oettinger betrieben und gilt als eine der Top-Adressen der Region. Zusätzlich zum Haupthaus befindet sich inmitten des denkmalgeschützten „Schnitzbiegel-Areals" seit 1991 auch ein Gästehaus. Das kulinarische Herz des Betriebs ist das renommierte und vielfach ausgezeichnete Restaurant Oettinger's, das seit 2005 von Michael Oettinger geführt wird. Gleich neben dem Hotel befindet sich zudem ein denkmalgeschützter Bauernhof samt Weinbar, wo traditionelle schwäbische Gerichte serviert werden.

Hotel Jaz Stuttgart

Wolframstraße 41,
70191 Stuttgart
T +49 (0) 711 9698 40
**www.jaz-hotel.com/hotels/
jaz-in-the-city-stuttgart**

Ein Haus, das herausragt: Die Jaz-Häuser, die zu Steigenberger und damit zur Deutschen Hospitality gehören, präsentieren sich als junge Lifestyle-Marke, etwas schrill, modern und in buntem Design eingerichtet, überall erklingt jazzige Musik. DJs und Künstler aus der Umgebung dürfen in den Häusern auflegen, auftreten oder ausstellen. Das Stuttgarter Haus hat 166 Zimmer, die Lage in der Cloud No. 7 ist nahe eines Einkaufscenters. Aus der Roof-Top-Bar (mit regionaler Weinkarte) hat man einen tollen Ausblick auf die Landeshauptstadt, im Restaurant werden Burger, Steaks und Schupfnudeln serviert.

BADEN-WÜRTTEMBERG

BADEN-WÜRTTEMBERG

Hotel Lamm Rosswag

Rathausstraße 4,
71665 Vaihingen an der Enz
T +49 (0) 7042 21413
www.lamm-rosswag.de

> Lamm Rosswag   S. 79

Das von Sonja und Stefan Ruggaber geführte Haus wurde 1990 errichtet und 2019 teilrenoviert. In einem der zwölf neu gestalteten Zimmer kann man die nahe Enz sanft plätschern hören und sich von einer ausgiebigen Tour in der Umgebung bestens erholen. Im hauseigenen (und ausgezeichneten) Restaurant erwartet den Gast eine saisonal wechselnde Speisekarte mit französischen und mediterranen Einflüssen, die Produkte stammen zum Teil aus der hauseigenen Metzgerei.

Hotel Rose
★★★ₛ

Kronenbergstraße 14,
74321 Bietigheim-Bissingen
T +49 (0) 714 2420 04
www.maerzundmaerz.de

> Maerz   S. 80

Ob privat oder geschäftlich – in diesem familiengeführten Hotel findet jeder Gast die Entspannung und Erholung, die er sucht. Die 35 großzügigen Zimmer sind stilvoll eingerichtet, darüber hinaus lohnt sich auch ein Besuch im hauseigenen Restaurant Maerz & Maerz, das von zwei Brüdern geführt wird. Benjamin Maerz kredenzt eine Mischung aus kosmopolitischer und heimatverbundener Küche, während Christian Maerz als Herr der Weine fungiert.

WEIN SÜDEN
HOTEL

Hotel Zur Weinsteige
★★★★

Hohenheim Straße 28–30,
70184 Stuttgart
T +49 (0) 711 2367 000
www.zur-weinsteige.de

> Zur Weinsteige   S. 86

Das zentral gelegene und familiengeführte Haus befindet sich am Fuße der Weinsteige, nur wenige Gehminuten vom Neuen Schloss in Stuttgart entfernt. Es besticht dank handgefertigten Bronzeskulpturen, Antiquitäten, Schnitzereien und Co mit rustikalem Charme, der sich auch in den Zimmern des 4-Sterne-Hotels wiederfindet. Das dazugehörige Restaurant, geführt von den Scherle-Brüdern, glänzt durch mediterrane und japanische Akzente sowie durch hohe Weinkompetenz.

WEIN SÜDEN
HOTEL

Restaurant & Hotel Einhorn

Hauptstraße 55,
71570 Oppenweiler
T +49 (0) 7191 3402 80
www.restaurant-einhorn.de

> Restaurant
& Hotel Einhorn   S. 76

2016 nach Renovierung eines historischen Fachwerkhauses eröffnet, verfügt das Hotel dank warmer Farben und hellen Hölzern
über äußerst gemütliche Zimmer, die sich über vier Etagen ziehen.
Erst einmal eingecheckt, sollte man sich schnell ins hauseigene
Restaurant begeben, wo Alexander Munz und Jan Decker – die vorher schon im Waldhorn für großes Küchen-Kino gesorgt hatten –
perfekt aufeinander abgestimmte, aromenstarke und unverfälschte
Speisen servieren.

Waldhotel Stuttgart
★★★★ ₛ

Guts-Muths-Weg 18,
70597 Stuttgart
T +49 (0) 711 1857 20
www.waldhotel-stuttgart.de

In der Stadt und doch schon in der Natur liegt das Vier-Sterne-
Superior-Hotel nur 15 Fahrminuten vom Hauptbahnhof entfernt.
Das Haus beherbergt 94 Zimmer und zwei Suiten in unterschiedlichen Kategorien, jeder Raum mit eigenem Charakter und Design,
einige mit Balkon oder Terrasse. Neben einem eigenen Tennis-
platz findet man hier auch ein Wellnesscenter mit Fitnessstudio,
Feste lassen sich im hauseigenen Ballsaal feiern.

BADEN-WÜRTTEMBERG

 Einkaufen

AB-HOF-VERKAUF

Der Sonnenhof

Sonnenhof 1,
70378 Stuttgart
T + 49 (0) 711 2195 7305
www.dersonnenhof.com

Ein Erlebnisbauernhof der besonderen Art: Hier können Kinder hautnah Landwirtschaft erleben, auf dem Riesentrampolin große Sprünge machen oder im Hochseilgarten klettern, hier sind aber auch Firmen für Teambuilding-Aktionen willkommen. Außerdem können dort Hochzeiten gefeiert oder Kurzurlaube verbracht werden. Auf dem Hof leben Hühner und Bienen, es wird Gemüse gezogen und es gibt sowohl ein Hof-Café als auch einen Hofladen.

Erdbeer & Spargel Schmid

Heinzenberger Weg 50,
74343 Sachsenheim
T +49 (0) 7147 12471
www.spargel-schmid.de

Feldfrischer Spargel, rote Erdbeeren, später dann selbst angebaute Melonen und Kürbis: Je nach Saison werden die heimischen Produkte in diesem Hofladen, aber auch an sechs anderen Verkaufsstellen angeboten. Unter dem Label „Fräulein Schmidt" sind jetzt auch Speiseeis, Joghurt, Marmeladen und Saucen aus eigener Produktion im Verkauf.

Eselsmühle

Eselsmühle 1,
70771 Leinfelden-Echterdingen
T + 49 (0) 711 7542 805
www.eselsmuehle.com

Südlich von Stuttgart gelegen lädt die Eselsmühle im Wandergebiet des Siebenmühlentals zu einem Ausflug „in ein Stück heile Welt" ein. Die Besucher erwarten dort eine Bäckerei, ein Kaufladen und eine Gartenwirtschaft, Gruppen können im Stall ihre Feste feiern. Besonders legendär und beliebt ist das Holzofenbrot, das in 14 Sorten angeboten wird, aber auch hausgemachte Kuchen und die schwäbische Küche aus Bio-Zutaten haben ihre Stammkunden.

Hof Leutenecker

Hohe Anwand 1,
71686 Remseck am Neckar
T +49 (0) 7146 7214
www.hof-leutenecker.de

Ein landwirtschaftlicher Hof, der 1962 gegründet wurde, präsentiert sich heute breit aufgestellt: Kuchen, Torten, Nudeln, selbst gemachter Schoko-Eierlikör, Maultaschen, Aufstriche und viele bunte Deko-Artikel bilden das Sortiment im Hofladen. Kaffee und Kuchen können im dazugehörigen Café genossen, Hochzeiten in der Kartoffelscheuer gefeiert und Firmentagungen im Konferenzraum abgehalten werden. Familie Leutenecker beschickt aber auch Wochenmärkte in der Region und verkauft dort nicht nur Obst und Gemüse.

BÄCKEREI

Königsbäck

Gablenberger Hauptstraße 77,
70186 Stuttgart
T +49 (0) 711 9011 4075
www.koenigsbaeck.de

Heimat, Tradition, Leidenschaft zum Handwerk – kurz und neudeutsch: „bäcktotheroots" – nennen Aurelio und Francesco Ingrassia Motto und Konzept für ihre Backstube. Sie verwenden ausschließlich Bioland-Zutaten, verzichten auf technische Enzyme, Emulgatoren und Backmittel. Dabei entstehen ausgesprochen leckere Brote wie Magnuss, Etna Lavakruste, das Bamberger oder Brötchen, wie das krosse Vesperweck. Neben dem Verkauf in Gablenberg gibt es die Königsbäck-Produkte auch im Unverpacktladen Schüttgut an der Vogelsangstraße 51.

FEINKOST

Bio-Käserei Vosseler – Bittenfelder Käse

Römerstraße 36,
71336 Waiblingen
T +49 (0) 7146 8606 68
www.bittenfelder-kaese.de

In der Käserei in Bittenfeld entsteht aus Demeter-Milch und anderen Bio-Zutaten eine ganze Palette an unterschiedlichen Käsesorten – egal, ob Weichkäse, Schnitt- oder Hartkäse, Joghurt, Quark, Ziegencamembert oder Kräuterfrischkäse. Das Käslädle an der Bachstraße ist donnerstags und freitags geöffnet, samstags wird auf dem Markt in Waiblingen verkauft. Bei einer Käserei-Führung kann man seinen eigenen Käse produzieren.

BADEN-WÜRTTEMBERG

Frischeparadies

Ulmer Straße 159,
70188 Stuttgart
T + 49 (0) 711 5530 058
www.frischeparadies.de

Fisch und Meeresfrüchte aus allen sieben Weltmeeren, Fleisch und Geflügel, Obst und Gemüse, Weine und Spirituosen – und das alles in bester frischer Qualität, aus nachhaltigem Anbau und schonend verarbeitet: 12.000 Delikatessen umfasst das Sortiment im Frischeparadies, das von zahlreichen Profi-Gastronomen aufgesucht wird, aber auch dem Endverbraucher offensteht. Insgesamt gibt es zwölf Standorte in Deutschland, Österreich sowie auf Mallorca, zu dem Stuttgarter Feinkostmarkt gehört auch ein Bistro.

Gourmet Berner

Bruckwiesenstraße 1,
71384 Weinstadt
T +49 (0) 7151 2735 050
www.gourmetberner.de

Gewürze, Dips, Nudeln, Pesto, Oliven, Senf, Brände und Konfitüren sind nur einige Beispiele aus dem umfangreichen Feinkost-Sortiment, das in dem großen Geschäft meterlange Regale füllt. Zu den Verkaufsräumen in Großheppach gehört auch ein legeres Restaurant-Café, außerdem finden Fans von Dekoration für drinnen und draußen eine riesengroße Auswahl.

Hochland-Kaffee

Chemnitzer Straße 13,
70597 Stuttgart
T + 49 (0) 711 7220 800
www.hochland-kaffee.de

Was 1930 mit einer kleinen Kaffee-Manufaktur angefangen hat, entwickelte sich über die Jahrzehnte zu einem großen Unternehmen mit mittlerweile 100 Mitarbeitern und mehreren Verkaufsstationen in Stuttgart. Martina Hunzelmann führt das Unternehmen im Sinne ihrer Großeltern, den Firmengründern Gustav und Antoine Hunzelmann, weiter. Die Firmenzentrale ist in Degerloch, dort befindet sich auch die Rösterei mit Verkauf. Außerdem gibt es im Buchhaus Wittwer-Thalia am Kleinen Schlossplatz, in der Markthalle und an der Kirchstraße Kaffeeshops, in denen man frisch aufgebrühten Hochland-Kaffee, aber auch Tee und kleine Häppchen genießen kann.

Keltenhof

Keltenhof 1,
70794 Filderstadt
T + 49 (0) 711 7225 770
www.keltenhof.com

Eindeutiger Star auf diesem Gemüsebauernhof: der Salat. Er wird in vielen Varianten angebaut, geerntet und küchenfertig verkauft. Das Team auf dem Keltenhof hat sich auf Wild- und Wiesenkräuter, auf essbare Blüten und Salate wie Frisée, Feldsalat und Rucola spezialisiert, baut aber auch Brokkoli und Blumenkohl an. Verkauft wird im eigenen Hofladen und Geschäften in der Nähe, auf dem Gelände gibt es aber auch einen Regiomat, der mit eigenen Produkten (und anderen von regionalen Erzeugern) bestückt wird.

Markthalle

Dorotheenstraße 4,
70173 Stuttgart
T + 49 (0) 711 4804 10
www.markthalle-stuttgart.de

Eine der schönsten Markthallen Deutschlands in Jugendstil-Architektur mit rund 40 Verkaufsständen auf 3500 Quadratmetern auf zwei Ebenen erwartet den Besucher im Herzen der Innenstadt. Obst und Gemüse aus aller Welt, unendlich viele Kräuter und Gewürze, Fisch und Fleisch, sowie internationale Spezialitäten von italienischen, spanischen, griechischen oder indischen Händlern locken Hobbyköche, Touristen und Feinschmecker. Erwähnenswert ist die Gemeinschaft der Markthallen-Meister: Bäcker Baier, Fischhalle Looß, Albmetzgerei Failenschmid und die Bäuerliche Erzeugergemeinschaft Schwäbisch-Hall.

Remstal-Markt Mack

Strümpfelbacher Straße 11,
71384 Weinstadt
T +49 (0) 7151 2070 00
www.mack-remstalmarkt.de

Exotische Früchte, aber auch regionale Produkte, eine 15 Meter lange Käsetheke und vor allem eine große Weinauswahl mit vielen regionalen Sorten gehören zum Sortiment in diesem schon mehrfach ausgezeichneten (Käse-Star, Fruchtpreis, Seafood Star) Supermarkt von Rocco Capurso.

BADEN-WÜRTTEMBERG

Rewe Markt Aupperle

Stuttgarter Straße 32,
70736 Fellbach
**www.rewe.de/marktseite/
Fritz-Aupperle**

Regionalität spielt hier die Hauptrolle: In den fünf Rewe-Märkten der Familie Aupperle werden nicht nur Gemüse aus dem Umland, sondern auch der Wein aus der Nachbarschaft angeboten. Für das Weinangebot wurde der Supermarkt mehrfach ausgezeichnet. Und sogar das Fleisch, das unter einem eigenen Label vermarktet wird, stammt aus der Nähe. Drei der fünf Märkte sind in Fellbach: Stuttgarter Straße 32, Bühlstraße 138, Daimlerstraße 18, die anderen beiden in Waiblingen-Hegnach (Oeffinger Straße 1) und Remshalden-Grunbach (Bahnhofstraße 38).

METZGEREI

Metzgerei Kauffmann

Fellbacher Straße 9,
70736 Fellbach
T +49 (0) 711 512256
www.metzgerei-kauffmann.de

Schon in der neunten Generation gibt es diese traditionelle Metzgerei, die ihre regionalen Spezialitäten – wie Brüh-, Koch- und Rohwurst oder Roh- und Kochpökelwaren – selbst herstellt. Zum Sortiment gehören aber auch Salami-, Schinken- und Käsespezialitäten. Rind-, Schweine-, Lamm- und Kalbfleisch bezieht die Metzgerei Kauffmann von regionalen Anbietern. Zum Angebot gehört auch ein täglich wechselnder Mittagstisch – zum Mitnehmen oder direkt zum Verzehr im Geschäft oder auf der Sommerterrasse.

DANIEL'S WEINE

Oberdorf 8,
73650 Winterbach
T +49 (0) 7181 4788 890
www.daniels-weine.de

Auf der Karte bei Daniel Hasert stehen Weine von Winterbach bis Australien, von Kalifornien bis an die Krems in Österreich und von der Mosel bis nach Martinborough in Neuseeland. In der Vinothek, zu der auch ein stattlicher Gewölbekeller gehört, finden After-Work-Verkostungen statt, aber auch viele andere Events. Sommelier Daniel Hasert bringt auch Weine unter eigenem Label heraus, zum Beispiel einen Syrah oder eine Rotweincuvée mit der Weinmanufaktur Untertürkheim.

Die Traube

Hauptstraße 91,
71384 Weinstadt
T +49 (0) 7151 9812 784
www.dietraube.com

Schwegler, Aldinger, Ellwanger, Beurer, Frick oder Escher: Die Weine von Weingütern aus der direkten Nachbarschaft können in der Traube unkompliziert verkostet werden. Die modern eingerichtete Vinothek bietet Weine von Traditionswinzern aus der Region, aber auch von innovativen Jungwinzern an. Damit soll die Leidenschaft für Wein und für die Region widergespiegelt werden. Man kann die Traube für eigene Gesellschaften mieten, dort finden aber auch Veranstaltungen und regelmäßige Verkostungen statt.

BADEN-WÜRTTEMBERG

Vinothek Bönnigheim

Schlossstraße 25,
74357 Bönnigheim
T +49 (0) 7143 8307 59
www.boennigheim.de

Die Vinothek Bönnigheim direkt neben dem Schloss präsentiert die Weine der Weingärtner Stromberg-Zabergäu eG, des VDP Weingut Dautel, der Weinkellerei Kölle und des Weingut Tobias Schifferer. Auch Erzeugnisse der Brennereien Walter Prochnau, Heinz Kölle und Meik Sartorius können hier verkostet werden. Betrieben von den „Freunden der Vinothek Bönnigheim e.V." ist diese Vinothek ein Treffpunkt für Weinfreunde und alle, die es werden wollen.

Vinothek Fellbach Alte Kelter

Untertürkheimer Straße 33,
70734 Fellbach
T +49 (0) 711 3054 7630
www.vinothek-fellbach.info

Hanne und Wolf Petzold, die auch das Hotel Weinberghaus betreiben, laden in die Alte Kelter nicht nur zu Trank, sondern auch zu Speis ein und wollen dabei einen interessanten, jungen, lebendigen Treffpunkt bieten. Die Weine wachsen vor der Tür, die Gerichte sind schwäbisch inspiriert, vieles ist vegetarisch oder vegan. Geöffnet ist montags bis freitags ab 16 Uhr.

Vinothek im Weinbaumuseum Stuttgart

Uhlbacher Platz 4,
70329 Stuttgart
T +49 (0) 711 3257 18
www.weinbaumuseum.de

Die Vinothek und das Weinbaumuseum Stuttgart befinden sich in der historischen „Alten Kelter" in Stuttgart-Uhlbach. Die neue Vinothek wurde kunstvoll in die vorhandene Baustruktur eingepasst, heute können hier Weine von über 20 Stuttgarter Winzerinnen und Winzer verkostet werden. Die historischen Ausstellungsstücke bringen im Weinbaumuseum Stuttgart die verschiedenen Facetten des Weinbaus in Stuttgart näher, die über 2000-jährige Weinkultur kann mit allen Sinnen erlebt werden. Auch die hiesigen Wengerter kommen zu Wort: In Videoeinspielungen erzählen sie von ihrer Arbeit in den Steillagen oder in der Kelter.

Weingut der Stadt Stuttgart – Vinothek Stadtmitte

Breite Straße 4,
70173 Stuttgart
T + 49 (0) 711 2165 7507
www.weingutstuttgart.de

> Weingut der Stadt
  Stuttgart   S. 71

Hier werden die Weine der Landeshauptstadt verkauft – sozusagen von Amts wegen. Denn die Stadt Stuttgart hat ein eigenes Weingut, 16 Hektar groß. Dort wachsen Chardonnay, Gelber Muskateller, Cabernet Blanc, Lemberger, Spätburgunder und Trollinger neben Syrah, Merlot oder Cabernet Sauvignon. All diese Weine werden in der Vinothek verkauft, in der dazugehörigen Bar Schattenbruder können sie auch probiert werden.

Weinhaus Stetter

Rosenstraße 32,
70182 Stuttgart
T +49 (0) 711 2401 63
www.weinhaus-stetter.de

500 Weine hat die älteste Weinhandlung von Stuttgart im Sortiment, darunter viele regionale Spitzenweine, Große Gewächse, Raritäten und internationale Sorten. In der gemütlichen Weinstube und auf der kleinen Terrasse wird schwäbische Küche serviert – Maultaschen, Spätzle oder saure Nierle sind bei den Stammgästen sehr beliebt. Dazu gibt es ein Viertele von einem der 40 offenen Weine. Andreas Scherle, Inhaber dieses Weinhauses, betreibt mit seiner Familie auch das Hotel zur Weinsteige in Stuttgart.

Weinkorb Vinothek

Rosenstraße 1,
71404 Korb
T +49 (0) 7151 9865 707
www.weinkorb.de

Geflochten wie ein Weinkorb präsentiert sich diese Vinothek in außergewöhnlicher Architektur. Sie gehört zwar zum Weingut Singer-Bader, hält aber nicht nur die eigenen Weine vor, sondern lädt auch zum Verkosten von anderen Sorten aus dem Remstal oder anderen süddeutschen Anbaugebieten ein. Destillate aus der eigenen Brennerei stehen ebenfalls auf der Getränkekarte.

ZWISCHEN RHEIN, NECKAR & TAUBER

Von romantischen Schlössern, sanften Hügeln und einem bunten Schwein

Von Anke Kronemeyer

Das klingt eigentlich total unromantisch: Nördliches Württemberg heißt es bei den Touristikern, wenn sie die Region rund um Heidelberg, Heilbronn, Weikersheim oder Schwäbisch Hall definieren. Ganz anders – und sogar etwas romantischer – klingt es dann aber, wenn man diese Region als Gebiet **zwischen Rhein, Neckar und Tauber** beschreibt. Denn genau dort sind die Städte und Orte, die an den Flüssen liegen und in denen es sich **auf schönste Art genussvoll reisen** lässt.

Romantische Schlösser in Heidelberg, ein Landschwein, dessen Art in Hohenlohe erhalten wird, ausgiebige Rad- und Wanderwege im Odenwald, imposante Burganlagen rund um Heilbronn, das Taubertal als Rundum-Angebot für Genießer sowie UNESCO-Weltkulturerbestätten in Kraichgau-Stromberg: All das findet sich in der Region des nördlichen Baden-Württemberg, die sich oberhalb von Stuttgart bis nach Mannheim zieht. Freunde von Kunst und Kultur, von geschichtsträchtigen mittelalterlichen Bauten, Outdoor-Aktivitäten und vor allem von einem feinen Glas Wein und guter Küche entdecken immer wieder etwas Neues.

Eine Reise durch die Region in sechs Stationen.
Touristischer Magnet der Kurpfalz ist und bleibt **Heidelberg**, eine der bekanntesten deutschen Städte. Das liegt zum einen an der weltweit berühmten Schlossruine, aber auch an der charmant-verwinkelten Altstadt sowie der Lage der Stadt an den grünen Hängen des Neckartals. Aber auch daran, dass so viele Dichter und Denker ihr Herz in Heidelberg verloren haben. Clemens Brentano und Achim von Arnim, Joseph von Eichendorff, aber auch Johann Wolfgang von Goethe prägten den Ruf der romantischen Stadt Heidelberg. Es sind vor allem Japaner und Amerikaner, aber

natürlich auch viele Deutsche, die diese entspannt-mediterrane und zugleich pulsierende Universitätsstadt mit ihrem markanten Schloss lieben und gerne durch die historische Altstadt schlendern oder Ausflüge in die Weinorte machen. Touristischer Höhepunkt bei der Stadterkundung ist der Philosophenweg: eine Promenade, die am Heiligenberg entlangführt und von der aus man den berühmten Postkartenblick auf Schloss, Altstadt und Neckar hat.

Die regionale Küche ist zwar von der Pfalz mit ihren relativ deftigen Gerichten geprägt, mittlerweile gibt es aber in vielen Restaurants eine moderne und zugleich traditionelle nordbadisch-kurpfälzische Küche, die sich aus allem Guten, was in der Nachbarschaft gedeiht, zusammensetzt: Spargel aus Schwetzingen, Früchte von der Bergstraße, Wild aus dem Odenwald oder das Schwein aus Schwäbisch Hall. Aber wer ein besonderes kulinarisches Souvenir aus Heidelberg probieren will, kommt am süßen nougatreichen Studentenkuss aus dem Café Knösel nicht vorbei.

Kunst, Kultur, Kulinarik und vor allem der Wein: Das sind die Stichworte, die die Besucher des **Heilbronner Lands** schätzen. Die Region zeigt sich mit weiten, zum Teil terrassierten Weinbergen, gilt als eine der wichtigsten Rotweinregionen von Deutschland, lädt am Neckar zum Wandern und

Radfahren oder zum Besuch von einer der zahlreichen Burganlagen wie dem Wasserschloss Bad Rappenau, der Ruine Helfenberg oder der Burg Hohenbeilstein ein. Wer den Wein aus der Region verkosten will, hat dazu reichlich Gelegenheit. Er wächst zwischen Lauffen und Gundelsheim am Neckar, vom Zabergäu bis ins Weinsberger Tal. Hier kann man sich vor allem dem Trollinger, dem „Nationalgetränk" der Württemberger, ganz entspannt nähern.

Zwischen Kocher und Jagst zeigt sich im **Hohenloher Land** eine idyllische Flusslandschaft, drumherum viele kleine beschauliche Orte, aber auch eindrucksvolle Burgen und Schlösser. Dieses Fleckchen Erde ist aber nicht nur durch die Natur geprägt, sondern vor allem durch Kulinarik. Denn hier lebt nicht nur das zweifarbige Schwäbisch-Hällische Landschwein, sondern auch das Limpurger Rind (Bœuf de Hohenlohe). Beide Rassen galten schon fast als ausgestorben, als Mitte der 1980er-Jahre heimische Landwirte – allen voran Rudolf Bühler – sie wieder züchteten und mit guten Marketingstrategien auf den Markt brachten. Seitdem sind beide geschützte geografische Angaben – wie Champagner, Cognac oder Parmaschinken – und stehen für artgerechte und regionale Landwirtschaft. Die im Übrigen auch durch den Einsatz der 1500 Mitglieder der

Kunst, Kultur, Kulinarik und natürlich der Wein prägen die Regionen im nördlichen Baden-Württemberg.

Bäuerlichen Erzeugergemeinschaft eine besondere Wertschätzung erfährt.

Neben den tierischen Fleischlieferanten verbindet man – kulinarisch gesehen – mit dem Hohenloher Land auch noch etwas Süßes, das schon früher die Fürsten erfreute: die nur wenige Zentimeter großen Wibele. Sie werden aus Biskuitteig gebacken und sind eine Spezialität aus Langenburg. Ansonsten gilt es in Hohenlohe, Land und Leute (die übrigens leicht fränkisch sprechen) zu entdecken. Das kann man in den zum Teil mittelalterlichen Orten Öhringen, Künzelsau, Bad Mergentheim oder Schwäbisch Hall tun, bei einer Wanderung in Deutschlands größtem Muschelkalk-Karstgebiet oder einer Tour entlang der Burgenstraße oder der Schwäbischen Dichterstraße. Oder bei Stippvisiten im Schloss Langenburg des Fürsten Philipp zu Hohenlohe-Langenburg, im Kloster Schöntal, im Schlosshotel Friedrichsruhe oder bei einem Besuch der Jagstmühle in Heimhausen.

Als die „heimlichste Ecke" von Baden-Württemberg gilt das **„Liebliche Taubertal"** im Nordosten des Landes, das politisch eine Besonderheit ist: Denn Teile davon gehören zu Franken, also Bayern, die andere Hälfte zu Baden-Württemberg. Das Taubertal wird geprägt durch seine 1000 Kilometer langen Rad- und Wander-

wege, kulturelle Sehenswürdigkeiten, die romantische (bayerische) Stadt Rothenburg ob der Tauber, das Schloss Weikersheim oder die Stadt Bad Mergentheim. Gäste haben die große Auswahl zwischen zahlreichen kulinarischen Genüssen wie der Tauberforelle, dem Landschwein oder dem Tauberlamm, eine große Rolle spielt aber auch der Weinanbau. Im Taubertal wurden vor mehreren hundert Jahren in mühsamer Handarbeit Steinriegel um die Weinberge gebaut, die den Reben das richtige Klima gaben und immer noch geben. An der Tauber treffen sich drei Weinregionen: Im südlichen Tal zählen die Reben zum fränkischen Anbaugebiet; zwischen Weikersheim, Niederstetten und Bad Mergentheim liegt der Bereich Kocher-Jagst-Tauber, der zu Württemberg gehört; das mittlere Taubertal gehört zum Weinbaugebiet Baden, Bereich Tauberfranken. Angebaut werden unter anderem Müller-Thurgau und Silvaner, aber auch der autochthone Tauberschwarz, der gerade eine Renaissance erlebt.

Die Landschaft der 1000 Hügel wird der **Kraichgau** auch genannt, der sich im Süden an den Odenwald und im Westen an den Naturpark Stromberg-Heuchelberg anschließt. Hier zeigt sich eine liebliche, leicht gewellte Kulturlandschaft, umgeben von Ballungsräumen, zugleich dünn

BADEN-WÜRTTEMBERG

besiedelt. Bretten, Bruchsal, Eppingen oder Bad Rappenau sind allesamt keine großen Städte, aber durchaus lohnenswert anzusehen. Kleinere Wälder, Äcker, Streuobstwiesen und vor allem Rebhänge bilden das Landschaftsbild.

An Burgen und kleinen Schlössern kann man heute noch erkennen, dass der Kraichgau früher von vielen Rittern, Grafen und anderen Adligen bewohnt war. Schloss Bruchsal und das UNESCO-Weltkulturerbe Kloster Maulbronn laden zu einer Zeitreise ein. Eine Besonderheit in Sachen Weinbau: Zwischen Kraichgau und Stromberg verläuft die Grenze zwischen dem badischen und dem württembergischen Anbaugebiet. Weil die ganze Region als Schönwetterecke gilt, freuen sich sportliche Besucher über die Hügel, die sie mit dem Rad oder bei einer Wanderung erklimmen können. Wohl wissend, dass in jedem Tal nicht nur schöne Fachwerk-Orte, sondern auch Gasthäuser mit Maultaschen, Spargel, frisch gefangener Forelle und vor allem einem Glas des heimischen Weins auf sie warten.

Der **Odenwald** zieht sich längs des Neckars von Bad Wimpfen bis Neckargemünd und vom kleinen Odenwald bis zum Wallfahrtsort Walldürn. Politisch ist er dreigeteilt, gehört mit seinem unterfränkischen Teil zu Bayern, mit dem südlichen zu Baden und dem Rest zu Hessen. Seine höchste Erhebung mit 626 Metern ist der Katzenbuckel. Er ist Teil des Geo-Naturparks Bergstraße-Odenwald, der sich im Süden mit dem baden-württembergischen Naturpark Neckartal-Odenwald überschneidet.

Wer den Odenwald erwandern will, hat dazu auf 10.000 Kilometern Gelegenheit – auf dem Nibelungensteig, dem Burgensteig Bergstraße oder eben auf dem Neckarsteig: Auf diesem Qualitätswanderweg kann man theoretisch 140 Kilometer zurücklegen, wechseln sich Steigungen, Gefälle und Landschaften ab, erlebt man Trockenwald, Streuobstwiesen, Wacholderheiden und Ackerbau.

Ein besonderes kulinarisches Erbe der Odenwald-Region ist der Grünkern, unreif geernteter Dinkel. Das weltweit einzige Anbaugebiet ist das badische Bauland, das im Osten an den Odenwald grenzt. Die hier angebaute Art von Dinkel, aus dem der Grünkern geerntet wird, heißt „Bauländer Spelz". Touristische Besonderheit ist der Grünkern-Radweg, der über 46 Kilometer von Widdern nach Walldürn durch die „Heimat des Grünkerns" führt und die Ferienregionen Odenwald, Liebliches Taubertal, Hohenlohe und Heilbronner Land verbindet.

WEITERE INFORMATIONEN

www.tourismus-bw.de

BADEN-WÜRTTEMBERG

© Ralf Seidel

Dr. Nicole Graf

Professor Dr. Nicole Graf ist Gründungsrektorin der staatlichen Dualen Hochschule Baden-Württemberg (DHBW) in Heilbronn, die sich seitdem zu **einer Nachwuchs-schmiede der Lebensmittelbranche** entwickelt hat. Die Themen Wein und Genuss spielen mit den Studiengängen Food Management und Wein-Technologie-Management an dieser Hochschule eine große Rolle. Mit rund 33.500 Studierenden ist die DHBW die größte Hochschule in Baden-Württemberg.

EMPFEHLUNGEN

Heilbronner Weindorf
8. bis 18. September 2022
Rathaus Heilbronn
www.heilbronnerland.de
Das 2022 zum 50. Mal statt-
findende Heilbronner Weindorf ist für mich ein absolutes
MUSS im Jahreskalender:
Freunde treffen, plauschen,
traditionelle Gerichte oder
neue Street-Food-Snacks, die
auch von unserem Studien-
gang Food Management mit-
entwickelt werden, zu regionalen Weinen verkosten. (Eine
große Ehre, dass ich 2018 als
Edelfrau des Weindorfs ausgezeichnet wurde!)

Neue Mensa am Bildungscampus
Bildungscampus 8,
74076 Heilbronn
www.bildungscampus.hn
Mittags geht es für mich direkt
aus dem Hörsaal in unsere
Mensa auf dem Heilbronner
Bildungscampus, wo neben
Studenten und Wissenschaft-
lern auch externe Gäste in den
Trubel des modernen Campus
eintauchen können. Die Auswahl an Speisen ist groß, das
Konzept überzeugend – viele
der verwendeten Zutaten kommen aus kontrolliert biologischem Anbau und regionalen
Betrieben.

Ratskeller der Stadt Heilbronn
Am Marktplatz 7,
74072 Heilbronn
T +49 (0) 7131 84628
www.ratskeller-heilbronn.eu
Eine Spezialität aus der Region, die man gegessen haben
muss? Das Heilbronner Leib-
gericht mit allen schwäbischen Schmankerln wie Maultaschen, Bubenspitzle und
Spätzle sowie kleinen Lend-
chen in Rahmsauce auf einem
Teller. Gerne in der guten Stube der Stadt, dem Ratskeller in
Heilbronn.

Wirtshaus zum Reiterhof
Kelterweg 41,
74081 Heilbronn-Horkheim
T +49 (0) 7131 2051 020
www.wirtshaus-zum-reiterhof.de
Solide und gut bürgerliche
Küche mittags und abends,
wenn ich erschöpft und glücklich nach einem langen Arbeits-
tag noch Zeit zum Reiten auf
meinem Pferd Solo habe.

Weingut Heitlinger & Weingut Burg Ravensburg
Am Mühlberg 3,
76684 Östringen-Tiefenbach
T +49 (0) 7259 91120
www.heitlinger-genusswelten.de
Ein wunderbarer Ort der vino-
logischen Inspiration ist für
mich die Bar mitsamt Barrique-
Keller im Weingut Heitlinger
inmitten der idyllischen Weinberge des Kraichgaus. Und
übernachten kann man im zuge-
hörigen Hotel auch, wenn
man den Wein etwas intensiver genießen möchte.
> S. 131, S. 136, S. 156

Le Cerf
Kärcherstraße 11,
74639 Zweiflingen
+49 (0) 7941 60870
www.schlosshotel-friedrichsruhe.de
Das Wald- und Schlosshotel
Friedrichsruhe liegt in Hohenlohe direkt am Limeswall und
bietet Kulinarik von hoch de-
korierter bis hin zur rustikalen
Küche. Für besondere Anlässe
buche ich abends gerne einen
Tisch im Le Cerf, das keine kulinarischen Wünsche offen lässt
und trotz des historischen
Ambiente eines Schlosses die
Küche modern interpretiert.
> S. 149

BADEN-WÜRTTEMBERG

Die Region zwischen Rhein, Neckar und Tauber könnte unterschiedlicher nicht sein: Auf der einen Seite die BUGA-Quadratstadt Mannheim, die pulsierende Studentenstadt Heidelberg, die Jahr für Jahr von fröhlichen Touristen aus Japan oder Amerika besucht wird, auf der anderen der stimmungsvolle Odenwald, dann wieder die liebliche Landschaft des Kraichgaus oder eben Hohenlohe, in dem sich nicht nur das Landschwein sauwohl fühlt. Überall wird Genuss großgeschrieben – egal, ob beim Wein oder bei zünftigen Speisen.

N

BADEN-WÜRTTEMBERG

WEINHEIM

A 6

MANNHEIM

LADENBURG

B 3

Neckar

HEIDELBERG

B 45

SCHWETZINGEN

ELZTAL

NECKARGEMÜND

KETSCH

LEIMEN

OBRIGHEIM

A 5

B 27

MALSCH

Rhein →

KRONAU

ÖSTRINGEN

BAD WIMPFEN

BAD SCHÖNBORN

NECKARSULM

TIEFENBACH

HEILBRONN

LEINGARTEN

SCHWAIGERN

EGGENSTEIN-
LEOPOLDSHAFEN

BRUCHSAL

LAUFFEN
AM NECKAR

SULZFELD

B 293

BRACKENHEIM

OBERDERDINGEN

PFAFFENHOFEN

WEINGARTEN

CLEEBRONN

Das Hohenloher Land – auch Genießerregion genannt – ist bekannt für seine Hofläden und Direktvermarkter. Auf der Website **www.hohenlohe-schwaebischhall.de/kulinarik** sind alle Einkaufsadressen aus dieser Region aufgelistet.

← Main

WERTHEIM

KÖNIGHEIM

LAUDA-
KÖNIGSHOFEN

B 27

BUCHEN

BOXBERG

BAD
MERGENTHEIM

WEIKERSHEIM

A 81

B 19

Tauber →

BADEN-WÜRTTEMBERG

MULFINGEN

WIDDERN

INGELFINGEN

B 290

NIEDERNHALL

KÜNZELSAU

ZWEIFLINGEN

LANGENBURG

ROT AM SEE

ERLENBACH
EBERSTADT

BRETZFELD

A 6

PFEDELBACH

WEINSBERG

OBERSULM

LÖWENSTEIN

B 14

SCHWÄBISCH
HALL

ABSTATT

MAINHARDT

BEILSTEIN

ILSFELD

Kocher →

Übersicht

 WEIN

BADEN-WÜRTTEMBERG

WOLFGANG ALT

Schwaigerner Straße 1
74336 Brackenheim
> S. 122

WEINGUT DR. BAUMANN

Am Ordensschloss 15–21
74182 Obersulm
> S. 122

WEINGUT BECKER

Oberer Jagdweg 13
69254 Malsch
> S. 123

BECKSTEINER WINZER

Weinstraße 30
97922 Lauda-Königshofen
> S. 123

GRAF VON BENTZEL-STURMFEDER

Sturmfederstraße 4
74360 Ilsfeld
> S. 123

WEINGUT BENZ
Im Walterstal 1
97922 Lauda-Königshofen
> S. 124

WEINGUT BERTHOLD

Reutweg 4
74172 Neckarsulm
> S. 124

WEINGUT BIRKERT

Unterheimbacher Straße 28
74626 Bretzfeld
> S. 124

WEINGUT BÖS

Wiesenäcker 2
69254 Malsch
> S. 125

RUDOLF BOSCH

An der Oberen Lußhardt 1/1
76709 Kronau
> S. 125

WEINGUT CLAUER

Dormenackerhof 1
69126 Heidelberg
> S. 125

WEINGÄRTNER CLEEBRONN-GÜGLINGEN
Ranspacher Straße 1
74389 Cleebronn
> S. 126

WEINGUT DRAUTZ-ABLE

Faißtstraße 23
74076 Heilbronn
> S. 127

WEINKONVENT DÜRRENZIMMERN

Meimsheimerstraße 11
74336 Brackenheim
> S. 127

PRIVATKELLEREI EBERBACH-SCHÄFER

Rieder 6
74348 Lauffen am Neckar
> S. 128

WEIN & GUT FRANK

Bönnigheimer Straße 29
74336 Brackenheim
> S. 128

WEINGUT GAUFER
Mariannenstraße 24
74653 Ingelfingen
> S. 129

**WEINGUT UND
EDELBRENNEREI GEMMRICH**

Löwensteiner Straße 34
71717 Beilstein
> S. 129

**GENOSSENSCHAFTS-
KELLEREI HEILBRONN**

Binswanger Straße 150
74076 Heilbronn
> S. 130

ALEXANDER HEINRICH

Kümmelstraße 2
74182 Obersulm
> S. 130

G. A. HEINRICH

Riedstraße 29
74076 Heilbronn
> S. 130

WEINGUT HEITLINGER

Am Mühlberg 3
76684 Östringen
> S. 131

CHRISTIAN HIRSCH

Kastanienstraße 1
74211 Leingarten
> S. 131

ERICH HIRTH

Löwensteiner Straße 76
74182 Obersulm
> S. 132

**SCHLOSSGUT
HOHENBEILSTEIN**

Schlossstraße 40
71717 Beilstein
> S. 132

**WEINGUT FÜRST
HOHENLOHE OEHRINGEN**

Wiesenkelter
74613 Öhringen
> S. 133

WEINGUT HOLZAPFEL

Wilfenseeweg 78/1
74172 Neckarsulm
> S. 133

WEINGUT HONOLD

Am Hummelberg 1
76684 Östringen
> S. 133

WEIN- & SEKTGUT HUMMEL

Oberer Mühlweg 5
69254 Malsch
> S. 134

**WEINGUT KISTENMACHER &
HENGERER**

Eugen-Nägele-Straße 23–25
74074 Heilbronn
> S. 134

WEINGUT KLUMPP

Heidelberger Straße 100
76646 Bruchsal
> S. 134

ANITA LANDESVATTER

Schloßstraße 15
74336 Brackenheim
> S. 135

ADAM MÜLLER

Adam-Müller-Straße 1
69181 Leimen
> S. 135

WEINGUT GRAF NEIPPERG

Schloßstraße 12
74193 Schwaigern
> S. 136

**WEINGUT BURG
RAVENSBURG**

Am Mühlberg 3
75056 Sulzfeld
> S. 136

SANKT ANNAGARTEN BIOLOGISCHES WEINGUT

Sankt-Anna-Gärten 1
71717 Beilstein
> S. 137

WEINGUT SCHLÖR

Martin-Schlör-Straße 22
97877 Wertheim
> S. 137

MARTIN SCHROPP – VINOSPHÄRE SCHROPP

Strassenäcker 1
74235 Erlenbach
> S. 137

WEINGUT SEEGER

Rohrbacher Straße 101
69181 Leimen
> S. 138

WEINGUT SEYBOLD

In den Herrenäckern 28/1
74348 Lauffen am Neckar
> S. 138

WEINGUT SEYFFER

Schwabstraße 4
74189 Weinsberg
> S. 138

WINZERHOF STREBEL

Geisbergstraße 8
97922 Lauda-Königshofen
> S. 139

WEINGÄRTNER STROMBERG-ZABERGÄU

Neipperger Straße 60
74336 Brackenheim
> S. 139

WEINGUT SUPP

Weinsberger Straße 16
74189 Weinsberg
> S. 139

WEINGUT UNGERER

Harsberger Straße 15
74629 Pfedelbach
> S. 140

WEINGUT WACHTSTETTER

Michelbacher Straße 8
74397 Pfaffenhofen
> S. 140

WEINGUT WEIHBRECHT

Hauptstraße 20
74626 Bretzfeld
> S. 140

STAATSWEINGUT WEINSBERG

Traubenplatz 5
74189 Weinsberg
> S. 141

WEINGUT ZIPF

Vorhofer Straße 4
74245 Löwenstein
> S. 141

GASTRONOMIE

959
Friedrich-Ebert-Anlage 2
69117 Heidelberg
> S. 142

ALBATROS
Birkenhof 1
76684 Östringen
> S. 142

RESTAURANT BACHMAIER
Untere Neckarstraße 40
74072 Heilbronn
> S. 143

BACKMULDE
Hauptstraße 61
68526 Ladenburg
> S. 143

BISTRONAUTEN
Kopernikusstraße 43
69469 Weinheim
> S. 143

CHAMBAO
Dreikönigsstraße 1
69117 Heidelberg
> S. 144

CHRISTIANS RESTAURANT
Neckarstraße 40
69151 Neckargemünd
> S. 144

DOBLER'S
Seckenheimer Straße 20
68165 Mannheim
> S. 145

EISENBAHN
Karl-Kurz-Straße 2
74523 Schwäbisch Hall
> S. 145

**ESSZIMMER BY PHILIPP
WEIGOLD IN DER ALTEN POST**
Alte Postgasse 53
69469 Weinheim
> S. 145

GARBO ZUM LÖWEN
Hauptstraße 51
76344 Eggenstein-Leopolds-
hafen
> S. 146

RESTAURANT HANDICAP
Hauptstraße 22
74653 Künzelsau
> S. 146

HERRENMÜHLE
Hauptstraße 239
69117 Heidelberg
> S. 146

KREUZBERGHOF
Am Kreuzbergsee 1
76684 Östringen
> S. 147

KURFÜRSTENSTUBE
Friedrich-Ebert-Anlage 1
69117 Heidelberg
> S. 147

**LANDGASTHOF
JAGSTMÜHLE**
Jagstmühlenweg 10
74673 Mulfingen
> S. 147

BADEN-WÜRTTEMBERG

**LANDGASTHOF
ZUM GOLDENEN ANKER**

Hauptstraße 16–20
76344 Eggenstein-Leopolds-
hafen
> S. 148

LANDHAUS HOHENLOHE

Erlenweg 24
74585 Rot am See
> S. 148

LANDHAUS RÖSSLE

Mainhardter Straße 26
74626 Bretzfeld
> S. 148

LAURENTIUS

Marktplatz 5
97990 Weikersheim
> S. 149

LE CERF

Kärcherstraße 11
74639 Zweiflingen
> S. 149

LE CORANGE

6. Etage engelhorn
Mode im Quadrat, O5 9–12
68161 Mannheim
> S. 149

LE GOURMET

Hirschgasse 3
69120 Heidelberg
> S. 150

MARLY

Speicher 7 – Rheinvorlandstrasse 7
68159 Mannheim
> S. 150

**MÖBIUS
LEBENSMITTEL.PUNKT**

Kurfürstenstraße 22
68723 Schwetzingen
> S. 151

OPUS V

6. Etage engelhorn
Mode im Quadrat, O5 9–12
68161 Mannheim
> S. 151

REBERS PFLUG

Weckriedener Straße 2
74523 Schwäbisch Hall
> S. 152

**REBSTOCK
LA PETITE PROVENCE**

Eppinger Straße 43
74080 Heilbronn
> S. 152

**SCHARFFS
SCHLOSSWEINSTUBE**

Schlosshof 1
69117 Heidelberg
> S. 153

SPEICHER7 BAR

Rheinvorlandstraße 7
68159 Mannheim
> S. 153

ZEIT | GEIST

Marktplatz 7
76356 Weingarten
> S. 154

ZWEITE LIEBE

Beilstraße 3
68159 Mannheim
> S. 154

BADEN-WÜRTTEMBERG

🛏 HOTELS

DAS WILDECK
Heilbronner Straße 16
74232 Abstatt
> S. 155

DER EUROPÄISCHE HOF HEIDELBERG
★ ★ ★ ★ ★ s
Friedrich-Ebert-Anlage 1
69117 Heidelberg
> S. 155

DIE HIRSCHGASSE HEIDELBERG
Hirschgasse 3
69120 Heidelberg
> S. 155

FLAIR HOTEL WEINSTUBE LOCHNER
★ ★ ★ s
Hauptstraße 39
97980 Bad Mergentheim
> S. 156

GASTHAUS ADLER
Hindenburgstraße 4
74336 Brackenheim
> S. 156

HEITLINGER HOF
Am Mühlberg 3
76684 Östringen
> S. 156

HOTEL RAPPENHOF
★ ★ ★ s
Rappenhofweg 1
74189 Weinsberg
> S. 157

INSEL-HOTEL
★ ★ ★ ★ s
Willy-Mayer-Brücke
74072 Heilbronn
> S. 157

KREUZBERGHOF
★ ★ ★ ★
Am Kreuzbergsee 1
76684 Östringen
> S. 158

LANDGASTHOF & HOTEL JAGSTMÜHLE
Jagstmühlenweg 10
74673 Mulfingen
> S. 158

LANDHAUS HOHENLOHE
Erlenweg 24
74585 Rot am See
> S. 158

LANDHAUS WOLF
★ ★ ★ s
Karl-Kurz-Straße 2
74523 Schwäbisch Hall
> S. 159

LAURENTIUS
★ ★ ★
Marktplatz 5
97990 Weikersheim
> S. 159

MAWELL RESORT
Roseneck 5
74595 Langenburg
> S. 160

REBER'S PFLUG
Weckriedener Str. 2
74523 Schwäbisch Hall
> S. 160

REBGUT
★ ★ ★ ★
Rebgutstraße 80
97922 Lauda-Königshofen
> S. 160

SCHLOSSHOTEL INGELFINGEN
★ ★ ★ s
Schlossstraße 14
74653 Ingelfingen
> S. 161

WALD & SCHLOSSHOTEL FRIEDRICHSRUHE
★ ★ ★ ★ ★ s
Kärcherstraße 11
74639 Zweiflingen
> S. 161

BADEN-WÜRTTEMBERG

EINKAUFEN

WEINHOTEL BENZ
Am Nonnenberg 12
97922 Lauda-Königshofen
> S. 161

AB-HOF-VERKAUF

DEMETER HOF HOFMANN
Zentweg 13
97944 Boxberg
> S. 162

ERLENBACHER ÖLMÜHLE
Hofäcker 1
74235 Erlenbach
> S. 162

HEINRICH HOF
Kirstetter Straße 23
74847 Obrigheim
> S. 162

HÖRCHERS BAUERNLADEN
Talstraße 33
74259 Widdern
> S. 163

HOFLADEN HOFGUT HERMERSBERG
Hermersberg 7
74676 Niedernhall
> S. 163

HOFLADEN LUISENHOF
Luisenhof 29
75038 Oberderdingen
> S. 163

LÄDLE IM RIEGENHOF
Riegenhof 4
74535 Mainhardt
> S. 163

SEITENBACHER ERLEBNISWELT
Siemensstraße 8
74722 Buchen
> S. 164

ZUM FORELLENBAUER
Meertalsiedlung 1a
74834 Elztal
> S. 164

BÄCKEREI

BÄCKEREI EITEL
Kirchbrunnenstraße 37
74072 Heilbronn
> S. 164

FEINKOST

GENUSS-PORTAL HOHENLOHER SCHAUMWEINE
Am Bach 20
74595 Langenburg
> S. 164

HOLUNDERZAUBER
Alte Steige 14
74595 Langenburg
> S. 165

KÄSE

SCHNEIDEWIND-GUETH
Heidelberger Straße 15
76669 Bad Schönborn
> S. 165

**LANGENBURGER
SCHAFSKÄSEREI**
Breberweg 2
74595 Langenburg
> S. 165

LEBENSMITTEL PFEFFER
Kramstraße 1
74072 Heilbronn
> S. 165

**REGIONALMARKT
HOHENLOHE**
Birkichstraße 10
74549 Wolpertshausen
> S. 166

METZGEREI

**METZGEREI & GENUSSWELT
FRANKENKRONE
MORSCHHEUSER**
Breitenflur 3
97953 Königheim
> S. 166

VINOTHEKEN

**VINOTHEK ALTE
GOLDSCHMIEDE**
Gelbinger Gasse 34
74523 Schwäbisch Hall
> S. 167

**VINOTHEK
IM HOTEL ANNE-SOPHIE**
Hauptstraße 22
74653 Künzelsau
> S. 167

**VINOTHEK TAUBERTAL
IM KLOSTER BRONNBACH**
Bronnbach 9
97877 Wertheim
> S. 167

**VINOTHEK
WEINSBERGER TAL**
Hauptstraße 1
74189 Weinsberg
> S. 168

WEIN VILLA
Cäcilienstraße 66
74072 Heilbronn
> S. 168

WEINHAUS FEHSER
Friedrich-Ebert-Anlage 26
69117 Heidelberg
> S. 168

WEINLODGE AM GEISSBERG
In den Erlenwiesen 3
74246 Eberstadt
> S. 169

**WEINMANUFAKTUR
SCHLOSSHOTEL
INGELFINGEN**
Schloßstraße 14
74653 Ingelfingen
> S. 169

WEINSTUBE FEYERABEND
Hauptstraße 74
74206 Bad Wimpfen
> S. 169

BADEN-WÜRTTEMBERG

Wein

Wolfgang Alt

Schwaigerner Straße 1,
74336 Brackenheim
T +49 (0) 7135 9365 14
www.wolfgangalt-weingut.de

👤 Wolfgang Alt
🏠 Moritz Alt
Rebfläche 2,9 ha

Lemberger ist die Hauptrebsorte im Weingut Wolfgang Alt, doch auch Nebbiolo, Weißburgunder und Riesling baut er in seinen Lagen rund um Neipperg und Brackenheim an. Dort legt er besonderen Wert auf eine Ertragsbegrenzung von maximal 40 Liter pro Hektar, im Keller werden offene Maischegärung und Ausbau in gebrauchten 600-Liter-Fässern und Barriques betrieben. Alts kompaktes, aber aussagekräftiges Sortiment teilt sich in die Kategorien mit G wie Gefühl, R wie Ruhe und S wie Seele. Bei gutem Wetter lädt der idyllische Weingarten zum Verkosten ein.

Weingut Dr. Baumann

Am Ordensschloss 15–21,
74182 Obersulm
T +49 (0) 7130 47440
www.weingut-dr-baumann.de

👤 Marc Baumann
🏠 Marc Baumann
🍷 Markus Kehrer
Rebfläche 42 ha
Gründung 1928

Mit dem Namen Dr. Baumann belebte die Schlosskellerei Affaltrach nicht nur einen historischen Namen, sondern signalisiert mit dem Begriff Meisterklasse auch den Anspruch, dem man sich stellt. Selektive Handlese, ein Sortenspektrum an Klassikern wie Riesling, Spätburgunder und Lemberger, aber auch Spezialitäten wie Muskateller und Muskattrollinger oder internationale Sorten wie Sauvignon, Merlot und Cabernet Sauvignon sollen diesen Anspruch einlösen. Verkostet werden kann im neuen „meeting life".

Weingut Becker

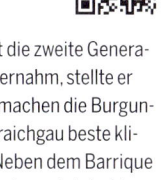

Oberer Jagdweg 13,
69254 Malsch
T +49 (0) 7253 25189
www.weingutbecker.de

👤 Alexander Becker
Rebfläche 8 ha
Gründung 1981

Der Geisenheim-Absolvent Alexander Becker ist die zweite Generation in diesem Weingut. Als er 2015 das Ruder übernahm, stellte er
auf Bioanbau um. Das Herzstück des Angebots machen die Burgunder (darunter auch Auxerrois) aus, die hier im Kraichgau beste kli-
matische Voraussetzungen und Böden finden. Neben dem Barrique
kommen auch Amphoren zum Einsatz, wie beim bernsteinfarbenen
Grauburgunder. Das Sortiment ist in die Kategorien Gutsweine,
Ortsweine und Lagenweine unterteilt.

Becksteiner Winzer

Weinstraße 30,
97922 Lauda-Königshofen
T +49 (0) 9343 5000
www.becksteiner-winzer.de

🍷 Florian Döller
Rebfläche 249 ha
Gründung 1894

Mineralreiche Muschelkalkböden bilden bei den Becksteiner Winzern
allerbeste Voraussetzungen für hochelegante bis hin zu kraftvollen
Weinen. Die besten Einzellagen sind der Becksteiner Kirchberg sowie
der Gerlachsheimer Herrenberg mit einem einzigartigem Chardonnay. Die Becksteiner sind die drittälteste Winzergenossenschaft Badens. Dies verpflichtet zur Tradition, hindert die Verantwortlichen
rund um Michael Braun zum Glück aber nicht daran, sich offen für
Neues im Weinberg und im Keller zu zeigen, wie einem herausragenden Pinot-Meunier-Sekt zu zeigen.

Graf von Bentzel-Sturmfeder

Sturmfederstraße 4,
74360 Ilsfeld
T +49 (0) 7133 9608 94
www.sturmfeder.de

👤 Kilian Graf von
Bentzel-Sturmfeder
🏠 Holger Matz
🍷 Holger Matz
Rebfläche 13 ha
Gründung 1396

Kilian Graf von Bentzel-Sturmfeder ist nicht nur der erste seit drei
Generationen, der sich wieder dem Wein widmet und den Verkauf
des Besitzes verhinderte. Er frischt auch das Erscheinungsbild mit
Sondereditionen mit Künstleretiketten auf, lädt zu Events und zum
Übernachten ins Landhaus ein. Dort kann man Bekanntschaft mit
den tiefgründigen Weinen vom Schozacher Roten Berg machen,
der laut Besitzer das Potenzial für Spitzenweine hat. Dies hilft Kellermeister Holger Matz tatkräftig zu heben.

BADEN-WÜRTTEMBERG

Weingut Benz

Im Walterstal 1,
97922 Lauda-Königshofen
T +49 (0) 9343 4523
www.weingut-benz.de

👤 Familie Benz
🏠 Hubert Benz
🍷 Michael Benz
Rebfläche 82 ha
Gründung 1994

Michael Benz hat das Ruder im Weingut übernommen und setzt bei der Weinbergsarbeit auf vorsichtige Bodenpflege und aufwendige Laubwerksarbeit. Aus den Steillagen mit Muschelkalkböden kommen Klassiker wie Silvaner und Spätburgunder, aber auch internationale Rebsorten. Die besten Trauben vergären und reifen in heimischem Holz, wie die Spezialität des kleinen Anbaugebietes, der Tauberschwarz. Weinhotel und Vintasticum-Erlebnis locken ins Taubertal.

Weingut Berthold

Reutweg 4,
74172 Neckarsulm
T +49 (0) 7132 37117
www.weingut-berthold.de

👤 Ludwig Berthold
🏠 Ludwig Berthold
🍷 Ludwig Berthold
Rebfläche 11 ha
Gründung 1985

Neben seiner Tätigkeit im Keller des Staatsweinguts Weinsberg baute Hermann Berthold seit 1985 den Betrieb auf. Nun hat Sohn Ludwig nach seiner Ausbildung bei namhaften Winzern und in Weinsberg das Heft im Keller in die Hand genommen. In der Barrique-Serie „Fass Nr. 5" finden sich Grauburgunder und Lemberger sowie Cabernet-Weine. Neben Spätburgunder und Trollinger sind auch Samtrot oder Acolon, Grauburgunder, Riesling und Kerner ebenso wie Muskateller im Portfolio zu finden.

Weingut Birkert

Unterheimbacher Straße 28,
74626 Bretzfeld
T +49 (0) 7946 484
www.weingut-birkert.com

👤 Boris & Regina Birkert
🏠 Boris Birkert
🍷 Boris Birkert
Rebfläche 15 ha
Gründung 1986

Boris Birkerts internationale Stationen in Südafrika, Burgund und Kalifornien haben seinen Horizont geweitet, internationale Sorten gehören inzwischen selbstverständlich zum Weingut. Der Fokus auf naturnahen Anbau spiegelt sich auch im inzwischen auf 5 Prozent angewachsenen Anteil an pilzwiderstandsfähigen Sorten, Piwis, wider. Die Besenwirtschaft und die Vinothek laden dazu ein, die Weine vor Ort kennenzulernen.

BADEN-WÜRTTEMBERG

Weingut Bös

Wiesenäcker 2,
69254 Malsch
T +49 (0) 7253 2788 18
www.weingut-boes.de

👤 Rüdiger Bös
🏠 Rüdiger Bös
🛢 Rüdiger Bös
Rebfläche 19,5 ha
Gründung 1999

Im Kraichgau fühlen sich die noblen Burgundersorten wohl – bei Rüdiger Bös machen sie zwei Drittel der Rebfläche aus, darunter auch Auxerrois. Lagen- und Sortencharakteristik werden durch den Ausbau im großen und kleinen Holz herausgearbeitet. Dabei geht es jedoch nicht um das Erwerben einer Holzaromatik, sondern um die Finalisierung charakterstarker Weine mit angenehm geschmeidigem Mundgefühl. Im gemäßigten Kraichgauer Klima gelingen Bös auch Weine aus internationalen roten Sorten wie Merlot oder Cabernet Sauvignon, solo oder in Cuvées.

Rudolf Bosch

An der Oberen Lußhardt 1/1,
76709 Kronau
T +49 (0) 7253 93 24 024
www.weingutbosch.com

👤 Rudolf Bosch &
   Andreas Braunecker
🏠 Rudolf Bosch &
   Andreas Braunecker
🛢 Andreas Braunecker
Rebfläche 8 ha
Gründung 2007

Ganze fünf unterschiedliche nach Komplexität und Anlass kategorisierte Qualitätslinien produzieren der studierte Önologe Andreas Braunecker und seine Frau Nadine, Absolventin des Studiengangs Internationale Weinwirtschaft, in ihrem Gut im Kreis Karlsruhe. Dass diese so naturnah wie möglich, also mit minimalem Einsatz von Pflanzenschutz und nur geringen Eingriffen im Keller, in die Flasche kommen, ist dem Winzerpaar ebenso wichtig wie die Biodiversität im Wingert. Angebaut werden traditionelle Sorten wie Riesling, Müller-Thurgau und Burgunder.

BADEN-WÜRTTEMBERG

Weingut Clauer

Dormenackerhof 1,
69126 Heidelberg
T +49 (0) 6221 3824 39
www.weingutclauer.de

👤 Jörg Clauer
🏠 Jörg Clauer
🛢 Simona Maier
Rebfläche 14,5 ha
Gründung 1739

Direkt gegenüber des Heidelberger Schlosses, in der Lage „Heidelberger Sonnenseite ob der Bruck", sowie im „Heidelberger Dormenacker" liegen auf Löss und Muschelkalk die Reben des Weinguts Clauer. Kellermeisterin Simona Maier lässt die Weine nach der Gärung viele Monate auf der Feinhefe reifen. Neben den gängigen Rebsorten werden hier Frühburgunder, Schwarzriesling, St. Laurent und Cabernet Mitos angebaut. Neben 14,5 Hektar Rebflächen verfügt der Betrieb auch über einen Hektar Obstbau.

Weingärtner Cleebronn-Güglingen

Ranspacher Straße 1,
74389 Cleebronn
T +49 (0) 7135 98030
www.cg-winzer.de

🛢 Max Kusic
Rebfläche 280 ha
Gründung 1951

Eine klare Qualitätshierarchie haben sich die Weingärtner Cleebronn-Güglingen verordnet und setzen sie mit Erfolg konsequent um. Das Basis-Segment der Sankt-M-Weine ist solide, die höheren Ansprüche lassen sich in der nach Herzog Christoph benannten Linie Herzog C erschmecken. Beste Lagen, niedriger Ertrag und geduldiger Ausbau im Keller sorgen in der Linie Emotion für Top-Resultate. Die Réserve Roter Hirsch darf als Spitzenwein noch länger reifen und stellt den Gipfel dar.

Weingut Drautz-Able

Faißtstraße 23,
74076 Heilbronn
T +49 (0) 7131 1779 08
www.drautz-able.de

👤 Markus Drautz &
Monika Drautz
🏠 Markus Drautz &
Pascal Gerhäusser
🍷 Markus Drautz &
Pascal Gerhäusser
Rebfläche 16 ha
Gründung 1496

Seinen Trollinger-Gutswein empfiehlt Markus Drautz als Visitenkarte, auf den HADES-Sauvignon-Blanc aus dem kleinen Holz ist er besonders stolz. Wie auf seine Gin-Auswahl. Souverän und gelassen führt er das Erbe seines Vaters Richard mit seiner Mutter fort. Hatte der doch mit den HADES-Kollegen das kleine Holzfass ins Rollen gebracht und damit auch einen ersten Qualitätsschub in Württemberg ausgelöst. Und nach wie vor marschiert der Betrieb mit seinen Weinen an der Spitze des Ländles mit.

© grossaufnahmen, Axel Gross, Frankfurt

BADEN-WÜRTTEMBERG

Weinkonvent Dürrenzimmern

Meimsheimerstraße 11,
74336 Brackenheim
T +49 (0)7135 95150
**www.weinkonvent-
duerrenzimmern.de**

🏠 Semmler-Lins
Rebfläche 189 ha
Gründung 1939

Regionale Rebsorten wie Lemberger, Trollinger, Riesling und Schwarzriesling werden im Weinkonvent Dürrenzimmern um internationale wie Cabernet Sauvignon, Merlot, Cabernet Franc und Sauvignon Blanc ergänzt. Die Top-Linie Divinus präsentiert vor allem barriquegereifte Rotweine. Im mittleren Segment Cellarius findet sich der im Holzfass ausgebaute Lemberger mit Merlot – der Berlinale-Wein 2022. Klosterhof heißen die Basisweine. Der Divinus-Likörwein ist eine portweinartige Spezialität.

Privatkellerei Eberbach-Schäfer

Rieder 6,
74348 Lauffen am Neckar
T +49 (0) 7133 5222
www.eberbach-schaefer.de

👤 Frieder Schäfer
🏠 Frieder Schäfer
Rebfläche 30 ha
Gründung 1660

Ökologie und Nachhaltigkeit hat sich das seit 1660 in Lauffen nachgewiesene Weingut auf die Fahnen geschrieben. Ob Pflanzenkläranlage oder autarke Stromversorgung, hier wird die Umwelt geschont. Und mit der Einzellage Riedersbückele verfügt das Gut über eine Monopollage. Seine feine Nase beweist Frieder Schäfer aber auch bei der Herstellung von Destillaten und Gin und nicht zuletzt bei der Kreation von Parfum, bei dem Eichenextrakt aus eigenen Fässern zum Einsatz kommt.

---

wein & gut Frank

Bönnigheimer Straße 29,
74336 Brackenheim
T +49 (0) 7135 9361 281
www.weingutfrank.de

👤 Florian Frank
🏠 Florian Frank
🍷 Florian Frank
Rebfläche 3 ha

Nicht nur Trauben produzieren, sondern sie begleiten, bis sie als Wein in der Flasche zu sich gefunden haben: Das war der Antrieb für Manuela und Florian Frank bei der Weingutsgründung 2009. Besonderes Augenmerk legen sie dabei auf den langen Ausbau im Holzfass nach klassischer Maischegärung bei den Roten. Doch Zeit und Geduld bekommen auch spontan vergorener Grauburgunder oder der Sauvignon Blanc. Und aus dem Schwarzriesling wird ein perlender Blanc de Noirs mit Anklängen an die Champagne vinifiziert.

Weingut Gaufer

Mariannenstraße 24,
74653 Ingelfingen
T +49 (0) 7940 57373
www.weingut-gaufer.de

👤 Susanne Schmezer
🏠 Susanne Schmezer
🍷 Gerrit Schmezer
Rebfläche 11 ha
Gründung 1991

Als traditionell und modern bezeichnet Susanne Schmezer (geborene Gaufer) das Familienweingut Gaufer im Kochertal. Die Kellermeisterin kann auf ertragsreduziertes Lesegut von den teils terrassierten Muschelkalklagen Ingelfinger Hoher Berg und Niedernhaller Engweg zurückgreifen. Daraus entstehen klassische Rebsortenweine, aber auch Cuvées wie „lass uns chillen" oder „lass uns tanzen". Die Rotweine werden auf der Maische vergoren und teilweise im Holz ausgebaut.

BADEN-WÜRTTEMBERG

Weingut und Edelbrennerei Gemmrich

Löwensteiner Straße 34,
71717 Beilstein
T +49 (0) 7062 3514
www.gemmrich.de

👤 Bernd & Petra Gemmrich
🍷 Bernd Gemmrich
Rebfläche 7,5 ha

Mit 20 Prozent pilzwiderstandsfähigen Rebsorten haben die Gemmrichs einen hohen Anteil der ökologisch orientierten Neuzüchtungen angepflanzt. Und mit den Weinen daraus in der Serie „Unkaputtbar" haben Anja und Simon Gemmrich den Württemberger Jungwinzerpreis 2019 gewonnen. Doch Ökologie ist nichts Neues für die Familie, die Streuobstwiesen für die Brände sind biozertifiziert. Neben den Klassikern werden Weine mit einer bis drei Genusskugeln angeboten, wobei die Roten in der Spitze aus dem Barrique kommen.

Genossenschafts-kellerei Heilbronn

Binswanger Straße 150,
74076 Heilbronn
T +49 (07131) 1579 10
www.wg-heilbronn.de

🏠 Daniel Drautz
🍷 Arne Maier
Rebfläche 1.430 ha
Gründung 1972

Mit dem Zugang der Weingärtner Grantschen wuchs die Genossenschaftskellerei Heilbronn zur größten in Deutschland. Dennoch werden die individuellen Herkünfte des Verbunds mit eigenen Weinlinien für Heilbronn-Erlenbach-Weinsberg, Flein-Talheim, Grantschen, Lehrensteinsfeld und Neckarsulm-Gundelsheim bewahrt. Bei zwei Dritteln Rotwein dominiert Trollinger, mit 29 Prozent Riesling setzt man sich an die Spitze in Württemberg. Die Fleiner Rieslinge und die Grantschener Lemberger sind dabei die Aushängeschilder dieses sehr stattlichen Betriebes.

Alexander Heinrich

Kümmelstraße 2,
74182 Obersulm
T +49 (0) 7134 17469
www.weingut-heinrich.com

👤 Alexander Heinrich
🏠 Alexander Heinrich
🍷 Alexander Heinrich
Rebfläche 9 ha
Gründung 1999

Alexander Heinrich lässt den Wein machen, denn er möchte nicht „der" Weinmacher sein. Also gären die Moste mit weineigenen Hefen spontan. Da braucht es einen Begleiter, der sich über das Holz (Eiche, Akazie), die Verweildauer auf der Hefe und im Holz seine Gedanken macht. Und der darauf setzt, Lage und Jahrgang präzise in die Flasche zu bringen. Möglichst schonend für die Umwelt. Das gelingt bei Klassikern wie dem Lemberger, aber auch Sauvignon oder Merlot begleitet Heinrich zu überzeugenden Ergebnissen.

G.A. Heinrich

Riedstraße 29,
74076 Heilbronn
T +49 (0) 7131 1759 48
www.weingut-heinrich.de

👤 Björn & Tobias Heinrich
🏠 Björn & Tobias Heinrich
🍷 Tobias Heinrich
Rebfläche 15 ha

Björn und Tobias Heinrich setzen ganz auf klassische Rebsorten wie Riesling, Weißburgunder, Lemberger und Spätburgunder. Ohne Insektizide und Herbizide einzusetzen, ernten sie die Trauben vollreif, aber so früh, dass sie ihre Frische bewahren und der Alkoholgehalt moderat bleibt. Den Roten lassen sie im Keller so viel Zeit, sich zu finden, dass sie unfiltriert und ungeschönt abgefüllt werden können. Nach ausreichender Flaschenreife kommen die Weine perfekt trinkreif auf den Markt.

Weingut Heitlinger

Am Mühlberg 3,
76684 Östringen
T +49 (0) 7259 91120
www.weingut-heitlinger.de

👤 Weingüter Heitlinger & Burg
Ravensburg, Heinz Heiler
🏠 Claus Burmeister
(Geschäftsführer)
🛢 Daniel Rupp
Rebfläche 80 ha

Obwohl der Kraichgau sowohl von seinen Böden als auch vom Klima wie geschaffen für den Anbau von Burgundersorten ist, wurden in den vergangenen 15 Jahren viele Rebflächen von Genossenschaftswinzern aufgegeben. Dies war gleichzeitig ein Glücksfall für das Weingut Heitlinger. So konnte der Eigentümer Heinz Heiler erstklassige Lagen erstehen und durch die biodynamische Wirtschaftsweise wieder in Wert bringen. Geschäftsführer Claus Burmeister hat diese große Chance ergriffen und damit die Lagen- und Geschmacksvielfalt erheblich erweitert.

Christian Hirsch

Kastanienstraße 1,
74211 Leingarten
T +49 (0) 7131 4016 82
www.Hirsch.Wine

👤 Christian Hirsch
🏠 Björn Schilling
Rebfläche 25 ha
Gründung 2013

Seit Christian Hirsch 2015 das elterliche Weingut übernommen hat, hat er mächtig an Geweih zugelegt: Die Spitzenweine unter dem Label Großes Geweih bezeugen sein Händchen für den Barrique-Ausbau wie seine Liebe zu internationalen Rebsorten wie Syrah, Cabernet Franc und Cabernet Sauvignon. Dennoch gilt sein größtes Augenmerk dem Lemberger ebenso. Da er seinen Weinen mehr Zeit bei der Vergärung auf der Maische wie auch im Fass gönnt, zeigen sie deutlich größere Komplexität und mehr geschmacklicher Tiefgang.

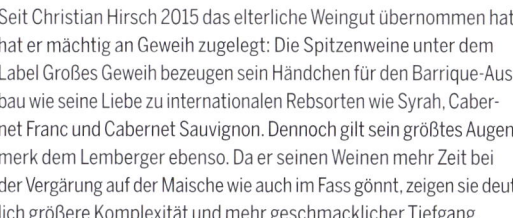

HIRSCH IST WILD.

BADEN-WÜRTTEMBERG

Erich Hirth

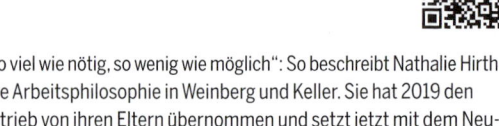

Löwensteiner Straße 76,
74182 Obersulm
T +49 (0) 7134 3633
www.weingut-hirth.de

👤 Nathalie Hirth
🏠 Erich Hirth
🍷 Erich Hirth
Rebfläche 12,5 ha

„So viel wie nötig, so wenig wie möglich": So beschreibt Nathalie Hirth ihre Arbeitsphilosophie in Weinberg und Keller. Sie hat 2019 den Betrieb von ihren Eltern übernommen und setzt jetzt mit dem Neubau der Vinothek samt Gästehaus auch bauliche Akzente. Über zwei Drittel der Weine sind rot und da lässt sich die Philosophie gut erschmecken: Traditionelle Maischegärung und Holzfasslager (teils neu, teils gebraucht) zeichnen die Tropfen aus klassischen wie internationalen Rebsorten aus.

Schlossgut Hohenbeilstein

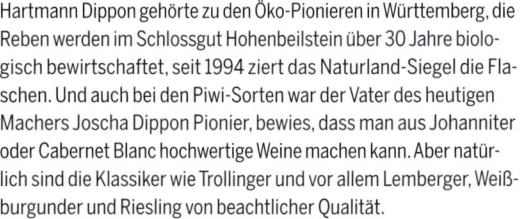

Schlossstraße 40,
71717 Beilstein
T +49 (0) 7062 9371 10
**www.schlossgut-
hohenbeilstein.de**

👤 Joscha Dippon
🏠 Joscha Dippon
🍷 Joscha Dippon
Rebfläche 14,5 ha
Gründung 1910

Hartmann Dippon gehörte zu den Öko-Pionieren in Württemberg, die Reben werden im Schlossgut Hohenbeilstein über 30 Jahre biologisch bewirtschaftet, seit 1994 ziert das Naturland-Siegel die Flaschen. Und auch bei den Piwi-Sorten war der Vater des heutigen Machers Joscha Dippon Pionier, bewies, dass man aus Johanniter oder Cabernet Blanc hochwertige Weine machen kann. Aber natürlich sind die Klassiker wie Trollinger und vor allem Lemberger, Weißburgunder und Riesling von beachtlicher Qualität.

Weingut Fürst Hohenlohe Oehringen

Wiesenkelter,
74613 Öhringen
T +49 (0) 7941 94910
www.verrenberg.de

👤 Kraft Fürst zu
   Hohenlohe Oehringen
🏠 Joachim Brand
🍷 Joachim Brand
Rebfläche 30 ha
Gründung 1256

Das im Jahr 1256 gegründete Weingut ist nicht nur eines der ältesten Weinbaubetriebe des Landes, sondern als solcher seit sage und schreibe 27 Generationen in Familienbesitz. „Tradition bewahren – aber ohne Stillstand" bildet dabei das Leitmotiv, nach dem hier mit vollem Eifer gearbeitet wird. Jahrhundertealtes Winzerwissen wird durch stetigen Austausch mit Kollegen, sei es im VDP oder der HADES-Gruppe, zu deren Mitgliedern der Hohenlohesche Kellermeister Joachim Brand gehört, erweitert und auf immer neue Projekte angewendet.

Weingut Holzapfel

Wilfenseeweg 78/1,
74172 Neckarsulm
T +49 (0) 7132 37869
www.weingut-holzapfel.de

👤 Bernhard Holzapfel
🍷 Silas Holzapfel

Besenwirtschaft und Weinanbau sind bei Holzapfels so innig verbunden, wie man es heute nur noch selten findet. Dennoch zeigt Silas Holzapfel, dass sich neben den klassischen Literweinen aus den Weinbergen rund um Neckarsulm auch anspruchsvolle Tropfen aus dem Barrique erzeugen lassen. Die Lagenweine spiegeln den Boden aus Keuper und Kalk wider und kommen zum Teil aus Weinbergen, die schon der Großvater bewirtschaftete.

Weingut Honold

Am Hummelberg 1,
76684 Östringen
T +49 (0) 7253 2786 27
www.weingut-honold.de

👤 Ludwig Honold
🏠 Ludwig Honold
🍷 Ludwig Honold
Rebfläche 8 ha
Gründung 1938

Eine große Vielfalt an Weinen hat das Weingut Honold in Östringen zu bieten. Auf einer Rebfläche von rund acht Hektar wachsen insgesamt 18 verschiedene Sorten. Bereits im Jahr 2003, als für viele Winzer Piwi (pilzwiderstandsfähige Rebsorten) noch ein Fremdwort war, entschloss sich Ludwig Honold, auch auf Neuzüchtungen zu setzen. So finden sich unter anderem auch Cabernet Blanc, Cabernet Cortis, Cabernet Carbon und Muscaris im Angebot. Auch ein Orange Wine und Sekte sind im Sortiment.

BADEN-WÜRTTEMBERG

BADEN-WÜRTTEMBERG

Wein- & Sektgut Hummel

Oberer Mühlweg 5,
69254 Malsch
T +49 (0) 7253 27148
www.weingut-hummel.de

- Daniel Rhein
- Daniel Rhein
- Daniel Rhein
Rebfläche 7,5 ha

Bernd Hummel gehörte zu jenen Winzern, die das Potenzial des Kraichgaus für Burgundersorten in den 1980er-Jahren zu heben begannen und das kleine Anbaugebiet auf die Landkarte brachten. Seit 2015 als Kellermeister und seit 2016 als Betriebsleiter baut Daniel Rhein auf dieser Basis auf und reizt dieses Potenzial vor allem beim Spätburgunder weiter aus. Niedrige Erträge, lange Maischegärung, neue Barriques bester Provenienz und genügend Reifezeit lassen die Pinots in die erste Reihe rücken.

Weingut Kistenmacher & Hengerer

Eugen-Nägele-Straße 23–25,
74074 Heilbronn
T +49 (0) 7131 1723 54
www.kistenmacher-hengerer.de

- Familie Hengerer
- Familie Hengerer
- Familie Hengerer
Rebfläche 12 ha

Mit Sohn Jonathan in den Startlöchern wird das Weingut Kistenmacher-Hengerer wieder zum Jungen Schwaben. Vater Hans hat seit 1994 eine hochwertige Basis gelegt – seine Weine sind wie der Winzer eher zurückhaltend und zeigen erst nach und nach ihr großes geschmackliches Spektrum. Bei den Roten besticht neben den Großen Gewächsen und Junges-Schwaben-Weinen die Cuvée Maximilian mit Konstanz und Dichte. Auch der Schaumwein braucht sich nach langem Hefelager nicht zu verstecken.

Weingut Klumpp

Heidelberger Straße 100,
76646 Bruchsal
T +49 (0) 7251 16719
www.weingut-klumpp.com

- Andreas & Markus Klumpp
- Markus Klumpp
Rebfläche 32,4 ha
Gründung 1983

„Wir haben etwas zu erzählen. Unsere Geschichte berichtet vom neuen Baden, vom Kick des Kraichgaus, von Salzigkeit, Struktur und Saftigkeit", sagen Andreas und Markus Klumpp. Beide sind erfüllt von der Passion, in einer der unterschätztesten Weinbauregionen der Welt, wie sie den Kraichgau nennen, Großes zu vollbringen. Ihr Vorbild ist dabei das Burgund. Niedrige Erträge, alte Stöcke, selektive Lese, langes Hefelager, die Balance zwischen Reife und Frische sowie der Einsatz von feinem Holz.

Anita Landesvatter

Schloßstraße 15,
74336 Brackenheim
T +49 (0) 7135 9318 781
www.weingut-landesvatter.de

Rebfläche 6 ha
Gründung 2000

Der Weinbau hat Tradition in der Familie, doch es war Anita Landesvatter, die nach Winzerlehre, Kalifornienaufenthalt und Techniker-Ausbildung den Sprung in die Selbstständigkeit tat und inzwischen sechs Hektar bewirtschaftet. Handlese in den Lagen Zweifelberg in Brackenheim, Dachsberg in Haberschlacht und König in Diefenbach bescheren hochwertiges Traubengut, das in traditioneller Maischegärung und Holzfassausbau veredelt wird. Mit Muskattrollinger und Schaumweinen setzt sie Ausrufezeichen.

Adam Müller

Adam-Müller-Straße 1,
69181 Leimen
T +49 (0) 6224 97100
www.weingut-adam-mueller.de

👤 Matthias & Marcus Müller
🏠 Matthias & Marcus Müller
🍷 Marcus Müller
Rebfläche 36 ha
Gründung 1735

Es sind die Burgundersorten, die im Weingut Adam Müller an der Badischen Bergstraße die Hauptrolle spielen. Auf den kalkhaltigen Böden entwickeln sich Spätburgunder, Weiß- und Grauburgunder prächtig. Die Heidelberger Sonnenseite ob der Bruck ist ein wahrer Schatz, hier bieten Buntsandstein und Granit besonders vorteilhafte Bedingungen für Riesling und Spätburgunder. Die Brüder Matthias und Marcus Müller haben das Familienweingut für die nächste Generation gut aufgestellt.

Weingut
Graf Neipperg

Schloßstraße 12,
74193 Schwaigern
T +49 (0) 7138 9414 00
www.graf-neipperg.de

👤 Karl Eugen
   Graf von Neipperg
🛢 Bernd Supp
Rebfläche 32 ha

Als mutmaßlicher "Importeur" des Lembergers ist es für Karl-Eugen Erbgraf von Neipperg fast Pflicht, mit dieser Rebsorte zu glänzen. Und dies tut das Haus, von seinen beiden Großen Gewächsen aus Ruthe und Schlossberg bis zu den einfachen Qualitäten. Man sollte aber ob des eher dezenten Auftritts nicht übersehen, dass sowohl Spätburgunder als auch Weißburgunder ganz erstaunliche Qualitäten erreichen. Mit Riesling, Muskateller und Traminer versteht Kellermeister Bernd Supp auch bestens umzugehen.

Weingut
Burg Ravensburg

Am Mühlberg 3,
75056 Sulzfeld
T +49 (0) 7259 91120
**www.weingut-burg-
ravensburg.de**

👤 Weingüter Heitlinger &
   Burg Ravensburg,
   Heinz Heiler
🏠 Claus Burmeister
🛢 Daniel Rupp
Rebfläche 38 ha
Gründung 1251

„Wein soll die Magie eines Ortes an den Gaumen tragen", sagt Claus Burmeister, der sowohl die Geschicke des Weinguts Heitlinger als auch die des Weinguts Burg Ravensburg lenkt. Mit viel Engagement und Herzblut setzt er zusammen mit seinem jungen Team dieses Vorhaben in die Tat um. Die mineralstoffreichen Böden der historischen Einzellagen Husarenkappe, Kapellenberg, Löchle und Dicker Franz bieten beste Voraussetzungen für ausdrucksstarke Weine. Burmeister strebt ständig nach Verbesserungen, was beiden Betrieben zugutekommt.

Sankt Annagarten Biologisches Weingut

Sankt-Anna-Gärten 1,
71717 Beilstein
T +49 (0) 7062 3166
www.sankt-annagarten.de

 Hans & Marcel Wiedenmann
 Katharina Wiedenmann
Marcel Wiedenmann
Rebfläche 13,5 ha
Gründung 1972

Einen langen Atem zeigen Marcel und Katharina Wiedenmann mit ihrem Rekultivierungsprojekt in 480 Metern Höhe mit 2.000 Quadratmetern Trockenmauern. Aus dem Stubensandstein kommen nun Riesling und Chardonnay, die durch die Höhenlage trotz des Klimawandels eine lange Hänge- und Reifezeit genießen. Von den Traditionsweinen über die das Terroir widerspiegelnden Schichtstufenweinen bis hin zu den Lagenweinen und der Generation-Linie reicht das Ausbauspektrum dieses Vorzeige-Bio-Betriebes.

Weingut Schlör

Martin-Schlör-Straße 22,
97877 Wertheim
T +49 (0) 9342 4976
www.weingut-schloer.de

Konrad Schlör
Konrad Schlör
Konrad Schlör
Rebfläche 6 ha
Gründung 1983

In der allgemeinen Wahrnehmung spielt in Baden das Taubertal eine eher untergeordnete Rolle. Dies könnte sich jedoch mit dem fortschreitenden Klimawandel ändern, zeigt Konrad Schlör doch schon heute, was in einer Weinbauregion mit eher kühleren Temperaturen möglich ist. Hinzu kommen hervorragende Böden, über die das Taubertal ohne Zweifel verfügt. So gewinnen die Schlörs beispielsweise aus der Lage Reicholzheimer First Weine, die in Baden keinen Vergleich zu scheuen brauchen.

BADEN-WÜRTTEMBERG

Martin Schropp – Vinosphäre Schropp

Strassenäcker 1,
74235 Erlenbach
T +49 (0) 7132 7644
www.vinosphaere-schropp.de

Martin Schropp
Rebfläche 13 ha

Ein ganzheitliches Erleben strebt die Familie Schropp mit ihrer Vinosphäre an, die Weinlounge macht dazu den Auftakt. Vater Martin hat den Mischbetrieb auf Weinbau ausgerichtet, Sohn Felix hat nach der Ausbildung unter anderem bei Wöhrwag und Drautz-Able die Weinbergsarbeit nachhaltig aufgestellt. Piwi-Sorten sind hier ebenso zu Hause wie die Klassiker Lemberger oder Muskat-Trollinger. Breit aufgestellt ist man mit Weinen der jungen Linie bis hin zu fassgereiften Schwergewichten.

Weingut Seeger

Rohrbacher Straße 101,
69181 Leimen
T +49 (0) 6224 72178
www.seegerweingut.de

👤 Familie Seeger
🏠 Thomas Seeger
🍷 Thomas Seeger
Rebfläche 11 ha
Gründung 1707

In 12. Generation führt Thomas Seeger den 1707 gegründeten Familienbetrieb an der Badischen Weinstraße nicht nur weiter, sondern stetig an die Spitze. Naturnah, aber ohne Bio-Siegel, burgundisch, aber nicht trendgetrieben. Vom Gutswein über das Große Gewächs bis zum Signatur-Wein können sich die Kunden sicher sein: Hier kommt nur auf die Flasche, wohinter Seeger persönlich zu 100 Prozent steht. Und so fällt es auch nicht schwer, ihm sein gemeinhin etwas überstrapaziertes Motto zu glauben: „Wein muss schmecken. Ganz einfach."

BADEN-WÜRTTEMBERG

Weingut Seybold

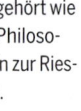

In den Herrenäckern 28/1,
74348 Lauffen am Neckar
T +49 (0) 7133 12899
www.weingut-seybold.de

👤 Peter Seybold
🏠 Peter Seybold
🍷 Christian Seybold
Rebfläche 5,5 ha
Gründung 2015

Für die Familie Seybold ist Bioanbau unverzichtbar. Dass sich im Sortenspiegel neben Riesling, Burgunder und Co. auch Piwi-Sorten wie Sauvignac und Cabernet Blanc finden, verwundert nicht. Auch beim Ausbau geht man mit dem Einsatz von Granitfässern neue Wege, wenn auch das kleine Holzfass für die Roten ebenso dazugehört wie das Stückfass. Neben den Gutsweinen spiegelt sich die Philosophie vor allem in den Top-Produkten der Y-Linie wider, bis hin zur Riesling-Auslese oder einem Orange Wine aus Cabernet Blanc.

Weingut Seyffer

Schwabstraße 4,
74189 Weinsberg
T +49 (0) 7134 6439
www.weingut-seyffer.de

👤 Thomas Seyffer
🏠 Thomas Seyffer
🍷 Thomas Seyffer
Rebfläche 11 ha
Gründung 1650

Qualität entsteht im Weinberg: Diesem Grundsatz fühlt sich die Familie Seyffer verpflichtet. Eigener Kompost für die Rebzeilen trägt dazu bei, aus den Keuper-, Mergel- und Sandsteinböden beste Qualität der Trauben zu erreichen. In der Vinea-Serie lässt sich die Philosophie des Weinguts nachvollziehen, ob bei Lemberger, Samtrot oder Spätburgunder. Mit Muskateller, Muskattrollinger und Riesling werden auch drei auf dem Weingut gerüttelte Sekte angeboten. Eigene Besenwirtschaft.

Winzerhof Strebel

Geisbergstraße 8,
97922 Lauda-Königshofen
T +49 (0) 172 9164 096
www.winzerhof-strebel.de

👤 Stefan Strebel
🏠 Stefan Strebel
🍷 Stefan Strebel
Rebfläche 2 ha
Gründung 2012

Auf steinhaltigen und meist sehr steilen Muschelkalkböden im Taubertal bewirtschaftet der Winzerhof Strebel seine Reben. „Weinqualität entsteht aus unserer Sicht nur im Weinberg", sagt Betriebsleiter
Stefan Strebel. Deshalb legt er auch sehr großen Wert auf qualitativ hochwertiges Lesegut. Später, im Keller, entsteht nach der Ernte
lediglich noch die jeweilige Stilistik der Weine. Strebel sind dabei
die Mineralität und eine fruchtige Frische besonders wichtig.

Weingärtner Stromberg-Zabergäu

Neipperger Straße 60,
74336 Brackenheim
T +49 (0) 7135 98550
www.wg-sz.de

👤 Jürgen Conz
　(Vorstandsvorsitzender)
🏠 Thomas Eberbach
🍷 Thomas Eberbach
Rebfläche 750 ha

Mit der Fusion der Weingärtner Brackenheim und der Stromberg-
kellerei entstand ein Schwergewicht in Württemberg, das seine
Anstrengungen eindeutig auf hohe Qualität legt. So werden einige
Parzellen biologisch bewirtschaftet, die Steillagenweine werden
besonders hervorgehoben. Es ist besonders der Lemberger, der in
den Linien Octavio und Signum die Hauptrolle spielt. Dabei wird
er im großen wie im kleinen Holz ausgebaut.

BADEN-WÜRTTEMBERG

Weingut Supp

Weinsberger Straße 16,
74189 Weinsberg
T +49 (0) 7134 14360
www.supp-weingut.de

👤 Benjamin & Martin Supp
Rebfläche 7,5 ha

Beim Weingut Supp setzt man in der dritten Generation mit Benjamin
Supp zunehmend auf den Ausbau in Holz, auch bei den Weißweinen.
Auch die Lagenspezifik will man besser herausarbeiten und neben der
Einzellage Gellmersbacher Dezberg auch historische Gewanne wie
Blumental und Schnellberg wieder aufs Etikett bringen. Das breite
Sortenspektrum wird mit bis zu 5 Sternen klassifiziert. In der Dez-
berg Stube verwöhnt Vater Alexander die Gäste mit seiner Küche.

Weingut Ungerer

Harsberger Straße 15,
74629 Pfedelbach
T +49 (0) 7949 9406 90
www.weingut-ungerer.de

👤 Familie Ungerer
Rebfläche 9 ha

Vom kleinen Besitzer eines Trollinger-Weinbergs zum Anbieter von 20 unterschiedlichen Rebsorten: Dies hat Karlheinz Ungerer seit 1993 geschafft. Der Vater lieferte die Trauben noch an die Genossenschaft ab, heute kümmert sich Ungerer mit Akribie um Reben und Weine. Weinbergbegrünung, konsequente Handlese und genügend Reifezeit für die vergorenen Tropfen: das sind die Eckpfeiler des Weinmachens. Vor Ort lässt sich dies sehr genussvoll in der Besenwirtschaft wie in der Vinothek im Glas nachvollziehen.

Weingut Wachtstetter

Michelbacher Straße 8,
74397 Pfaffenhofen
T +49 (0) 7046 329
www.wachtstetter.de

👤 Rainer Wachtstetter
🏠 Rainer Wachtstetter
🍷 Rainer Wachtstetter
Rebfläche 20 ha
Gründung 1985

Rainer Wachtstetter kann Lemberger. Und das in allen Qualitätsstufen. Vom Rebsortenwein über den Felix bis zum Großen Gewächs. In der Geschichte verwurzelt sich der VDP-Winzer mit seinen „Ernst Combé"-Weinen, die seinem Großvater gewidmet sind. Doch auch bei Spätburgunder und den beachtlichen Rotwein-Cuvées sollten die Weißweine nicht übersehen werden: Wachtstetter hat beim Riesling mächtig an Qualität zugelegt. Im eigenen Gutsgasthof Adler einzukehren, ist immer wieder ein Erlebnis. Hauseigene Brände komplettieren die Auswahl.

Weingut Weihbrecht

Hauptstraße 20,
74626 Bretzfeld
T +40 (0) 7946 2788
www.weingut-weihbrecht.de

🏠 Simon Weihbrecht
🍷 Simon Weihbrecht
Rebfläche 7 ha
Gründung 1980

Mit dem Primus S kelterte Simon Weihbrecht im Jahrgang 2017 seinen ersten rein nach eigenen Vorstellungen vinifizierten Wein: einen Lemberger aus dem Barrique. Bereits 2015 hatte er, nach seiner Winzerlehre und einem Aufenthalt in Neuseeland, die Leitung des Familienweinguts übernommen. Neben Ertragsreduktion und viel Handarbeit liegt dem Winzer vor allem das naturverträgliche Arbeiten am Herzen. So war die Hinwendung zum ökologischen Weinbau absolut konsequent.

Staatsweingut Weinsberg

Traubenplatz 5,
74189 Weinsberg
T +49 (0) 7134 5041 67
**www.staatsweingut-
weinsberg.de**

👤 Land Baden-Württemberg
🏠 Dr. Dieter Blankenhorn
🍷 Florian Solymari
Rebfläche 40 ha

Das Staatsweingut Weinsberg hat als Lehr- und Forschungsanstalt schon seit Jahrzehnten nachhaltige Spuren in der Weinwelt hinterlassen. So kommt von hier der Kerner. Aber auch bei den Barrique-Experimenten der HADES-Gruppe war das Weingut von Beginn an dabei. Heute kann sich der Nachwuchs auch mit Rebsorten wie Malbec oder Pinotage vertraut machen. Zudem stehen Lagen mit großem Potenzial zur Verfügung – aus denen entsprechend gehaltvolle Weine gewonnen werden.

Weingut Zipf

Vorhofer Straße 4,
74245 Löwenstein
T +49 (0) 7130 6165
www.zipf.com

👤 Jürgen Zipf
🏠 Jürgen & Tanja Zipf
Rebfläche 12,5 ha
Gründung 64

Rücksicht auf die Natur im Weinberg, Zurückhaltung im Keller, keine Schönung und keine Filtration: Tanja und Jürgen Zipf legen Wert auf handwerkliche Sorgfalt. Sind aber dennoch experimentierfreudig: Ein Riesling aus dem Betonei ist auf der Weinkarte, ebenso ein maischevergorener Gewürztraminer als Orange Wine. Alle Weine werden spontan vergoren und neben den Traditionssorten stehen auch Cabernet oder Sauvignon Blanc im Ertrag. Riesling-Sekt mit langem Hefelager.

BADEN-WÜRTTEMBERG

Gastronomie

959

Friedrich-Ebert-Anlage 2,
69117 Heidelberg
T +49 (0) 6221 6742 959
www.959heidelberg.com

Von Alt-Heidelberger Behäbigkeit will sich das schick durchkonzipierte Lokal mit der großzügigen Terrasse ebenso abheben wie von vergleichbaren Szenerestaurants ohne kulinarischen Anspruch. Ob Pizza mit Steinpilzen und Lardo, Wiener Schnitzel, Rindsgulasch mit Knöpfle oder klassische Haute Cuisine: Hier wird vieles serviert und alles wird den hohen Ansprüchen gerecht – souverän zubereitet, präzise angerichtet, mit intensivem und klarem Geschmack, bis hin zur überzeugenden Leistung der Patisserie.

Albatros

Birkenhof 1,
76684 Östringen
T +49 (0) 7259 4640 140
www.heitlinger-genusswelten.
de/heitlinger-restaurants/
restaurant-albatros

> Heitlinger Hof   S. 156

Von einem „Albatros" spricht der Golfer, wenn er für ein Loch drei Schläge weniger benötigt, als es der Platz vorgibt – eine echte Rarität. Fast so selten wie gute Clubgastronomie auf deutschen Golfplätzen! Im Heitlinger Golf Resort wird dem schönen Umfeld – sanftes Hügelland, Weinberge – entsprechend ambitioniert gewirtet. Mediterranes steht im Zentrum: Risotto mit Jakobsmuscheln, Schwertfisch auf Fenchel-Orangen-Salat. Pizza gibt's auch und Klassiker wie Maischolle auf weißem Spargel mit Sauce hollandaise. Eine Empfehlung auch für Nichtgolfer!

Restaurant
Bachmaier

Untere Neckarstraße 40,
74072 Heilbronn
T +49 (0) 7131 6420 560
www.restaurant-bachmaier.de

Gerade mal fünf Tische fasst das kleine Restaurant, bei passendem Sommerwetter werden sie einfach nach draußen gestellt. Otto Bachmaier bereitet pro Abend ein feines Menü aus besten Grundprodukten zu, mit Gängen wie schottischem Label-Rouge-Lachs in Beurre blanc von Zitrusfrüchten auf Blumenkohlpüree mit Tapiokakapern in holzfassgereifter Sojasauce oder gebratenem Nüsschen von der Rehkeule aus heimischer Jagd mit Schwarzkohl und Pasta Fregola tostata.

Backmulde

Hauptstraße 61,
68526 Ladenburg
T +49 (0) 6203 4040 80
www.back-mul.de

Die viel zitierte gastronomische Leidenschaft personifiziert hinter der stattlichen Fachwerkfassade der Patron und Sommelier Rainer Döringer, der sich im gemütlichen Gasthaus-Ambiente engagiert um seine Gäste kümmert. Die Küche von Daniel Geib wandelt traumhaft sicher zwischen Bodenständigkeit und dem Quäntchen mehr, das Gourmet-Ansprüchen gerecht wird, vom einfachen Feldsalat mit karamellisierten Walnüssen bis zu Fleischgängen mit Top-Qualität, perfekten Garzeiten und exakter Würze.

bistronauten

Kopernikusstraße 43,
69469 Weinheim
T +49 (0) 6201 8461 856
www.bistronauten.de

In der offenen Küche von Kilian Hepp wird handwerklich sauber und schnörkellos gekocht, und zwar nach dem Motto: „Was es bei uns gibt, wächst jetzt und kommt von kleinen Betrieben aus der Region." Auf den Tisch kommt nach Tagesangebot eines von drei Hauptgerichten (Fisch, Fleisch, vegetarisch), dazu Suppe, Salat, Käse, Dessert. Ob Odenwälder Lachsforelle oder klassische Roulade, Frikassee vom Landgockel oder Risotto mit Meerrettich und Beten – echtes Essen ohne Albernheiten bei einem ausgezeichneten Preis-Genuss-Verhältnis.

BADEN-WÜRTTEMBERG

Chambao

Dreikönigsstraße 1,
69117 Heidelberg
T +49 (0) 6221 7258 271
www.chambao-heidelberg.com

Südliches Flair in Sichtweite von Heidelbergs Alter Brücke findet sich im Chambao. Die mediterran-orientalisch-asiatische Crossover-Küche wird hier ausschließlich als Menü angeboten: fünf oder sieben Gänge, die ab zwei Personen zum Teilen in die Mitte des Tisches kommen, beispielsweise Ibérico-Rippe mit Pastinakenpüree oder Ora-King-Lachs mit Sudachi-Vinaigrette. In der dazugehörigen Bistro-Bar Chambino schräg gegenüber gibt es eine kleine Auswahl von Tapas und Hauptgerichten.

Christians Restaurant

Neckarstraße 40,
69151 Neckargemünd
T +49 (0) 6223 9737 323
www.restaurant-christian.de

Direkt am Neckar präsentiert sich der bis ins 13. Jahrhundert zurück-reichende Knappenkeller, ein Überbleibsel des 2003 abgebrannten historischen Hotels Ritter, heute als freundliches, helles Restaurant mit Resten der alten Stadtmauer. In diesem Ambiente führt Christian Heß eine anspruchsvolle Küche, die Klassiker wie Kalbsrücken-steak mit Kräuterkruste und Waldpilzen in ebenso hoher Qualität liefert wie weltläufige Ausflüge in den Crossover-Bereich.

© Foto: M. Schuhmacher

Dobler's

Seckenheimer Straße 20,
68165 Mannheim
T +49 (0) 621 14397
www.doblers.de

Zeitlos klassisch, akkurat und geschmackssicher kocht Norbert Dobler in einem unscheinbaren Eckhaus zehn Gehminuten vom Mannheimer Hauptbahnhof – so ein Restaurant wünschten wir uns in ähnlicher Nähe für jede Nachbarschaft, zumal auch mittags neben Lunchmenü und À-la-carte-Gerichten das große Menü serviert wird. Das Spektrum kann dabei von duftig-leichtem rohem Fisch mit Amalfi-Zitrone, Salicorne und Kaviar bis zur Schlotzigkeit von Gnocchi mit Robiola-Creme, Waldpilzen (einschließlich Wintertrüffel) und gebratener Foie gras reichen.

Eisenbahn

Karl-Kurz-Straße 2,
74523 Schwäbisch Hall
T +49 (0) 791 9306 60
www.landhauswolf.eu

> Landhaus Wolf   S. 159

Diese Küche ist eigentlich für erstklassiges Handwerk und schnörkellose französische Klassik bekannt. Zuletzt hatten wir allerdings einen zweischneidigen Eindruck: Neben Hervorragendem wie einer herzhaft-mediterranen Rotbarbe mit Sauce bourride und Kapern-Gremolata, einem auf seine Art unübertrefflichen Rehrücken mit Rotweinquitte, Spitzkohl mit Waldpilzfüllung und Pürees von Sellerie, Marone und Kürbis oder einem Grand-Marnier-Soufflé standen bei anderen Gängen deutliche Wackler in Konzeption und Feinabstimmung.

esszimmer by philipp weigold in der alten post

Alte Postgasse 53,
69469 Weinheim
T +49 (0) 6201 8776 787
www.esszimmer-weinheim.de

Für das moderat kalkulierte Drei- bis Sechs-Gänge-Menü im etwas versteckt gelegenen Fachwerkhaus peppt Philipp Weigold Klassiker aromatisch mutig auf, mal mit dem Holzkohlengrill, mal mit asiatischen Noten. So gießt er zu einem in Gewürzbutter confierten Hummer japanische Vinaigrette und Koriander-Shisokresse-Öl, um das Ganze dann mit Burrata-Eiscreme zu krönen. Zum Duo aus Lachs und Jakobsmuschel mit Karotten-Miso-Püree und gegrillten Erbsen gibt es eine Beurre blanc auf Basis von geräuchertem Fischfond, Karottensaft und Dashi.

BADEN-WÜRTTEMBERG

garbo zum Löwen

Hauptstraße 51,
76344 Eggenstein-
Leopoldshafen
T +49 (0) 721 7800 70
www.garbo-loewen.de

Im Restaurant des Hotels Löwen bildet Marcel Kazdas farbenfroh-moderne Aromenküche einen Kontrast zur rustikalen Holz-Ein-richtung. Neben einem drei- bis sechsgängigen Menü und ein paar À-la-carte-Gerichten gibt es ein „Low Carb"-Menü ohne Indus-triezucker, Soja und Weizen – keine schlechte Idee in Zeiten zuneh-mender Unverträglichkeiten und mit Gängen wie punktgenau ge-gartem Atlantik-Steinbutt mit Steinpilzen, Radieschen, Rosenkohl-blättern und Leinsamen-Vinaigrette auch keineswegs frugal, bis hin zum Dessert, das auf natürliche Fruchtsüße setzt.

Restaurant handicap

Hauptstraße 22,
74653 Künzelsau
T +49 (0) 7940 9346 2041
www.hotel-anne-sophie.de

Der Name des sympathischen Gourmetrestaurants verweist dar-auf, dass hier wie im ganzen Hotel vorbildlich Inklusion gelebt wird. Aus der Küche von Tobias Pfeiffer und Sebastian Wiese kommen ein tendenziell regionales und ein weltläufigeres Menü; alle Gänge gibt es auch à la carte. Ein herrliches Huchenfilet begleiteten Kalbs-kopfterrine, grüne Bohnen und mit Zitronenzeste abgerundeten Bohnenschaum; rustikaler, aber noch elegant wirkte Surf 'n' Turf von Kalbstafelspitz und bayerischer Zuchtgarnele mit intensiver Krustentier-Hollandaise.

Herrenmühle

Hauptstraße 239,
69117 Heidelberg
T +49 (0) 6221 6029 09
www.herrenmuehle.net

Im Haus aus dem 17. Jahrhundert, benannt nach der einst benach-barten kurfürstlichen Kornmühle, geht es urig-rustikal zu; roman-tisch sitzt es sich draußen in der Gartenlaube. Aus der Küche von Joachim Hess, der gekonnt Bodenständiges mit Mediterranem und Asiatischem verbindet, kommen Gerichte wie Thunfisch-Tataki mit Mango-Ketchup, Kabeljaufilet auf Orangen-Fenchel mit schwarzen Nudeln und Kurkuma-Pernod-Sauce oder Rinderfilet in Kräuter-kruste mit Pfifferlingen.

BADEN-WÜRTTEMBERG

Kreuzberghof

Am Kreuzbergsee 1,
76684 Östringen
T +49 (0) 7259 9267 490
**www.heitlinger-genusswelten.
de/kreuzberghof/restaurant**

> Kreuzberghof   S. 158

Vor der Tür der Kreuzbergsee, dahinter dichter Wald, drinnen warmes Holz und weiß eingedeckte Tische – darauf mit Anspruch umgesetzte Traditionsküche in breitem Angebot: Rinderkraftbrühe mit Flädle, Markklößchen, Wurzelgemüse und Siedfleisch beispielsweise, eine klassische Forelle „Müllerin" mit gerösteten Mandeln und brauner Butter oder Zwiebelrostbraten mit Spätburgunderjus. Letztere bekommt ihre Substanz natürlich von einem der VDP-Weingüter Heitlinger oder Burg Ravensburg, die wie der Kreuzberghof zu den „Heitlinger Genusswelten" gehören.

Kurfürstenstube

Friedrich-Ebert-Anlage 1,
69117 Heidelberg
T +49 (0) 6221 5155 12
**www.europaeischerhof.com/
gourmet-restaurant-
kurfuerstenstube-heidelberg**

> Der Europäische
  Hof Heidelberg   S. 155

Der Europäische Hof ist ein Grandhotel par excellence und in der noblen Kurfürstenstube mit ihren Holzintarsien aus dem Gründungsjahr 1865 scheint die Zeit stehen geblieben zu sein. Zum Ambiente passt die klassisch französische Küche, von Jakobsmuscheln mit Trüffelschaum, Artischockenherzen und geschmorten Roscoff-Zwiebeln bis zum Rinderfilet mit Sauce béarnaise, Pastinakengemüse und Pommes dauphine. Die großartige Weinkarte setzt den Schwerpunkt auf Deutschland und Frankreich. In der wärmeren Jahreszeit, von April bis Oktober, öffnet das Sommerrestaurant anstelle der Kurfürstenstube.

BADEN-WÜRTTEMBERG

Landgasthof Jagstmühle

Jagstmühlenweg 10,
74673 Mulfingen
T +49 (0) 7938 90300
www.jagstmuehle.de

> Landgasthof & Hotel
  Jagstmühle   S. 158

Steffen Mezger ist zurück in der Heimat. Im schmucken Landhotel im idyllischen Jagsttal bietet der gebürtige Öhringer, was seine viel gerühmte Leistung als Heinz Winklers Chef de Cuisine erwarten ließ: untadlige klassische Hochküche (auch vegetarisch), die der Japan-Verehrer ganz natürlich und unaufgeregt mit asiatischen Elementen anreichert. Auf jedem Teller ist eindeutig das Produkt der Star, von dem nichts unnötig ablenken soll – Mezger verzichtet konsequent auf Sättigungsbeilagen und beschränkt sich auf wenige, stets stimmige Komponenten.

Landgasthof Zum Goldenen Anker

Hauptstraße 16–20,
76344 Eggenstein-
Leopoldshafen
T +49 (0) 721 7060 29
www.hotel-anker-eggenstein.de

Anspruchsvoll-bodenständige Saisonküche erwartet den Gast im stilvoll modernen Landgasthof, zum Beispiel bei rosa gebratenem Wildschweinrücken mit Speckgraupen, Essigpflaumen, Brombeere und wildem Brokkoli, bei Hirschmedaillons mit Moosbeerensauce, Schwarzen Nüssen und Brezelsoufflé oder bei Heilbutt und Pulpo mit schwarzem Risotto und Kürbiskern-Beurre-blanc. Löblich: Das Restaurant ist auch mittags geöffnet, und ein Großteil der Hauptgerichte kann als kleine Portion bestellt werden.

Landhaus Hohenlohe

Erlenweg 24,
74585 Rot am See
T +49 (0) 7955 93100
www.landhaus-hohenlohe.de

Dem Einfachen, Guten, Nachhaltigen hat man sich in dem idyllisch gelegenen Wirtshaus verschrieben. Küchenchef Matthias Mack ist Slow-Food-Mitglied und baut viele Kräuter und Gemüse selbst an. Beste Zutaten werden tadellos verarbeitet – zu Traditionell-Rustikalem wie Zwiebelrostbraten in Lemberger-Sauce mit Maultasche und Rahmlauch, zu Leichtem wie in Olivenöl gebratenem Filet vom Seesaibling mit Mangold und Rosmarin-Drillingen oder zu Mediterranem wie mariniertem Pulpo mit Jakobsmuschel und Granatapfel.

> Landhaus Hohenlohe   S. 158

Landhaus Rössle

Mainhardter Straße 26,
74626 Bretzfeld
T +49 (0) 7945 91110
www.roessle-brettach.de

In der Abgeschiedenheit des Hohenloher Landes schickt Bernd Pils zuverlässig gehobene Regionalküche in den aufgeräumt-eleganten Saal oder auf die zauberhafte Terrasse. Um Saisonales erweitert, bietet die Karte zwar kaum Überraschungen, aber Pils' klassisches Handwerk bereitet auch in der Wiederholung Freude. Beide Beine auf dem Boden hat er mit einer klassischen Kraftbrühe mit gefüllten Flädlestücken, einen Fuß in Frankreich mit kross gebratenem, perfekt saftigem Loup de mer auf einem Bett aus Rahmlinsen.

Laurentius

Marktplatz 5,
97990 Weikersheim
T +49 (0) 7934 91080
www.hotel-laurentius.de

> Laurentius   S. 159

Seit Jahrzehnten bringt die Familie Koch ihren Gästen am Marktplatz von Weikersheim auf angenehm unprätentiöse Art kulinarische Qualität näher – bewusst wird hier nicht vom „Gourmetrestaurant" gesprochen. Jürgen Koch nutzt Produkte der Region, ohne deshalb weniger weltoffen zu sein, für eine im besten Sinne rustikale Küche mit kraftvollen Aromen. Manchmal allerdings kommen auf dem Teller mehr Elemente zusammen, als dem Gesamtbild guttut: Was in einigen Gängen an Ideen steckt, würde für mehrere Gerichte reichen.

Le Cerf

Kärcherstraße 11,
74639 Zweiflingen
T +49 (0) 7941 60870
**www.schlosshotel-
friedrichsruhe.de**

> Wald & Schlosshotel
   Friedrichsruhe   S. 161

Alles wirkt hier klassisch und elegant, ohne von gestern zu sein: Speiseräume, die fast schon Speisesäle sind, der vielköpfige geschulte Service und natürlich die Küche von Boris Rommel, der immer wieder selbst zu den Gästen kommt und seine handwerklich wie geschmacklich hochklassigen Werke erläutert, etwa ein wunderbar ausbalanciertes Ragout von Kalbsbries, Sot-l'y-laisse und Gänseleber, begleitet von herrlich nostalgischen Pommes soufflées. Die von Oliver Adler höchst kompetent betreute Weinkarte bietet auch glasweise Vorzügliches.

BADEN-WÜRTTEMBERG

Le Corange

6. Etage engelhorn
Mode im Quadrat, O5 9–12,
68161 Mannheim
T +49 (0) 621 1671 199
www.corange-restaurant.de

Ein „Fischrestaurant für kulinarische Kontraste" nennt sich das modern kühl und erfreulicherweise ohne maritimen Kitsch gestylte Lokal im 6. Stock des Modehauses engelhorn. Zuletzt konnte man das als Umschreibung von Licht und Schatten verstehen: Neben Gängen wie einer herrlich bissfesten bayerischen Garnele mit Portobello-Pilz, Steinpilzcreme, Patisson, Trüffel-Vinaigrette und feiner Chilinote zeigte die Küche von Igor Yakushchenko auch Schwächen – die Bouillabaisse schmeckte eher wie eine profane Hummer-Bisque.

Le Gourmet

Hirschgasse 3,
69120 Heidelberg
T +49 (0) 6221 4540
www.hirschgasse.de

> Die Hirschgasse
Heidelberg   S. 155

Das Interieur des Gourmetrestaurants von Heidelbergs ältestem Hotel hat das charmante Flair längst vergangener Tage; eine behutsame Renovierung ist angekündigt. Einen Kontrast dazu setzt die Küche von Mario Sauer, der mit perfekt gegartem Saibling auf Mungobohnensprossen-Risotto mit Forellenkaviar, Shiso-Kresse und einer fein-aromatischen Dashi-Beurre-blanc gleich zu Beginn des Menüs zeigte, wie moderne Akzente die Tradition in Schwung bringen können. Die Weinkarte hingegen konzentriert sich allzu sehr auf kostspielige alte Schätzchen.

Marly

Speicher 7 –
Rheinvorlandstrasse 7,
68159 Mannheim
T +49 (0) 621 8624 2121
www.restaurant-marly.com

Am Kai des alten Industriehafens lässt Gregor Ruppenthal seiner kulinarischen Frankophilie freien Lauf. In der schicken Location im Speicher 7 findet sich mittags wie abends französische Tisch- und Esskultur vom Feinsten, angefangen mit krossem Baguette und der legendären Butter von Jean-Yves Bordier aus Saint-Malo. Immer im Angebot hat die Küche den mit Basilikum aus dem eigenen Garten verfeinerten Oktopussalat – ein Klassiker im Repertoire, ebenso wie der in großzügige Tranchen geschnittene und perfekt glasig gegarte bretonische Steinbutt.

BADEN-WÜRTTEMBERG

möbius
lebensmittel.punkt

Kurfürstenstraße 22,
68723 Schwetzingen
T +49 (0) 6202 6085 020
www.dermoebius.com

Das einstige Bistro mit angeschlossenem Feinkostgeschäft ist nun ein Feinkostladen mit Mittagstisch – Tommy R. Möbius hat das klassische Abendgeschäft aufgegeben. Allerdings kann man die täglich wechselnden Mittagsgerichte wie Bœuf Stroganoff mit Rösti, ein Hühnerfrikassee de luxe oder das Gemüsecurry mit Thai-Basilikum und Kokos nach Vorbestellung fürs heimische Diner abholen. Zu Kochevents und Küchenpartys werden gelegentlich auch abends noch Gäste empfangen.

OPUS V

6. Etage engelhorn
Mode im Quadrat, O5 9–12,
68161 Mannheim
T +49 (0) 621 1671 199
www.restaurant-opus-v.de

Dominik Paul geht seinen Weg auf eindrucksvollem Niveau – ruhig, konzentriert und mit einer gewissen Nonchalance, stets fokussiert auf das Wesentliche auf dem Teller. Mit seinem „Urban Nature"-Credo steht er der nordischen Küche nahe, was gut zum reduzierten Interieur über den Dächern der Stadt passt. Dennoch wirkt das auf regionalen Produkte gegründete, aber nicht beschränkte, monatlich wechselnde Menü nicht verkopft, sondern äußerst wohlschmeckend, mit perfekter Garung und genialen Interaktionen von Süße, Säure und Schärfe.

BADEN-WÜRTTEMBERG

Reber's Pflug

Weckriedener Straße 2,
74523 Schwäbisch Hall
T +49 (0) 791 9312 30
www.rebers-pflug.de

> Reber's Pflug   S. 160

Bei Hans-Harald Reber finden alle etwas, von À-la-carte-Gerichten wie Tafelspitz-Essenz, „Vital"-Salat oder trocken gereiften Steaks bis zum Sechs-Gänge-Genießer-Menü mit schön klaren Tellern wie glasig-zartem Tataki vom Färöer-Lachs auf Koriander-Couscous mit Dashi-Ingwer-Vinaigrette oder dem Besten vom Duroc-Schwein mit Senfsaatjus: rosiger Rücken, mürbe geschmorte Schulter, Kichererbsenbällchen mit Currynote, fermentierter Knoblauch zart dosiert. Ein Extralob verdient die Weinkarte mit Top-Flaschen zu angenehmen Preisen.

Rebstock
la Petite Provence

Eppinger Straße 43,
74080 Heilbronn
T +49 (0) 7131 4054 351
www.rebstock-provence.de

Das „petite" im Namen kann man auf die Größe des Raums beziehen: Mehr als 20 Gäste passen nicht in das gemütliche Restaurant. Persönlich-familiär geht es hier zu, nicht selten bringt der französische Küchenchef Dominique Champroux die liebevoll angerichteten Gänge des einzigen Menüs selbst an den Tisch. Je nach Saison und Marktangebot gibt es Steinbutt, Wildente, Maishähnchen, Pfifferlinge oder Steinpilze. Wer vegetarisch essen möchte, muss rechtzeitig vorbestellen.

BADEN-WÜRTTEMBERG

Scharffs Schlossweinstube

Schlosshof 1,
69117 Heidelberg
T +49 (0) 6221 8727 003
www.heidelberger-schloss-gastronomie.de

Im Auge eines der heftigsten touristischen Orkane der Republik kann man nicht nur Bratwurst, Pommes und Schnitzel essen: Martin Scharff lässt in der einzigartigen Kulisse des Heidelberger Schlosses den Besuchern der Schlossweinstube oder der Terrasse mit Blick in den Hof zwei Menüs servieren, einmal klassisch, einmal vegetarisch. Was seine Küche liefert, ist wie versprochen unkompliziert und wohlschmeckend, handwerklich tadellos mit guten Zutaten, insgesamt aber auch recht spannungsarm.

Speicher7 Bar

Rheinvorlandstraße 7,
68159 Mannheim
T +49 (0) 621 1226 68711
www.speicher7.com

Das Lokal in einem ehemaligen Notgetreidespeicher zählt zu Mannheims angesagtesten Adressen, auf der Rheinterrasse sieht man beim Sundowner die Schiffe vorüberziehen. Zu einem großen Cocktailangebot, zehn Sorten Gin sowie Weinen aus der Pfalz, Spanien und Italien gibt es rund 30 Tapas aus aller Welt, darunter Hummus, Pata-Negra-Schinken, Pulposalat mit Pinienkernen und Wurzelgemüse, kanarische Kartoffeln mit Mojo Verde und indische Geflügelspieße.

BADEN-WÜRTTEMBERG

zeit | geist

Marktplatz 7,
76356 Weingarten
T +49 (0) 7244 70370
www.walksches-haus.de

Von außen lässt das eindrucksvolle über 300-jährige Fachwerkhaus kaum erwarten, dass die Gastronomie darin ein modernisiertes Design, wortspielerische Namen und eine legere Ausrichtung bekommen hat. Dem Zeitgeist widerspricht dabei erfreulich, dass im Restaurant neben einem Überraschungsmenü in vier bis acht Gängen noch ein ausführliches À-la-carte-Angebot existiert. Die asiatisch getönte Moderne von Sebastian Syrbe auf den Tellern haben wir allerdings eher gefällig als spannend gefunden.

Zweite Liebe

Beilstraße 3,
68159 Mannheim
T +49 (0) 621 4374 9715
www.zweiteliebe-jungbusch.de

Hinter dem Lokal im von Kreativwirtschaft und Nachtleben geprägten Jungbusch-Viertel stehen der Multigastronom Ashkan Mahmoud und der Top-Koch Dennis Maier – ursprünglich war diese Zweite Liebe ein Ableger ihres 2021 geschlossenen Emma Wolf. Bis 22 Uhr werden hier kleine Gerichte aufgetischt, etwa Pulpo oder Rinderfilet aus dem Holzkohleofen. Anschließend ist weiterhin jeder willkommen, der Lust auf Wein, Bier oder einen Drink hat, im Sommer auch draußen vor der Tür.

⎓ Hotels

Das Wildeck

Heilbronner Straße 16,
74232 Abstatt
T +49 (0) 706 29780
www.das-wildeck.de

Seinen Namen hat das familiengeführte 4-Sterne-Hotel von der nahegelegenen Burg, die in dieser Gegend auch als beliebtes Ausflugsziel dient. Gelegen zwischen Reben und Wein, am Fuße der Löwensteiner Berge, erwartet die Gäste ein modernes Refugium, das durch den Mix von Holz und Beton einen schönen Spagat zwischen Tradition und Moderne schafft. Insgesamt verfügt das Hotel über 34 Zimmer in unterschiedlichen Kategorien.

Der Europäische Hof Heidelberg

★★★★★ ₛ

Friedrich-Ebert-Anlage 1,
69117 Heidelberg
T +49 (0) 6221 5150
www.europaeischerhof.com

> Kurfürstenstube   S. 147

Eine Oase in der City: Wer inmitten von Heidelberg den Komfort eines 5-Sterne-Superior-Hauses sucht, ist in diesem seit 150 Jahren familiengeführten Hotel goldrichtig. Die 118 Zimmer sind individuell eingerichtet, und jedes einzelne verfügt über kleine, geschmackvolle Details. Die Familie von Kretschmann weiß aber nicht nur in puncto Hotel zu überzeugen, auch anspruchsvolle Gaumen sind hier bestens aufgehoben: Im Restaurant Kurfürstenstube wird auf Top-Niveau gekocht.

Die Hirschgasse Heidelberg

Hirschgasse 3,
69120 Heidelberg
T +49 (0) 6221 4540
www.hirschgasse.de

> Le Gourmet   S. 150

Die Hirschgasse ist nicht nur das älteste Hotel in Heidelberg, es ist zugleich auch das älteste Mensurhaus Deutschlands. Die Hotelierfamilie Kraft hat dem Haus mit viel Liebe zu Detail einen romantisch-britischen Touch verpasst, viele der Suiten geben einen wunderbaren Blick auf das Wahrzeichen der Stadt, das Heidelberger Schloss, frei. Die facettenreiche Gastronomie des Hauses besticht durch ihre kulinarische Vielfalt.

Flair Hotel Weinstube Lochner

★★★ s

Hauptstraße 39,
97980 Bad Mergentheim
T +49 (0) 793 19390
www.weinstube-lochner.de

Idyllisch gelegen zwischen ausgedehnten Weinbergen befindet sich im historischen Weinort Markelsheim das familiengeführte Hotel, das über 48 gemütlich eingerichtete Zimmer verfügt. Das Hotel, direkt im Ortskern am Marktplatz gelegen, ist eine ideale Basis für all jene, die im Urlaub gerne Wandern oder Radfahren oder sich im rustikalen Restaurant mit Spezialitäten der fränkischen Küche verwöhnen lassen möchten.

Gasthaus Adler

Hindenburgstraße 4,
74336 Brackenheim
T +49 (0) 7135 98110
www.adlerbotenheim.de

Es ist die Liebe zum Detail, die das Hotel Adler Botenheim – seit über einem halben Jahrhundert im Besitz der Familie Rembold – so besonders macht. Die insgesamt 17 Zimmer im restaurierten Fachwerkshaus sind allesamt individuell, mit Top-Komfort und viel Pfiff eingerichtet, schöne Überraschungen hat auch die hoteleigene Küche zu bieten. Hier findet man sowohl traditionelle schwäbische Gerichte als auch „Speisen von Welt".

Heitlinger Hof

Am Mühlberg 3,
76684 Östringen
T +49 (0) 7259 4640 10
**www.heitlinger-genusswelten.
de/heitlinger-hof**

Hotel, 18-Loch Golfplatz mit Academy, Restaurant, Weingut – inmitten der Reblandschaft des Kraichgaus bieten die Heitlinger Genusswelten eine umfassende Palette an Angeboten für verschiedenste Ansprüche. Das Hotel wurde 2014 erbaut, umfasst 31 moderne, ruhige Zimmer und einen exklusiven Spa-Bereich. Eine Top-Location für alle, die Erholung suchen, der Golf-Leidenschaft frönen oder einfach nur genießen wollen.

> Albatros   S. 142

BADEN-WÜRTTEMBERG

Hotel Rappenhof

★★★ _S

Rappenhofweg 1,
74189 Weinsberg
T +49 (0) 713 45190
www.rappenhof.de

Seit 2015 als Weinsüden Weinhotel ausgezeichnet, ist das Drei-Sterne-Superior-Hotel beliebtes Ziel für Ausflügler und Erholungssuchende. Die 39 Zimmer sind im gemütlichen Landhausstil eingerichtet und verfügen größtenteils über Balkon oder Terrasse. Für Gäste, die die Region mit dem Rad erkunden wollen, bietet das Haus einen eigenen Service an. Ebenfalls top: Im bio-zertifizierten Restaurant erwarten den Gast kulinarische Highlights der schwäbischen Küche.

Insel-Hotel

★★★★ _S

Willy-Mayer-Brücke,
74072 Heilbronn
T +49 (0) 7131 6300
www.insel-hotel.de

Nomen est omen: Das Vier-Sterne-Businesshotel punktet gleich vorweg mit seiner einzigartigen Lage auf der geschichtsträchtigen Neckarinsel Hafenweiler unweit des Heilbronner Stadtzentrums. Das Haus, das in dritter Generation von der Familie Meyer geführt wird, ist mit seinen 125 Zimmern eine beliebte Adresse für Familienfeste, Hochzeiten oder Geschäftsreisen, insgesamt stehen neun Tagungsräume zur Verfügung.

BADEN-WÜRTTEMBERG

Kreuzberghof

★★★★

Am Kreuzbergsee 1,
76684 Östringen
T +49 (0) 7259 9267 490
**www.heitlinger-
genusswelten.de/inside/
location/kreuzberghof/**

> Kreuzberghof   S. 147

Wandern, genießen, zur Ruhe kommen – das charmante Vier-Sterne-Haus in absoluter Ruhelage ist nicht umsonst als Wohlfühlhotel bekannt. Von den 40 großzügigen, mit viel Holz gestalteten Zimmer aus hat man einen traumhaften Ausblick auf den idyllischen Kreuzbergsee, der über einen Rundwanderweg verfügt. Nach einem ausgiebigen Ausflug empfiehlt sich entweder ein Besuch im hauseigenen Restaurant oder im Wellnessbereich, der unter anderem über ein Rasul-Bad verfügt.

Landgasthof & Hotel Jagstmühle

Jagstmühlenweg 10,
74673 Mulfingen
T +49 (0) 7938 90300
www.jagstmuehle.de

> Landgasthof
   Jagstmühle   S. 147

In einer alten Mühle im traumhaften Jagsttal erwartet die Gäste ein romantisches 4-Sterne-Hotel mit 26 liebevoll eingerichteten und komfortablen Zimmern. Während man am Morgen vom sanften Plätschern der Jagst geweckt wird, empfiehlt es sich, abends die Gastronomie des Hauses näher kennenzulernen. Die ausgezeichnete Landküche im Restaurant Mühlenscheune und dem Gourmetrestaurant setzt sehr stark auf Regionalität und Pureness – aus diesem Grund werden die Lieferanten auch mit Bedacht ausgewählt.

Landhaus Hohenlohe

Erlenweg 24,
74585 Rot am See
T +49 (0) 7955 93100
www.landhaus-hohenlohe.de

> Landhaus Hohenlohe   S. 148

Entspannte Ruhe auf dem Land genießen, während die Kühe hinterm Haus grasen – das kann man im Landhaus Hohenlohe, mitten im Kulturdreieck Schwäbisch Hall – Rothenburg ob der Tauber – Bad Mergentheim perfekt. In den komfortablen Zimmern kann man sich auch bestens entspannen, nachdem man die ausgezeichnete Küche des Hauses genossen hat. In der gemütlichen Gaststube mit offenem Kamin servieren Jutta und Matthias Mack raffinierte hohenlohisch-italienische Slow-Food-Gerichte.

BADEN-WÜRTTEMBERG

Landhaus Wolf
★ ★ ★ s

Karl-Kurz-Straße 2,
74523 Schwäbisch Hall
T +49 (0) 791 9306 60
www.landhauswolf.eu

> Eisenbahn　　　　S. 145

In ruhiger Umgebung am Stadtrand von Schwäbisch Hall liegt das Drei-Sterne-Hotel der Familie Wolf, das den Gast mit behaglich eingerichteten, komfortablen Zimmern erwartet. Hier kann man nach einem Besuch im hauseigenen Restaurant Eisenbahn gemütlich abschalten und auch ohne Reue den einen oder anderen Wein verkosten, den der gut sortierte Keller zu bieten hat. Das Haus verfügt zudem über zahlreiche Räumlichkeiten für Tagungen oder (Familien-)Feste.

© Screengallery, Roland Bauer

BADEN-WÜRTTEMBERG

Laurentius
★ ★ ★

Marktplatz 5,
97990 Weikersheim
T +49 (0) 7934 91080
www.hotel-laurentius.de

> Laurentius　　　　S. 149

Im Herzen des Städtchens Weikersheim, direkt am historischen Marktplatz, liegt das bezaubernde, familiengeführte Hotel, das sich dem Thema Design und Wein verschrieben hat. Die insgesamt 13 individuell eingerichteten Zimmer und Suiten tragen weinaffine Namen und verfügen zum Teil über eine private Dampfsauna und einen Whirlpool. Auch inklusive: ein traumhafter Ausblick auf die umliegenden Weinberge im Taubertal.

Mawell Resort

Roseneck 5,
74595 Langenburg
T +49 (0) 790 5941 40
www.mawell-resort.de

Authentizität, Nachhaltigkeit und Natürlichkeit – das sind drei Dinge, die den Gast in dem Resort in Langenburg erwarten. Das Hotel liegt hoch über dem Jagsttal in die Natur eingebettet, ebenso naturverbunden zeigt sich die Auswahl der verwendeten Materialien wie Eiche, Muschelkalk und Juramarmor, die allesamt aus der Region stammen. Die großzügigen Zimmer geben durch ebenso großzügige Glasflächen einen herrlichen Blick ins Grüne frei, Highlight des Hauses ist neben dem Infinity-Waldpool ein Turmdeck in 200 Metern Höhe über dem Talgrund mit Sauna und Pool.

Reber's Pflug

Weckriedener Str. 2,
74523 Schwäbisch Hall
T +49 (0) 791 9312 30
www.rebers-pflug.de

Ein ausbalancierter Mix zwischen Tradition und Moderne – darauf wurde bei der Renovierung des Hotels besonders viel Wert gelegt. Heute warten stilvolle, moderne Zimmer mit viel Komfort auf die Gäste und spätestens beim Frühstück – serviert werden hausgemachte Marmeladen sowie Wurst und Schinken vom elterlichen Bauernhof – erkennt man die Liebe fürs Detail. Das hauseigene Restaurant bietet zudem einen Mix aus heimatorientierten Speisen und weltoffenen Kreativmenüs, gepaart mit einem besonders herzlichen Service.

> Rebers Pflug   S. 152

Rebgut
★★★★

Rebgutstraße 80,
97922 Lauda-Königshofen
T +49 (0) 9343 6147 00
www.rebgut.de

Etwas außerhalb von Lauda, in der ruhigen Umgebung des Taubertals inmitten der Weinberg-Hügel, empfängt das familiengeführte Haus seine Gäste in 29 modernen Appartements und Zimmern. Die beiden Häuser Wengert und Remise wurden im Frühjahr 2020 errichtet und ergänzen das historische Gutshaus perfekt. Im À-la-carte-Restaurant des Rebgut wird regionale Küche serviert, darüber hinaus verfügt das Hotel über einen Weinkeller und eine Probierstube.

BADEN-WÜRTTEMBERG

Schlosshotel Ingelfingen

★★★ s

Schlossstraße 14,
74653 Ingelfingen
T +49 (0) 7940 91650
www.schloss-hotel-ingelfingen.de

Modernen Komfort hinter einer historischen Fassade – das verspricht das Hotel, das im 1701 erbauten „Prinzessinnenbau" über 38 Zimmer und zwei Suiten verfügt. Das Schloss liegt im Kochertal, inmitten der Weinberge. Genussmenschen sei ein Besuch im Restaurant oder im Ingelfinger Fass empfohlen, einem großen Weinfass, in dem es sich nicht nur gut feiern lässt, sondern wo man auch eine Menge über den Weinbau erfahren kann.

> Weinmanufaktur Schlosshotel
  Ingelfingen   S. 169

Wald & Schlosshotel Friedrichsruhe

★★★★★ s

Kärcherstraße 11,
74639 Zweiflingen
T +49 (0) 7941 60870
www.schlosshotel-friedrichsruhe.de

> Le Cerf   S. 149

Einst ein romantisches Jagdschloss, gilt das Haus heute als eines der führenden Wellnesshotels Deutschlands. Das Refugium, eingebettet ins idyllische Hohenloher Land, ist von einer großen Parklandschaft umgeben und verfügt über insgesamt 66 stilvoll möblierten Zimmern und Suiten im historischen Jagdschloss, im Haupthaus, Spa-Haus, Torhaus oder im Gartenhaus. Ebenfalls auf höchstem Level spielt sich die Kulinarik im Haus ab – das Restaurant Le Cerf unter der Leitung von Boris Rommel zählt zu den besten des Landes.

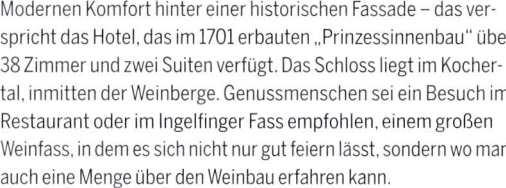

Weinhotel Benz

Am Nonnenberg 12,
97922 Lauda-Königshofen
T +49 (0) 9343 998
www.weinhotel-benz.de

Mehr inmitten von Reben übernachten geht nicht: Das familiengeführte Hotel, das zum gleichnamigen Weingut gehört, bietet einen herrlichen Blick direkt auf die Trauben. Die Zimmer und Appartements sind modern und mit klarem Design eingerichtet. Und will man dennoch hinaus, wartet eine Vielzahl an Ausflugszielen auf den Gast: ob nach Würzburg, Tauberbischofsheim oder auf die Burg Wertheim.

 Einkaufen

AB-HOF-VERKAUF

Demeter Hof Hofmann

Zentweg 13,
97944 Boxberg
T +49 (0) 7930 517
**www.fraenkischer-
gruenkern.de**

Festtagssuppe aus Grünkernschrot, Grünkernbutter als Brotaufstrich oder Grünkernküchle mit Hackfleisch: Der Verwendung mit dieser Dinkel-Spezialität des „Baulands" im Taubertal und im Odenwald sind keine Grenzen gesetzt. Grünkern gehört zur kulinarischen Identität der Region. Dietmar Hofmann ist einer von vielen Grünkern-Anbietern. Er baut die Sorte Bauländer Spelz, aber auch zwei weitere Sorten aus biodynamischer Züchtung an.

Erlenbacher Ölmühle

Hofäcker 1,
74235 Erlenbach
T +49 (0) 7132 5432
www.erlenbacheroelmuehle.de

Von der Saat, die überwiegend auf eigenen Feldern angebaut wird, über Pressung, Abfüllung und Etikettierung bis hin zum Vertrieb: Jeder Arbeitsschritt liegt in den Händen des Mühlen-Teams, das schon in dritter Generation die Mühle führt. Zum Sortiment gehören naturbelassenes Leinöl, Rapsöl, Mohnöl, Walnuss- und Bucheckernöl, aber auch Kirsch- und Birnenbalsamessig sowie Kürbiskerne oder Leinmehl. Für Gruppen bietet die Mühle eine Führung und zeigt die Herstellung von Öl.

Heinrich Hof

Kirstetter Straße 23,
74847 Obrigheim
T +49 (0) 6261 7763
www.heinrichhof.de

Am Rande des Odenwalds, im Neckartal, liegt dieser familiengeführte Hof, auf dem Ackerbau betrieben und Vieh gehalten wird, es wird Gemüse angebaut, werden aber auch Feste und Aktionen vor allem für Kinder veranstaltet, damit sie die bäuerliche Landwirtschaft kennenlernen. Die eigenen Produkte werden im Hofladen, aber auch auf Märkten verkauft. Dazu gehören Gemüse, Salat, Kräuter, Fleisch, Wurst und Schinken, Backwaren, Eier, Käse und Obst, die Waren stammen ebenfalls aus der Region.

Hörchers Bauernladen

Talstraße 33,
74259 Widdern
T +49 (0) 7943 562
www.hoerchers-bauernhof.de

Hier stammt alles aus eigenem Anbau: ob Erdbeeren, Kartoffeln, Karotten, Zwiebeln, Urgetreide wie Dinkel, Einkorn, Emmer und Lichtkornroggen, Linsen, Leindotteröl oder Speisekürbis. Alles wird auf dem Hof angebaut, der schon älter als 300 Jahre ist. Außerdem finden sich Naturkostprodukte im Angebot des Bauernladens. Dreimal in der Woche wird gebacken, dann gibt es nicht nur Brot und Brötchen, sondern Käsekuchen, Linzer Törtchen oder Schokocookies.

Hofladen Hofgut Hermersberg

Hermersberg 7,
74676 Niedernhall
T +49 (0) 7940 9840 70
www.hofgut-hermersberg.de

Nachhaltig wirtschaften für gesunde Lebensmittel: Das ist das Motto auf diesem Hof, der oberhalb des Kochertals liegt – dort, wo früher die Fürsten von Hohenlohe auf die Jagd gingen. Im Hofladen im Gewölbekeller werden Demeter-Backwaren aus dem Holzofen verkauft, ebenso Wurst und Fleisch von den hofeigenen Limousin-Rindern sowie viele andere Bioprodukte aus der Genießerregion Hohenlohe.

Hofladen Luisenhof

Luisenhof 29,
75038 Oberderdingen
T +49 (0) 7258 262
www.hofladen-luisenhof.de

Die Nusshörnchen werden aus Mehl vom Kraichgaukorngetreide gebacken, das Sauerkraut selbst eingemacht und die sauren Bohnen aus eigenem Anbau nach traditionellem Rezept eingelegt: In diesem Hofladen werden zahlreiche regionale Produkte hergestellt oder veredelt, kann aber auch eine Tasse Kaffee bei einer Linzer Torte genossen werden. Für Kinder werden Geburtstagsfeiern oder Spielenachmittage ausgerichtet, bei denen sie auf spielerische Art die Natur kennenlernen können.

Lädle im Riegenhof

Riegenhof 4,
74535 Mainhardt
T +49 (0) 7903 2782
www.demeterhof.info

Auf diesem Demeter-Hof kann man viel erleben: Tiere, Kräutergarten, eine Kulturscheune und ein schöner Hofladen gehören zum landwirtschaftlichen Betrieb. Im Lädle kann man Obst und Gemüse kaufen, das auf den Flächen vor der Tür angebaut wurde, ebenso Kartoffeln, Kräuter und Blumen aus der Hof-Ernte. Donnerstags und freitags wird im Holzofen gebacken – auch mal mit Backferment als Alternative zu Hefe und Sauerteig oder mit Gelbweizen. Rindfleisch von Tieren, die auf dem Hof gehalten werden, findet sich ebenso im Angebot wie eine große Auswahl an Bio- und Naturkostwaren, die am liebsten unverpackt abgegeben werden.

BADEN-WÜRTTEMBERG

Seitenbacher Erlebniswelt

Siemensstraße 8,
74722 Buchen
T +49 (0) 6281 5626 88
www.seitenbacher.de

Backmischungen, Öle, Müsli oder Aufstriche: Das Sortiment von Seitenbacher rund um gesunde Ernährung – vor allem mit Vollkorn – ist umfangreich. Auf dem Firmengelände im Odenwald befindet sich auch der Werksverkauf, der neben dem gesamten Seitenbacher Produktsortiment aber auch Küchenutensilien, Geschirr oder Dekoartikel anbietet.

Zum Forellenbauer

Meertalsiedlung 1a,
74834 Elztal
T +49 (0) 6261 18544
www.forellenbauer.de

Regenbogenforellen, Lachsforellen, selbst gezüchtet und geräuchert: Darum dreht sich bei Familie Schneider alles. Die Forellen werden in naturbelassenen Teichen, die von Quellwasser gespeist werden, gehalten. Verkauft wird direkt ab Hof, aber auch auf Märkten in der Region. Die Familie betreibt zudem eine Gartenwirtschaft, in der die Forelle ebenfalls auf der Speisekarte steht.

BÄCKEREI

Bäckerei Eitel

Kirchbrunnenstraße 37,
74072 Heilbronn
T +49 (0) 7131 8993 962
www.baeckerei-eitel.de

Das ungespritzte Kraichgaukorn, Steinsalz, Sauerteig und regionale Produkte sind die Zutaten für Brot & Brötchen aus dieser Handwerksbäckerei. Sie ist so beliebt, dass sich häufiger mal eine Schlange vor der Tür bildet – und die Kundschaft dann gerne einen Blick in die gläserne Bäckerei wirft.

FEINKOST

Genuss-Portal Hohenloher Schaumweine

Am Bach 20,
74595 Langenburg
T +49 (0) 7905 9406 00
www.genuss-portal.com

Schaumweine aus regionalen Streuobsttrauben, Balsamico, Fruchtschnäpse von Palmischbirne und Quitte, Gin, Senf, Gewürzsalze, Olivenöl sowie Rot- und Weißweine: Das Sortiment in diesem Hofladen von Hans-Jörg Wilhelm ist regional geprägt, beziehungsweise stammen viele Produkte von kleinen Erzeugern.

BADEN-WÜRTTEMBERG

Holunderzauber

Alte Steige 14,
74595 Langenburg
T +49 (0) 7905 477
www.holunderzauber.de

Sie heißen Mädelsüß, Akazien- und Rosenzauber – und sind spritzige, alkoholarme Holundergetränke. Bernulf Schlauch hat viele Jahre experimentiert, bis er sein Getränk, das er nach dem Champagnerverfahren herstellt, perfekt abgefüllt hatte. Die Blüten für den Holundersekt sammelt er dafür in ganz Hohenlohe. Außerdem stellt er Holunderblütenlikör und Brände von der heimischen Birne, von Zwetschge und Quitte her. Schlauch bietet Verkostungen und Führungen nach telefonischer Voranmeldung an.

Käse Schneidewind-Gueth

Heidelberger Straße 15,
76669 Bad Schönborn
T +49 (0) 7253 32083
www.kaese-schneidewind-gueth.de

Freitags wird im Käseladen ab Hof verkauft, an anderen Tagen der Woche auf Märkten in der Region. Dabei ist nicht nur Käse in einer großen Auswahl im Angebot, sondern auch Feinkost sowie Spezialitäten aus Frankreich und dem Elsass.

Langenburger Schafskäserei

Breberweg 2,
74595 Langenburg
T +49 (0) 7905 475
www.schafskaese.com

Egal, ob Frischkäse, Camembert oder Blauschimmelkäse, Schnitt- und Hartkäse oder Roggen blau, ein Edelpilzkäse: Hier werden alle Sorten aus der Rohmilch von den mehr als 300 hofeigenen Schafen produziert. Zusätzlich wird einmal in der Woche Kuhmilch von einem benachbarten Demeterhof verarbeitet. Wer im Hofladen einkauft, kann einen Blick in die Käserei werfen, verkauft wird aber auch an vielen Marktständen in der Region. Eis aus Schafsmilch, Lammfelle und -fleisch gehören ebenfalls zum Sortiment dieses Familienbetriebs.

Lebensmittel Pfeffer

Kramstraße 1,
74072 Heilbronn
T +49 (0) 7131 3900 997
www.pfeffer-lebensmittel.de

Das Feinkost-Geschäft mitsamt kleinem Restaurant im historischen Fleischhaus mitten in Heilbronn hat sich zu einem netten Treffpunkt vom Frühstück übers Mittagessen bis zum nachmittäglichen Kaffee entwickelt, in dem man eben auch sehr gut einkaufen kann. So kommt der Kaffee aus Florenz, das Gemüse vom Markt, Pasta, Käse, Essig oder Schinken kann man auch für zu Hause mitnehmen.

BADEN-WÜRTTEMBERG

Regionalmarkt Hohenlohe

Birkichstraße 10,
74549 Wolpertshausen
T +49 (0) 7904 9438 010
**www.regionalmarkt-
hohenlohe.de**

Die Auswahl an ländlich-regionalen Produkten ist riesengroß. In diesem Regionalmarkt, der von der Bäuerlichen Erzeugergemeinschaft Schwäbisch-Hall betrieben wird, gibt es einfach alles: Stielkotelett vom Schwäbisch-Hällischen Landschwein, Rostbraten vom Boeuf de Hohenlohe, Bio-Heumilchkäse der Dorfkäserei Geifertshofen oder Schafsmilchkäse aus Langenburg, fair gehandelte Bio-Gewürze von Ecoland Herbs & Spices, selbst gekochte Marmelade von Hohenloher Bäuerinnen, Bio-Obst und -Gemüse von Hohenloher Bauernhöfen, Holunderzauber-Sekt von Bernulf Schlauch oder Langenburger Wibele werden auf fast 1000 Quadratmeter angeboten. Zum Regionalmarkt gehört die Mohrenköpfle Gastronomie mit Gerichten rund ums Schwäbisch-Hällische Landschwein, Kinder dürfen auf einem Spielplatz toben oder den ökologischen Kräuter- und Bauerngarten mit „Grünem Klassenzimmer" besuchen. Der neue Regionalmarkt ist auch in den Energielehrpfad der ökologischen Modellgemeinde Wolpertshausen eingebunden.

METZGEREI

Metzgerei & Genusswelt Frankenkrone Morschheuser

Breitenflur 3,
97953 Königheim
T +49 (0) 9341 8959 522
**www.frankenkrone-
morschheuser.de**

Salate, Saucen, Schinken, Rohwurst, Brühwurst, Geflügelaufschnitt, aber auch Convenience-Produkte, Wurstkonserven und Käse bietet die Metzgerei und Genusswelt Frankenkrone Morschheuser in der Nähe von Tauberbischofsheim an. Der Familienbetrieb wird in dritter Generation geführt.

Vinothek Alte Goldschmiede

Gelbinger Gasse 34,
74523 Schwäbisch Hall
T +49 (0) 7919 7819 040
www.alte-goldschmiede.eu

Nicht nur Weine aus der Region, sondern auch aus Griechenland, Italien oder Österreich stehen hier auf der umfangreichen und repräsentativen Karte der Vinothek, zu der auch das griechische Restaurant Alt Hall mit seinen Gewölbekellern im geschichtsträchtigen Haus nebenan gehört.

Vinothek im Hotel Anne-Sophie

Hauptstraße 22,
74653 Künzelsau
T +49 (0) 7940 9346 1800
**www.hotel-anne-sophie.de/
vinothek**

Sommelière Isabelle Alt ist das Gesicht dieser Vinothek, die Weine aus Baden-Württemberg, Franken und Pfalz, aber auch viele internationale Tropfen aus Frankreich, Spanien oder Italien anbietet. Man kann individuelle Weinproben buchen oder an einer Verkostung mit einem Winzer teilnehmen. Außerdem wird ein besonderes Brot in dieser Vinothek verkauft: Es stammt vom Hofgut Hermersberg, einer Demeter-Bäckerei.

Vinothek Taubertal im Kloster Bronnbach

Bronnbach 9,
97877 Wertheim
T +49 (0) 9342 9352 02020
www.kloster-bronnbach.de

Hier kann man Wein an historischer Stätte verkosten, denn das Zisterzienser-Kloster Bronnbach wurde bereits im 12. Jahrhundert gegründet. Und damals gehört es zum Klosterleben dazu, dass Wein angebaut wurde. Heute präsentieren 20 Winzer aus Baden, Württemberg und Franken ihre Weine in der Vinothek Taubertal unter einem Dach – im ehemaligen Cellarium. Zum Kloster gehört auch das Restaurant in der Orangerie mit einem beeindruckenden Außenfresko, das als eines der größten in ganz Deutschland gilt. Im Klosterladen kann man handgegossene Seifen, Gewürze, Bücher, Schmuck und Weihrauch sowie Literatur zur Klostergeschichte kaufen.

BADEN-WÜRTTEMBERG

Vinothek Weinsberger Tal

Hauptstraße 1,
74189 Weinsberg
T +49 (0) 7134 1386 192
**www.vinothek-
weinsbergertal.de**

50 Weine von 25 Weinbaubetrieben stehen hier zur Verkostung bereit und präsentieren die Bandbreite von Württemberger Weinen von Acolon über Lemberger bis zum Zweigelt. Gin, Honig, Nudeln, Öle oder Kürbiskerne gehören zum weiteren Sortiment.

Wein Villa

Cäcilienstraße 66,
74072 Heilbronn
T +49 (0) 7131 6767 12
www.wein-villa.de

Wer sich durch die unterschiedlichen Weine der Winzer aus der Region Heilbronn probieren will, ist hier genau richtig. Denn die Wein Villa, ein Haus der Baden-Württemberger Weine, am Rande der Heilbronner Innenstadt ist eine Kooperation von 14 Weingütern Heilbronns und der Genossenschaftskellerei Heilbronn. Auf der Speisekarte stehen saisonal-regionale Spezialitäten mit vielen schwäbischen Einflüssen. Eine Dependance der Wein Villa ist der Weinpavillon an der Neckarbühne, eine weitere im Heilbronner Wartberg.

Weinhaus Fehser

Friedrich-Ebert-Anlage 26,
69117 Heidelberg
T +49 (0) 6221 22911
www.weinversand-fehser.de

Das Weinhaus Fehser ist seit 1883 bereits in der fünften Generation ein Familienunternehmen im Herzen der Altstadt Heidelbergs und widmet sich mit Leidenschaft dem Thema Wein. Weine aus aller Welt, aber natürlich auch aus Deutschland und vor allem der heimischen Region sind dort im Angebot, ebenso Spirituosen wie Gin, Grappa, Wodka oder Whisky.

Weinlodge am Geissberg

In den Erlenwiesen 3,
74246 Eberstadt
T +49 (0) 7134 9160 61
www.weinlodge-eberstadt.de

Fünf Weinbaubetriebe aus dem Weinsberger Tal sowie ein Weingut vom Kaiserstuhl präsentieren sich in dieser Vinothek, die zur Weinlodge mit Ferienwohnungen, Café und Weinstube gehört. Auf der Speisekarte stehen kleine Vespergerichte, man kann aber auch eine kulinarische Weinprobe mit schwäbischen Tapas oder ein Wengerter-Picknick buchen.

Weinmanufaktur Schlosshotel Ingelfingen

Schloßstraße 14,
74653 Ingelfingen
T +49 (0) 7940 91650
www.schloss-hotel-
ingelfingen.de/
weinmanufaktur

> Schlosshotel
  Ingelfingen   S. 161

Müller-Thurgau, Riesling, Silvaner oder ein Schwarzriesling: In der Weinmanufaktur des Schlosshotels werden viele Württemberger Weine ausgeschenkt. Zum Hotel gehört auch das Ingelfinger Fass am Weinlehrpfad, das als zweitgrößtes Holzfass in Europa nicht nur Wissen rund um den Wein vermittelt, sondern auch eine schöne Aussicht auf das Kochertal und seine Weinberge bietet.

Weinstube Feyerabend

Hauptstraße 74,
74206 Bad Wimpfen
T +49 (0) 7063 9505 66
www.friedrich-feyerabend.de

Ⓟ

Weine aus der Region, aber auch kleine Vespergerichte wie Wurstsalat oder Speckkuchen werden in dieser traditionsreichen Weinstube mitten in der historischen Altstadt von Wimpfen serviert. Der Wein kommt im Erdgeschoss in die Gläser, im ersten Stock wird im Restaurant Friedrich dann gehobene regionale Küche serviert.

BADEN-WÜRTTEMBERG

SCHWARZ-WALD

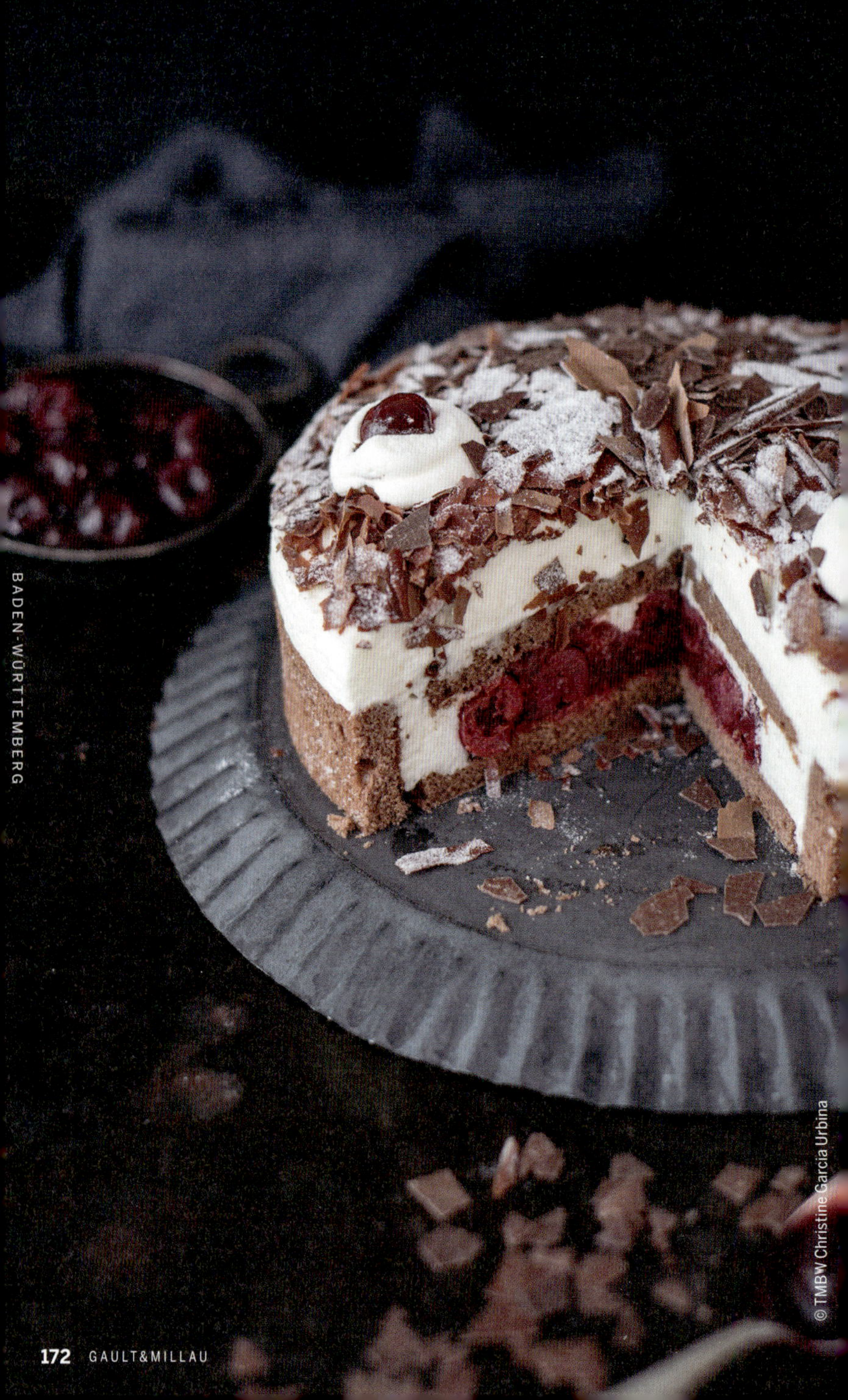

Lifestyle mit Tradition: Vom Kuckuck, einer Torte und roten Bollen

Von Anke Kronemeyer

Silva nigra – schwarzer Wald: So nannten die Römer das Mittelgebirge, als sie es das erste Mal durchquerten. Denn die vielen Bäume zeigten sich als schwarze, undurchdringliche Masse. Ein „Schwarzwald" ist es heute immer noch, was sich zwischen **Baden-Baden** im Norden und **Efringen-Kirchen** im Süden präsentiert – aber mittlerweile als ein Wald, der lebt und gelebt wird, mit einer sensationellen Landschaft, gut ausgebauten Wanderwegen, Outdoor-Erlebnissen, Spitzengastronomie, wunderbaren Weinen und gastfreundlichen Menschen, die **augenzwinkernd, aber gleichwohl traditionsbewusst** stolz sind auf Bollenhut und Kuckucksuhr.

E s gibt kaum eine Region, die so klare Marken-Botschafter hat: Bollenhut, Kuckucksuhr und Kirschtorte stehen so eindeutig für den Schwarzwald, dass selbst in entlegenen Ecken von Amerika der „Black Forest Cake" ein Begriff ist. Dass all diese Schwarzwald-Symbole aber nicht mehr altbacken wirken und zwingend an die Urlaube unserer Großeltern erinnern, sondern nach entsprechenden Anti-Aging-Kuren zeitgemäß, flippig und modern daherkommen, verdankt die Region vielen Mitstreitern. Fotografen, die den Bollenhut jungen gepiercten Models aufsetzen, Manufakturen, die regionale Pro-dukte in schrägem Design auf den Markt bringen, Touristiker, die zu Ausflügen nicht nur mit dem stabilen Mountainbike oder dem wagemutigen Gleitschirm einladen, sondern auch mit einer Virtual-Reality-Brille durch Abenteuer im Europa-Park rasen lassen. Oder ihre Gäste an sogenannte Kraftorte wie den **Kinzigtäler Jakobusweg**, den **Wu-Wie-Wasserweg**, zu einer **Meditation in Oppenau** oder ins **Waldbadezimmer** führen.

All das macht den Schwarzwald, eine der beliebtesten touristischen Destinationen in Baden-Württemberg, auch für immer mehr immer jüngere Besucher attraktiv.

Die ja sowieso schon seit Jahren **ganz trendy** eine Vorliebe für die Natur und vor allem fürs Wandern haben. Und das passt dann ja wieder zum Schwarzwald. Denn wenn man eins kann im Schwarzwald, dann ist das Wandern. Neben gutem Wein trinken, gutem Essen genießen, Ausblicke bestaunen, nette Menschen kennenlernen, in tollen Hotels übernachten …

24.000 Kilometer Wanderwege laden zu unterschiedlichen Themen ein: Weinwanderungen kann man im Breisgau, am Kaiserstuhl oder im Markgräflerland unternehmen, die kilometerlangen Fernwanderwege führen über Westweg, Schluchtensteig oder Zweitälersteig, und Barfußpfade bringen die Gäste nach Dornstetten, Gutach oder Muggenbrunn. Gesund ist alles – ob mit Schuhen oder ohne. Außerdem wurden 49 Genießerpfade eingerichtet: Dabei kann man dann Station am Schnapsbrünnle machen oder – wie bei der Tour am Baiersbronner Sankenbachsteig – Rast auf der knapp 800 Meter hohen Glasmännlehütte einlegen.

Immer wieder begegnet man dem Wald, über den es viel zu erzählen gibt. Denn er prägt seit Generationen das Leben in der Ortenau, in Rottweil oder im Kinzigtal. Der Wald ernährt seine Menschen – immer noch und schon immer. Egal, ob der Jäger das Wild erlegt hat oder der Holzfäller das Holz rausgeholt wurde, damit daraus Möbel, Häuser oder Schiffe gebaut werden können. Dabei war der Waldhunger in der Mitte des 19. Jahrhunderts so groß, dass massenhaft schnell wachsende und anspruchslose Fichten gepflanzt wurden, um die Holzproduktion zu erhöhen. Mittlerweile weiß man, dass die Fichte nicht der Baum Nummer 1 im Schwarzwald ist. Die Stürme Wiebke (1990), Lothar (1999) und Kyrill (2007) haben den Fichtenbestand radikal reduziert, sodass seitdem Mischwald bevorzugt wird. Und wenn es nicht die Stürme und Orkane waren, die den Fichtenbestand reduziert haben, war es der Borkenkäfer. Der liebt die Fichte und frisst sie mit Haut und Haaren auf. Auch wenn die Nationalpark-Betreiber darauf Wert legen, Wald einfach Wald sein zu lassen (inklusive des Borkenkäfers), hat er in den letzten Jahren doch reichlich Nahrung gefunden. Was wäre der Schwarzwald ohne Kulinarik? Auch hier ragt die 11.100 Quadratkilometer große Region heraus: Nirgendwo anders versammeln sich so viele hochdotierte Spitzenköche wie im Schwarzwald. Baiersbronn nimmt mit den Häusern Bareiss, Sackmann und der Traube Tonbach

24.000 Kilometer Wanderwege laden im Schwarzwald ein, ganz unterschiedliche Naturerlebnisse zu entdecken.

die Spitze ein, aber auch der Hirschen in Sulzburg, der Schwarze Adler in Vogtsburg oder Raubs Landgasthof in Kuppenheim werden neben vielen anderen Lokalen von den Restaurantführern immer wieder ausgezeichnet. Spitzenrestaurants sind das eine, ebenso beliebt sind aber auch die Gasthöfe, die schwäbisch-elsässische Küche anbieten, bei denen Bibbeleskäs ebenso auf der Karte steht wie ein Wurstsalat oder braun geröstete Bratkartoffeln, die hier „Brägele" heißen.

Vier Eier, Zucker, Mehl, Kakao, Sahne, Kirschwasser, Schattenmorellen: Wer diese Rezeptzutaten liest, ahnt schon, was daraus werden könnte. Genau: ein Kuchen. Aber nicht irgendein Kuchen, sondern eine Kirschtorte. Die Kirschtorte schlechthin, die Schwarzwälder. Wer sie erfunden hat, ist nicht mehr überliefert, aber alle Konditoren haben sie sich zu eigen gemacht, backen sie nach ihren überlieferten Rezepten und laden sogar zum Mitmachen ein. Zwischen Baiersbronn und Todtmoos finden viele Backkurse statt, in denen die Teilnehmer lernen, wie eine Schwarzwälder Kirschtorte entsteht. Viel Sahne gehört dazu, aber auch der ein oder andere Tropfen Kirschwasser. Nicht nur in die Torte, sondern auch in die Bäckerinnen und Bäcker.

Der Schwarzwälder Schinken ist die nächste kulinarische Eigenmarke der Region. Das Fleisch stammt aus der Hinterkeule des Schweins, nach dem Pökeln wird der Schinken über Tannen- oder Buchenholz geräuchert und erhält so ein unnachahmliches Aroma.

Und dann wäre da noch die Forelle, auch sie eine kulinarische Eigenart des Schwarzwalds. In Baden-Baden gibt es zum Beispiel bereits seit 1877 eine Forellenzucht, in der die Forellen oder Saiblinge im klaren Oosbach-Wasser heranreifen. Aber auch in Enzklösterle lassen sich die Fische beim Wachsen zugucken – ebenso wie im Forellenhof in Buhlbach bei Baiersbronn. Dort hat Hoteliersfamilie Bareiss aus einer früheren Wanderhütte ein schickes Restaurant gemacht und züchtet die Buhlbacher Forelle. Die natürlich auch auf dem Teller landet – und sich bei einem anschließenden Spaziergang entlang der Murg wieder abtrainieren lässt.

Fehlt noch der Wein im Kapitel Genuss und Kulinarik. An der Badischen Weinstraße reihen sich die Weinorte wie Perlen an einer Kette aneinander. Winzer oder Genossenschaften laden zu Weinfesten oder einfach nur zu einer Verkostung aufs Weingut, man kann bei einer Weinwanderung die

Gegend erkunden, um am Ende wahlweise einen Gutedel, Weißburgunder, oder Rosé zu trinken, kann Strecken auch mit dem Rad abfahren und abends dann auf einen Schoppen einkehren oder im Herbst bei der Lese mithelfen. Der badische Wein wächst in der Nachbarschaft zu Frankreich auf, gedeiht ganz wunderbar im sonnigen Klima, das zwischen Ortenau und Markgräflerland herrscht, und heimst immer wieder viele Auszeichnungen und Preise ein.

Berge hat der Schwarzwald natürlich auch: Mit 1493 Metern ist der Feldberg der höchste, der Belchen folgt mit 1415 Metern. Natürlich ist der Blick von beiden gigantisch – aber was sich dem Auge bietet, wenn man auf dem Hochblauen, auch Blauen genannt, auf 1165 Metern steht, ist unbeschreiblich. Dort oben spürt man die reine Magie, mag sich kaum lösen von der unbegrenzten Weite, dem klaren Blau und kräftigen Grün. **Und fühlt sich, hier im wunderschönen, fast romantischen Schwarzwald, dem Himmel ganz nah.**

WEITERE INFORMATIONEN

www.schwarzwald-tourismus.info

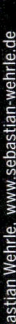

BADEN-WÜRTTEMBERG

BADEN-WÜRTTEMBERG

© Brauerei Rothaus

Ralf Krieger

Seit 20 Jahren arbeitet Ralf Krieger in der Brauerei Rothaus, ist erster Brau-
meister und mit einem Team von zehn Kollegen **für die Technik rund ums
Bierbrauen zuständig.** Und natürlich für den Geschmack von allen der acht unterschiedlichen Produkte, die in der Badischen Staatsbrauerei mit ihren insgesamt
240 Mitarbeitern gebraut und gefüllt werden. Der Unterfranke aus Neckarsulm lebt
mit Ehefrau Barbara und Tochter Franziska ganz in der Nähe der Brauerei und
genießt natürlich auch schon mal ein Glas Wein. Dabei will er sich gar nicht auf eine
Lieblingssorte festlegen, schätzt aber sehr gerne einen Lemberger aus seiner
württembergischen Heimat.

EMPFEHLUNGEN

Hotel Gasthof Sommerau

Sommerau 1, 79848 Bonndorf
im Schwarzwald
T +49 (0) 7703 670
www.sommerau.de

Eine außergewöhnliche Adresse für ein schickes Abendessen ist die Sommerau der Familie Hegar im Steinatal bei Bonndorf Maßstäbe. Das Restaurant verfolgt einen konsequent nachhaltigen und regionalen Ansatz und präsentiert kreativ interpretierte Klassiker auf höchstem Niveau.
> S. 266

Café Jägerklause Rothaus

Talblickweg 1,
79865 Grafenhausen
T +49 (0) 7748 244
In unmittelbarer Nähe zur Brauerei mag ich mittags das Restaurant Jägerklause der Familie Mittermayer sehr gerne. Neben Wildspezialitäten sind hier die Salate als leichte Alternative ein echter Tipp.

Hotel & Gasthof Tannenmühle

Tannenmühleweg 5,
79865 Grafenhausen
T +49 (0) 7748 215
www.tannenmuehle.de

Frische Hochschwarzwälder Forellen aus eigener Zucht, auf verschiedenste Arten in Perfektion zubereitet – das ist die Spezialität der Tannenmühle, im „Tal der Liebe" bei Baschnagels, am Ortsrand von Grafenhausen. Und das weitläufige Tiergehege mit Streichelzoo ist neben dem kleinen Mühlenmuseum für die ganze Familie, aber natürlich vor allem für Kinder eine weitere großartige Attraktion.

Hotel Restaurant Hirschen

Schluchseestraße 9,
79859 Schluchsee
T +49 (0) 7656 98940
www.hirschen-fischbach.de

Der Hirschen in Schluchsee-Fischbach von Florian Kessler ist ein herausragender Vertreter gemütlicher Schwarzwald-Lokale: tolle Qualität der regionalen Spezialitäten und schöne Gaststube bei sehr netten Gastgebern.

Villinger feinekost und bistrot

Hauptstraße 6,
79822 Titisee-Neustadt
T +49 (0) 7651 1401
www.feinkost-villinger.de

Das Villinger in Neustadt bietet Feinkost und seit einigen Jahren ein kleines Bistro – hier kann man tolle Delikatessen entdecken und auch direkt genießen.

Gasthaus Krone

Haupstraße 72, 79664 Wehr
T +49 (0) 7762 807171
www.kronewehr.de

Die Krone in Wehr ist ein echter Tipp: Ob Entrecôte vom Hirsch, ein Rösti mit Raclette oder ein schnelles Mittagsmenü – die badische Küche zeigt sich hier von Ihrer besten Seite.

Kellers Hofladen

Außer Ay 2, 79809 Weilheim
T +49 (0) 7755 8712
www.kellers-hofladen.de

Für alle, die Köstlichkeiten mit nach Hause nehmen möchten: In Kellers Hofladen in Ay bei Weilheim gibt's Brote, Gebäck, Pralinen und allerlei Produkte aus der eigenen Straußenzucht.

BADEN-WÜRTTEMBERG

In dieser Region im nördlichen Schwarzwald, zwischen Rastatt und Offenburg, gibt es für Besucher viel zu entdecken: Baiersbronn mit seinen Spitzenrestaurants lockt schon seit Jahren die Gourmets aus aller Welt, ebenso das mondäne Kurbad Baden-Baden, das auch UNESCO-Weltkulturerbe ist. Dann die Ortenau mit ihren wunderbaren Weinorten wie Durbach, Sasbachwalden oder Oberkirch, die von historischen Fachwerkhäusern geprägt sind und wo auf fruchtbarem Boden viele Obstsorten wachsen.

BADEN-WÜRTTEMBERG

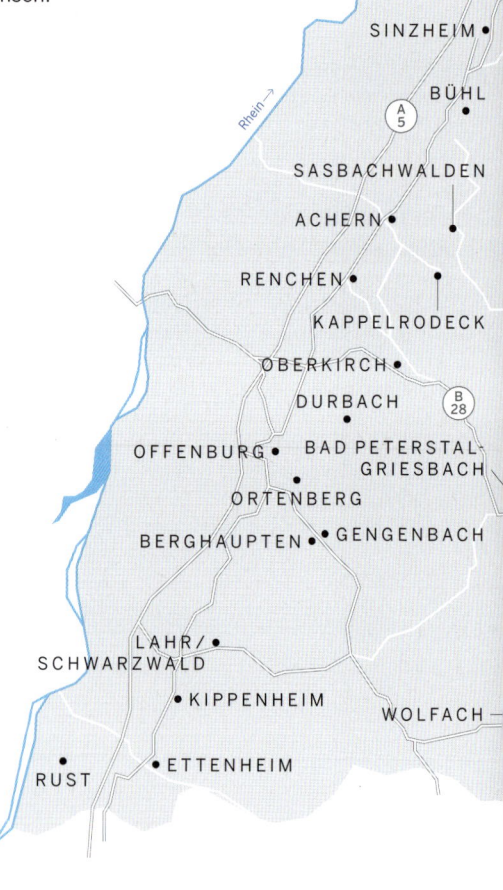

N

SINZHEIM

BÜHL

A 5

Rhein →

SASBACHWALDEN

ACHERN

RENCHEN

KAPPELRODECK

OBERKIRCH

DURBACH

B 28

OFFENBURG

BAD PETERSTAL-
GRIESBACH

ORTENBERG

BERGHAUPTEN

GENGENBACH

LAHR/
SCHWARZWALD

KIPPENHEIM

WOLFACH

RUST

ETTENHEIM

KARLSRUHE

PFINZTAL

ETTLINGEN

B 36

A 8

REMCHINGEN

WALDBRONN

MALSCH

B 463

KUPPENHEIM

TIEFENBRONN

BAD HERRENALB

NEUHAUSEN

GERNSBACH

BAD LIEBENZELL

BADEN-BADEN

BAD TEINACH-ZAVELSTEIN

B 462

PFALZGRAFENWEILER

BAIERSBRONN

FREUDENSTADT

Neckar →

B 294

BADEN-WÜRTTEMBERG

Übersicht

WEIN

AFFENTALER WINZER

Betschgräblerplatz
77815 Bühl
> S. 189

**ALDE GOTT WINZER
SCHWARZWALD**

Talstraße 2
77887 Sasbachwalden
> S. 190

AXEL BAUER

Erlenstraße 38
77815 Bühl
> S. 190

WEINGUT A. BIESELIN

Im Pfaffenbach 61
77955 Ettenheim
> S. 190

**WEINGUT & PRIVATKELLEREI
BIMMERLE**

Kirchstraße 4
77871 Renchen
> S. 191

WEINGUT HOLGER DÜTSCH

Sankt-Michael-Straße 39
76534 Baden-Baden
> S. 191

**DURBACHER WINZER-
GENOSSENSCHAFT**

Nachtweide 2
77770 Durbach
> S. 192

**WEINGUT FREIHERR VON
UND ZU FRANCKENSTEIN**

Weingartenstraße 66
77654 Offenburg
> S. 192

WEINGUT KNAPP

Gunzenbachstraße 17b
76530 Baden-Baden
> S. 193

TOBIAS KÖNINGER

Steinebach 24
77876 Kappelrodeck
> S. 193

WEINGUT KOPP

Ebenunger Straße 21
76547 Sinzheim
> S. 194

ALEXANDER LAIBLE

Unterweiler 48
77770 Durbach
> S. 194

ANDREAS LAIBLE

Am Bühl 6
77770 Durbach
> S. 195

**SCHWARZWALDWEINGUT
ANDREAS MÄNNLE**
Heimbach 12
77770 Durbach
> S. 195

**WEINGUT
HEINRICH MÄNNLE**

Sendelbach 16
77770 Durbach
> S. 195

BIO-WEINGUT MAIER

Karlsruher Straße 8
76532 Baden-Baden
> S. 196

**WEINGUT MARKGRAF
VON BADEN-SCHLOSS
STAUFENBERG**

Schloss Staufenberg
77770 Durbach
> S. 196

WEINGUT NÄGELSFÖRST

Nägelsförst 1
76534 Baden-Baden
> S. 196

**WEINGUT
SCHLOSS NEUWEIER**

Mauerbergstraße, 21
76534 Baden-Baden
> S. 197

WEINGUT SVEN NIEGER

Gartenstraße 21
76534 Baden-Baden
> S. 197

OBERKIRCHER WINZER

Renchener Straße 42
77704 Oberkirch
> S. 198

**WEINGUT
SCHLOSS ORTENBERG**

Am Sankt Andreas 1
77799 Ortenberg
> S. 198

WEINGUT PIEPER BASLER

Weierbächle 1&3
77654 Offenburg
> S. 199

WEINGUT SCHWÖRER

Tal 7
77770 Durbach
> S. 199

**WEINGUT
LOTHAR SCHWÖRER**

Waldstraße 6
77971 Kippenheim
> S. 199

**STAATSWEINGUT
KARLSRUHE-DURLACH**

Posseltstraße 19
76227 Karlsruhe
> S. 200

WEINGUT VOLLMER

Lautenbach 1
77770 Durbach
> S. 200

WEINGUT WÖHRLE

Weinbergstraße 3
77933 Lahr/Schwarzwald
> S. 200

BADEN-WÜRTTEMBERG

 GASTRONOMIE

1789 (EHEM. KÖHLERSTUBE)
Tonbachstraße 237
72270 Baiersbronn
> S. 201

ADLER
Reichenbacher Hauptstraße 18
77933 Lahr/Schwarzwald
> S. 201

ALTE BAIZ
Hauptstraße 2
75242 Neuhausen
> S. 202

AMMOLITE – THE LIGHTHOUSE RESTAURANT
Peter-Thumb-Straße 6
77977 Rust
> S. 202

BAREISS
Hermine-Bareiss-Weg
72270 Baiersbronn
> S. 203

CÉDRIC SCHWITZER'S
Etzenroter Straße 4
76337 Waldbronn
> S. 203

CHEZ GEORGES
Kirchstraße 38
77855 Achern
> S. 204

DIE REICHSSTADT
Engelgasse 33
77723 Gengenbach
> S. 204

DORFSTUBEN
Hermine-Bareiss-Weg
72270 Baiersbronn
> S. 205

ENGEL-WIRTS-STUBE
Talstraße 14
77887 Sasbachwalden
> S. 205

ERASMUS BIO FINE DINING
Nürnberger Straße 1
76199 Karlsruhe
> S. 206

ERBPRINZ
Rheinstraße 1
76275 Ettlingen
> S. 206

FORELLENHOF BUHLBACH

Schliffkopfstraße 64
72270 Baiersbronn
> S. 207

FRITZ & FELIX
Schillerstraße 4/6
76530 Baden-Baden
> S. 207

GOURMETRESTAURANT BERLINS KRONE
Marktplatz 1–3
75385 Bad Teinach-Zavelstein
> S. 208

GUDE STUB CASA ANTICA
Dreherstraße 9
77815 Bühl
> S. 208

HIRSCH GENUSSHANDWERK
Monbachstraße 47
75378 Bad Liebenzell
> S. 209

**HOTEL RESTAURANT
VINOTHEK LAMM**

Mönchstraße 31
76332 Bad Herrenalb
> S. 209

KAMINSTUBE

Dollenberg 3
77740 Bad Peterstal-Griesbach
> S. 210

KAMINSTUBE

Hermine-Bareiss-Weg
72270 Baiersbronn
> S. 210

RESTAURANT KESSELHAUS

Griesbachstraße 10c
76185 Karlsruhe
> S. 211

LE JARDIN DE FRANCE

Augustaplatz 2
76530 Baden-Baden
> S. 211

LE PAVILLON

Dollenberg 3
77740 Bad Peterstal-Griesbach
> S. 211

[MAKI:'DAN] IM RITTER

Tal 1
77770 Durbach
> S. 212

MALTES HIDDEN KITCHEN

Gernsbacher Straße 24
76530 Baden-Baden
> S. 213

OBERLÄNDER WEINSTUBE

Akademiestraße 7
76133 Karlsruhe
> S. 213

**OCHSEN POST
BAUERNSTUBEN**

Franz-Josef-Gall-Straße 13
75233 Tiefenbronn
> S. 214

PONYHOF STAMMHAUS

Mattenhofweg 6
77723 Gengenbach
> S. 214

RAUBS LANDGASTHOF

Hauptstraße 41
76456 Kuppenheim
> S. 215

REBSTOCK WALDULM

Kutzendorf 1
77876 Kappelrodeck
> S. 215

SCHLOSSBERG

Murgtalstraße 602
72270 Baiersbronn
> S. 216

SCHWARZWALDSTUBE

Tonbachstraße 237
72270 Baiersbronn
> S. 216

SEIN

Scheffelstraße 57
76135 Karlsruhe
> S. 216

TAWA YAMA

Amalienbadstraße 41b – Bau B
76227 Karlsruhe
> S. 217

WERNERS RESTAURANT

Schloss Eberstein 1
76593 Gernsbach
> S. 217

BADEN-WÜRTTEMBERG

🛏 HOTELS

WINTERGARTEN
Schillerstraße 4/6
76530 Baden-Baden
> S. 217

WIRTSHAUS GEROLDSAUER MÜHLE
Geroldsauer Straße 54
76534 Baden-Baden
> S. 218

ZUM HIRSCH
Hauptstraße 23
75196 Remchingen
> S. 218

BERLINS KRONELAMM
★★★★ ₛ
Marktplatz 1–3
75385 Bad Teinach-Zavelstein
> S. 219

BRENNERS PARK-HOTEL & SPA
★★★★★ ₛ
Schillerstraße 4/6
76530 Baden-Baden
> S. 219

ERLEBNISHOTEL „BELL ROCK"
★★★★ ₛ
Peter-Thumb-Straße 6
77977 Rust
> S. 220

FRITZ LAUTERBAD
★★★★ ₛ
Am Zollernblick 1
72250 Freudenstadt
> S. 220

GASTHOF REBSTOCK WALDULM
Kutzendorf 1
77876 Kappelrodeck
> S. 220

HOTEL BAREISS
★★★★★ ₛ
Hermine-Bareiss-Weg
72270 Baiersbronn
> S. 221

HOTEL DOLLENBERG
★★★★★ ₛ
Dollenberg 3
77740 Bad Peterstal-Griesbach
> S. 221

HOTEL ENGEL
★★★ ₛ
Talstraße 14
77887 Sasbachwalden
> S. 222

HOTEL ENGEL OBERTAL
★★★★★ ₛ
Rechtmurgstraße 28
72270 Baiersbronn
> S. 222

HOTEL ERBPRINZ
★★★★★
Rheinstraße 1
76275 Ettlingen
> S. 222

HOTEL LIBERTY
Grabenallee 8
77652 Offenburg
> S. 223

HOTEL RESTAURANT ADLER
Reichenbacher Hauptstraße 18
77933 Lahr/Schwarzwald
> S. 223

HOTEL RITTER
★ ★ ★ ★ s
Tal 1
77770 Durbach
> S. 223

HOTEL SCHWARZWÄLDER HOF
★ ★ ★
Kirchstraße 38
77855 Achern
> S. 224

HOTEL TRAUBE TONBACH
★ ★ ★ ★ ★ s
Tonbachstraße 237
72270 Baiersbronn
> S. 224

HOTEL-RESTAURANT REBSTOCK
★ ★ ★ ★
Halbgütle 30
77770 Durbach
> S. 224

NATIONALPARKHOTEL WALDSÄGMÜHLE
★ ★ ★ ★ s
Waldsägmühle 1
72285 Pfalzgrafenweiler
> S. 225

OCHSEN POST HOTEL & RESTAURANTS
Franz-Josef-Gall-Straße 13
75233 Tiefenbronn
> S. 225

ROMANTIK HOTEL SACKMANN
★ ★ ★ ★ s
Murgtalstraße 602
72270 Baiersbronn
> S. 225

SCHLOSS EBERSTEIN
★ ★ ★ ★ s
Schloss Eberstein 1
76593 Gernsbach
> S. 226

SCHLOSS NEUWEIER
Mauerbergstraße 21
76534 Baden-Baden
> S. 226

SCHWARZWALD PANORAMA
★ ★ ★ ★ s
Rehteichweg 22
76332 Bad Herrenalb
> S. 226

SCHWITZER'S HOTEL AM PARK
★ ★ ★ ★ s
Etzenroter Straße 4
76337 Waldbronn
> S. 227

VILLA HAMMERSCHMIEDE
Hauptstraße 162
76327 Pfinztal
> S. 227

WEINHOTEL PFEFFER+SALZ
★ ★ ★
Mattenhofweg 3
77723 Gengenbach
> S. 227

WELLNESS & NATURPARKHOTEL ADLER ST. ROMAN
★ ★ ★ ★
St. Roman 14
77709 Wolfach
> S. 228

BADEN-WÜRTTEMBERG

EINKAUFEN

AB-HOF-VERKAUF

ARMBRUSTER'S HOFLÄDELE
Alte Landstraße 6
77723 Gengenbach
> S. 229

**HOFMARKT
GEFLÜGELHOF RIEGRAF**
Murgtalstraße 391
72270 Baiersbronn
> S. 229

FEINKOST

**BISCHENBERG SCHOKO-
LADENMANUFAKTUR UND
SCHWARZWALDLADEN**
Bergstraße 23
77887 Sasbachwalden
> S. 230

GEROLDSAUER MÜHLE
Geroldsauer Straße 54
76534 Baden-Baden
> S. 230

**NATURPARK
MARKTSCHEUNE**
Auf dem Grün 1
77791 Berghaupten
> S. 230

VINOTHEKEN

**BADEN-BADENER
WEINHAUS**
Mauerbergstraße 32
76534 Baden-Baden
> S. 231

VINOTHEK DURBACH
Nachtweide 2
77770 Durbach
> S. 231

**VINOTORIUM
OBERKIRCHER WINZER**
Renchener Straße 42
77704 Oberkirch
> S. 231

Wein

Affentaler Winzer

Betschgräblerplatz,
77815 Bühl
T +49 (0) 7223 98980
www.affentaler.de

Dr. Ralf Schäfer
Leo Klär
Rebfläche 336 ha
Gründung 1908

Stolze 85 verschiedene Weine keltern Kellermeister Leo Klär und sein Team aus den Reben von knapp 725 Mitgliedern der seit 1908 bestehenden Winzergenossenschaft. Schwerpunktmäßig werden Riesling und Spätburgunder ausgebaut, doch auch weiße Burgunder- und Bukettsorten finden sich im umfangreichen Angebot. Einen besonderen Hingucker bieten die charakteristischen Flaschen mit aufgeprägtem, metallisch schimmerndem Affen, in denen einige der Weine verkauft werden. Zahlreiche Schaumweine runden das Sortiment ab.

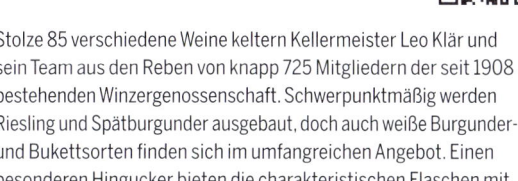

BADEN-WÜRTTEMBERG

BADEN-WÜRTTEMBERG

Alde Gott Winzer Schwarzwald

Talstraße 2,
77887 Sasbachwalden
T +49 (0) 7841 20290
www.aldegott.de

Michael Huber
Rebfläche 264 ha
Gründung 1948

Durch Bollenhut, Kuckucksuhr und Kirschwasser ist der Schwarzwald eine Marke geworden. Diesen Umstand machen sich die Alde Gott Winzer aus Sasbachwalden zunutze, führen sie doch den Schwarzwald in ihrem Namen. Schließlich gibt es an den Hängen des Mittelgebirges sehr gute Weine. Dafür sorgen über 350 Winzerinnen und Winzer sowie der äußerst bewährte Kellermeister Michael Huber und sein Team. Kontinuität ist der Genossenschaft wichtig: Geschäftsführer Günter Lehmann arbeitet schon über 30 Jahren im Betrieb.

Axel Bauer

Erlenstraße 38,
77815 Bühl
T +49 (0) 7223 8301 277
www.weingut-axel-bauer.de

Axel Bauer
Torsten Klein
Torsten Klein
Rebfläche 29 ha
Gründung 2016

Aus der Medienbranche zurück zum Wein. So ging es Axel Bauer im Jahr 2012, als er es aus einer Weinbaufamilie stammend beschloss, seinen Job an den Nagel zu hängen und Wein zu produzieren. Allerdings nicht wie die Vorfahren, die bei der Genossenschaft abgegeben hatten, sondern ganz nach eigenen Vorstellungen. 2015 erwarb er den dafür notwendigen Keller und wird seit 2019 vom Önologen Torsten Klein unterstützt. Neben badischen Klassikern werden auch internationale Rebsorten wie Cabernet-Sauvignon und Merlot für die Grande Cuvée ausgebaut.

Weingut A. Bieselin

Im Pfaffenbach 61,
77955 Ettenheim
T +49 (0) 7822 4463 19
www.weingut-bieselin.de

Andreas Bieselin
Andreas Bieselin
Rebfläche 8 ha
Gründung 2002

Die Familie Bieselin ist extrem umtriebig. Andreas Bieselin kümmert sich nicht nur um das Weingut, sondern füllt für Winzerkolleginnen und Winzerkollegen im großen Stil deren Weine ab. Auch entalkoholisierte Weine stellt er her. Seine Frau Olivia kümmert sich derweil um die mitten in den Reben oberhalb von Ettenheim liegenden Event-Räume, in denen fast jede Woche Hochzeiten und Geburtstage gefeiert werden. Neben den Burgundern des Betriebs ist vor allem der Auxerrois zu empfehlen.

Weingut & Privatkellerei Bimmerle

Kirchstraße 4,
77871 Renchen
T +49 (0) 7843 654
www.wein-bimmerle.de

 Siegbert Bimmerle
 Siegbert Bimmerle
Philipp Milke
Rebfläche 140 ha
Gründung 1936

Es gibt in Baden nur noch wenige Betriebe, die auf Expansion setzen. Einer von ihnen ist das Weingut & Privatkellerei Bimmerle in Renchen. Inhaber und Betriebsleiter Siegbert Bimmerle ist ständig auf der Suche nach Winzern, die ihre Weinberge nach seinen Vorstellungen bewirtschaften. Gemeinsam mit einem engagierten Team, zu dem Kellermeister Philipp Milke gehört, werden heute jährlich über eine Million Flaschen vermarktet. Trotz des schnellen Wachstums soll die Qualität nicht zu kurz kommen.

BADEN-WÜRTTEMBERG

Weingut Holger Dütsch

Sankt-Michael-Straße 39,
76534 Baden-Baden
T +49 (0) 7223 9597 39
www.weingut-duetsch.de

Holger Dütsch
Holger Dütsch
Holger Dütsch
Rebfläche 3,5 ha
Gründung 2004

Holger Dütsch wagt sich an immer neue Projekte. Nachdem im letzten Jahr die Rivaner-Reben durch Sauvignon Blanc ersetzt wurden, sprießen nun auch Cabernet Franc und Merlot auf den Weinbergen in Neuweier bei Baden-Baden. Der verstärkte Einsatz von Holzfässern in der Produktion roter wie weißer Weine führt gemeinsam mit einem langen Vollhefelager und so wenigen externen Eingriffen wie möglich zu echten Originalen, die nach einiger Reifezeit manch große Speise zu begleiten wissen. Passende Pairing-Empfehlungen finden sich auf seiner Website.

BADEN-WÜRTTEMBERG

Durbacher Winzergenossenschaft

Nachtweide 2,
77770 Durbach
T +49 (0) 781 9366 11
www.durbacher.de

👤 Stephan Danner
🏠 Rüdiger Nilles
🍷 Rüdiger Nilles
Rebfläche 335 ha

> Vinothek Durbach   S. 231

Die rund 230 Mitglieder der Winzergenossenschaft Durbach müssen gute Kletterer sein. Denn die meisten Weinberge in dem bekannten Winzerort haben eine Neigung von 70 bis 80 Prozent. Dadurch wird die Bewirtschaftung der etwa 335 Hektar Reben zu einer besonderen Herausforderung. Der Lohn sind Rieslinge, Spätburgunder und Traminer, die jedes Jahr ihre Abnehmer finden. Auch viele Touristen sieht man im Verkaufsraum der Genossenschaft, da Durbach ein überaus lohnendes Urlaubsziel ist.

Weingut Freiherr von und zu Franckenstein

Weingartenstraße 66,
77654 Offenburg
T +49 (0) 781 34973
www.weingut-franckenstein.de

👤 Stefan Huschle
🏠 Stefan Huschle
🍷 Stefan Huschle
Rebfläche 18,5 ha
Gründung 1310

Ein später Traum ging für Gisela und Georg Huschle in Erfüllung, als ihr Sohn Stefan im Jahr 2008 das Weingut pachtete. Der Wein(bau) steckt allen dreien in den Genen und umso mehr Liebe und Esprit stecken sie nun in ihr eigenes Gut. Obwohl dessen Name von Tradition und Geschichte geprägt ist, verschließt man sich der Moderne nicht. Die historisch anmutenden Etiketten der sortenreinen Weine bekommen jugendlich-frisch anmutende Weiß- und Rotweincuvées an die Seite gestellt. Am handarbeitsreichen Low-Tech-Ausbau im Keller wird jedoch nicht gerüttelt.

Weingut Knapp

Gunzenbachstraße 17b,
76530 Baden-Baden
T +49 (0) 7221 28080
www.weingut-knapp.de

👤 Heinz Knapp
🏠 Heinz Knapp
🍷 Urban Jung
Rebfläche 8,5 ha
Gründung 2006

Heinz Knapp ist nicht nur der älteste Winzer mit dem jüngsten Weingut in Baden-Baden, sondern ein Urgestein der Weinwelt. Von 1986 bis zur Gründung seines badischen Weinguts im Jahr 2006 betrieb er ein erfolgreiches Weinbau-Château in der Provence. Zurück in Deutschland gelang es ihm in enger Zusammenarbeit mit der Stadt Baden-Baden, einige Lagen von dieser zu übernehmen und seitdem zu bewirtschaften. Dort wachsen inzwischen dank einer Sondergenehmigung neben Klassikern wie Riesling und Burgundersorten auch Sorten wie Veltliner und Sauvignon.

Tobias Köninger

Steinebach 24,
77876 Kappelrodeck
T +49 (0) 7842 9969 99
www.weingut-koeninger.de

👤 Tobias Köninger
🏠 Tobias Köninger
🍷 Tobias Köninger
Rebfläche 8 ha

Im Jahr 2000 erfüllte sich der Winzer und Weinbautechniker den Traum vom Weingut, das seinen Namen trägt: Tobias Köninger. Vorwiegend auf Granit und Löss wachsen hier vor allem klassische Rebsorten wie Riesling, Weiß-, Grau- und Spätburgunder neben kleineren Parzellen von Gewürztraminer, Cabernet Sauvignon oder Cabernet Mitos. Abseits der Weinproduktion werden in der gutseigenen Destillerie lokale Brände, Gin und Wermut hergestellt, die die Nähe zum Wein behalten, zum Beispiel durch die Reifung des Gins im gebrauchten Grauburgunderfass.

Weingut Kopp

Ebenunger Straße 21,
76547 Sinzheim
T +49 (0) 7221 8036 01
www.weingut-kopp.com

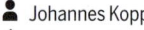

👤 Johannes Kopp
🏠 Johannes Kopp
🍷 Johannes Kopp
Rebfläche 32 ha
Gründung 1996

Nach dem plötzlichen Tod von Vater Ewald im Jahr 2012 sah sich Johannes Kopp einer großen Aufgabe gegenüber: Das vom Vater binnen weniger Jahre auf Erfolgskurs gebrachte Weingut wollte übernommen und in eine neue Zukunft geführt werden. Das ist Johannes allerbestens geglückt. Mit der Umstellung auf biologische Landwirtschaft und mit dem neuen Weingutsgebäude hat sich der Bürklin-Wolf-Schüler die besten Voraussetzungen für weitere Qualitätssteigerungen geschaffen.

Alexander Laible

Unterweiler 48,
77770 Durbach
T +49 (0) 781 2842 380
www.weingut-alexanderlaible.de

👤 Alexander Laible
🏠 Alexander Laible
🍷 Alexander Laible
Rebfläche 14 ha
Gründung 2007

Wer in dem idyllischen Winzerort Durbach nach den besten Weinen sucht, der kommt an Alexander Laible nicht vorbei. Im Weinberg arbeitet er im Einklang mit der Natur und im Keller setzt er auf eine sensible Vinifikation. Sein Ziel sind tiefgründige und aromatische Weine mit Strahlkraft und Brillanz. Die Weinbergslagen des Betriebes liegen zwischen Sinzheim und Lahr und alle südwestlich ausgerichtet. Das Sortenspektrum ist sehr groß, es reicht von Riesling über die weiße wie rote Burgunder-Familie bis hin zu Scheurebe und Sauvignon Blanc.

BADEN-WÜRTTEMBERG

Andreas Laible

Am Bühl 6,
77770 Durbach
T +49 (0) 781 41238
www.andreas-laible.com

 Andreas Christian Laible
Andreas Christian Laible
Andreas Christian Laible
Rebfläche 7,6 ha
Gründung 1672

Es gibt in Baden nur wenige Betriebe, die mit ihren Rieslingen national und international so nachhaltig punkten können. Einer von diesen ist ohne Zweifel das Weingut Andreas Laible in Durbach, das auf vier Hektar die Rebsorte bewirtschaftet. Doch wie es sich für einen echten Badener gehört, schlägt Laibles Herz auch für die Burgundersorten, die er so finessenreich ausbaut, dass sie herrliche Begleiter zu einem guten Essen sind. Besonders hervorzuheben sind hier die Weiß- und Grauburgunder.

Schwarzwaldweingut Andreas Männle

Heimbach 12,
77770 Durbach
T +49 (0) 781 41486
www.schwarzwaldweingut.de

Thomas Männle
Thomas Männle
Christian Idelhauser
Rebfläche 19 ha
Gründung 1919

Über 100 Jahre Familiengeschichte stecken im Weingut, das Thomas Männle in der vierten Generation führt. Die steilen Parzellen des Durbacher Bienengartens, das Gutsgebäude malerisch einrahmend, sind der Nährboden vieler verschiedener Reben: Stars wie Riesling und Spätburgunder stehen ebenso aufgereiht da wie Gewürztraminer oder Clevner. Die ungewöhnlich hohe Anzahl an Magnum- und Doppelmagnum-Flaschen im Sortiment erscheint in Hinblick auf Familien- und Teamgröße gar nicht mal so ungewöhnlich. Lagern lässt sich der Wein ohnedies so am besten.

Weingut Heinrich Männle

Sendelbach 16,
77770 Durbach
T +49 (0) 781 41101
www.weingutmaennle.de

 Heinrich & Sylvia Männle
Heinrich & Sylvia Männle
Heinrich Männle
Rebfläche 6,5 ha
Gründung 1456

Das Weingut Heinrich Männle ist das älteste Weingut in Durbach und Heinrich Männle selbst sicherlich eines der letzten großen Originale in Badens Weinwirtschaft. Selbstbewusst, eckig, kantig, aber auch humor- und liebevoll präsentiert er sich seinen Gästen. In die Tat umgesetzt wird nur das, was er für richtig hält, auch im großen, sehenswerten Granitkeller. Dies kommt vor allem seinen Rotweinen zugute, die er oft viele Jahre im Holzfass reifen lässt, bis sie auf die Flasche gefüllt werden.

Bio-Weingut Maier

Karlsruher Straße 8,
76532 Baden-Baden
T +49 (0) 7221 64197
www.weingut-maier.de

👤 Volker Maier
🏠 Volker Maier
🍷 Volker Maier
Rebfläche 9 ha
Gründung 1995

Weine, die mit „Startweite" oder „Bestweite" beschrieben sind, findet man nicht in jedem Betrieb. Im Bio-Weingut Maier in Baden-Baden aber schon. Der ehemalige Kugelstoßer Volker Maier hat aus seinem Sport nicht nur Disziplin, Einfühlungsvermögen und Timing mit ins Weingut gebracht, sondern auch sportliches Vokabular. Auf rund neun Hektar widmet er sich gemeinsam mit seiner Frau Iris nicht nur der Erzeugung von Bio-Weinen, sondern auch der Erhaltung von Flora und Fauna.

BADEN-WÜRTTEMBERG

Weingut Markgraf von Baden – Schloss Staufenberg

Schloss Staufenberg,
77770 Durbach
T +49 (0) 7553 81284
www.markgraf-von-baden.de

👤 S.K.H. Bernhard
    Prinz von Baden
🏠 Volker Faust
🍷 Frédéric Kirch
Rebfläche 22 ha

Der Markgraf von Baden besitzt sowohl Schloss Staufenberg in Durbach (Ortenau) als auch Schloss Salem (Bodensee). Von seiner Größe, Pracht und Ausstrahlung kann Schloss Staufenberg nicht mit Schloss Salem mithalten, was die Qualität der Weine angeht, dagegen schon. Sie sind sogar noch einen Tick ausdrucksstärker und vor allem mineralischer. Betriebsleiter Volker Faust führt beide Weingüter mit ruhiger Hand und lässt den jeweiligen Kellerteams auch eigene Entfaltungsmöglichkeiten.

Weingut Nägelsförst

Nägelsförst 1,
76534 Baden-Baden
T +49 (0) 7221 35550
www.naegelsfoerst.de

🏠 Michael Metz
🍷 Annette Bähr
Rebfläche 33 ha
Gründung 1268

Wer das Weingut Nägelsförst besucht, kommt schon ob der grandiosen Lage oberhalb von Baden-Baden schnell ins Träumen. An steilen Hängen werden in den Lagen Engelsfelsen, Klosterbergfelsen, Stich den Buben und Mauerberg vor allem feine Rieslinge und Burgunder erzeugt. Die Voraussetzungen dafür sind durch viel Sonne, kühle Nächte und Porphyr-, Granit- und Gneisverwitterungsböden bestens. Das Angebot des Betriebes wird abgerundet durch Sauvignon Blanc, Gewürztraminer und einige Cuvées und Sekte.

Weingut Schloss Neuweier

Mauerbergstraße, 21,
76534 Baden-Baden
T +49 (0) 7223 96670
www.weingut-schloss-neuweier.de

👤 Robert Schätzle
🏠 Robert Schätzle
🍷 Robert Schätzle
Rebfläche 18 ha
Gründung 1549

Die Lagen Schlossberg, Goldenes Loch und der Mauerberg bilden hervorragende Voraussetzungen für große Weine. Besonders der Riesling fühlt sich an den steilen Hängen sehr wohl. Robert Schätzle gelingt es Jahr für Jahr, dass die enorme Güte und Individualität der Lagen in den Weinen deutlich spürbar ist. Doch der Betriebsleiter und Önologe kann nicht nur ausgezeichnet mit der Sorte Riesling umgehen. Auch die Weiß-, Grau- und Spätburgunder sowie der Chardonnay aus dem Weingut sind regelmäßig ein großer Genuss.

Weingut Sven Nieger

Gartenstraße 21,
76534 Baden-Baden
T +49 (0) 7223 2837 795
www.sven-nieger.com

👤 Sven Nieger
🏠 Sven Nieger
🍷 Sven Nieger
Rebfläche 15 ha
Gründung 2013

Wer im hart umkämpften Weinmarkt als Neuling schnell Erfolg haben möchte, sollte auffallen. Sven Nieger ist dies seit der Weingutsgründung 2013 sicherlich gelungen. Dazu hat er sich den „Spirit des erfolgreichen Underdogs" zugelegt. Er will anders sein, Ecken und Kanten zeigen, und so sollen auch seine Weine wirken. Es spornt ihn an, einen unkonventionellen Weg zu gehen. Sven Nieger will ungezähmt und wild rüberkommen. Er selbst und alle seine Tropfen sollen Unikate sein.

BADEN-WÜRTTEMBERG

Oberkircher Winzer

Renchener Straße 42,
77704 Oberkirch
T +49 (0) 7802 92580
www.oberkircher-winzer.de

👤 Mitglieder
🏠 Markus Ell
🛢 Martin Bäuerle
Rebfläche 485 ha
Gründung 1951

> Vinotorium
  Oberkircher Winzer   S. 231

Beinahe 100 Weine produziert die Genossenschaft aus den Reben ihrer rund 550 Mitglieder. Kellermeister Martin Bäuerle keltert mit seinem Team vom trinkigen Sommerwein bis zum Premiumgewächs Weine, die sich auf ganze neun verschiedene Reihen aufteilen: "PinoPrimo", "OK51" und "Collection Royale" sind nur einige Beispiele. Wer sich direkt vor Ort ein genaueres Bild von diesen machen möchte, kann das in der modern gestalteten Vinothek und dem eindrucksvollen Vinotorium, einem acht Meter unter der Erde gelegenen Gewölbe, tun.

Weingut Schloss Ortenberg

Am Sankt Andreas 1,
77799 Ortenberg
T +49 (0) 781 93430
www.wso-wein.de

👤 Thomas Althoff
🏠 Matthias Wolf
🛢 Hanspeter Rieflin
Rebfläche 45 ha
Gründung 1407

Der bekannte Hotelier Thomas Althoff, der in mehreren Ländern über 20 Hotels betreibt, ist seit Mai 2021 neuer Inhaber des über 500 Jahre alten Weinguts Schloss Ortenberg. Er wird den Betrieb als langfristiger Pächter für die Stadt Offenburg und den Ortenaukreis weiterführen. Das Weingut bleibt im kommunalen Eigentum. Das bisherige Team wird die Weine weiter ausbauen. Auch der Name Weingut Schloss Ortenberg wird beibehalten. Ziel von Althoff ist es, den Betrieb in eine neue Ära zu führen.

BADEN-WÜRTTEMBERG

Weingut Pieper Basler

Weierbächle 1 & 3,
77654 Offenburg
T +49 (0) 160 9686 3544
www.pieperbasler.de

👤 Kirsten Pieper &
    Jochen Basler
🏠 Jochen Basler
Rebfläche 5 ha
Gründung 2016

Dafür dass ein Weingut auch ohne eigene Kelleranlagen auskommen kann, sind Kirsten Pieper und Jochen Basler der beste Beweis. Die Trauben der Riesling-, Müller-Thurgau-, Viognier-, Sauvignon-Blanc- und Burgunderreben werden direkt nach der Lese möglichst schonend in den Keller von Master of Wine Jürgen von der Mark transportiert, wo diese ihre Vinifikation erhalten. Die fertigen Weine präsentieren sich mit „Plaisir", „Sauveur" und „Idée" in drei unterschiedlichen Linien vom unkomplizierten Trinkspaß bis zum komplexen Gesprächsstoff.

Weingut Schwörer

Tal 7,
77770 Durbach
T +49 (0) 781 42362
www.weingutschwoerer.de

👤 Josef Rohrer
Rebfläche 25 ha
Gründung 1812

Josef Rohrers Weingut blickt zurück auf eine über 200-jährige Geschichte. Seit 2001 ist er Inhaber, unterstützt von Kellermeister Bruno Serrer, bester Steillagen um Durbach. Sowohl im Kochberg, als auch im Plauerain und Ölberg bewirtschaftet Rohrer eigene Parzellen – allesamt die besten Lagen des Ortes. Auf seinen 25 Hektar Rebfläche wachsen neben Riesling und Cabernet Sauvignon zahlreiche Bukett- und Burgundersorten, die sortenrein abgefüllt werden. Eine Kollektion an handgerüttelten und selbst degorgierten Sekten rundet das Sortiment ab.

Weingut Lothar Schwörer

Waldstraße 6,
77971 Kippenheim
T +49 (0) 7825 7411
www.weingut-lothar-schwoerer.de

👤 Lothar & Cornelia Schwörer
🏠 Lothar Schwörer
🛢 Lothar Schwörer
Rebfläche 10,5 ha
Gründung 1875

Das Weingut Schwörer kann mehrere Besonderheiten vorweisen: Der älteste Keller wurde im Jahr 1756 gebaut und zahlreiche Holzfässer stammen aus eigener Produktion. „Mein Vater und Großvater hatten auch eine eigene Küferei", sagt der heutige Inhaber Lothar Schwörer. Dieser Familientradition verpflichtet baut er zahlreiche Weine in Holzfässern aus. Außerdem sind dem leidenschaftlichen Winzer die ständige Nähe zum Produkt in jeder Wachstums- und Erzeugungsphase besonders wichtig.

BADEN WÜRTTEMBERG

BADEN-WÜRTTEMBERG

Staatsweingut Karlsruhe-Durlach

Posseltstraße 19,
76227 Karlsruhe
T +49 (0) 721 9405 70
www.turmbergwein.de

👤 L-Bank
🏠 Thomas Ulmer
🛢 Thomas Ulmer
Rebfläche 8 ha
Gründung 1993

Der Turmberg, der geologisch zu den Ausläufern des Schwarzwaldes gehört, punktet vor allem mit mineralreichen Kalkböden und einem für den Weinbau günstigen Mikroklima. Daher ist es nicht verwunderlich, dass das Staatsweingut Karlsruhe-Durlach, das im Besitz der baden-württembergischen L-Bank ist, hier Trauben für gehaltvolle Weiß- und Rotweine ernten kann. In jüngster Zeit macht das Staatsweingut mit seinen Schaumweinen von sich reden. Aber auch die Rotweine können sich sehen lassen.

Weingut Vollmer

Lautenbach 1,
77770 Durbach
T +49 (0) 781 41841
www.vollmer-durbach.de

👤 Andreas Vollmer
🏠 Andreas Vollmer
🛢 Andreas & Hubert Vollmer
Rebfläche 10 ha

Der Familienbetrieb der Vollmers hat sich den durchgegorenen Tropfen verschrieben. Mit Süßreserven wird nicht gearbeitet. Die Weine sollen feingliedrig sein und eine mineralische Note aufweisen. Winzermeister Hubert Vollmer möchte zudem, dass sie lange haltbar sind. Die Weinberge sind alle steil, die Böden geprägt von karger Granitverwitterung. Neben der dem der lokalen Spezialität Klingelberger (Riesling) gehören Grau-, Weiß- und Spätburgunder sowie Chardonnay zu den Spezialitäten des Hauses.

Weingut Wöhrle

Weinbergstraße 3,
77933 Lahr/Schwarzwald
T +49 (0) 7821 25332
www.woehrle-wein.de

👤 Tanja und Markus Wöhrle
🏠 Markus Wöhrle
🛢 Markus Wöhrle
Rebfläche 18,5 ha
Gründung 1979

Bei den Weißweinen, besonders bei Weißburgunder, Auxerrois und Chardonnay, gehören Markus und Tanja Wöhrle schon seit vielen Jahren zu Badens Spitze. Mittlerweile ist ihnen auch bei den Spätburgundern ein enormer Entwicklungsschritt gelungen. Diese erinnern immer mehr an große Vorbilder aus dem Burgund. Markus Wöhrle ruht sich nicht auf dem bereits Erreichten aus, sondern will sich stets bei der Arbeit im Weinberg und im Keller verbessern. Dies gelingt ihm auf eine beeindruckende Weise.

Gastronomie

1789
(ehem. Köhlerstube)

Tonbachstraße 237,
72270 Baiersbronn
T +49 (0) 7442 4926 65
www.traube-tonbach.de

> Schwarzwaldstube   S. 216
> Hotel Traube Tonbach   S. 224

Florian Stolte gelingt es, sein Restaurant trotz räumlicher Nähe keinesfalls als kleinen Bruder der Schwarzwaldstube erscheinen zu lassen. Sein ambitioniertes junges Team serviert im 1789 einen leichten Mix aus klassisch-französischer und thailändischer Hochküche, in dem Kaisergranat, Kalbsbries oder Burgaud-Ente ebenso ihren Platz haben wie Ingwer, Papaya, Tom-Yam-Sud und Umeboshi – das lässt die namengebende 230-jährige Geschichte des Ortes als Köhler-Schenke schnell vergessen.

Adler

Reichenbacher Hauptstraße 18,
77933 Lahr/Schwarzwald
T +49 (0) 7821 9063 90
www.adler-lahr.de

> Hotel Restaurant Adler   S. 223

Im klassischen Familienbetrieb aus Hotel, Gasthaus und Restaurant verdeutlicht in der Gourmetabteilung ein Mix aus knallroten Sitzmöbeln, gutem Licht von Design-Leuchten und holziger Behaglichkeit samt aktiver Kuckucksuhr den Kontrast von Tradition und Moderne. Daniel Fehrenbachers Küche hatte zuletzt durch Exkursionen in die weite Welt auf Kosten des verfeinerten Badischen sowie einen Hang zur Spielerei etwas an Komplexität und Präzision eingebüßt, dies aber auf immer noch hohem Niveau.

BADEN-WÜRTTEMBERG

Alte Baiz

Hauptstraße 2,
75242 Neuhausen
T +49 (0) 7234 9473 899
www.gruenerwald.de

Neben dem Braustüble samt hauseigenem Bier und der Wirtsstube bietet der „Grüne Wald" in ländlicher Umgebung das Gourmetrestaurant Alte Baiz als kulinarische Spielwiese für seinen Chef Claudio Urru, der einst mit dem top air im Stuttgarter Flughafen bekannt geworden ist. Für seine einfallsreiche, komplexe Küche bedient Urru sich teils regional, teils weltweit bei den besten Produkten und lässt die einzelnen Komponenten aromatisch ineinandergreifen, ohne dass sie dabei ihren Eigengeschmack verlieren. Oft gewagt, aber spannend!

Ammolite –
The Lighthouse
Restaurant

Peter-Thumb-Straße 6,
77977 Rust
T +49 (0) 7822 7766 99
www.ammolite-restaurant.de

> Erlebnishotel
   „Bell Rock"   S. 220

Weithin sichtbar symbolisiert der nachgebaute Leuchtturm kulinarische Höhenflüge, die man in einem Vergnügungspark kaum vermuten würde. In den beiden Menüs „Around the World" und „Green Forest", die problemlos miteinander kombiniert werden können, zeigt Küchenchef Peter Hagen-Wiest packende, komplex aufgebaute Geschmacksbilder, die ineinandergreifen oder mit sinnvollen Kontrasten spielen. Alle Arrangements scheinen der Küche mit spielerischer Leichtigkeit von der Hand zu gehen und die bestens sortierte Weinkarte lässt kaum Wünsche offen.

BADEN-WÜRTTEMBERG

Bareiss

Hermine-Bareiss-Weg,
72270 Baiersbronn
T +49 (0) 7442 470
www.bareiss.com

Selbst am Mittag führt Claus-Peter Lumpp im edlen Rahmen die ganz große Oper seiner üppigen Klassik auf. Das muss nicht mal (kann aber!) Kaviar, Hummer oder Steinbutt sein – schon ein Saibling aus dem Buhlbachtal vermag als Vorspeise im Lumpp-Stil einen gleich dreifachen Auftritt hinzulegen: als dickes, glänzendes Filet, puristisch in Traubenkernöl saftig-glasig-blättrig pochiert, als gebratene Filet-Rosette auf Rote-Bete-Tatar, gekrönt von Saiblingskaviar und Meerrettich, und als Tatar mit Zitronenöl im Sauerrahmgelee-Mantel. Hinreißend!

© Hotel Bareiss

BADEN-WÜRTTEMBERG

Cédric Schwitzer's

Etzenroter Straße 4,
76337 Waldbronn
T +49 (0) 7243 3548 50
www.schwitzers.com

Zehn Jahre hat der Elsässer Cédric Schwitzer bei Clauss-Peter Lumpp im Bareis gekocht. Im eigenen Gourmetrestaurant, aus dessen modernem Halbrund der Blick beruhigend ins Grüne geht, gelingen ihm immer wieder Meisterwerke wie eine saftig-krosse bretonische Rotbarbe mit gepoppten Schuppen, begleitet von gegrilltem wildem Blumenkohl und federleichtem Brunnenkresseschaum, oder eine perfekt gebratene Miéral-Wachtel mit intensiver Morchel-Velouté. Manchmal allerdings scheint die Komplexität auf Kosten der technischen Präzision zu gehen.

Chez Georges

Kirchstraße 38,
77855 Achern
T +49 (0) 7841 69680
**www.hotel-sha.de/
restaurants**

> Hotel
Schwarzwälder Hof   S. 224

Das helle, freundliche Gourmetrestaurant des Hotels Schwarzwälder Hof ist von einem schönen Garten umgeben. Der Hotelinhaber und erfahrene Koch Jean-Georges Friedmann tischt hier eine feine badisch-elsässische Küche auf, deren erstklassige Zutaten zum großen Teil aus der Region stammen, zum Beispiel das Schwarzwälder Weiderind. Dazu gibt es eine Auswahl von mehr als 300 Weinen und wer nach dem Essen hier übernachtet, darf sich auf ein sehr gutes Frühstück freuen.

© Stampp & Partner GmbH

Die Reichsstadt

Engelgasse 33,
77723 Gengenbach
T +49 (0) 7803 96630
**www.die-reichsstadt.de/de/
restaurant/**

In der pittoresken Fachwerkstadt Gengenbach bringt Gerhard Hummel Gourmetanspruch und badische Küche unter ein Dach beziehungsweise auf die Terrasse an der alten Stadtmauer. In der kleinen À-la-Carte-Auswahl, aus der man sein Menü selbst zusammenstellen kann, kommt gemäßigt Weltläufiges wie Hummerravioli mit Roter Riesengarnele und Kokos-Krustentier-Sud ebenso vor wie klassisch gebratener Wolfsbarsch mit Zucchini und Tomate oder ein experimentelles Dessert aus Karotte, Kalamansi und Ingwer.

Dorfstuben

Hermine-Bareiss-Weg,
72270 Baiersbronn
T +49 (0) 7442 470
www.bareiss.com

> Kaminstube   S. 210
> Bareiss   S. 203
> Forellenhof Buhlbach   S. 207
> Hotel Bareiss   S. 221

In den gemütlichen holzverkleideten Dorfstuben des Hotels Bareiss haben wir in zwei Jahrzehnten nie ein erwähnenswertes Schwanken der Qualität bemerkt – eine sagenhafte Leistung! Der Service ist stets zugewandt und herzlich, während die Küche ohne Sperenzchen die regionalen Traditionen pflegt, dies aber auf einem Niveau, das selbst in der Feinschmeckergemeinde Baiersbronn hervorsticht, etwa mit saftigem Zwiebelrostbraten, gefüllter Kalbsbrust, geschmälzten Serviettenknödeln und knusprig panierten warmen Apfelküchle.

© Hotel Bareiss

Engel-Wirts-Stube

Talstraße 14,
77887 Sasbachwalden
T +49 (0) 7841 3000
www.engel-sasbachwalden.de

Familiäre Gastlichkeit hat in diesem stattlichen Fachwerkidyll Tradition seit 1764. So ein Haus pflegt seine Klassiker, daher bleibt der in Spätburgunder geschmorte Sauerbraten vom Ochsenschaufelstück genauso auf der Karte wie das Rumpsteak vom Elztäler Weiderind. Doch die Küche hat weit mehr zu bieten, etwa warm geräucherte Baden-Badener Lachsforelle, hausgemachte Spinat-Käse-Ravioli oder in Waldhonig glasierte Barbarie-Entenbrust. Im Sommer sitzt man auf der von Reben umrankten Südterrasse.

Erasmus
bio fine dining

Nürnberger Straße 1,
76199 Karlsruhe
T +49 (0) 721 4024 2391
www.erasmus-karlsruhe.de

Dieser Bioland-Italiener ist ein Pflichtziel für alle, die erstklassige Produkte und das mediterrane Genusskulturerbe lieben und sich dabei für Zusammenhänge von Ökologie, Wirtschaft, Handwerk und Qualität interessieren. Schon das denkmalgeschützte Gebäude von 1928 beeindruckt mit einer Klarheit, der die geradlinige Küche von Marcello Gallotti entspricht – er und seine Frau Andrea haben sich an der Università del Gusto in Polenzo kennengelernt, das freie Denken und Urteilen des Erasmus von Rotterdam gilt ihnen als Leitstern für ihr Restaurant.

© Mareike Sohn und Christian Geisler

Erbprinz

Rheinstraße 1,
76275 Ettlingen
T +49 (0) 7243 3220
www.erbprinz.de

Die Küche glänzt an dieser Traditionsadresse mit handwerklicher Perfektion und klassischen Akzenten. Ralph Knebel führt seine Gäste gern auf kleine kulinarische Exkursionen, indem er etwa mit einem Spinatknödel zur Wachtel mit Gänseleber die Tiroler Küche zitiert oder in einer Saiblings-Trilogie lauwarmes Filet mit Beurre blanc und angebratenes Tatar durch eine norddeutsche Rollmops-Variante ergänzt. Zum Stil des Hauses gehört auch eine gewisse Vorliebe für Luxusprodukte wie die immer seltener anzutreffende Seezunge oder weiße Alba-Trüffeln.

Forellenhof Buhlbach

Schliffkopfstraße 64,
72270 Baiersbronn
T +49 (0) 7442 470
www.bareiss.com

Zur kulinarischen Dreifaltigkeit des Schwarzwalds gehört neben Kirschtorte und Räucherspeck die Forelle. Selten findet man sie auf so hohem Niveau wie in der Fischzucht der Familie Bareiss im Landschaftsschutzgebiet Buhlbachtal, von der blitzsauber gekochten Suppe über die klassischen Zubereitungen „blau" und „Müllerin" oder ein Räucher-Tatar bis zum Forellenküchle. Wem das nicht Abwechslung genug ist, der bestellt gebeizten Saibling – oder Bratwurst vom Grill.

© Hotel Bareiss

BADEN-WÜRTTEMBERG

Fritz & Felix

Schillerstraße 4/6,
76530 Baden-Baden
T +49 (0) 7221 9009 99
www.fritzxfelix.com

Ein bisschen weltstädtisches Youngster-Flair im gediegenen Grandhotel, ein urbanes Interieur in dunklen Farben nebst riesigem Charcoal-Grill – da stören nur die Plüschtiere Fritz und Felix sowie die altertümlichen Höflichkeitsfloskeln im Service. Küchenchef Sebastian Mattis kommt erfreulich geradlinig auf den Punkt, etwa mit Ora-King-Lachs auf Kürbistatar, umspült von Kokos-Kürbis-Schaum und getoppt mit erfrischendem Kalamansi-Gel, oder einer Weidehähnchen-Essenz, die den großartigen Lebergeschmack einer kleinen Tranche Foie gras veredelt.

Gourmetrestaurant Berlins Krone

Marktplatz 1–3,
75385 Bad Teinach-Zavelstein
T +49 (0) 7053 92940
www.berlins-hotel.de

> Berlins KroneLamm   S. 219

Der Name kommt nicht von der deutschen Hauptstadt, sondern vom Küchendirektor: Franz Berlin hatte bei Jörg Müller und Jörg Sackmann gearbeitet, bevor er 2009 das Restaurant hier im elterlichen Hotel übernahm. Auf Top-Niveau spannt er einen weiten Bogen von Klassischem wie Saibling mit Artischocke, Fenchel, Kerbelschaum und gerösteten Brennnesselsamen bis nach Fernost. Die Weinbegleitung dazu ist wirklich passgenau ausgesucht, etwa ein Amontillado-Sherry zu kräftigen Gyoza-Teigtaschen mit Spitzkohl und Shiitake, Aal, Miso-Dashi und Lauchöl.

© Roman Knie

Gude Stub Casa Antica

Dreherstraße 9,
77815 Bühl
T +49 (0) 7223 30606
www.gudestub-casa-antica.de

Angesichts des leicht skurrilen Namens und der niedrigen hölzernen Stuben könnte man eine badisch-mediterrane Fusion erwarten. Zum Glück pflegt Andrea Alesi aber nahezu kompromisslos das echte italienische Küchenhandwerk: Vom Sauerteigbrot über Aufschnitt wie blütenweißem Lardo, mürbe Coppa und würzige Wildsalami bis zur Pasta ist hier alles hausgemacht. Im Hauptgang locken volkstümliche Raritäten wie perfekt gegarte Trippa alla romana – tomatisierte Kutteln mit Pecorino – und auch der Espresso zum Abschluss ist selbstverständlich exzellent.

BADEN-WÜRTTEMBERG

Hirsch Genusshandwerk

Monbachstraße 47,
75378 Bad Liebenzell
T +49 (0) 7052 2367
www.hirsch-genusshandwerk.de

Entspannend und gemütlich wirkt dieser Landgasthof, dezent modern in leisen Farbtönen gestaltet. Andreas Sondej verarbeitet in seiner ideenreichen Landküche auch Inspirationen aus dem Norden, die er seiner Zeit in Johannes Kings Sylter Söl'ring Hof verdankt. Unspektakulär, aber gekonnt baut er Spannung zwischen den Geschmacksbildern auf, mal harmonisch, mal fordernd, wenn er etwa ein perfekt bissfestes Störfilet mit geschmortem Chicorée bedeckt und so dem nussigen Eigengeschmack des Fisches die bittere Ummantelung gegenüberstellt.

Hotel Restaurant Vinothek LAMM

Mönchstraße 31,
76332 Bad Herrenalb
T +49 (0) 7083 92440
www.lamm-rotensol.de

Die Tradition des Gasthauses reicht zurück bis ins Jahr 1790. In idyllischer Nordschwarzwald-Umgebung erwartet den Gast beste Bodenständigkeit bei einer Maultaschensuppe, einem Pfeffersteak vom Albtäler Weiderind samt gratinierten Ofenkartoffeln, einem Hirschragout aus dem Herrenalber Forst mit handgeschabten Spätzle oder, ein wenig feiner und mediterran getönt, beim Lammrücken mit Kräuterkruste, Schnippelbohnen, Hummus, Oliven und Würfelkartoffeln.

BADEN-WÜRTTEMBERG

Kaminstube

Dollenberg 3,
77740 Bad Peterstal-Griesbach
T +49 (0) 7806 780
**www.dollenberg.de/de/
kulinarik/kaminstube/**

> Hotel Dollenberg   S. 221
> Le Pavillon   S. 211

„Hochklassiges Badisches" verspricht die gemütliche getäfelte Kaminstube des Dollenberg unter der Regie von Küchenchef Martin Herrmann, der auch fürs Flagship-Restaurant Le Pavillon verantwortlich zeichnet. Die Qualität ist damit gesichert, die Stiltreue eher nicht: Gerichte wie Zitronengrascurrysuppe mit Shrimps, Perlhuhnbrust auf Portweinsauce mit gebratenen Zucchini oder weißes Schokoladenparfait mit glasierten Blutorangen sind zweifellos köstlich, gehen aber nur im sehr weiten Sinn als Regionalküche durch.

Kaminstube

Hermine-Bareiss-Weg,
72270 Baiersbronn
T +49 (0) 7442 470
www.bareiss.com

> Bareiss   S. 203
> Forellenhof Buhlbach S. 207
> Hotel Bareiss   S. 221
> Dorfstuben   S. 205

Zwei kleine Fenster verbinden die Kaminstube im heiter-mediterranen Landhausstil mit dem Lumpp'schen Hochkulinarium nebenan. Kein Grund für neidische Blicke: Auch bei Nicolai Biedermann isst man ausgezeichnet. Klassisch-modern begeisterte zum Beispiel ein Tatar vom Milchkalbsfilet mit Raucharomen, Birne, Mohn und würzigem statt süßem Tabak-Eis – natürlich handgeschnitten, schön cremig, doch ohne jede Schwere, dazu Rauchpfeffer sowie ein kleines Birnenkompott mit einem sorgfältig dosierten Hauch Vanille, der den Fleischgeschmack unterstrich.

© Hotel Bareiss

Restaurant
Kesselhaus

Griesbachstraße 10c,
76185 Karlsruhe
T +49 (0) 721 6699 269
www.kesselhaus-ka.de

Äußerlich ist das Kesselhaus ein bestens erhaltener Backsteinbau des 19. Jahrhunderts, drinnen bildet klares Industriedesign die Kulisse fürs schicke Casual-Fine-Dining-Restaurant. Auf Sven Hemmans Karte steht mittags ein erfreulicher Mix aus französisch inspirierten Brasserie-Gerichten und Regionalem, abends zielt der Ehrgeiz höher. Zuletzt schien aus dem Kesselhaus ein wenig der Druck raus zu sein, da gab es mit nur einigen geschmacklichen Glanzlichtern zwischen viel solidem Handwerk Luft nach oben.

Le Jardin
de France

Augustaplatz 2,
76530 Baden-Baden
T +49 (0) 7221 3007 860
www.lejardindefrance.de

Vor kurzem haben Sophie und Stéphan Bernhard die Räume des einstigen Restaurants Stahlbad übernommen, wo sie im großzügigen Wintergarten und im ersten Stock des Neorenaissance-Gebäudes auch mittags das volle Programm samt großem Gourmetmenü anbieten. Spielereien auf dem Teller und trendige Arrangements sollte man hier nicht erwarten: Stéphan Bernhards klassische Gerichte wirken oft unspektakulär, sind aber geschmacklich ganz oben auf, so zum Beispiel eine perfekt zart gebratene Taube in würziger, präzise geschärfter Thai-Gemüse-Bouillon.

Le Pavillon

Dollenberg 3,
77740 Bad Peterstal-Griesbach
T +49 (0) 7806 780
www.dollenberg.de

> Hotel Dollenberg   S. 221
> Kaminstube   S. 210

Der ruhige Schwarzwälder Martin Herrmann ist einer der großen Köche des Landes. Auf der Bühne einer aufwendigen Tischkultur erleben seine Gäste Menüs, die traumsicher in der französischen Haute Cuisine angesiedelt sind. Hermann ist ein stiller Genießer, der auch nach Jahrzehnten noch gern am Herd steht, mit seiner Crew tüftelt, ausprobiert, diskutiert, aber auch wagt, um am Ende puristisch arrangierte Teller für sich sprechen zu lassen. Meist korrespondieren dort nur wenige Produkte miteinander, doch dabei ist ihm das Beste gerade gut genug.

BADEN-WÜRTTEMBERG

[maki:'dan]
im Ritter

Tal 1,
77770 Durbach
T +49 (0) 781 93230
**www.ritter-durbach.de/
makidan**

> Hotel Ritter   S. 223

Der Ritter ruht sich nicht auf seiner Tradition aus. Seit das Restaurant in der behaglichen Holzstube zum [maki:'dan] geworden ist, scheint es noch beliebter zu sein, frühzeitige Reservierung ist angeraten. Das liegt natürlich vor allem an der jugendlich-frischen, aber keinesfalls überdrehten Küche von André Tienelt – statt eines Menüs bietet er allerlei Wohlfühlgerichte in Zwischengang-Größe an, die man beliebig kombinieren kann. Mögliche Nebenwirkungen dieser Freiheit sind Wiederholungen einzelner Elemente und lange Wartezeiten.

© Paul Gärtner

Maltes
Hidden Kitchen

Gernsbacher Straße 24,
76530 Baden-Baden
T +49 (0) 7221 7025 020
**www.kaffeehausinbadenbaden.
com/fine-dining**

Interessantes Konzept hinter Schaufensterscheiben in der Fußgängerzone: Wo tagsüber ein hübsches Kaffeehaus guten Kaffee und Gebäck bietet, verschwindet abends ein Verkaufsregal und gibt Malte Kuhns versteckte Küche frei – so jung, so lässig ist die Kurstadt sonst nirgends. Nicht jeder Gang, den sich der produktorientierte Koch mit Christian-Jürgens-Erfahrung ausdenkt, wirkt bis ins Letzte schlüssig, aber einen unterhaltsamen Abend kann man mit den drei bis sechs Gängen zu fairen Preisen allemal haben.

© Maltes „hidden kitchen"

BADEN-WÜRTTEMBERG

Oberländer
Weinstube

Akademiestraße 7,
76133 Karlsruhe
T +49 (0) 721 25066
www.oberlaender-weinstube.de

Jörg Hammer kocht im traditionsreichen Haus mit den gemütlichen Stuben und dem romantischen Innenhof zeitgemäß zweigleisig: Er pflegt die Klassiker – Rindercarpaccio mit Parmesan, Hirschkalbsrücken mit Schwarzwurzeln à la crème, Crème brûleé mit Gewürzananas – und erweitert daneben ambitioniert seinen Spielraum, verbindet etwa Stopfleber und Gorgonzola, akzentuiert Thunfisch mit Ponzu und Grüntee oder gibt eine „Krustentierbolognese" zum confierten Kabeljau.

Ochsen Post
Bauernstuben

Franz-Josef-Gall-Straße 13,
75233 Tiefenbronn
T +49 (0) 7234 95450
www.ochsen-post.de

> Ochsen Post Hotel &
Restaurants   S. 225

Tiefdunkle Täfelung, gemütliche Rundbänke, gestärkte weiße Tisch-
decken – behaglicher und zugleich festlicher könnte eine Bauern-
stube nicht sein. Serviert wird deftige Regionalküche erster Güte:
Schneckenrahmsuppe, ein Dreierlei von Schweinelendchen, Fleischküchle und Maultasche auf Spätzle oder Backe und Schwanz vom
Ochsen in kräftiger Rotweinsauce. Leichtere Alternativen sind eine
tomatisierte Fischsuppe, Spinat-Ricotta-Maultaschen oder haus-
gebeizte Lachsforelle auf Glasnudelsalat.

Ponyhof
Stammhaus

Mattenhofweg 6,
77723 Gengenbach
T +49 (0) 171 8163 045
www.ponyhof.co

Hoch oben am Wald steht das nordisch inspirierte, modern-aufge-
räumte Gasthaus. Tobias Wussler hat Erfahrung aus prominenten
Küchen in den elterlichen Betrieb mitgebracht und schlägt jetzt
einen weiten Bogen von der Flädlesuppe über Spargelsalat mit hausgemachtem Schwarzwälder Schinken, sorgfältig trockengereiften
Cuts vom Grill bis zu „fermentierten Pommes", schön knapp gegartem Kaisergranat in schaumiger Krustentiersuppe und einem perfekt soufflierten Wiener Schnitzel.

BADEN-WÜRTTEMBERG

Raubs Landgasthof

Hauptstraße 41,
76456 Kuppenheim
T +49 (0) 7225 75623
www.raubs-landgasthof.de

Wie das Vater-Sohn-Gespann Wolfgang und Martin Raub vorzügliche Zutaten durch natürliche Unterstützung subtil hebt, ist jederzeit einen Besuch im gemütlich-gediegenen, jüngst dezent renovierten Gastraum wert. Für Instagram wird hier freilich nicht angerichtet, was angesichts des Geschmacks völlig in Ordnung geht – bei zwei saftigen Tranchen vom Atlantik-Wolfsbarsch störten dunkle Röststellen in der kreuzweise eingeritzten Haut ebenso wenig den Genuss wie die recht groben Wurzelgemüse-Scheiben rund um den Graupensockel.

Rebstock Waldulm

Kutzendorf 1,
77876 Kappelrodeck
T +49 (0) 7842 9480
www.rebstock-waldulm.de

> Gasthof Rebstock
Waldulm   S. 220

Schon bei der Anfahrt beeindruckt der traumschöne Landgasthof an der Badischen Weinstraße mit stolzem Fachwerk und roten Fensterläden. In den gemütlichen Stuben oder auf der herrlichen Gartenterrasse hält die Küche von Karl Hodapp, was das Äußere verheißt, vom Schneckenrahmsüppchen über Thunfischtatar mit Meerrettich bis zum Elsässer Perhuhnbrüstchen mit Schnittlauchrahmsößle, Rübchenpüree und Spätzle. Fast noch besser ist die üppige Weinkarte mit regionalem Schwerpunkt.

BADEN-WÜRTTEMBERG

Schlossberg

Murgtalstraße 602,
72270 Baiersbronn
T +49 (0) 7447 2890
www.hotel-sackmann.de

Mit Gold, Beigetönen, dunklen Deckenspiegeln und viel Holz prägt den Speiseraum seit der jüngsten Renovierung ein Stil, den man behutsam Modernismus nennen könnte. Er findet sich auch auf der Karte wieder, denn Senior Jörg und Junior Nico Sackmann kochen höchst sensibel mit einigen innovativen Akzenten, doch stets auf klassischer Basis. Den produktbetonten Aromen stellen sie eine subtile Würze zur Seite – eine Küche für feinsinnige Genießer, ohne laute Töne oder Kontraste, dabei aber keineswegs spannungslos.

Schwarzwaldstube

Tonbachstraße 237,
72270 Baiersbronn
T +49 (0) 7442 4926 22
**www.traube-tonbach.
de/restaurants-bar/
schwarzwaldstube/**

> 1789
  (ehem. Köhlerstube)   S. 201
> Hotel Traube Tonbach   S. 224

Der klassisch geprägte Stil von Torsten Michel wirkte zuletzt auf subtile Weise entschlackt, mit gewohnt exzellenten Zutaten und perfekten Proportionen, wenn auch zuweilen ungenauer Optik. Gerade bei Innereien zeigt Michel seine ganze Meisterschaft, die Saucen bleiben zum Glück stets auf dem Tisch, die Brotauswahl ist wunderbar. Zeichen des Zeitenwandels an dieser Traditionsadresse: Neben kleinem und großem Menü sowie À-la-carte-Gerichten gibt es auch eine hinreißende vegetarische Alternative – eine falsche Wahl kann man hier gar nicht treffen.

Sein

Scheffelstraße 57,
76135 Karlsruhe
T +49 (0) 721 4024 4776
www.restaurant-sein.de

Selbst als Studentenbude waren die beiden Räume zu klein, also hat man mit durchdachtem Lichtdesign und spannender Küche ein Restaurant daraus gemacht. Thorsten Bender und seine Crew bereiten mittags drei bis vier, abends sechs komplex-innovative, asiatisch getönte Gänge zu (mit oder ohne Fleisch zum selben Preis) und erklären zwischendurch selber am Tisch, wie sie zum Beispiel die Geschmacksgrenzen von Roter Bete durch Himbeeressig, Saft, Gel und Öl von Koriander sowie eingelegten Ingwer ausgereizt haben.

BADEN-WÜRTTEMBERG

Tawa Yama

Amalienbadstraße 41b – Bau B,
76227 Karlsruhe
T +49 (0) 721 9098 950
www.tawayama.de

Weltläufiger geht's kaum: Der Name bezeichnet den örtlichen Turmberg auf Japanisch, der Küchenchef Peter Fridén ist Schwede mit koreanischen Wurzeln und verheißen wird eine „Fusion aus französischer Kochkunst und Nordic Cuisine" mit „asiatischen Akzenten". Dem Zeitgeist entspricht auch die Einrichtung des Restaurants im Durlacher Gewerbepark RaumFabrik. Vom Alltagslokal „Easy" führt ein gekachelter Gang hinter einer Tapetentür in die „Fine"-Abteilung, wo Fridéns vielfältiges Menü (auch in vegetarischer Variante) serviert wird.

Werners Restaurant

Schloss Eberstein 1,
76593 Gernsbach
T +49 (0) 7224 9959 50
www.schlosseberstein.com

> Schloss Eberstein   S. 226

Das Menü und die kleine À-la-carte-Auswahl sind bei Bernd Werner und Andreas Laux teils so spektakulär wie die Adlerhorst-Lage überm hauseigenen Weinberg mit Murgtal-Fernblick, teils so behaglich wie der klassische hübsch-elegante Speisesaal. Hohes Niveau hat beides, etwa handwerklich toll mit Nori-Alge gearbeitete Gänseleber mit zwei rohen Gamberi rossi, Pflaume, Reisessig-Gelee, Reis-Algen-Knusper und erfrischendem Ingwersud oder mit Pinienkernen gratiniertes, perfekt gegartes Reh nebst Spitzkohlroulade mit Rehschinken.

> Schloss Eberstein   S. 226

Wintergarten

Schillerstraße 4/6,
76530 Baden-Baden
T +49 (0) 7221 9008 90
**www.oetkercollection.com/
de/hotels/brenners-park-
hotel-spa/restaurants-bars/
wintergarten-restaurant**

Küchenchef Alexander Meyer hält unverkrampft die Balance zwischen äußerst gepflegter Basisversorgung durch Forelle „Müllerin", Wiener Schnitzel oder Maultaschen und aufwendigen Tellern. So lässt er die Gourmet-Ambitionen im prächtigen Brenners Park-Hotel wieder aufleben, von richtig heißen Suppen mit dezentem Lokalkolorit – mal schaumig aus Rieslingkraut mit Imperial-Kaviar, mal klar aus Roter Bete mit angetrockneter Mandarine – bis zu Rehrücken mit waldiger Haube und kräftigem Keulenpfeffer mit Béarnaise-Schaum.

> Brenners
  Park-Hotel & Spa   S. 219

BADEN-WÜRTTEMBERG

Wirtshaus Geroldsauer Mühle

Geroldsauer Straße 54,
76534 Baden-Baden
T +49 (0) 7221 9964 6830
**www.wirtshaus-
geroldsauermuehle.de**

> Geroldsauer Mühle   S. 230

Traditionelle Schwarzwaldromantik trifft auf moderne Twists, geschmackliche Neuinterpretationen und einen zeitgemäß-nachhaltigen Zugang zum Produkt. Warum nicht mal ein Schwarzwälder Vitello mit geräucherter Forellencreme statt Thunfisch oder ein Kirschbaumsorbet mit Kirschwasser probieren? Wer es lieber altbewährt mag, wird zwischen „gemütlich geschmorter" Kalbshaxe, Rinderroulade mit Schupfnudeln und Brotzeitplatte garantiert fündig. Im Sommer lädt der zünftige Biergarten mit knapp 300 Plätzen zum Rasten nach der Wanderung ein.

Zum Hirsch

Hauptstraße 23,
75196 Remchingen
T +49 (0) 7232 79636
www.hirsch-remchingen.de

Ein schmiedeeisernes Schild weist an der Hauptstraße auf den Landgasthof von Markus Nagy hin. Ob in der Ofenstube, im Wintergarten, im urigen Gewölbekeller, im Bauerngarten oder auf der Terrasse, das Angebot ist überall gleich und schwankt zwischen herzhaft gutbürgerlich und französischen Gourmet-Akzenten. Doch die Tendenz, die ideal zu Interieur und Ambiente passt, geht klar in Richtung fein gemachter Hausmannskost in handfesten Portionen, ohne Hexenwerk schnörkellos gut zubereitet.

BADEN-WÜRTTEMBERG

 Hotels

Berlins KroneLamm

★★★★s

Marktplatz 1–3,
75385 Bad Teinach-Zavelstein
T +49 (0) 7053 92940
www.berlins-hotel.de

> Gourmetrestaurant
  Berlins Krone   S. 208

Das familiengeführte Hotel liegt hoch über dem Teinachtal, eingerahmt von weitläufigen Wäldern und dem Zavelsteiner Städtle mit der historischen Burgruine. Insgesamt verfügt das Haus über 63 Zimmer und Suiten im Stamm- bzw. Haupthaus. Während man sich in einem der drei Restaurants kulinarisch auf jedem Niveau und für jeden Geschmack verwöhnen lassen kann, sei einem auch ein kurzer Abstecher zur einzigartigen Hochsitzsauna empfohlen – hier schwitzt man inmitten eines Tannenmeeres.

Brenners Park-Hotel & Spa

★★★★★s

Schillerstraße 4/6,
76530 Baden-Baden
T +49 (0) 7221 9000
**www.oetkercollection.com/
hotels/brenners-park-hotel-
spa**

> Wintergarten   S. 217

Das Stammhaus der Oetker-Collection steht seit nunmehr 150 Jahren für eindrucksvolle Grandhotellerie. Die 100 individuell gestalteten Zimmer sorgen für ein einzigartiges Wohnerlebnis, die großzügig wie bezaubernde Parklandschaft im Herzen der Stadt lädt zum Entschleunigen ein. Ein Besuch lohnt sich freilich auch im außergewöhnlichen Spa-Bereich Villa Stéphanie sowie in einem der erstklassigen Restaurants wie dem Fritz & Felix mit Küchenchef Sebastian Mattis.

BADEN-WÜRTTEMBERG

Erlebnishotel „Bell Rock"
★★★★ s

Peter-Thumb-Straße 6,
77977 Rust
T +49 (0) 7822 8600
**www.europapark.de/
de/uebernachten/
hotel-4-sterne-superior-
erlebnishotel-bell-rock**

> Ammolite – The Lighthouse
  Restaurant   S. 202

Nicht nur Liebhaber des Europa-Parks sind in diesem Haus bestens aufgehoben, auch solche mit Vorliebe für einen Wohnstil à la USA, genauer gesagt Neuenglands. Das Gebäudeensemble ist eine Hommage an das 18. Jahrhundert, in dem der Kolonialstil vorherrschte. Die Zimmerausstattung vermittelt ein maritimes Flair. Blaue Böden und Holzelemente sind in vielen Zimmern zu sehen. Zudem gibt es Themensuiten zu Ehren Abraham Lincolns und andern. Dem absoluten Hochgenuss können die Gäste im vielfach ausgezeichneten Restaurant Ammolite frönen. Das „Bell Rock" ist nur eines von vielen Themen- und Länderhotels im Europa-Park, wo man zudem die Küchen verschiedenster Länder genießen kann.

Fritz Lauterbad
★★★★ s

Am Zollernblick 1,
72250 Freudenstadt
T +49 (0) 7441 9509 90
www.fritz-lauterbad.de

Schwimmen im Infinity-Pool mit Blick auf die Schwäbische Alb, Schlafen in einem der großzügigen Studios mit Panoramafenstern, Entspannen bei einer Behandlung im prämierten Spa – all das hat das 2019 neu eröffnete Hotel Fritz zu bieten. Die Fassade des modernen Hauses besteht aus kontrolliert verbranntem Holz und sticht im markanten, schwarz-silbernen Schimmer hervor, viel Natur und wenig Pomp erwarten den Gast auch in anderen Bereichen. So auch im Spa, dessen Highlights eine 90-Grad-Panorama-Sauna mit Fernblick und ein Infinity-Außenpool sind.

Gasthof Rebstock Waldulm

Kutzendorf 1,
77876 Kappelrodeck
T +49 (0) 7842 9480
www.rebstock-waldulm.de

> Rebstock Waldulm   S. 215

Das im Jahre 1750 erbaute Haus besticht durch eine historische Fachwerk-Fassade sowie helle, geräumige Zimmer mit traditionellen Holzmöbeln. Naturliebhaber können von hier aus zu Ausflügen und Wanderungen starten oder einfach nur die Weinberge in der Umgebung erkunden. Das Gasthaus mit einem schönen Gartenpavillon bietet ausgezeichnete Speisen an und verfügt über einen Weinkeller mit eigenen Weinen und Schnäpsen.

Hotel Bareiss
★★★★★ s

Hermine-Bareiss-Weg,
72270 Baiersbronn
T +49 (0) 7442 470
www.bareiss.com

> Kaminstube   S. 210
> Bareiss   S. 203
> Forellenhof Buhlbach   S. 207
> Dorfstuben   S. 205

Das charmante Top-Hotel im Herzen des Schwarzwalds ist ein Garant für unvergessliche Momente. Die Zimmer des Hauses beeindrucken durch höchsten Komfort und sind allesamt in elegantem Landhausstil gehalten. Für Entspannung sorgen ein umfangreicher Wellness- und Spa-Bereich, eine exklusive Saunalandschaft, neun Pools und ein Naturbadeteich. Das Verwöhnprogramm gipfelt dann im kulinarischen Angebot des Hauses: Im Gourmetrestaurant Bareiss, das zu den absolut besten in Deutschland zählt, verwöhnt Claus-Peter Lumpp seine Gäste mit meisterhaften Gerichten. In den Dorfstuben wird Schwäbisch-Badisches serviert.

Hotel Dollenberg
★★★★★ s

Dollenberg 3,
77740 Bad Peterstal-Griesbach
T +49 (0) 7806 780
www.dollenberg.de

> Kaminstube   S. 210
> Le Pavillon   S. 211

Das Hotel liegt hoch über dem Kurort Bad Peterstal-Griesbach am Hang, verfügt über einen 70.000 m² großen Park und ist umgeben von der wunderschönen Natur des Schwarzwalds. Die Zimmer sind stilvoll und gemütlich eingerichtet und zwischen 28 m² bis zu 130 m² groß, je nach Ausstattung mit eigenem Whirlpool, Dach-Loggia oder Sauna. Die Wellness- und Spa-Landschaft sucht ihresgleichen. Auch der Genuss wird hier großgeschrieben. So verwöhnt das ausgezeichnete Restaurant Le Pavillon mit französischer Gourmetküche, in der Kaminstube warten regionale badische Spezialitäten auf die Gäste.

WEIN SÜDEN
HOTEL

Hotel Engel

★★★_s

Talstraße 14,
77887 Sasbachwalden
T +49 (0) 7841 3000
www.engel-sasbachwalden.de

Hinter einer Fachwerkfassade aus dem Jahr 1783 verbirgt sich dieses idyllische Drei-Sterne-Hotel im Schwarzwälder Weindorf Sasbachwalden, in dem die Gastgeberfamilie um Hausherr Herbert Decker seine Gäste nach allen Regeln der Kunst verwöhnt. Die insgesamt 17 Zimmer verfügen über jeden Komfort und sind mit viel Liebe zum Detail gestaltet, von hier aus lässt es sich hervorragend die Gegend erkunden – ob zu Fuß durch die Weinberge oder auf dem Rad entlang der Badischen Weinstraße.

Hotel Engel Obertal

★★★★★_s

Rechtmurgstraße 28,
72270 Baiersbronn
T +49 (0) 7449 850
www.engel-obertal.de

Das gehobene Wellnesshotel befindet sich im idyllischen, waldumkränzten Buhlbachtal und verfügt über 79 Zimmer sowie sechs private Chalets aus Fichten- und Weißtannenholz, mit zwei Schlafzimmern, eigener Terrasse und privater Infrarotsauna. Das Haus ist im Sommer wie Winter perfekt für Aktiv-Urlauber oder Wellnessliebhaber, der hauseigene Bereich beherbergt einen Indoorpool sowie Sauna und Whirlpool.

Hotel Erbprinz

★★★★★

Rheinstraße 1,
76275 Ettlingen
T +49 7243 3220
www.erbprinz.de

Im Jahr vor der Französischen Revolution noch Postkutschenstation, bietet das 5-Sterne-Superior-Hotel gegenüber von Schloss Ettlingen allerhand namhafte Geschichte (hier nächtigten sowohl Politikgranden als auch Stars wie Maria Callas und Sophia Loren) heute Luxus pur. Die insgesamt 120 Zimmer sind im klassischen Stil gehalten und mit italienischen Möbeln eingerichtet. Das Restaurant, das in den 1960er- und 1970er-Jahren kulinarische Geschichte schrieb, ist aber auch heute einen Besuch wert. Erholung verspricht überdies der hauseigene Wellnessbereich.

Hotel Liberty

Grabenallee 8,
77652 Offenburg
T +49 (0) 781 2895 3000
www.hotel-liberty.de

Der Name ist bewusst gewählt, immerhin war das Haus in Offenburg in seinem früheren Leben eine Justizvollzugsanstalt. Mit viel Respekt vor der Geschichte, Geschmack und Liebe zum Detail erwarten den Gast hinter dicken Sandsteinmauern heute 38 außergewöhnliche Zimmer und Suiten, modern und elegant – und nur noch 120 Kilo schwere Türen erinnern an vergangene Tage. Kulinarisch lohnt sich ein Besucht im hauseigenen Restaurant Wasser & Brot, wobei hier der Name täuscht: Serviert werden Köstlichkeiten vom offenen Grill.

Hotel Restaurant Adler

Reichenbacher Hauptstraße 18,
77933 Lahr/Schwarzwald
T +49 (0) 7821 906 390
www.adler-lahr.de

> Adler   S. 201

Keine Klimaanlage, dafür beste, frische Schwarzwälder Luft – das bekommen die Gäste, wenn sie in einem der 22 modern eingerichteten Zimmer oder der Juniorsuite einchecken. Zum Hotel gehört auch ein mehrfach ausgezeichnetes Gourmetrestaurant, das mit klassisch-französischer Küche überzeugt. Wer es leger mag, ist im Gasthaus bestens aufgehoben, hier ist ein großer Eichentisch der zentrale Treffpunkt.

Hotel Ritter

★★★★ ₛ

Tal 1,
77770 Durbach
T +49 (0) 781 93230
www.ritter-durbach.de

> [maki:'dan] im Ritter   S. 212

Genuss und Gastfreundschaft sind das A und O dieses schicken und gemütlichen 4-Sterne-Superior-Hotels im Schwarzwald. Die 87 Zimmer und Suiten vereinen Design und Funktionalität perfekt, neben einer Auszeit im Spa lohnt sich auch ein genauerer Blick auf die weiteren Packages des Hauses, so kann man zum Beispiel mit einem Oldtimer die Gegend erkunden. Am Abend empfiehlt sich ein Besuch im Restaurant, in dem man man original badische Küche und ein schönes Glas Wein genießen kann.

WEIN SÜDEN
HOTEL

BADEN-WÜRTTEMBERG

Hotel Schwarzwälder Hof
★★★

Kirchstraße 38,
77855 Achern
T +49 (0) 7841 69680
www.hotel-sha.de

> Chez Georges   S. 204

Dieses sehr individuelle Hotel befindet sich in zentraler Lage in Achern und ist ein beliebter Ausgangspunkt für Wanderer und Weinliebhaber, die eine Erkundungstour durch den Schwarzwald machen möchten. Die Zimmer sind geräumig und komfortabel, im eigenen Garten kann man zwischen Blumen- und Kräuterbeeten die Seele baumeln lassen. Im Restaurant Chez Georges wird der Gast mit Spezialitäten aus Baden und dem Elsass sowie regionalen Köstlichkeiten verwöhnt.

Hotel Traube Tonbach
★★★★★ₛ

Tonbachstraße 237,
72270 Baiersbronn
T +49 7442 4920
www.traube-tonbach.de

> 1789
  (ehem. Köhlerstube)   S. 201
> Schwarzwaldstube   S. 216

Die Hotellegende empfängt nach dem verheerenden Brand im Jahr 2020 endlich wieder Gäste in ihrem Stammhaus. Das Fünf-Sterne-Superior-Haus der Extraklasse wartet neben einem luxuriösen Wellnessbereich und Restaurants von Weltruhm mit einer großen Varianz verschiedener Zimmergrößen auf. Vom Einzelzimmer über Familienapartments bis zur Panorama-Suite ist für jeden Wunsch gesorgt. Durch alle Kategorien zieht sich die hochkarätige Gestaltung, die trotz ihrer Gemütlichkeit den eleganten Chic wahrt.

Hotel-Restaurant Rebstock
★★★★

Halbgütle 30,
77770 Durbach
T +49 (0) 7814 820
www.rebstock-durbach.de

Inmitten der Reben in der Schwarzwälder Vorbergzone mit ihrer weitläufigen Hügellandschaft liegt dieses Familienhotel. Zum Haus gehört ein großer Landschaftspark mit Möglichkeit zum Spazierengehen, auf der Sonnenterrasse lässt sich der Ausblick ins Rheintal genießen. Auch die Übernachtungsmöglichkeiten sind vielseitig, ob Appartement, Familienzimmer oder Suite. Zudem steht den Gästen ein Fitnessraum und ein Wellness-Bereich mit Sauna, Dampfbad und Ruheinseln im Park zur Verfügung.

WEIN SÜDEN
HOTEL

Nationalparkhotel Waldsägmühle

★★★★ ₛ

Waldsägmühle 1,
72285 Pfalzgrafenweiler
T +49 (0) 7445 85150
www.waldsaegmuehle.de

Mitten in der Natur, aber trotzdem nicht weit vom Schuss – das bietet das Naturparkhotel Waldsägmühle inmitten eines dichten Waldgebiets nordwestlich von Pfalzgrafenweiler. Die Zimmer sind geräumig, wohnlich und mit reichlich Holz eingerichtet, Entspannung nach einer ausgiebigen Tour – zum Beispiel auf dem Vier-Burgen-Weg – findet man in der Zinsbachtherme mit Sauna, Sole-Dampfbad und Waldkräuterbad.

Ochsen Post Hotel & Restaurants

Franz-Josef-Gall-Straße 13,
75233 Tiefenbronn
T +49 (0) 7234 95450
www.ochsen-post.de

> Ochsen Post
 Bauernstuben   S. 214

Geschmack, Gastlichkeit, Geschichte – dafür steht das Kleinod am nördlichen Rand des Schwarzwalds, das 1694 erbaut wurde, auch heute noch. Die 36 Zimmer sind individuell und modern eingerichtet, wobei die Historie des Ochsen liebevoll miteinbezogen wurde. Auch Genießer kommen hier voll auf ihre Rechnung: Seit über 400 Jahren liegt die Kulinarik im Haus in den Händen der Familie Jost, Vater Peter und Sohn Theo haben heute die Küchenleitung inne, das Rindfleisch kommt aus eigener Reifung.

Romantik Hotel Sackmann

★★★★ ₛ

Murgtalstraße 602,
72270 Baiersbronn
T +49 (0) 7447 2890
www.hotel-sackmann.de

Man überlegt es sich zweimal, ob man seine Sonnenliege im 360°-Panorama-Spa mit Blick über die tannenbewachsenen Anhöhen des Schwarzwalds wirklich verlassen möchte. So entschleunigend es dort auch ist, lohnt es sich nicht minder, den Weg ins hauseigene Gourmetrestaurant oder eines der hübschen Zimmer mit Schwarzwald-Design anzutreten. Ob Einzel- oder Doppelzimmer, Suite oder Ferienwohnung: Gemütlich und mit viel Detailverliebtheit eingerichtet sind sie alle und schüren die Lust auf Entdeckungsreisen.

BADEN-WÜRTTEMBERG

BADEN-WÜRTTEMBERG

Schloss Eberstein

Schloss Eberstein 1,
76593 Gernsbach
T +49 (0) 7224 9959 50
**www.hotel-schloss-
eberstein.de**

Nach seiner ersten Erwähnung im Jahr 1272 hat das Schloss in der malerischen Landschaft um die Murg eine ereignisreiche Geschichte aufzuweisen. Heute dient es mit seinen 16, mit stilsicherer Hand gestalteten und großzügig ausgestatteten Zimmern und Suiten vielen Gästen als Ruhepunkt. Dem Bann des mannigfaltigen Angebots an kulinarischen Arrangements und des traumhaften Ausblicks in die Schwarzwaldlandschaft kann man sich einfach nicht entziehen.

> Werners Restaurant   S. 217

Schloss Neuweier

Mauerbergstraße 21,
76534 Baden-Baden
T +49 (0) 7223 8008 70
www.schloss-neuweier.de

Die Augen aufschlagen und den Tag mit Ausblick auf einen malerischen Weinberg beginnen? Das Boutique-Hotel im Schloss Neuweier macht es möglich! Den Gästen stehen sowohl zwei geräumige Apartments als auch mehrere elegant eingerichtete Doppelzimmer und Suiten zur Verfügung. Zusätzlich zum Hotel beherbergt das Anwesen neben einem äußerst ambitionierten Restaurant noch eine Vinothek und ein Weingut, in dem die Schlossgäste an Verkostungen teilnehmen können. Das ideale Ziel für Genussreisende!

Schwarzwald Panorama
★★★★ s

Rehteichweg 22,
76332 Bad Herrenalb
T +49 (0) 7083 9270
**www.schwarzwald-panorama.
com/home**

Im idyllischen Bad Herrenalb mit atemberaubendem Blick auf die Umgebung liegt mit dem Vier-Stern-Superior-Hotel ein 97 Zimmer umfassender Betrieb, der auf Nachhaltigkeit setzt. Das Restaurant La Vie überzeugt mit einem Zero-Waste-Frühstücksbuffet und mit der schonenden Zubereitung naturbelassener und saisonaler Zutaten. Genießen kann man aber auch die Aussicht aus den Panorama-Zimmern oder den Wellnessbereich, in dessen Zentrum ein 12 x 6 m großes Thermal-Mineral-Schwimmbad mit 30 °C warmem Bad Herrenalber Thermalwasser steht.

Schwitzer's Hotel am Park

★★★★ₛ

Etzenroter Straße 4,
76337 Waldbronn
T +49 (0) 7243 3548 50
www.schwitzers.com

> Cédric Schwitzer's S. 203

Das Vier-Sterne-Superior-Hotel befindet sich am Rande des Kurparks von Waldbronn und beeindruckt gleich durch mehrere Komponenten. Zum einen sind es die 20 mit viel Fingerspitzengefühl eingerichteten Zimmer, in denen man sich nach Rad- oder Wanderausflügen hervorragend entspannen kann. Zum anderen ist es natürlich das hauseigene Gourmetrestaurant, in dem der vielfach ausgezeichnete Chef Cédric Schwitzer seine Gäste nach allen Regeln der Kunst verwöhnt.

Villa Hammerschmiede

Hauptstraße 162,
76327 Pfinztal
T +49 (0) 7240 6010
www.villa-hammerschmiede.de

Die großzügige Villa aus dem Jahr 1893 wurde knapp hundert Jahre später von Unternehmer Norbert Schwalbe erworben und behutsam zu einem Hotel umgebaut. Heute umfasst das Relais & Château Haus am Übergang vom nördlichen Schwarzwald zum Kraichgau 24 Zimmer und fünf liebenswert eingerichtete Suiten, einen romantischen Park samt gläsernem Pavillon und ein ausgezeichnetes Restaurant, in dem abwechslungsreiche Gerichte mit Spezialitäten der regionalen und der gehobenen Küche serviert werden.

Weinhotel Pfeffer+Salz

★★★

Mattenhofweg 3,
77723 Gengenbach
T +49 (0) 7803 93480
www.pfefferundsalz-gengenbach.de

24 moderne Zimmer, in warmen Farbtönen und im Landhausstil eingerichtet, stehen in dem Drei-Sterne-Hotel des Weinguts Simon Huber zur Verfügung. Zum Haus gehört außerdem ein Restaurant, in dem saisonale, hochwertige Produkte zu typisch badischen Gerichten verarbeitet werden. Erholen kann man sich nach einer ausgiebigen Mahlzeit entweder auf der hauseigenen Liegewiese, in der neuen Fasssauna oder man geht in den Gewölbekeller, wo sich ganz entspannt die Weine des Hauses verkosten lassen.

WEIN SÜDEN
HOTEL

BADEN-WÜRTTEMBERG

Wellness & Natur-
parkhotel Adler
St. Roman

★★★★

St. Roman 14,
77709 Wolfach
T +49 (0) 7836 93780
www.naturparkhotel-adler.de

Das familiengeführte Hotel liegt inmitten der unberührten Natur in ruhiger Lage am Waldrand. Den Gast erwarten 56 komfortabel ausgestattete Zimmer und Suiten, ein Spa-Bereich und zahlreiche Möglichkeiten für Aktiv-Urlauber (z. B. Kräuterwanderungen oder Waldbaden). Ein Top-Level bietet auch das hoteleigene Restaurant. Die Forellen- und Wildgerichte auf der Karte stammen aus heimischer Jagd sowie dem hoteleigenen Gehege und Weiher.

 Einkaufen

Armbruster's Hoflädele

Alte Landstraße 6,
77723 Gengenbach
T +49 (0) 7803 3235
www.hoflaedele.de

Erdbeeren, Kirschen, Himbeeren, Stachelbeeren, Äpfel und Birnen, aber auch Apfelmost, Marmelade, Kartoffeln, Nudeln und Eier: Das ist nur ein Teil des Sortiments in diesem Hofladen. Ein Schwerpunkt sind auch Brände, Destillate und Liköre, die Familie Armbruster in der hauseigenen Brennerei selbst herstellt. Außerdem gibt es Schwarzwälder Vesperspezialitäten aus eigener Schweinezucht und Hausschlachtung. Auf dem landwirtschaftlichen Hof werden auch zwei Ferienwohnungen vermietet.

Hofmarkt Geflügelhof Riegraf

Murgtalstraße 391,
72270 Baiersbronn
T +49 (0) 151 2554 4677
www.hofmarkt-riegraf.de

Ein klares Bekenntnis zur Region legt Sarah-Maria Schmidt mit ihrem kleinen Hofladen ab, den sie auf dem elterlichen Hof aufgebaut hat. Ihre 40 Partnerbetriebe stammen alle aus dem nahen Umland. Sie verkauft Obst und Gemüse, Eier und Geflügelfleisch, in der Adventszeit außerdem Weihnachtsbäume und Deko-Artikel. Auch die Baiersbronner Schätze (Honig, Lamm, Wildbauernwurst oder Apfelessig) gehören zum Sortiment, das sich je nach Saison immer wieder ändert.

BADEN-WÜRTTEMBERG

FEINKOST

Bischenberg SchokoladenManufaktur und SchwarzwaldLaden

Bergstraße 23,
77887 Sasbachwalden
T +49 (0) 784 13383
**www.bischenberg-
schokolade.de**

Die Leidenschaft der Familie Petermann für Schokolade war Auslöser dafür, sie selbst herzustellen. Mit dem Ergebnis, dass es jetzt, direkt im Gebäude des Gasthofes Bischenberg, eine gläserne Schokoladenmanufaktur gibt. Jede Tafel ist ein Unikat, alle Rohstoffe sind naturbelassen. Der Kakao stammt von Partnerschaftskooperativen in Südamerika, Afrika und Madagaskar. Im SchwarzwaldLaden gibt es aber auch regionale Spezialitäten wie Honig und Marmelade, Schinken und Essig oder Schwarzwälder Kirschwasser.

Geroldsauer Mühle

Geroldsauer Straße 54,
76534 Baden-Baden
T +49 (0) 7221 9964 680
www.geroldsauermuehle.de

> Wirtshaus
  Geroldsauer Mühle   S. 218

Hier erwartet den Besucher nicht nur ein Naturparkmarkt mit zahlreichen regionalen Produkten, sondern auch ein Wirtshaus mit großer Terrasse. Einen Abstecher auf einer Tour in den Schwarzwald ist diese Mühle also auf jeden Fall wert. Auch, weil das Gebäude zu den größten Weißtannengebäuden Europas gehört, man dort aber auch wirklich gut biologische Lebensmittel einkaufen kann. Außerdem gibt es Gästezimmer und Tagungsräume.

Naturpark Marktscheune

Auf dem Grün 1,
77791 Berghaupten
T +49 (0) 7803 9228 258
www.markt-scheune.com

Direkt vom Erzeuger stammen hier die meisten regionale landwirtschaftlichen Produkte. 100 Landwirte und Produzenten versorgen den Markt mit frischem Obst, Gemüse, Fleisch und Fisch, mit Eiern, Milchprodukten und Backwaren, mit Wein und Saft, Essig und Öl, mit Süßem oder Pikanten. Im Scheunenrestaurant kann man außerdem bei Kaffee und Kuchen, aber auch bei deftigen Schwarzwälder Spezialitäten die Landschaft genießen.

Baden-Badener Weinhaus

Mauerbergstraße 32,
76534 Baden-Baden
T +49 (0) 7223 96870
www.baden-badener-weinhaus.de

Stilvoll verkosten: Das ist im Ambiente der 500 Quadratmeter großen traditionsreichen Vinothek des Baden-Badener Weinhauses möglich. Viel Glas und Granit im Raum, an den Wänden wechselnde Bilder von Weinbergen, Kellern, Trauben und Weinflaschen runden das stimmige Bild an. Angeboten werden vor allem die Weine der Weingüter aus den vier Baden-Badener Rebland Gemeinden Neuweier, Steinbach, Umweg und Varnhalt, die ganz in der Nähe wachsen. Jeden Freitag um 14.30 Uhr findet eine Weinprobe statt, bei der man auch einen Blick in den Keller werfen darf.

Vinothek Durbach

Nachtweide 2,
77770 Durbach
T +49 (0) 781 93660
www.durbacher.de

> Durbacher Winzer-
  genossenschaft   S. 192

Offene Weinproben und Weinbergsführungen gehören zum festen Angebot der Durbacher Winzergenossenschaft, die auf ihrem Gelände eine Vinothek betreibt und dort regelmäßig zum Verkosten einlädt. 250 Mitgliedswinzer bewirtschaften eine Rebfläche von rund 340 Hektar in den vier Einzellagen Ölberg, Plauelrain, Kochberg und der Top-Lage Steinberg.

Vinotorium Oberkircher Winzer

Renchener Straße 42,
77704 Oberkirch
T +49 (0) 7802 92580
www.oberkircher-winzer.de

> Oberkircher Winzer   S. 198

Die oberirdische, modern gestaltete Vinothek der Winzergenossenschaft mit ihren rund 100 Weinen und Sekten ist das eine – das Besondere aber ist das acht Meter unter der Erde gebaut Vinotorium. Dieser Raum mit seiner Gewölbe-Architektur, mit Lehmwänden und einer Decke aus Schwarzwälder Baumholz-Lamellen wird als das „Herzstück" für die Weinproben bezeichnet. Vor allem das vier Meter hohe Bodenprofil, das das Terroir vom Renchtäler Granit bis zum tonigen Lehm und zum Rebstock zeigt, steht im Mittelpunkt dieses Kellerraums.

BADEN-WÜRTTEMBERG

N

WEISWEIL •

KENZINGEN

MALTERDINGEN •

• FREIAMT

ENDINGEN •

A
5

B
3

WINDEN
IM ELZTAL •

BAHLINGEN
•

SIMONSWALD

VOGTSBURG
IM KAISERSTUHL •

EICHSTETTEN
•

WALDKIRCH •

BÖTZINGEN •

DENZLINGEN

• GOTTENHEIM

GLOTTERTAL

BREISACH •
AM RHEIN

IHRINGEN •

Rhein →

UMKIRCH •

GUNDELFINGEN

• FREIBURG
IM BREISGAU

MERZHAUSEN •

KIRCHZARTEN

HORBEN •

B
31

OBERRIED •

FELDBERG •

B
317

BADEN-WÜRTTEMBERG

Der Kaiserstuhl mit seinen atemberaubenden
terrassierten Weinlagen, das Glottertal mit
seinen idyllischen Hanglagen, umgeben von Wald,
Freiburg als Schwarzwald-Hauptstadt mit dem Münster,
seinen Altstadtgassen und den plätschernden Bächle in
der Innenstadt: Hier kommen alle attraktiven Ziele des
Schwarzwalds zusammen, die nicht nur die Touristen an
dieser Region so lieben. Und so ganz nebenbei sind
Breisgau & Co seit jeher Heimat für Grau- und Weißburgunder sowie Spätburgunder.

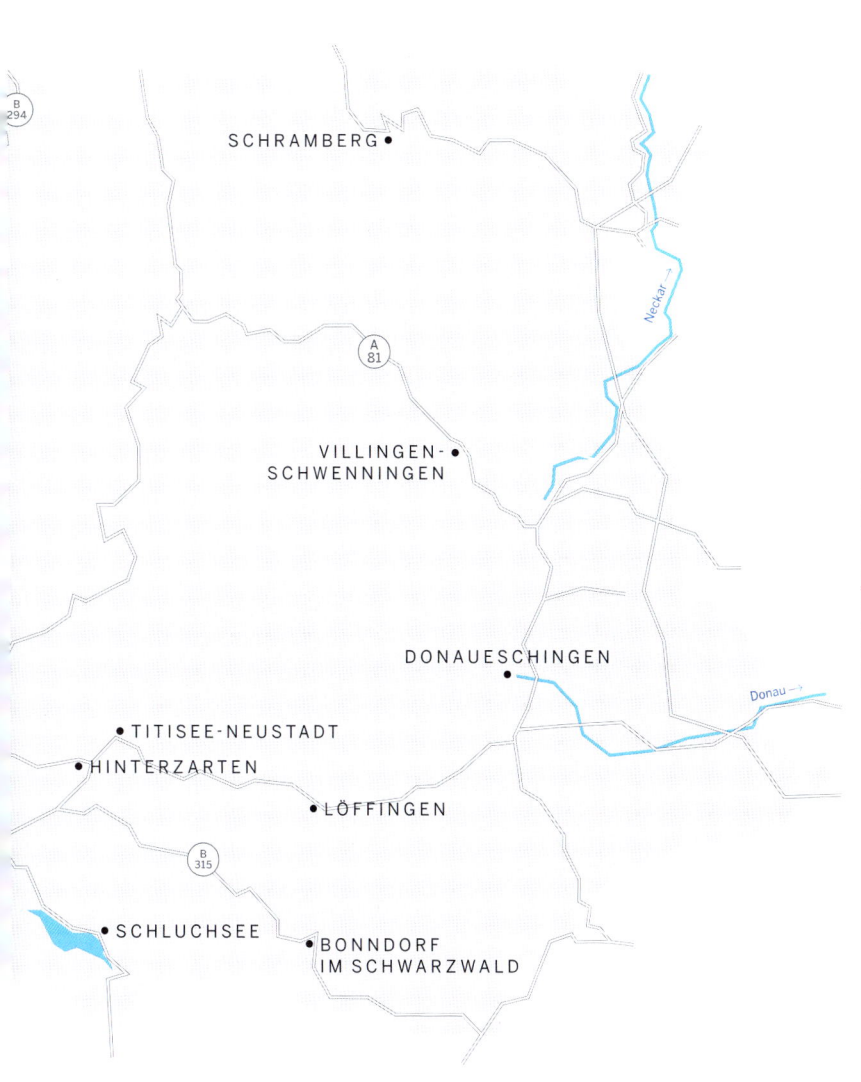

Übersicht

 WEIN

WEINGUT ABRIL

Am Enselberg 1
79235 Vogtsburg im Kaiserstuhl
> S. 241

WINZERGENOSSENSCHAFT ACHKARREN
Schlossbergstraße 2
79235 Vogtsburg im Kaiserstuhl
> S. 241

WEINGUT BERCHER

Mittelstadt 13
79235 Vogtsburg im Kaiserstuhl
> S. 242

WEINHAUS DELOR

Hauptstraße 211
79211 Denzlingen
> S. 242

STAATSWEINGUT FREIBURG

Merzhauser Straße 119
79100 Freiburg im Breisgau
> S. 243

STIFTUNGSWEINGUT FREIBURG

Jesuitenschloss
79249 Merzhausen
> S. 243

WEINGUT FREY

Im Brühl 1
79211 Denzlingen
> S. 244

GELDERMANN PRIVATSEKTKELLEREI
Am Schlossberg 1
79206 Breisach am Rhein
> S. 244

WEINGUT DR. HEGER

Bachenstraße 19
79241 Ihringen
> S. 245

WEINGUT HERMANN

Alt-Vogtsburg 19
79235 Vogtsburg im Kaiserstuhl
> S. 245

WEINGUT HISS

Hauptstraße 31
79356 Eichstetten
> S. 246

WEINGUT HÖFFLIN

Schambachhof
79268 Bötzingen
> S. 246

BERNHARD HUBER

Heimbacher Weg 19
79364 Malterdingen
> S. 246

WEINGUT KILIAN HUNN

Rathausstraße 2
79288 Gottenheim
> S. 247

WEINGUT JÄGLE

Balgerstraße 8
79341 Kenzingen
> S. 247

WEIN- UND SEKTGUT GERHARD KARLE

Scherkhofenstraße 69
79241 Ihringen
> S. 247

FRANZ KELLER

Badbergstraße 44
79235 Vogtsburg im Kaiserstuhl
> S. 248

FRIEDRICH KIEFER

Bötzinger Straße 13
79356 Eichstetten
> S. 248

WEINGUT KNAB

Hennengärtle 1a
79346 Endingen
> S. 248

HOLGER KOCH

Mannwerk 4
79235 Vogtsburg im Kaiserstuhl
> S. 249

ARNDT KÖBELIN

Altweg 131
79356 Eichstetten
> S. 249

WINZERGENOSSENSCHAFT KÖNIGSCHAFFHAUSEN-KIECHLINSBERGEN

Kiechlinsberger Straße 2−6
79346 Endingen
> S. 250

WEINGUT KONSTANZER

Quellenstraße 22
79241 Ihringen
> S. 250

WEINGUT LANDERER

Niederrotweil 3
79235 Vogtsburg im Kaiserstuhl
> S. 251

WEINGUT LANDMANN

Umkircher Straße 29
79112 Freiburg im Breisgau
> S. 251

TOMISLAV MARKOVIC

Kupfertorplatz 1
79206 Breisach am Rhein
> S. 252

WEINGUT MICHEL

Winzerweg 24
79235 Vogtsburg im Kaiserstuhl
> S. 253

WEINGUT MOOSMANN

Schwarzwaldstraße 78
79183 Waldkirch
> S. 253

WEINGUT PIX

Eisenbahnstraße 19
79241 Ihringen
> S. 254

ROTER BUR GLOTTERTÄLER WINZER

Winzerstraße 2
79286 Glottertal
> S. 254

WEINGUT SALWEY

Hauptstraße 2
79235 Vogtsburg im Kaiserstuhl
> S. 254

GREGOR UND THOMAS SCHÄTZLE

Heinrich-Kling-Straße 38
79235 Vogtsburg im Kaiserstuhl
> S. 255

ÖKOLOGISCHES WEINGUT SCHMIDT

Altweg 67
79356 Eichstetten
> S. 255

WEINHAUS BETTINA SCHUMANN

Im Winkel 8
79346 Endingen
> S. 255

SHELTER WINERY

Salzmatten 1
79341 Kenzingen
> S. 256

BADEN-WÜRTTEMBERG

JOSEF J. SIMON WEIN

Vogteistraße 15
79112 Freiburg im Breisgau
> S. 256

WEINGUT ST. REMIGIUS

Am Büchsenberg 3
79235 Vogtsburg im Kaiserstuhl
> S. 257

WEINGUT STIGLER

Bachenstraße 29
79241 Ihringen
> S. 257

RALF TRAUTWEIN

Hauptstraße 106
79268 Bötzingen
> S. 258

WEINGUT TRAUTWEIN

Riegeler Straße 2
79353 Bahlingen
> S. 258

WEINGUT WEISHAAR

Hauptstraße 164
79356 Eichstetten
> S. 259

FRANZ XAVER

Schwarzwaldstraße 3
79183 Waldkirch
> S. 259

GASTRONOMIE

BASHO-AN

Merianstraße 10
79098 Freiburg im Breisgau
> S. 260

DIE BURG

Burgring 6
78166 Donaueschingen
> S. 260

DREXLERS

Rosastraße 9
79098 Freiburg im Breisgau
> S. 261

RESTAURANT EICHHALDE
Stadtstraße 91
79104 Freiburg im Breisgau
> S. 261

ENOTECA
Gerberau 21
79098 Freiburg im Breisgau
> S. 261

GASTHAUS HIRSCHEN
IN LEHEN
Breisgauer Straße 47
79110 Freiburg im Breisgau
> S. 262

GASTHAUS SCHLEGELHOF

Höfener Straße 92
79199 Kirchzarten
> S. 262

GASTHAUS STERNEN POST

Hauptstraße 30
79254 Oberried
> S. 263

GASTHAUS ZUM LÖWEN

Breisgauer Straße 62
79110 Freiburg im Breisgau
> S. 263

GASTHAUS ZUR KRONE
Mußbach 6
79348 Freiamt
> S. 264

GASTHAUS ZUR LINDE
Basler Landstraße 79
79111 Freiburg im Breisgau
> S. 264

GASTHOF HIRSCH
Hauptstraße 11
78713 Schramberg
> S. 265

RESTAURANT HOLZÖFELE

Bachenstraße 46
79241 Ihringen
> S. 265

HOTEL GASTHOF SOMMERAU

Sommerau 1
79848 Bonndorf im Schwarzwald
> S. 266

HUGENHOF

Am Neuenberg 14
79263 Simonswald
> S. 266

KÖPFERS STEINBUCK
Steinbuckstraße 20
79235 Vogtsburg im Kaiserstuhl
> S. 267

KURO MORI
Grünwälderstraße 2
79098 Freiburg im Breisgau
> S. 267

LÖWENGRUBE BY AMADEUS KURA

Konviktstraße 12
79098 Freiburg im Breisgau
> S. 267

MERKLES

Hauptstraße 2
79346 Endingen
> S. 268

MÜHLE
Unterer Mühlenweg 13
79859 Schluchsee
> S. 268

ÖSCH NOIR
Golfplatz 1
78166 Donaueschingen
> S. 269

PFARRWIRTSCHAFT
Hauptstraße 2
79346 Endingen
> S. 269

RABEN HORBEN − STEFFEN DISCH
Dorfstraße 8
79289 Horben
> S. 270

BADEN-WÜRTTEMBERG

HOTELS

REBSTOCK-STUBE

Hauptstraße 74
79211 Denzlingen
> S. 270

ROMANTIK HOTEL RINDENMÜHLE
Am Kneippbad 9
78052 Villingen-Schwenningen
> S. 270

SCHEIDELS RESTAURANT ZUM KRANZ
Offenburger Straße 18
79341 Kenzingen
> S. 271

SCHWARZER ADLER
Badbergstraße 23
79235 Vogtsburg im Kaiserstuhl
> S. 271

TROTTE WEINBAR
Fischerau 28
79098 Freiburg im Breisgau
> S. 271

VILLA THAI
Hugstetter Straße 2
79224 Umkirch
> S. 272

WILDKRÄUTER GASTHOF LINDE
Obere Hauptstraße 10
79843 Löffingen
> S. 272

WINZERHAUS REBSTOCK
Badbergstraße 22
79235 Vogtsburg im Kaiserstuhl
> S. 272

ZIRBELSTUBE
Rotteckring 16
79098 Freiburg im Breisgau
> S. 273

ZUM GOLDENEN ENGEL
Friedhofweg 2
79286 Glottertal
> S. 273

ZUR GOLDENEN ESCHE
Alpersbach 9
79856 Hinterzarten
> S. 273

ZUR WOLFSHÖHLE
Konviktstraße 8
79098 Freiburg im Breisgau
> S. 274

BOUTIQUE HOTEL MÜHLE SCHLUCHSEE
Unterer Mühlenweg 13
79859 Schluchsee
> S. 275

COLOMBI
★ ★ ★ ★ ★ s
Rotteckring 16
79098 Freiburg im Breisgau
> S. 275

DER ÖSCHBERGHOF
★ ★ ★ ★ ★ s
Golfplatz 1
78166 Donaueschingen
> S. 276

DIE HALDE
★ ★ ★ ★
Halde 2
79254 Oberried
> S. 276

ELZTALHOTEL
Am Rüttlersberg 5
79297 Winden im Elztal
> S. 276

ERFURTH'S BERGFRIED FERIEN & WELLNESSHOTEL
★ ★ ★ ★ s
Sickinger Straße 28
79856 Hinterzarten
> S. 277

⌂ EINKAUFEN

GASTHAUS ZUM RABEN
Dorfstraße 8
79289 Horben
> S. 277

HOTEL ADLER-BÄRENTAL
★ ★ ★
Feldbergstraße 4
79868 Feldberg
> S. 277

HOTEL SCHWARZER ADLER
Badbergstraße 23
79235 Vogtsburg im Kaiserstuhl
> S. 278

**KREUZ-POST
HOTEL-RESTAURANT-SPA**
★ ★ ★ s
Landstraße 1
79235 Vogtsburg im Kaiserstuhl
> S. 278

PARKHOTEL ADLER
Adlerplatz 3
79856 Hinterzarten
> S. 278

**ROMANTIK HOTEL
RINDENMÜHLE**
Am Kneippbad 9
78052 Villingen-Schwenningen
> S. 279

SCHLOSS REINACH
St.-Erentrudis-Straße 12
79112 Freiburg im Breisgau
> S. 279

SEEHOTEL WIESLER
★ ★ ★ ★ s
Strandbadstraße 5
79822 Titisee-Neustadt
> S. 279

**TRESCHERS SCHWARZWALD
ROMANTIKHOTEL**
★ ★ ★ ★ s
Seestraße 10
79822 Titisee-Neustadt
> S. 280

WELLNESSHOTEL REPPERT
★ ★ ★ ★ s
Adlerweg 21–23
79856 Hinterzarten
> S. 280

AB-HOF-VERKAUF

BIO-MILCHHÄUSLE
Windeck 17
79856 Hinterzarten
> S. 281

BREITENWEGERHOF
Hochstetter Straße 54 c
79206 Breisach am Rhein
> S. 281

GÄRTNEREI QUERBEET
Bahlingerstraße 15
79356 Eichstetten
> S. 281

KAISERSTUHLSHOP
Mittelstadt 18
79235 Vogtsburg im Kaiserstuhl
> S. 282

MARTINAS MARKTSCHIIRÄ
Röstehof 2
79346 Endingen
> S. 282

**MUSEUMSCAFÉ &
HOFLADEN ZEISSET**
Oberhausener Straße 11
79367 Weisweil
> S. 282

ÖLMÜHLE FESSINGER
Hochstetterstraße 54c
79206 Breisach am Rhein
> S. 282

OSPELEHOF
Windeck 2
79856 Hinterzarten
> S. 283

RAINHOFS MARKTSCHEUNE
Höllenthalstraße 96
79199 Kirchzarten
> S. 283

**SCHWARZWÄLDER
FLAMMKUCHEN
MANUFAKTUR**
Gewerbestraße 8a
79112 Freiburg im Breisgau
> S. 283

WALTERS HOFLADEN
Wippertskirch 2
79112 Freiburg im Breisgau
> S. 283

FEINKOST

BLACK FOREST JERKY
Alte Bundesstraße 84
79194 Gundelfingen
> S. 284

DIE EISMANUFAKTUR
Sandstraße 2
79104 Freiburg im Breisgau
> S. 284

EMILS BIO-MANUFAKTUR
Kartäuserstraße 60
79102 Freiburg im Breisgau
> S. 284

KÄSE UND WEIN
Münzgasse 1
79098 Freiburg im Breisgau
> S. 284

**MIRIAMS
GESCHMACKSACHE**
Breisacherstraße 10–12
79241 Ihringen
> S. 285

SCHÄTZLE TEIGWAREN
Schwarzwaldstraße 67a
79183 Waldkirch
> S. 285

METZGEREI

METZGEREI DIRR
Königschaffhauserstraße 17
79346 Endingen
> S. 285

VINOTHEKEN

**ALTE WACHE –
HAUS DER
BADISCHEN WEINE**
Münsterplatz 38
79098 Freiburg im Breisgau
> S. 286

SONNENPLÄTZLE
Marktplatz 16
79206 Breisach am Rhein
> S. 286

WEINHANDLUNG DREXLER
Merianstraße 4
79104 Freiburg im Breisgau
> S. 286

**WEINHAUS
OPFINGER WINZER**
Dürleberg 8
79112 Freiburg im Breisgau
> S. 286

Wein

Weingut Abril

Am Enselberg 1,
79235 Vogtsburg im Kaiserstuhl
T +49 (0) 7662 9493 230
www.weingut-abril.de

👤 Weingut Abril
🏠 Eva-Maria Köpfer
🍾 Daniel Hank
Rebfläche 22 ha
Gründung 1740

Während viele bekannte Weingüter am Kaiserstuhl nicht mehr wachsen wollen oder Flächen abgeben, befindet sich das Weingut Abril weiter auf Expansionskurs. Der umtriebigen Geschäftsführerin Eva Köpfer ist es gelungen, ein junges und engagiertes Team um sich zu scharen. Jahr für Jahr wird im Weinberg und im Keller hart gearbeitet, um die Qualität weiter zu steigern – mit Erfolg. Mit Jürgen Jehle vervollständigt seit Kurzem ein erfahrener Weinmacher das Kellerteam um Kellermeister Daniel Hank.

Winzer-genossenschaft Achkarren

Schlossbergstraße 2,
79235 Vogtsburg im Kaiserstuhl
T +49 (0) 7662 93040
www.achkarrer-wein.com

👤 Denis Kirstein
🍾 Christoph Rombach
Rebfläche 186 ha
Gründung 1929

Die Winzergenossenschaft Achkarren hat den Restzuckergehalt bei ihren trockenen Tropfen etwas reduziert. Das tut den Weinen sichtlich gut. Aushängeschild des Betriebs sind der Pinot Noir und der Grauburgunder der Edition A. Die Mitglieder der Genossenschaft bewirtschaften rund 50 Hektar oder 75 Prozent der bekannten Lage Achkarrer Schlossberg. Geschäftsführer Denis Kirstein ist es wichtig, auf Nachhaltigkeit zu setzen, und der Betrieb trägt das Siegel Fair'n Green.

BADEN-WÜRTTEMBERG

Weingut Bercher

Mittelstadt 13,
79235 Vogtsburg im Kaiserstuhl
T +49 (0) 7662 212
www.weingutbercher.de

👤 Arne & Martin Bercher
Rebfläche 27 ha

Seit vielen Jahren gehört das Weingut Bercher zu den besten Betrieben Badens. Wer Winzer sucht, auf die Verlass ist und die kontinuierlich sehr gute Weine erzeugen, ist hier richtig. Der Betrieb verfügt über von Löss und Vulkanverwitterungsgestein geprägte Lagen in Burkheim, Jechtingen und Sasbach. Geführt wird das Weingut von den Cousins Arne und Martin Bercher. Martin Bercher sorgt für eine naturnahe Bewirtschaftung der Weinberge, Arne Bercher ist für den Ausbau der Weine zuständig.

© Michael Wissing BFF

Weinhaus Delor

Hauptstraße 211,
79211 Denzlingen
T +49 (0) 176 2342 0825
www.delor-wein.de

👤 Dankwart Delor
Rebfläche 1 ha
Gründung 2020

Das taufrische, erst Ende 2020 gegründete Garagenweingut von Winzer und Kellermeister Dankwart Delor steht noch am Beginn seines Schaffens. Bisher ist aus der Lage Engelsberg ein Kaiserstühler Weißburgunder gekeltert worden, weitere Weine sollen zeitnah folgen. Die Trauben dafür bezieht Delor von befreundeten Winzern, die Kellerarbeit obliegt ihm selbst.

Staatsweingut Freiburg

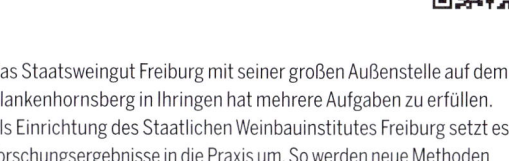

Merzhauser Straße 119,
79100 Freiburg im Breisgau
T +49 (0) 761 4016 54320
www.staatsweingut-freiburg.de

👤 Land Baden-Württemberg
🏠 Bernhard Huber
🍷 Benedikt Jehle &
   Werner Scheffelt
Rebfläche 37 ha

Das Staatsweingut Freiburg mit seiner großen Außenstelle auf dem Blankenhornsberg in Ihringen hat mehrere Aufgaben zu erfüllen. Als Einrichtung des Staatlichen Weinbauinstitutes Freiburg setzt es Forschungsergebnisse in die Praxis um. So werden neue Methoden und Anbauverfahren für Baden getestet, um den Winzern die tägliche Arbeit zu erleichtern und Trends aufzuzeigen. Gleichzeitig soll es als landeseigener Betrieb Weine von hoher Güte produzieren, was hier ganz trefflich gelingt.

Stiftungsweingut Freiburg

Jesuitenschloss,
79249 Merzhausen
T +49 (0) 761 4047 14
www.stiftungsweingut-freiburg.de

👤 Heiliggeistspitalstiftung
🏠 Kilian Hunn
🍷 Kilian Hunn
Rebfläche 16 ha
Gründung 1298

Im 1298 gegründeten Stiftungsweingut Freiburg hat es unlängst wichtige Veränderungen gegeben: Das neue Team besteht aus Kilian Hunn als Betriebsleiter und Winzer sowie Stefan Steinheuer als Vertriebsleiter und Önologe. Neu ist mit dem Jahrgang 2020 auch die Einteilung als Guts-, Orts- und Lagenweine, die zum Großteil aus den für das Markgräflerland typischen Sorten wie Gutedel oder Burgunder gekeltert werden. Die bekannteste Lage des Betriebes, der Freiburger Schlossberg mit seinen Gneis-Böden, wird noch stärker in den Vordergrund gestellt.

BADEN-WÜRTTEMBERG

Weingut Frey

Im Brühl 1,
79211 Denzlingen
T +49 (0) 7666 5253
www.frey-weine.de

👤 Martin Frey
🏠 Martin Frey
🍷 Martin Frey &
David Fluhbacher
Rebfläche 17 ha
Gründung 1996

Muschelkalk, Gneis, Buntsandstein, Kalkmergel – das Weingut Frey verfügt über viele unterschiedliche Gesteinsarten, die sich auch in den Weinen widerspiegeln. Dies führt dazu, dass eine Weinprobe in dem Betrieb immer spannend ist. Allen Weinen ist gemeinsam, dass sie mit großer Sorgfalt und Leidenschaft sortentypisch ausgebaut werden und über viel Rasse und Frische verfügen. Die Spätburgunder haben ein großes Alterungspotenzial. Die beste Lage ist der Eichberg, ein Geheimtipp sind die Gneis-Weine.

Geldermann Privatsektkellerei

Am Schlossberg 1,
79206 Breisach am Rhein
www.geldermann.de

🏠 Marc Gauchey

Tief unter dem Breisacher Münsterberg liegen die Keller der Geldermann Privatsektkellerei. Da das Unternehmen französische Wurzeln hat, ist es nicht überraschend, dass Betriebsleiter Marc Gauchey aus Frankreich stammt. Er selbst komponiert mit großem Sachverstand die Cuvées. Fast alle Grundweine für die Sekte stammen aus Frankreich. Eine Ausnahme bildet der Crémant Baden, von dessen Erfolg das Unternehmen selbst überrascht war. In drei Monaten war die erste Charge ausverkauft.

Weingut Dr. Heger

Bachenstraße 19,
79241 Ihringen
T +49 (0) 7668 9951 10
www.heger-weine.de

👤 Joachim Heger
🏠 Joachim Heger
🍷 Rebecca Heger
Rebfläche 28 ha
Gründung 1935

Wenn Joachim Heger auf seine neue Kellermeisterin angesprochen wird, dann beginnt er zu strahlen. Denn seine Tochter Rebecca führt jetzt beim Ausbau der Weine Regie, natürlich in enger Absprache mit ihrem Vater. Während der Stil bei den Rotweinen eher unverändert geblieben ist, wirken die Weißweine schlanker und säurebetonter. Es wird spannend, ob noch weitere Veränderungen folgen werden. Die Top-Lagen des Betriebes sind weiterhin der Ihringer Winklerberg und der Achkarrer Schlossberg.

Weingut Hermann

Alt-Vogtsburg 19,
79235 Vogtsburg im Kaiserstuhl
T +49 (0) 7662 6202
www.weingut-hermann.de

👤 Falk Hermann
🏠 Falk Hermann
🍷 Falk Hermann
Rebfläche 3,5 ha

Kleine Rebfläche, große Spätburgunder. So könnte das Motto von Falk und Karin Hermann lauten, die im beschaulichen Weiler Altvogtsburg mitten im Kaiserstuhl ihr Weingut bewirtschaften. Mitte der 1990er-Jahre wurden auf hoch gelegenen Kleinterrassen, die größtenteils aus Vulkangestein bestehen, Burgunderklone gepflanzt. Ein wichtiges Ziel des Betriebes ist es, die Individualität eines jeden Weines herauszuarbeiten. Den Weinen die nötige Zeit für die Reife zu lassen ist eine Selbstverständlichkeit.

Weingut Hiss

Hauptstraße 31,
79356 Eichstetten
T +49 (0) 7663 1236
www.weingut-hiss.de

- 👤 Andreas Hiss
- 🏠 Andreas Hiss
- 🍷 Manuel Mößner
Rebfläche 35 ha
Gründung 1962

Klotzen und nicht kleckern haben sich Andreas und Alexandra Hiss sicherlich gedacht, als sie mitten in Eichstetten mithilfe eines bekannten österreichischen Architekten ein neues Weingutsgebäude bauen ließen, bei dem man sogar auf dem steilen Dach mit Ausblick auf die Weinberge ein Fest feiern kann. „Wir sind mächtig stolz auf das, was wir erreicht haben und uns einzigartig macht: Wir verbinden am Kaiserstuhl Weingeschichte, Verkostung und Genuss", sagt das Winzerehepaar selbst dazu.

Weingut Höfflin

Schambachhof,
79268 Bötzingen
T +49 (0) 7663 1474
www.weingut-hoefflin.de

- 👤 Matthias Höfflin
- 🏠 Matthias Höfflin
- 🍷 Horst Frei
Rebfläche 15 ha
Gründung 1987

„Wein kann viel mehr. Er kann von seiner Herkunft erzählen, von der Landschaft, vom Wetter und vom Winzer, der ihn ausbildet", sagt Matthias Höfflin. Der überzeugte Bio-Winzer ist ständig auf der Suche nach neuen Weintalenten. Findet er diese in einer Lage, lässt er den Weinen beim Ausbau im Keller Zeit und Raum, damit sie ihre natürliche Ausdruckskraft entfalten können. Höfflin-Weine sind nicht immer einfach zu verstehen, dafür aber immer spannend. Zum Weingut gehört ein neuer Verkostungsraum.

Bernhard Huber

Heimbacher Weg 19,
79364 Malterdingen
T +49 (0) 7644 9297 220
www.weingut-huber.com

- 👤 Barbara & Julian Huber
- 🏠 Julian Huber
Rebfläche 28 ha
Gründung 1987

Wer früher hervorragende Spätburgunder kaufen wollte, ist ins Burgund gefahren. Heute reicht ein Abstecher nach Malterdingen ins Weingut Huber. Dort gelingt es Julian Huber und seiner Mutter Barbara, Jahr für Jahr ausdrucksstarke und finessenreiche Spätburgunder zu erzeugen. Die Top-Lagen des Betriebes sind der Malterdinger Bienenberg, der Hecklinger Schlossberg, die Bombacher Sommerhalde und die Alte Burg in Köndringen. Absolut herausragend sind auch die Chardonnays sowie die Sekte.

Weingut Kilian Hunn

Rathausstraße 2,
79288 Gottenheim
T +49 (0) 7665 6207
www.weingut-hunn.de

👤 Kilian Hunn
🏠 Kilian Hunn
🍷 Kilian Hunn
Rebfläche 24 ha

Wer bei Martina und Kilian Hunn einkehrt, der spürt sofort die Begeisterung für das Produkt Wein. Konsequent versuchen sie Jahr für Jahr, die Qualität zu steigern – und dies mit wachsendem Erfolg. Sie füllen Weine auf die Flasche, die gut ausbalanciert sind und jedes Essen bereichern können. Die lange Lagerung auf der Feinhefe macht sich hier bemerkbar. Auch bei den Sekten haben die Hunns noch einmal zugelegt. Impulse sind künftig von den beiden Söhnen Jonas und Patrick zu erwarten.

Weingut Jägle

Balgerstraße 8,
79341 Kenzingen
T +49 (0) 7644 4105
www.weingut-jaegle.de

👤 Bernhard Jägle
🏠 Bernhard Jägle
🍷 Bernhard Jägle
Rebfläche 13 ha
Gründung 1987

Auf Löss-, Lehm- und Muschelkalkböden, die sich besonders gut für den Anbau des Spätburgunders eignen, gedeihen in Kenzingen die Reben des Weinguts Jägle. Besonders die Lage Roter Berg bringt hervorragende Weine dieser Rebsorte hervor. „Ich bin glücklich, im Breisgau, in einer der schönsten Regionen Deutschlands zu leben", sagt Bernhard Jägle, auch im Hinblick auf das einzigartige Terroir seiner Heimat, das seine Eltern noch als Genossenschaftswinzer bewirtschaftet haben. Sein Sohn Maximilian, selbst studierter Winzer, unterstützt den Vater.

BADEN-WÜRTTEMBERG

Wein- und Sektgut Gerhard Karle

Scherkhofenstraße 69,
79241 Ihringen
T +49 (0) 7668 5252
www.weingut-gerhard-karle.de

👤 Gerhard Karle
🏠 Gerhard Karle
🍷 Gerhard Karle
Rebfläche 14 ha
Gründung 1899

Gute Silvaner sind in Baden und auch in der einstigen Silvaner-Hochburg Ihringen rar geworden. Eine empfehlenswerte Adresse für die etwas aus der Mode gekommene Rebsorte ist jedoch das Weingut von Gerhard und Elisabeth Karle. Dort sind die Silvaner herrlich trinkig und nicht zu schwer. Außerdem gibt es aus den bekannten Lagen Ihringer Winklerberg und Fohrenberg verschiedene Burgunder. Mit den Kindern Sebastian Karle und Marita Karle-Schettler ist die nächste Generation bereits eingearbeitet.

Franz Keller

Badbergstraße 44,
79235 Vogtsburg im Kaiserstuhl
T +49 (0) 7662 93300
www.franz-keller.de

👤 Fritz Keller
🏠 Friedrich Keller
🍷 Uwe Barnickel
Rebfläche 35 ha

Seit Friedrich Keller im Keller der Kellers das Sagen hat, sind die Weine noch ausdrucksstärker geworden. Dies gilt vor allem für die Spätburgunder, die heute in einer eigenen Liga spielen und sich nun nicht mehr mit Vorbildern aus dem Burgund messen müssen. Aber auch die Grau- und Weißburgunder sowie die Chardonnays haben mehr Klarheit und Struktur. Das Weingut ist gerade dabei, die Weinberge auf biologische Bewirtschaftung umzustellen. Absolute Top-Lagen sind der Eich- und Kirchberg in Oberrotweil und der Schlossberg in Achkarren.

Friedrich Kiefer

Bötzinger Straße 13,
79356 Eichstetten
T +49 (0) 7663 1063
www.weingutkiefer.de

👤 Helen & Martin Schmidt
🏠 Martin Schmidt
🍷 Martin König &
   Philipp Rinklin
Rebfläche 155 ha
Gründung 1851

Martin Schmidt, der mit seiner Frau Helen das Weingut Friedrich Kiefer in Eichstetten mit 15 Hektar Eigenlagen führt und darüber hinaus noch über 90 Hektar von Vertragswinzern vinifiziert, ist sicherlich einer der aktivsten Winzer in Baden. So überrascht er zum Beispiel mit neuen fantasievollen Namen wie „Den Tag versüßen", „Tanz auf dem Vulkan" oder „Über Grenzen gehen". Um ein jüngeres Publikum zu erreichen, scheut er bei einigen Weinen nicht vor einer höheren Restsüße zurück. Es gibt in dem Betrieb aber auch gehaltvolle trockene Tropfen.

Weingut Knab

Hennengärtle 1a,
79346 Endingen
T +49 (0) 7642 6155
www.knabweingut.de

👤 Johannes Rinker
🏠 Familie Rinker
🍷 Johannes Rinker
Rebfläche 23 ha

Wer Weißburgunder liebt, der sollte dem Weingut Knab in Endingen unbedingt einen Besuch abstatten. Denn die Familie Rinker hat viel früher als die meisten anderen Betriebe erkannt, welches Potenzial diese Rebsorte hat. Es gibt sogar ein großes Weißburgunder-Archiv. Aber auch die Grau- und Spätburgunder des Betriebes sind von beachtlicher Qualität. Im Einklang mit der Natur zeigt Johannes Rinker, der bereits seit sechs Jahren im Keller die Verantwortung trägt, was hier an Qualität möglich ist.

Holger Koch

Mannwerk 4,
79235 Vogtsburg im Kaiserstuhl
T +49 (0) 7662 9122 58
www.weingut-holger-koch.de

👤 Holger Koch &
   Gabriele Engesser
🛢 Holger Koch
Rebfläche 8 ha
Gründung 1999

Dass Holger Koch selbst am Kaiserstuhl höchst selten in Erscheinung tritt, hat wahrscheinlich damit zu tun, dass sich seine Weine fast von alleine verkaufen. Und dies wiederum liegt ohne Zweifel an der Qualität der Tropfen, die Koch mit viel Können und der nötigen Geduld, die es beim Ausbau von Burgundern braucht, produziert. Auf seinen Rebflächen stehen vor allem Pinot Noir, Grauburgunder und Weißburgunder. Für sein elegant schlicht gestaltetes Weingut hat Familie Koch auch einen Architekturpreis erhalten.

Arndt Köbelin

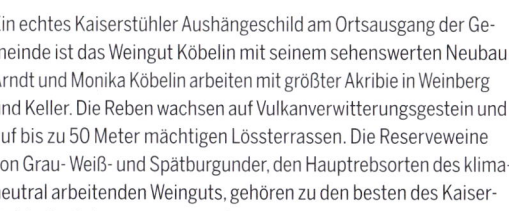

Altweg 131,
79356 Eichstetten
T +49 (0) 7663 1414
www.weingut-koebelin.de

👤 Arndt Köbelin
🏠 Arndt Köbelin
🛢 Daniel Landerer
Rebfläche 25 ha
Gründung 2005

Ein echtes Kaiserstühler Aushängeschild am Ortsausgang der Gemeinde ist das Weingut Köbelin mit seinem sehenswerten Neubau. Arndt und Monika Köbelin arbeiten mit größter Akribie in Weinberg und Keller. Die Reben wachsen auf Vulkanverwitterungsgestein und auf bis zu 50 Meter mächtigen Lössterrassen. Die Reserveweine von Grau- Weiß- und Spätburgunder, den Hauptrebsorten des klimaneutral arbeitenden Weinguts, gehören zu den besten des Kaiserstuhls. Auch Aromasorten wie Gewürztraminer und Muskateller werden mit ähnlicher Akribie ausgebaut.

BADEN-WÜRTTEMBERG

Winzer-genossenschaft Königschaffhausen-Kiechlinsbergen

Kiechlinsberger Straße 2–6,
79346 Endingen
T +49 (0) 7642 90410
www.kk-weine.de

👤 Michael Eißler
🏠 Reiner Roßwog
🍷 Reiner Roßwog &
   Christoph Henninger &
   Lars Müller
Rebfläche 370 ha
Gründung 1933

In der Winzergenossenschaft Königschaffhausen-Kiechlinsbergen hat es einen Wechsel im Amt des Geschäftsführers gegeben. Auf Günter Zimmermann, der die Genossenschaft 15 Jahre leitete, ist Michael Eißler gefolgt. Die Rebfläche des Betriebs ist noch einmal um rund zehn auf jetzt 376 Hektar gewachsen und wird von knapp 600 Mitgliedswinzern bewirtschaftet. Mit den Burgundersorten wird fast 80 Prozent des Umsatzes erzielt. Größter Abnehmer ist nach wie vor der Fachhandel.

Weingut Konstanzer

Quellenstraße 22,
79241 Ihringen
T +49 (0) 7668 5537
www.weingut-konstanzer.de

👤 Horst & Petra Konstanzer
🏠 Horst Konstanzer
🍷 Horst Konstanzer
Rebfläche 9 ha
Gründung 1983

„Im Weinberg entstehen die Qualität und der Charakter unserer Weine", sagen Horst und Petra Konstanzer. Dies gilt vor allem für den Ihringer Winklerberg, eine der besten Lagen Deutschlands. Das Terroir und die Bewirtschaftung der Weinberge sind ein wichtiger Aspekt, der Ausbau der Moste im Keller ein weiterer. Bei den Konstanzers passt beides seit vielen Jahren zusammen. Das Ergebnis sind frische und immer durchgegorene Weißweine sowie gehaltvolle Rotweine, die bis zu 24 Monate im Holz reifen.

Weingut Landerer

Niederrotweil 3,
79235 Vogtsburg im Kaiserstuhl
T +49 (0) 7662 1070
www.weingut-landerer.de

👤 Karin & Johannes Landerer
🏠 Johannes Landerer
🍷 Johannes Landerer
Rebfläche 22 ha
Gründung 1989

Johannes Landerer aus Niederrotweil ist einer der jungen Winzer am Kaiserstuhl, die sicherlich noch von sich reden machen werden. Eine positive Entwicklung ist deutlich sichtbar. Seit seiner Betriebsübernahme im Jahr 2016 gelingt es Landerer stetig besser, in seinen Weinen die Bodentypizität seiner Flaggschiff-Lagen Eichberg, Kirchberg, Henkenberg und Gestühl mit Eleganz zu verbinden. Besonders bei seinen Grauburgundern ist dies gut sichtbar. Seit Langem setzt das Weingut im Weinberg auf biologische Bewirtschaftung.

Weingut Landmann

Umkircher Straße 29,
79112 Freiburg im Breisgau
T +49 (0) 7665 6756
www.weingut-landmann.de

👤 Jürgen Landmann
🍷 Jürgen Landmann
Rebfläche 31 ha
Gründung 1730

Inhaber und Kellermeister Jürgen Landmann ist einerseits traditionsbewusst, andererseits aber auch sehr weltoffen. Die Lage des Tunibergs an der Grenze zu Frankreich hat wohl mit dazu geführt, dass einige seiner Vorbilder im Nachbarland beheimatet sind. Von 2004 bis 2012 wurden auch Trauben in erstklassigen Lagen in Villány (Ungarn) geerntet. In Zukunft plant Landmann neue Kooperationen mit guten Bio-Winzern aus dieser Region. Dem Bio-Weinbau fühlt er sich seit Jahren verpflichtet.

BADEN-WÜRTTEMBERG

Tomislav Markovic

Kupfertorplatz 1,
79206 Breisach am Rhein
T +49 (0) 179 1109 678
www.monsieurmarkovic.de

👤 Tomislav Markovic
Rebfläche 0,4 ha
Gründung 2016

Das Jackett wich der Regenjacke, die Lederschuhe den Gummistiefeln. Im Jahr 2011 krempelte der ehemalige Banker Markovic sein Leben grundlegend um und begann Weinbau zu studieren. Seit 2016 steht er nun im eigenen Weingut und keltert spontan vergorene, ungeschönte und unfiltrierte Weine aus biodynamischem Anbau. Die Trauben für den Spätburgunder und Sauvignon Blanc wachsen inzwischen hauptsächlich in seinen badischen Parzellen um Kiechlinsbergen und Bötzingen, weitere Weißwein-Trauben kauft er aus Rheinhessen zu.

Weingut Michel

Winzerweg 24,
79235 Vogtsburg im Kaiserstuhl
T +49 (0) 7662 429
www.weingutmichel.com

 Josef Michel
 Josef Michel
Josef Michel
Rebfläche 13 ha
Gründung 1983

Kontrolliertes Nichtstun hat für Josef Michel nichts mit Faulheit zu tun. Im Gegenteil. Im Keller überlässt er seine Weine bewusst ein Stück weit sich selbst. Gepaart mit Fingerspitzengefühl und Geduld arbeitet er die Eigenheiten der Lagen und Jahrgänge heraus. Die besten Weine kommen vom Achkarrer Schlossberg, von dem Michel immer wieder mit viel Ehrfurcht spricht. Diese Lage fordert gleichwohl Rebstöcke und Winzer und liefert dafür hervorragendes Lesegut. Davon wird einmal auch Sohn Robin Michel profitieren.

Weingut Moosmann

Schwarzwaldstraße 78,
79183 Waldkirch
T +49 (0) 7681 7574
www.weingut-moosmann.com

 Georg Moosmann
 Georg Moosmann
Georg Moosmann
Rebfläche 25 ha
Gründung 1986

„Markante und langlebige Charakterweine sind unser Markenzeichen", sagt Inhaber und Betriebsleiter Georg Moosmann. Er ist stolz darauf, Weinberge in sehr guten Lagen des Breisgaus bewirtschaften zu können. An den steilen Hängen der Vorbergzone in Buchholz und Sexau finden sich felsige Gneisverwitterungsböden, die mineralische Weine hervorbringen. In Mundingen und Herbolzheim stehen die Reben dagegen auf Löss und Muschelkalkböden. Die dort erzeugten Tropfen sind eher vollmundig und geschmeidig.

BADEN-WÜRTTEMBERG

Weingut Pix

Eisenbahnstraße 19,
79241 Ihringen
T +49 (0) 7668 879
www.weingut-pix.de

👤 Hannes Pix
🏠 Hannes Pix
🍷 Hannes Pix
Rebfläche 7,5 ha
Gründung 1984

Reinhold Pix, Landtagsabgeordneter der Grünen, hat schon früh erkannt, wie wertvoll ein die Natur schonender Weinbau für die Weinqualität sein kann. Sein Sohn Hannes hat diese Einstellung vom Vater übernommen und konsequent weiterentwickelt. Er ist sogar davon überzeugt, dass nur mit Bio wirklich große Weine entstehen können. Im Keller lehnt er selbstredend Kaltgärhefen, Eichenholz-Chips und Schönungen ab. Ein Ziel hat er damit auf jeden Fall erreicht: Seine Weine wirken komplex und vielschichtig.

Roter Bur
Glottertäler Winzer

Winzerstraße 2,
79286 Glottertal
T +49 (0) 7684 91091
www.roter-bur.de

🏠 Udo Opel
🍷 Norbert Faller
Rebfläche 62 ha
Gründung 1951

Dort, wo einst die Fernsehserie „Schwarzwaldklinik" gedreht wurde, findet sich die bekannteste Winzergenossenschaft des Breisgaus, die Roter Bur Glottertäler Winzer. Mit viel Engagement kämpft Geschäftsführer Udo Opel seit Jahren erfolgreich um jede Parzelle der rund 60 Hektar großen Rebfläche, die überwiegend am Steilhang zu finden ist. Nach wie vor ist der Spätburgunder das Aushängeschild des Betriebes, aber auch die weißen Burgundersorten gedeihen hier bestens.

Weingut Salwey

Hauptstraße 2,
79235 Vogtsburg im Kaiserstuhl
T +49 (0) 7662 384
www.salwey.de

👤 Konrad Salwey
🏠 Konrad Salwey
🍷 Konrad Salwey &
   Moritz Görg
Rebfläche 23 ha

Konrad Salwey ist stets offen für neue Entwicklungen. Auch deshalb sind seine Weine so spannend und gehören in die oberste Liga. Wichtige Eckpfeiler sind eine Konzentration auf die Burgundersorten, vollständig durchgegorene Weine und ein moderater Alkoholgehalt. Wenn andere Betriebe mit der Ernte beginnen, ist Salwey fast fertig. Seine Toplagen sind der Oberrotweiler Eichberg, der Henkenberg und der Kirchberg. Neben den Großen Gewächsen des Weinguts sind auch die „RS"-Weine eine sichere Bank.

Gregor und Thomas Schätzle

Heinrich-Kling-Straße 38,
79235 Vogtsburg im Kaiserstuhl
T +49 (0) 7662 94610
www.weingutschaetzle.de

👤 Thomas & Franziska Schätzle
🏠 Franziska Schätzle
🍷 Martin Schmidt
Rebfläche 15 ha
Gründung 1982

Die familiäre Prägung von Franziska und Thomas Schätzle ist nicht zu übersehen. Im generationsübergreifenden Betrieb arbeiten alle gemeinsam daran mit, die eigenen Weine immer weiter an die deutsche Spitze zu erheben. So ist es auch wenig verwunderlich, dass sich die Schätzles gerade den Sorten der Burgunderfamilie widmen: Chardonnay, Spät- und Grauburgunder haben es ihnen dabei besonders angetan. Der naturnahe Umgang mit Rebe und Most spielt dabei eine wichtige Rolle.

Ökologisches Weingut Schmidt

Altweg 67,
79356 Eichstetten
T +49 (0) 7663 3123
www.schmidt-weingut.de

👤 Martin Schmidt
🏠 Richard Schmidt
🍷 Martin Schmidt
Rebfläche 10 ha
Gründung 1987

Die Pioniere des Öko-Weinbaus am Kaiserstuhl wurden anfangs belächelt. Heute zieht man vor ihnen den Hut. Zu den Visionären gehörten ohne Zweifel Richard und Waltraud Schmidt. Sie erkannten bereits vor 35 Jahren, dass die ökologische Bewirtschaftung der Weinberge nicht nur Fauna und Flora nützt, sondern der Qualität der Weine zugutekommt. Dass die Schmidts ihrer Linie und Überzeugung auch in klimatisch schwierigen Jahren treu geblieben sind, verdient Respekt.

BADEN-WÜRTTEMBERG

Weinhaus Bettina Schumann

Im Winkel 8,
79346 Endingen
T +49 (0) 160 9214 6529
www.schumann-wein.com

👤 Bettina Schumann
Rebfläche 6,5 ha
Gründung 2015

In Sachen Marketing macht niemand so schnell Bettina Schumann und ihrer Partnerin Melanie Panitzke etwas vor. Aus Schumann ohne „h" werden auf den Etiketten Schuhe mit „h", die als echte Hingucker fungieren. Doch auch die Weine können sich sehen lassen, entsprechen sie doch selten dem Mainstream. Eine große Rolle spielt dabei der Ausbau in Eichenfässern. „Knackige Säure verschmilzt mit zähmender Frucht – das ist mein Fußabdruck im Weinbau", sagt Schumann selbstbewusst.

shelter winery

Salzmatten 1,
79341 Kenzingen
T +49 (0) 7644 9276 63
www.shelterwinery.de

👤 Hans-Bert Espe
🏠 Hans-Bert Espe & Silke Wolf
Rebfläche 5 ha
Gründung 2003

Klein, aber fein, so könnte das Motto von Hans-Bert Espe und Silke Wolf heißen. Gemeinsam bewirtschaften sie fünf Hektar Weinberge in Kenzingen und Malterdingen. Nicht nur in den Reben, sondern auch im Keller wird sehr schonend gearbeitet. Auf Pumpen und Filter wird komplett verzichtet. Die Palette der Weine ist sehr klein, ihre Qualität dafür umso höher. Hervorzuheben sind der nach langer Maischegärzeit in klassischen Holzbottichen vergorene Pinot Noir und der Sparkling brut.

Josef J. Simon Wein

Vogteistraße 15,
79112 Freiburg im Breisgau
T +49 (0) 7664 5771
www.josef-simon-wein.de

👤 Josef J. Simon
Rebfläche 2,5 ha
Gründung 1726

Zwölf Kilometer südwestlich von Freiburg betreibt Josef J. Simon Weinbau mit Ambitionen. Ausschließlich trockene Weine (und eine Beerenauslese) kommen in die Flasche: „Das steigert den Trinkfluss und animiert, die zweite Flasche zu öffnen." Auf Qualitätsstufen wird verzichtet, ebenso auf Lagenbezeichnungen. Geschmacklich setzt Simon nicht auf Gefälligkeit, sondern möchte etwas Besonderes schaffen, das Spaß machen soll: „Unser Weinstil ist klar, puristisch und ein bisschen durchgeknallt." Naturnahes Arbeiten bildet den Grundpfeiler seiner Arbeit.

BADEN-WÜRTTEMBERG

Weingut St. Remigius

Am Büchsenberg 3,
79235 Vogtsburg im Kaiserstuhl
T +49 (0) 7662 9499000
www.remigiusweine.de

👤 Bärmann & Isele
🏠 Philipp Isele
🍷 Philipp Isele
Rebfläche 9 ha
Gründung 1988

Im Weingut St. Remigius geht die Familiengeschichte weiter. Mit Philipp Isele bekommt das Weingut nicht nur ein neues Gesicht, sondern auch einen neuen Standort in Achkarren. Dort, am bekannten Schlossberg, sowie in Merdingen und Rimsingen werden in guten Lagen Weinberge bewirtschaftet. Das Ziel sind extraktreiche und geradlinige Weine. Der Schwerpunkt liegt auf den Burgundersorten, Isele findet aber auch Merlot, Chardonnay, Muskateller, Riesling, Sauvignon Blanc und Müller-Thurgau spannend.

Weingut Stigler

Bachenstraße 29,
79241 Ihringen
T +49 (0) 7668 297
www.weingut-stigler.de

👤 Andreas & Regina Stigler
🏠 Andreas Stigler
🍷 Andreas & Maximilian Stigler
Rebfläche 15 ha
Gründung 1881

Im traditionsreichen Weingut von Andreas und Regina Stigler wird die Handschrift von Sohn Maximilian, der seit fünf Jahren in dem Betrieb mitwirkt, immer deutlicher. Auf der Weinkarte des Betriebes sind nicht nur dichte und gehaltvolle Burgunder aus Kaiserstühler Spitzenlagen, sondern als Besonderheit auch frische und langlebige Rieslinge vom Freiburger Schlossberg zu finden. Die Stiglers wollen Weine produzieren, die auch gute Essensbegleiter sind. Dies gelingt ihnen ausgezeichnet.

Ralf Trautwein

Hauptstraße 106,
79268 Bötzingen
T +49 (0) 7663 5185
www.weingut-ralf-trautwein.de

 Ralf Trautwein
 Ralf Trautwein
 Ralf Trautwein
Rebfläche 10,5 ha
Gründung 2001

Ralf Trautwein bezeichnet sich selbst als Weinmacher aus Leidenschaft. „Ich will Qualität, keine Masse. Meine Weine sollen Charakter haben, auch mal rasant anders sein, aber immer als Trautwein-Weine erkenntlich", sagt er. Seit 2001 arbeitet er mit gekonntem Handwerk und viel Herzblut daran, diese Philosophie immer weiter zu perfektionieren. Seine Reben rund um Bötzingen wachsen überwiegend auf Vulkangestein und Löss in den Lagen Eckberg und Lasenberg. Im Sortenspiegel spielen rote und weiße Burgundersorten die Hauptrolle.

Weingut Trautwein

Riegeler Straße 2,
79353 Bahlingen
T +49 (0) 7663 2650
www.trautweingut.com

 Anne-Christin &
  Christoph Trautwein
 Daniel Bach
Rebfläche 12 ha

Die überregionale Ko-Produktion von Anne-Christin und Christoph Trautwein bringt nicht nur spannenden Wein hervor, der zum Teil an der Ahr wächst und im Keller am Kaiserstuhl ausgebaut wird, sondern kann auch existenzsichernd sein. Als die verheerende Flut im Jahr 2021 Christophs Betriebsgebäude an der Ahr zerstörte, lagen die Beeren bereits im badischen Keller und wurden neben heimischen Trauben im bereits seit 2004 biodynamisch arbeitenden Betrieb vinifiziert. Die Weine vergären spontan und werden ungeschönt in großen Holzfässern ausgebaut.

© Melanie Maetz

Weingut Weishaar

Hauptstraße 164,
79356 Eichstetten
T +49 (0) 7663 4800
www.weingut-weishaar.de

👤 Corinne & Markus Weishaar
🏠 Markus Weishaar
🍷 Markus Weishaar
Rebfläche 8 ha
Gründung 1989

Corinne und Markus Weishaar gehen gerne ungewöhnliche Wege. So haben sie unlängst einen Cider auf den Markt gebracht. Aber auch ihre Weine können sich sehen lassen, vor allem bei der Drei-Stern-Kollektion wird das Holz gekonnt eingesetzt. Die Weine weisen nach Jahren noch eine gute Struktur auf. Insgesamt acht Hektar Weinberge in der Lage Eichstetter Herrenbuck werden bewusst nachhaltig bewirtschaftet. Wer das Weingut noch nicht kennt, für den lohnt sich ein erster Besuch auf jeden Fall.

Franz Xaver

Schwarzwaldstraße 3,
79183 Waldkirch
T +49 (0) 173 7175 679
www.franz-xaver-hof.de

👤 Andreas Schüssele
🏠 Simon Schüssele
🍷 Simon Schüssele
Rebfläche 10 ha
Gründung 2007

In Buchholz im Breisgau baut das Weingut Franz Xaver vorrangig Burgundersorten an den steilen Hängen der Lage Sonnhalde an. Ein großer Teil der Arbeit wird in die Pflege der Weinberge investiert, um die Reben so zu stärken, dass sie dem Klimawandel standhalten können. Kellermeister Simon Schüssele baut die Weine sowohl im Stahltank als auch im Holzfass aus. Seit drei Jahren trägt er im Keller die Verantwortung für die Stilistik der Weine.

BADEN-WÜRTTEMBERG

🍳 Gastronomie

BADEN-WÜRTTEMBERG

Basho-An

Merianstraße 10,
79098 Freiburg im Breisgau
T +49 (0) 761 2853 405
www.bashoan.com

Res.

Die japanische Küche ist in Deutschland bei aller Liebe vielerorts noch auf dem Stand, auf dem die hiesige Cappuccino- und Pizza-Kultur vor einigen Jahrzehnten war. Das Basho-An hingegen verzichtet weitgehend auf Kompromisse und Folklore. Wir empfehlen, den Besuch als Bildungsreise anzulegen und sich beraten zu lassen: „Omakase" („Ich überlasse es Ihnen") heißt das Zauberwort für ein Menü, das von feinwürzigen und hochästhetischen Vorspeisen über Sushi aus Eisuke Tatsuokas Meisterhand bis zur Misosuppe als traditionellem Abschluss führen kann.

die burg

Burgring 6,
78166 Donaueschingen
T +49 (0) 771 1751 0050
www.burg-aasen.de

Der Name täuscht: Die Burg ist keine mittelalterliche Wehranlage, sondern ein schlicht-zurückhaltender Neubau. Am Wochenende sind trotzdem alle Tische belegt – das Verdienst von Jason Grom, der zeitgenössisch kocht, dabei unaufgeregt und handwerklich tadellos. Gern ersetzt er beim Fleisch Renommierprodukte durch einfachere, aber erstklassige Stücke wie Duroc-Schweinebauch und Brust vom Schwarzfederhuhn; Fermentiertes wie „Schwarzwald-Miso" und Kimchi kommen ebenso zum Einsatz wie klassische Brandade und Safran-Velouté zum Heilbutt.

© die burg

Drexlers

Rosastraße 9,
79098 Freiburg im Breisgau
T +49 (0) 761 5957 203
www.drexlers-restaurant.de

Mario Fuchs kocht klassisch fundiert und zeitgemäß leicht zugleich, ohne Showeffekte und unüberlegtes Crossover. Stattdessen gibt es beispielsweise eine Schwarzwälder Forelle mit feinherbem Löwenzahn und Meerrettich, ein Ragout von der Sankt Märgener „Burenziege" mit Ziegenkäse-Tortellini und einem Hauch Bärlauch und hinterher Bienenstich mit Honigeis, der Honig kommt von den eigenen Bienen. Begleitet wird das Ganze vom ausgezeichneten Sortiment der gleichnamigen Weinhandlung.

Restaurant Eichhalde

Stadtstraße 91,
79104 Freiburg im Breisgau
T +49 (0) 761 5899 2920
www.eichhalde-freiburg.de

Dem Süditaliener Federico Campolattano merkt man die Erfahrung als rechte Hand des Spitzenkochs Niko Romito an: Im modern möblierten historistischen Eckhaus bietet er bei allem Traditionsbewusstsein mehr eine gedanklich-geschmackliche Essenz der heimatlichen Kochkunst. Knackiger Hummer mit Wassermelonen-Konzentrat, der pikanten kalabrischen Streichsalami 'Nduja und Tomatenpapier sprach frisch, fruchtig, würzig, süß-pikant, ölig alle Geschmacksnerven an, eine zehn Stunden im Ofen gegarte Zunge mit Bohnenpüree war in ihrer Einfachheit exzellent.

Enoteca

Gerberau 21,
79098 Freiburg im Breisgau
T +49 (0) 761 3899 130
www.enoteca-freiburg.de

Schon der Antipasti-Teller ist in der traditionsreichen Enoteca nicht die gängige Verlegenheitslösung, sondern ein Höhepunkt. Die folgende Pasta ist ebenso selbstverständlich hausgemacht wie das Brot oder das Eis zum Dessert. Nach bester italienischer Art schnörkellos überzeugen Hauptgänge wie geschmortes Kalbsbäckchen oder Zweierlei vom Perlhuhn (Saltimbocca, Ravioli); meist steht auch ein Entrecôte mit Taggiasca-Oliven auf der Karte. Zudem gibt es ein wechselndes Mittagsgericht und abends ein siebengängiges Überraschungsmenü.

BADEN-WÜRTTEMBERG

Gasthaus Hirschen in Lehen

Breisgauer Straße 47,
79110 Freiburg im Breisgau
T +49 761 8977 69681
www.hirschen-freiburg.de

Gutbürgerlich im besten Sinn ist dieses schmucke Gasthaus mit Holzstuben und lauschiger Gartenterrasse. Das blitzsauber gekochte Programm von Christian Laberer reicht vom badischen Feldsalat mit hausgemachtem Gänseleberparfait und Alba-Trüffel bis zu sehr sorgfältig behandeltem Fisch wie einem Filet vom Island-Kabeljau „Winzerinnen Art". Was gerade Saison hat, wird nach allen Regeln der Kunst gefeiert, ob Gans, Trüffeln oder der Spargel aus Opfingen. Die Weinkarte beeindruckt mit einem breiten Angebot der Domaine de la Romanée-Conti.

Gasthaus Schlegelhof

Höfener Straße 92,
79199 Kirchzarten
T +49 (0) 7661 5051
www.schlegelhof.de

Wir legen uns fest: Schöner als hier sitzt man an einem Sommerabend im weiten Umkreis nirgendwo. Auf der Wiese verstreute Tische, hohe Tannen, dahinter der Schwarzwald – und auf dem Teller rosiges Lammkarree auf Ratatouille, ein rösches Wiener Schnitzel, punktgenau gebratene Fische, gern auch mal etwas Fernöstliches. Martin Schlegel kocht klug nicht fürs eigene Ego, sondern nach den Bedürfnissen seiner zahlreichen Stammgäste. Ein vitales Landgasthaus mit Vorbildcharakter!

BADEN-WÜRTTEMBERG

Gasthaus Sternen Post

Hauptstraße 30,
79254 Oberried
T +49 (0) 7661 9898 49
www.gasthaus-sternen-post.de

Bei diesem Gasthaus im Dreisamtal schauen wir immer wieder voller Vorfreude vorbei. Schließlich erwartet uns bei Bernd Lutz eine klassische Küche aus erstklassigen regionalen Zutaten – wobei für Pulpo und anderes Meeresgetier schon mal Ausnahmen gemacht werden – mit saisonalen Gerichten von großem Geschmacksreichtum: lauwarme Nieren und Herz vom Reh auf Salat, lokales Bio-Geflügel mit Kürbisgnocchi, Kalbstafelspitz in Rosmarinsauce mit handgeschabten Spätzle oder Süßwasserfische aus einer Zucht im nahen Münstertal.

Gasthaus zum Löwen

Breisgauer Straße 62,
79110 Freiburg im Breisgau
T +49 (0) 761 82216
www.loewen-lehen.de

Wer in Freiburgs Zentrum vergeblich ein mustergültiges badisches Wirtshaus gesucht hat, findet es stattdessen hier in Lehen am Stadtrand. Im seit drei Generationen von der Familie Disch geführten Löwen gibt es jahraus, jahrein lobenswerte Klassiker wie Rindfleisch- und Ochsenmaulsalat, Brägele oder Suppenfleisch von Format, dazu ein Viertele Dörflinger-Gutedel – und angesichts der stets knallvollen Stube das gute Gefühl, dass Qualität sich auch im Bodenständigen durchsetzt.

BADEN-WÜRTTEMBERG

Gasthaus zur Krone

Mußbach 6,
79348 Freiamt
T +49 (0) 7645 227
www.krone-freiamt.de

In Freiamt-Mußbach steht Manfred Kern in neunter Generation am Herd seines stattlichen Gasthauses mit der gemütlichen Stube, seit dem ausgehenden 18. Jahrhundert im Familienbesitz. Dem gestandenen Küchenmeister, erfahren in ersten Häusern bis hinunter an den Genfer See, geht der Steinbutt so souverän von der Hand wie Elsässer Wurstsalat, hausgemachte Schlachtplatte oder Gänsebraten, ein Hummermenü oder im Frühjahr endlich einmal wirklich gute Spargelgerichte.

Gasthaus Zur Linde

Basler Landstraße 79,
79111 Freiburg im Breisgau
T +49 (0) 761 4534 5235
www.zur-linde-freiburg.de

„Feinbürgerlich" nennt der erfahrene Renee Rischmeyer seinen vielfältig inspirierten Küchenstil, zu dem die gemütliche Stube mit dem Kachelofen einen stimmigen Rahmen bildet. Statt Badischem bietet der Hausherr in gleich drei Menüs (eines vegetarisch) komplexere Kreationen wie Schaum von Räucherfischen mit einem Hauch Vanille, Seeteufel-Saltimbocca auf Salbei-Nudeln oder in Kaffeeöl gegarten Lammrücken sowie zum Abschluss eine Vanillecreme mit Banane, Erdnüssen und gesalzenem Karamelleis.

BADEN-WÜRTTEMBERG

Gasthof Hirsch

Hauptstraße 11,
78713 Schramberg
T +49 (0) 7422 2801 20
www.hotel-gasthof-hirsch.com

Der Name des Hauses klingt rustikal, aber die Karte im Beletage-Restaurant ist grundfranzösisch ausgerichtet, mit vielen badischen und saisonalen Einsprengseln. Thomas Zimmermann, der Erfahrung bei Franz Keller und Harald Wohlfahrt mitbringt, stellt stets den unverfälschten Geschmack heraus, etwa bei perfekt präpariertem und glasiertem Kalbsbries, einer Steinbutt-Tranche mit präzis abgeschmeckter Rieslingsauce samt ungewohnt delikaten Salzkartoffeln oder einer wollüstig-cremigen Mousse au chocolat.

Restaurant Holzöfele

Bachenstraße 46,
79241 Ihringen
T +49 (0) 7668 207
www.holzoefele-ihringen.de

Seit Thassilo Eyrainer in der einstigen Bäckerei kocht, gewinnen manchmal die in der Selbstbeschreibung beschworenen „mediterranen Einflüsse" die Oberhand über den traditionell „regional-rustikalen" Stil. Der Anspruch der Küche wird schon bei den Vorspeisen deutlich, bei Milchkalbstatar mit gebackenem Kalbskopf, bei hausgeräuchertem Saibling oder Zweierlei von der Gänseleber mit Aprikose und Brioche. In den Fischwochen im Januar gibt's Austern, Bouillabaisse und auf Wunsch eine Seezunge für zwei.

Hotel Gasthof Sommerau

Sommerau 1,
79848 Bonndorf im
Schwarzwald
T +49 (0) 7703 670
www.sommerau.de

Diese verwunschene Schwarzwald-Idylle kennt weder Handyempfang noch WLAN, umso mehr gilt die Aufmerksamkeit der Küche der Familie Hegar. Deren Menü ist ganz klassisch gedacht, vom Kalbsbries mit Pfifferlingen, Polenta und Salbei bis zum Filet vom Weiderind mit Trüffeljus, Gänseleber, Spinat und Kartoffelkrapfen. Besonders löblich ist dabei, dass man die Aromen nicht überzeichnet, sondern dezent sprechen lässt – nicht nur die Trüffeljus, auch das Vanilleeis wirkt völlig unforciert.

© Wolfram Hegar

Hugenhof

Am Neuenberg 14,
79263 Simonswald
T +49 (0) 7683 9300 66
www.hugenhof.de

Hier oben im Schwarzwald, denkbar weit vom Schuss, ist eine Tischreservierung schwerer zu kriegen als ein Ticket in Bayreuth. Dabei ist das, was Klaus Ditz auf seit Jahren konstant hohem Niveau aufführt, keine große Oper, sondern ein Kammerspiel. Abend für Abend wird hier zu sagenhaft gastfreundlichem Preis ein Menü in vier Gängen angeboten, filigran ohne Versponnenheit, handwerklich souverän, ohne eitle Experimente oder Moden. Auf gleichem Niveau sind die Flaschen, die Petra Ringwald dazu aus ihren wohlbestückten Weinkühlschränken zieht.

Köpfers Steinbuck

Steinbuckstraße 20,
79235 Vogtsburg im Kaiserstuhl
T +49 (0) 7662 9494 650
www.koepfers-steinbuck.de

Unten die Rheinebene, dahinter das Elsass und die Vogesen, rings-um Reben, soweit das Auge reicht – gerade zum Sonnenuntergang könnte man beim Blick von der großen Terrasse glatt den Teller vor sich vergessen. Das wäre ein Fehler: Küchenchef Stephan Köpfer, der seine Zutaten bevorzugt auf Märkten jenseits der Grenze ein-kauft, versteht sein Handwerk so gut, dass die bürgerliche badisch-elsässische Küche unter seinen Händen ihrem Ruf endlich mal ge-recht wird.

Kuro Mori

Grünwälderstraße 2,
79098 Freiburg im Breisgau
T +49 (0) 761 3884 8226
www.kuro-mori.de

Urbaner als in Steffen Dischs Filiale in der Fußgängerzone wird's in Freiburg nicht. Die Handschrift des Küchenchefs vom Horbener Raben ist auch hier unverkennbar – Asien, Frankreich und Südba-den finden harmonisch zusammen bei schaumiger Tom Kha Gai mit Dim Sum, Zander mit Curry-Blumenkohl in Soja-Nussbutter oder Orechiette der Pasta-Manufaktur „Pastificio dei Campi" mit Och-senschwanz. Nachmittags gibt es Stullen vom „Brotbruder" (auf Wunsch mit einem Schlag Kaviar), abends unter anderem ein Über-raschungsmenü von bis zu sechs Gängen.

Löwengrube
by Amadeus Kura

Konviktstraße 12,
79098 Freiburg im Breisgau
T +49 (0) 761 7699 1188
**www.restaurant-
loewengrube.de**

Einer vormals biederen Altstadt-Weinstube hat der junge Amadeus Kura ein modern klares Ambiente verpasst. Dort kocht er animie-rend und weltoffen zu angenehmen Preisen. Aus geschälten Ochsen-herztomaten, deren Kammern schwarze Oliven und Mikro-Croûtons füllten, wurde mit würzigem Pecorino und lauwarmem Tomatensud ein expressiver Veggie-Gang; als Interpretation des japanischen Frittiergerichts Karaage begeisterte erst in Sojasauce eingelegtes, dann knusprig ausgebackenes Kalbsbries mit anfermentiertem Rettich und Spinat-Mayonnaise.

BADEN-WÜRTTEMBERG

Merkles

Hauptstraße 2,
79346 Endingen
T +49 (0) 7642 7900
www.merkles-restaurant.de

Sein elegant-niedliches Gourmet-Séparée im Fachwerkhaus öffnet Thomas Merkle nur noch an drei Tagen pro Woche, wohl auch, weil sein kongenialer Küchenchef Niels Möller jetzt andere Wege geht. Das Speisekarten-Versprechen „gewürzorientiert, scharf, Aromen, kreativ" löst Merkle aber auch so überzeugend ein, etwa durch eine angebeizte und scharf angebratene Tranche vom Thunfischrücken mit herrlicher Tomatensäure, orientalischer Würzung, subtiler Schwarzer-Knoblauch-Creme und einem famosen Sud aus Holunderblüten und fermentiertem Tomatenwasser.

Mühle

Unterer Mühlenweg 13,
79859 Schluchsee
T +49 (0) 7656 209
www.muehle-schluchsee.de

> Boutique Hotel
  Mühle Schluchsee   S. 275

Respekt: Der junge Niclas Nussbaumer stellt mit großer geschmacklicher Klarheit so manchen gehypten Altmeister in den Schatten! Auf klassisch-französischer Grundlage japanisch inspiriert kam glasiger Kaisergranat in intensivem Karkassenfond mit Mandel-Lauch-Creme, Artischocken und Wildkräutern in die schön aufgefrischten alten Stuben, zur kross-rosigen Imperial-Wachtelbrust gab es federleichte Teriyaki-Sauce, Keulenragout und Lauch-Hollandaise. Und das Dessert vereinte Duftreis-Eis, Bergamotte-Ganache und Physalis in einem Reisessigsüppchen.

BADEN-WÜRTTEMBERG

ÖSCH NOIR

Golfplatz 1,
78166 Donaueschingen
T +49 (0) 771 84610
**www.oeschberghof.com/
restaurants-bars/oesch-noir**

> Der Öschberghof   S. 276

Mit seinen stylischen Glas- und Holzelementen würde das Golfresort-Restaurant sein Publikum auch in Berlin oder New York überzeugen – und mit Manuel Ulrichs französischer, sanft asiatisch veredelter Küche erst recht. Zwar zeigt der junge Koch in den beiden Menüs (eines davon vegetarisch) jenseits der Vorliebe für salzig-würzige Aromen und eines souveränen Umgangs mit Vegetabilem noch keine konsequent eigene Handschrift, dafür aber ein durchgängig hohes Niveau: Nicht einer aus dem guten Dutzend fein arrangierter Teller enttäuschte.

Pfarrwirtschaft

Hauptstraße 2,
79346 Endingen
T +49 (0) 7642 9243 11
**www.merkles-restaurant.de/
pfarrwirtschaft**

Kreative Regionalküche wollen viele bieten, Tom Merkle gelingt's. Ob Rinderroulade „Asia Style" mit Kürbis oder geschmorte Bäckle vom Schuttertäler Rind mit Forchheimer Gemüse: Was in seiner Pfarrwirtschaft auf den Tisch kommt, profitiert von seinen Erfahrungen und Kontakten als Chef des ambitionierten Merkles nebenan. Gänseleber, Burger und dicke Steaks aus dem eigenen Reifeschrank gibt es ebenso wie „Süßkartoffel-Mango-Salat mit Chili-Feta und Rucola" – und unsererseits den Rat, es mit der Weltläufigkeit nicht doch zu übertreiben.

Raben Horben – Steffen Disch

Dorfstraße 8,
79289 Horben
T +49 (0) 761 5565 20
www.raben-horben.de

> Gasthaus zum Raben   S. 277

Mitten im Schwarzwald und doch nicht weit von Freiburgs Innenstadt steht das schön hergerichtete alte Gasthaus – wer die breite Weinkarte kennt, kommt vielleicht sogar mit Straßenbahn und Bus. Wie gut Steffen Disch seine Küchenkunst beherrscht, zeigte exemplarisch ein Dreierlei vom Poltinger Lamm mit delikater Jus: Rücken, ausgebackenes Bries und geschmorte Schulter waren jeweils perfekt gegart und aromatisch, als Beilagen gefielen aufwendige Miniaturen wie ein hübsches Zucchini-Geflecht, eine Peperonata-Nocke samt Gel und Baba Ganoush.

Rebstock-Stube

Hauptstraße 74,
79211 Denzlingen
T +49 (0) 7666 9009 90
www.rebstock-stube.de

Bei Klassikern wie Froschschenkeln „Provençales", bretonischer Seezunge mit Tomaten-Kapern-Schmelze und Lachssoufflé „Auberge de l'Ill" fällt der Entschluss schwer, Neues zu probieren. Dabei lohnt das aktuelle Menü natürlich auch, selbst wenn die Küche von Senior Adolf und Junior Axel Frey die Ambition manchmal übertreibt: Einem Tatar vom Rinderfilet mit Pinienkernen, Kapern, Limettenschale, zarter Hummerauflage, Imperial-Kaviar, Rouille, Krustentiergelee, Artischocken, Pfifferlingen und Mini-Tomaten hätte ein bisschen Purismus gutgetan.

Romantik Hotel Rindenmühle

Am Kneippbad 9,
78052 Villingen-Schwenningen
T +49 (0) 7721 88680
www.rindenmuehle.de

> Romantik Hotel
  Rindenmühle   S. 279

Das Hotelrestaurant neben dem Kurpark bietet kreativ-feine Regionalküche mit Gerichten wie Schwarzfederhuhn-Consommé mit getrüffelten Grießklößchen, einem Filet vom Charolais-Rind mit Burgunderjus und frischen Pfifferlingen oder wildem Zander mit Nussbutterschaum und Süßkartoffelpüree. Etwas experimenteller geht es in der zusätzlich angebotenen „Selection" des Juniorchefs Dominik Weißer zu, beispielsweise in Form von gebeizter Forelle im Buttermilchsud mit Wasabi-Mayonnaise und Cashewkernen.

BADEN-WÜRTTEMBERG

Scheidels Restaurant zum Kranz

Offenburger Straße 18,
79341 Kenzingen
T +49 (0) 7644 6855
www.scheidels-kranz.de

Seit dem Jahr 1800 in Familienbesitz, wird das Landgasthaus mittlerweile von der siebten Generation geführt. Die Küche zeichnet sich durch Bodenständigkeit, gute Grundprodukte und schnörkellose Zubereitung aus, von der Rinderkraftbrühe über Elsässer Wurstsalat und Loup de mer in Rieslingsauce bis zum klassischen Zürcher Kalbsgeschnetzelten. Manchmal aber blendet man hier kulinarisch weit auf – in den „italienischen Wochen" etwa wird das Scheidels konsequent zum Ristorante.

Schwarzer Adler

Badbergstraße 23,
79235 Vogtsburg im Kaiserstuhl
T +49 (0) 7662 9330 10
www.franz-keller.de

> Winzerhaus Rebstock   S. 272
> Hotel Schwarzer Adler   S. 278

Wenn sich in einem Traditionshaus wie diesem selbst die Klassiker wandeln und die Froschschenkel in Knoblauch-Petersilien-Butter zusätzlich nach Ingwer duften, dann überkommt nicht nur konservative Stammgäste Wehmut und Argwohn. Aber Christian Baur, seit 2016 im Haus, hält an seiner Linie der Modernisierung fest und seine zwischenzeitlich ein wenig unbalanciert wirkende Küche wurde zuletzt immer ruhiger und souveräner. Entscheidend zum guten Eindruck trägt natürlich die Weinkultur bei, die europaweit keinen Vergleich zu scheuen braucht.

BADEN-WÜRTTEMBERG

Trotte Weinbar

Fischerau 28,
79098 Freiburg im Breisgau
T +49 (0) 761 5146 4680
www.trotte-weinbar.de

Auch ein Wort, das wir noch nicht kannten: „Entrecôte-Annahmeschluss." Irgendwann möchte man im lauschigen Altstadtgässchen offenbar wenigstens in der Küche zum Ende kommen – die Gäste brechen hier nicht so schnell freiwillig auf. Das liegt an einer klug zusammengestellten Weinkarte, dem entspannten Ambiente und einer begleitenden Küche, die neben dem genannten Steak vor allem allerlei Kleineres wie Pastrami-Sandwich oder sautierte Kräuterseitlinge in hoher Qualität zu bieten hat.

Villa Thai

Hugstetter Straße 2,
79224 Umkirch
T +49 (0) 7665 93760
www.villa-thai.de

Fernab der Innenstadt findet man hier in elegantem Rahmen thailändische Küche in Top-Qualität: von raschelnd krossen Frühlingsrollen über Saté-Hühnerspieße mit angenehm unpenetranter Erdnusssauce oder kräftig würzige Rinderfiletstreifen mit breiten Bohnen, Thai-Basilikum, Knoblauch und Chilis bis zu Kokoseis mit Palmengelee und salzigen Erdnüssen. Zudem ist die Villa Thai in Wahrheit zwei Restaurants in einem: Der nächste Besuch lohnt für die außergewöhnlich guten Sushis des Meisters Toshio Kumakara.

Wildkräuter Gasthof Linde

Obere Hauptstraße 10,
79843 Löffingen
T +49 (0) 7654 354
www.linde-loeffingen.de

Hier mitten im Hochschwarzwald offeriert Chefkoch und Inhaber Michael Meßmer seinen Gästen eine breite Palette kulinarischer Erlebnisse und vereint die traditionelle Küche der Region mit internationalen Aromen und Komponenten. Dass dabei trotzdem 90 % aller Produkte aus der Region stammen, ist ein klares Statement für die Lebensmittel, die der Schwarzwald zu bieten hat. Wildgerichte aus eigener Jagd, Rinderzunge in Madeirasauce und Gemüsecurry sind nur einige Beispiele für die Vielseitigkeit der Küche des Naturparkwirts.

Winzerhaus Rebstock

Badbergstraße 22,
79235 Vogtsburg im Kaiserstuhl
T +49 (0) 7662 9330 11
www.franz-keller.de

„Vom Einfachen das Beste" hieß mal ein Bestseller von Franz Keller junior – im 200-jährigen Gasthaus seiner Familie wird das Motto täglich badisch-elsässisch gelebt. In den schönen alten Stuben gibt es Flammkuchen oder Feldsalat mit Speck und Kracherle, Kalbskopfscheiben mit Berglinsen, Weinbergschnecken oder ein ganzes zartes Mistkratzerle aus dem Rohr, alles blitzsauber gekocht, zu sehr bürgerlichen Preisen und begleitet von einer außergewöhnlichen Weinauswahl.

> Schwarzer Adler   S. 271
> Hotel Schwarzer Adler S. 278

Zirbelstube

Rotteckring 16,
79098 Freiburg im Breisgau
T +49 (0) 761 21060
www.colombi.de

> Colombi   S. 275

Gediegen und ein wenig eng beisammen sitzt man inmitten der historischen Täfelung; Silbertabletts, Cloches und schwarze Anzüge mit Fliege vermitteln ein willkommenes Old-School-Gefühl, drei Menüs (eines vegan) oder einzelne Gerichte daraus stehen zur Wahl. Die Küche von Harald Derfuß schwankte zuletzt zwischen kleinteiligen Tellern, auf denen bei allem Können zu viel gewollt war, und herrlich geradlinigen Gängen mit Volldampf-Wohlgeschmack wie Saint-Pierre mit weißem Tomatensud, Chorizo und Artischocken-Bohnen-Gemüse.

Zum goldenen Engel

Friedhofweg 2,
79286 Glottertal
T +49 (0) 7684 250
www.goldener-engel-glottertal.de

Hier vereint die Küche Baden aufs Köstlichste mit dem Nachbarland Frankreich, davon zeugen Gerichte wie der Elsass-Klassiker Zanderfilet mit Sauerkraut, Rieslingsauce und Kartoffelpüree oder die mit Steinpilzen gebratene Perlhuhnbrust auf Kohlrabigemüse und Petersiliengnocchi; für Vegetarier gibt es Ziegenfrischkäse-Tartelette oder Steinpilzravioli. Vom Fleisch bis zu den Forellen kommt vieles aus dem Glottertal, Lachs oder Wildschweinschinken werden selbst geräuchert.

Zur Goldenen Esche

Alpersbach 9,
79856 Hinterzarten
T +49 (0) 7652 91940
www.waldhotel-fehrenbach.de

Eine gemütliche getäfelte Stube, ein grüner Kachelofen – die neuerdings mit dem berechtigten Attribut „golden" geadelte Esche könnte man leicht unterschätzen. Aber schon der Winzerchampagner im hauchdünnen Glas als Aperitif und die animierende vegane Menü-Alternative bezeugen den hiesigen Anspruch. Hausherr Josef Fehrenbach kocht zwar regional, aber nicht traditionell, mit vielen frischen, oft wilden Kräutern; Hummer und Wachtel gart er so selbstverständlich perfekt wie Schwarzwald-Reh und selbst gezüchtete Lachsforellen.

BADEN-WÜRTTEMBERG

Zur Wolfshöhle

Konviktstraße 8,
79098 Freiburg im Breisgau
T +49 (0) 761 30303
www.wolfshoehle-freiburg.de

Der Steirer Martin Fauster, früher am Herd des Münchner Königs-hofs, steht wie wenige Köche hierzulande für eine elegante, leichte Klassik, konzentriert, fundiert, souverän. Im aufgeräumt-zeitge-mäßen Rahmen geht das von Subtilitäten wie blättrig gebratenem Glattbutt in duftigem Bouillabaisse-Sud mit sizilianischer Zitrone, ein paar Poveraden-Spalten und Artischockenpüree bis zu großartig rustikalem Schweinebauch vom Hofgut Silva als Szegediner Gulasch. Die klassisch sortierte Weinkarte profitiert von einer Allianz mit den Kellers aus Oberbergen.

BADEN-WÜRTTEMBERG

⊨ Hotels

Boutique Hotel Mühle Schluchsee

Unterer Mühlenweg 13,
79859 Schluchsee
T +49 (0) 7656 209
www.muehle-schluchsee.de

> Mühle   S. 268

Das bezaubernde historische Landhaus wurde 1603 als Schwarzwaldhof erbaut und diente bis ins 18. Jahrhundert hinein als Getreidemühle. Heute verteilen sich zehn romantische Zimmer auf drei Etagen und führen dem Gast vor Augen, was auch die Philosophie und der Anspruch der Hausherren ist: höchste Qualität mit Respekt vor Tradition und Natur. Das spürt man auch in der Küche, für die Niclas Nussbaumer verantwortlich zeichnet und auf ausgewählte Produkte und Lieferanten setzt.

Colombi

★★★★★s

Rotteckring 16,
79098 Freiburg im Breisgau
T +49 (0) 761 21060
www.colombi.de

> Zirbelstube   S. 273

Zentral in der Altstadt gelegen, trotzdem nah an der Natur – das erwartet die Gäste im feinen Hotel Colombi. Die 112 Zimmer und Suiten sind allesamt stilvoll und mit allem Komfort eingerichtet, eine besondere Aufmerksamkeit gilt auch dem kulinarischen Angebot des Hauses. Das erstreckt sich über die mehrfach ausgezeichnete Zirbelstube, die Falken- und die Hans-Thoma-Stube, wobei ein Augenmerk darauf gerichtet ist, Gourmets unter 30 Jahre zu verwöhnen. Weinkeller, Bar und Bistro-Café runden das kulinarische Angebot ab.

WEIN
SÜDEN
HOTEL

Der Öschberghof

★★★★★ _s

Golfplatz 1,
78166 Donaueschingen
T +49 (0) 771 840
www.oeschberghof.com

> ÖSCH NOIR   S. 269

Das Hotel Öschberghof ist eines der exklusivsten Resorts im Südwesten Deutschlands, 1976 erbaut von Unternehmer und Golf-Fan Karl Albrecht erbaut. Nach dem Umbau zu einem großzügigen Fünf-Sterne-Superior-Golf- und Wellness-Resort 2019 spielt das Haus heute auf verschiedenen Klaviaturen: Es verfügt über 126 luxuriöse und moderne Zimmer, einen Spa-Bereich vom Feinsten mit Innenpool und insgesamt vier Restaurants, die Genießer glücklich machen.

Die Halde

★★★★

Halde 2,
79254 Oberried
T +49 (0) 7602 94470
www.halde.com

Auf 1.147 Metern Meereshöhe, eingebettet in die Natur des Freiburger Hausbergs Schauinsland, liegt mit dem Hotel von Lucia und Martin Hegar ein wahres Dorado für Erholungsuchende. Das 700 Jahre alte Gebäude wurde liebevoll und mit viel (heimischem) Holz restauriert, insgesamt erwarten den Gast 39 Zimmer und Appartements, ein Berg-Spa mit Naturbadeteich und ein Restaurant, in dem kreativ interpretierte Hausmannskost serviert wird.

Elztalhotel

Am Rüttlersberg 5,
79297 Winden im Elztal
T +49 (0) 7682 91140
www.elztalhotel.de

Nördlich von Freiburg gelegen, im malerischen Elztal auf einer kleinen Anhöhe, liegt das 4-Sterne-Superior-Hotel, in dem die Handschrift einer Familie an allen Ecken und Enden deutlich zu spüren ist – die der Familie Tischer. Die Zimmer sind liebevoll eingerichtet und in verschiedenen Kategorien buchbar, der Wellnessbereich mit seinen 6000 m² und Indoor-Pool einladend und eine Oase des Wohlgefühls.

Erfurth's Bergfried Ferien & Wellnesshotel

Sickinger Straße 28,
79856 Hinterzarten
T +49 (0) 7652 1280
www.bergfried.de

Adults Only wird in diesem Vier-Sterne-Superior-Hotel großgeschrieben – denn Ruhe und Entspannung für die Gäste lautet das oberste Credo des Hauses, das am Rande des beliebten Heilklimakurortes Hinterzarten liegt. Die insgesamt 43 Zimmer und Suiten sind mit viel Gespür eingerichtet und in mehreren Kategorien (und auch für spezielle Ansprüche) buchbar, zudem verfügt das Hotel über einen ausgezeichneten Spa-Bereich und punktet mit zahlreichen Ausflugs- und Sportangeboten.

Gasthaus zum Raben

Dorfstraße 8,
79289 Horben
T +49 (0) 761 5565 20
www.raben-horben.de

Das Haus liegt eingebettet in die sattgrünen Wälder des Schwarzwalds in der Nähe von Freiburg und verfügt über sechs individuelle, geschmackvolle und mit viel Holz eingerichtete Zimmer. Perfekt für alle, die die Umgebung zu Fuß oder mit dem Fahrrad erkunden wollen. Nach einer ausgiebigen Tour lohnt es sich jedoch, ein paar Kräfte für ein ausgiebiges Dinner im ausgezeichneten Restaurant aufzusparen.

> Raben Horben –
Steffen Disch S. 270

Hotel Adler-Bärental

★★★

Feldbergstraße 4,
79868 Feldberg
T +49 (0) 7655 9339 33
www.adler-feldberg.de

Unverwechselbar, in markanter Lage auf dem Weg zum Feldberg, hoch über dem Titisee, liegt das kleine, romantische Schwarzwaldhotel. Die Apartments und Zimmer im Landhausstil sind individuell und hell eingerichtet und in verschiedenen Kategorien verfügbar. Für alle Naturliebhaber, ob im Sommer oder Winter: Das familiengeführte Hotel ist ein idealer Ausgangspunkt für Wanderungen und sportliche Aktivitäten im Schwarzwald.

BADEN-WÜRTTEMBERG

Hotel Schwarzer Adler

Badbergstraße 23,
79235 Vogtsburg im Kaiserstuhl
T +49 (0) 7662 93300
**www.franz-keller.de/hotel/
schwarzer-adler**

> Schwarzer Adler   S. 271
> Winzerhaus Rebstock   S. 272

Unter der Regie von Bettina Keller entstand in den historischen Räumen des Stammhauses, direkt gegenüber vom renommierten Restaurant, ein elegantes wie gemütliches Hotel. Die 14 Zimmer sind komfortabel ausgestattet und perfekt für Genussreisende und all jene, gerne lange Wanderungen durch die Weinberge im traumhaften Kaiserstuhl unternehmen. Das kulinarische Angebot der Familie Keller ist freilich auch kaum zu toppen – allen voran natürlich der traditionelle Schwarze Adler mit seiner französisch-inspirierten Karte und 2700 Positionen auf der Weinkarte.

Kreuz-Post Hotel-Restaurant-Spa

★★★s

Landstraße 1,
79235 Vogtsburg im Kaiserstuhl
T +49 (0) 766 2909 10
www.hotel-kreuz-post.de

Am Fuße der Weinberge des Kaiserstuhls, an der Badischen Weinstraße gelegen, liegt dieses familiäre Landhotel, eine seit über 200 Jahren im Familienbesitz befindliche ehemalige Poststation. Eine breite Auswahl an Zimmertypen variiert zwischen Gemütlichkeit und Luxus, der Spa-Bereich überzeugt mit zahlreichen Anwendungsoptionen, Sauna, Pool und einer großzügigen Liegewiese. Gut relaxt lassen sich am Abend edle Brände aus der hauseigenen Schnapsbrennerei verkosten.

Parkhotel Adler

Adlerplatz 3,
79856 Hinterzarten
T +49 (0) 7652 1270
www.parkhoteladler.de

Historisch und dennoch modern – so präsentiert sich das Parkhotel Adler, das neben einem riesigen Privatpark mit See über fünf Häuser aus fünf verschiedenen Epochen verfügt, jedes für sich einzigartig. Insgesamt stehen den Gästen 64 individuell und mit viel Liebe zum Detail ausgestattete Zimmer und Suiten zur Verfügung, im Park befindet sich ein eigener Wellnesspavillon mit Indoor- und Outdoorpool.

BADEN-WÜRTTEMBERG

Romantik Hotel Rindenmühle

Am Kneippbad 9,
78052 Villingen-Schwenningen
www.rindenmuehle.de

> Romantik Hotel
  Rindenmühle   S. 270

Als ruhiges, familiengeführtes Hotel am Rande des Schwarzwaldes, nicht weit vom Stadtzentrum von Villingen entfernt, kommen hier Urlauber auf ihre Kosten, die sowohl Sport als auch Entspannung suchen. Ob Wandern, Radfahren oder Golf, hier ist alles quasi ums Eck, danach kann in der Sauna oder bei einer ausgiebigen Massage relaxt werden. Die Zimmer sind geräumig und im Landhausstil eingerichtet, auf der schönen Sonnenterrasse lässt sich der Aperitivo genießen.

Schloss Reinach

St.-Erentrudis-Straße 12,
79112 Freiburg im Breisgau
T +49 (0) 766 44070
www.schlossreinach.de

Vom einfachen, aber stylishen Einzelzimmer bis zur ausladenden Spa-Suite mit frei stehender Badewanne bietet Schloss Reinach für jeden die passende Residenz. Die Geschichte des eleganten Hauses geht zurück bis in den Dreißigjährigen Krieg, seit 2008 empfängt es in der jetzigen Gestalt seine Gäste. Modern, schnörkellos, aber hell und heimelig eingerichtete Zimmer helfen ebenso beim Ausspannen wie der weitläufige Wellnessbereich mit Saunalandschaft und Salzgrotte. Zwei Restaurants und eine Vinothek begleiten kulinarisch.

Seehotel Wiesler

★★★★ₛ

Strandbadstraße 5,
79822 Titisee-Neustadt
T +49 (0) 7651 98090
www.seehotel-wiesler.de

In traumhafter Lage mit direktem Zugang zum Titisee und einem Indoor- und Outdoorpool mit Blick auf die Berge empfängt dieses familiengeführte Vier-Sterne-S-Hotel seine Gäste. Nachhaltigkeit ist Grundprinzip: Das Haus wurde mit Umweltpreisen überhäuft. Genächtigt wird in modernem Ambiente in einem der vierzig geschmackvoll und mit viel Naturholz eingerichteten Zimmer. Im Restaurant erwartet den Gast eine kreativ-badische Wellnessküche (auch vegetarisch) mit frischen Produkten aus der Region.

BADEN-WÜRTTEMBERG

Treschers Schwarzwald Romantikhotel

★★★★ₛ

Seestraße 10,
79822 Titisee-Neustadt
T +49 (0) 7651 8050
www.treschers.de

Dieses historische Vier-Sterne-S-Hotel liegt direkt am Titisee im Schwarzwald und wird in vierter Generation von den Familien Moninger und Trescher geführt. Die Zimmer verfügen über ein helles Dekor im mediterranen Stil und teilweise direkten Blick auf den See, zum Entspannen laden ein eigener Strand oder ein moderner Spa-Bereich mit Dampfbad, Himalaya-Salzsauna, Wasserfall und Tauchbecken. Vom beheizten Outdoor-Pool aus hat man einen traumhaften Ausblick in die Umgebung.

Wellnesshotel Reppert

★★★★ₛ

Adlerweg 21–23,
79856 Hinterzarten
T +49 (0) 7652 12080
www.reppert.de

1935 von Elisabeth und Adolf Reppert als vegetarische Pension mit 20 Betten gegründet, ist das familiengeführte Hotel im Kurort Hinterzarten heute Ziel von leidenschaftlichen Wellnessern. Kein Wunder: Auf 1000 m² befinden sich drei Pools, Sauna, Dampfbad, Massagestudios und Schönheitssalon, weiterrelaxen kann man in einem der großzügigen und gemütlich eingerichteten Zimmer. Oder bei einer ausgiebigen Wanderung in der Umgebung.

BADEN-WÜRTTEMBERG

 Einkaufen

Bio-Milchhäusle

Windeck 17,
79856 Hinterzarten
T +49 (0) 7652 9175 70

24 Stunden pro Tag frische Bio-Milch, das gibt's im „Bio-Milch-häusle" des Michelthomilishofs. Egal ob an Sonn- oder Feiertagen, die Bio-Milch ist frisch und direkt von den Kühen aus dem Stall des Hofes, der direkt in der Nachbarschaft liegt.

Breitenwegerhof

Hochstetter Straße 54 c,
79206 Breisach am Rhein
T +49 (0) 7667 3798 990
www.breitenwegerhof.de

Die Kühe auf diesem Bio-Hof produzieren die Milch für Käse, Quark und Joghurt, die in der eigenen Käserei hergestellt werden. Die 220 Hühner liefern Demeter-Eier, die Bienenvölker den Honig. Und das alles wird neben Wurst- und Fleischspezialitäten direkt auf dem Hof verkauft. Das Besondere an diesem Hof ist aber auch, dass er ein Partnerbetrieb der Regionalwert AG Bürgeraktiongesellschaft Freiburg und damit im Besitz von mehr als 840 Anteilseignern ist.

Gärtnerei Querbeet

Bahlingerstraße 15,
79356 Eichstetten
T +49 (0) 7663 3630
www.demeterhof.de

Mehr als 60 Gemüsesorten werden hier biologisch-dynamisch angebaut – Möhren, Kartoffeln, Tomaten, Kohl, Kürbis, Auberginen oder Zuckermais. Verkauft werden sie im eigenen Hofladen, dort sind auch andere Produkte von regionalen Partnern erhältlich: Eier, Wein, samenfestes Saatgut, Honig oder Nudeln. An den Markttagen steht das Querbeet-Team auch auf dem Münstermarkt in Freiburg.

BADEN-WÜRTTEMBERG

Kaiserstuhlshop

Mittelstadt 18,
79235 Vogtsburg im Kaiserstuhl
T +49 (0) 766 2947 525
www.kaiserstuhlshop.de

Einrichtungs- und Deko-Trends sowie unzählige Produkte rund um Wein, Küche und Bar finden sich in diesem ungewöhnlichen und gut sortierten Geschäft in der mittelalterlichen Altstadt. Außerdem ist in dem ehemaligen Weinkeller eines historischen Winzerhauses ein interessantes Korkenziehermuseum mit zum Teil historischen Exponaten beheimatet.

Martinas Marktschiirä

Röstehof 2,
79346 Endingen
T +49 (0) 7642 5525
www.winzerhof-linder.de

Wein, Essig und Fruchtessig, Marmeladen, Kräutersirups, Kräutergewürze, Kräutertees, Mehl, Spirituosen, Backwaren sowie Kunst und Kunsthandwerk sind das Angebot im Hofladen des Weinguts Linder. Freitagnachmittags findet dort ein Bio-Hofmarkt statt, bei dem sich auch andere Bioland-Erzeuger mit Fleisch, Wurst, Käse, Obst, Gemüse, Eiern und frischen Kräutern präsentieren.

MuseumsCafé & Hofladen Zeisset

Oberhausener Straße 11,
79367 Weisweil
T +49 (0) 7646 259
www.hofladen-zeisset.de

Hier ist Selbstbedienung angesagt: Rund um die Uhr ist hier nicht nur ein Gartencafé geöffnet, in dem man sich selbst den Kaffee macht und Kuchen nimmt, sondern auch der Hofladen. Dort werden Mehl, Eier, Dosenwurst, Käse, Salatsaucen, Nudeln und Wildspezialitäten angeboten. Im Hofmuseum werden Raritäten aus der Landwirtschaft, Viehzucht, Imkerei, Brennerei und dem Haushalt gezeigt.

Ölmühle Fessinger

Hochstetterstraße 54c,
79206 Breisach am Rhein
T +49 (0) 766 7379 8990
**www.fessingeroel.
alfahosting.org**

Egal, ob Mariendistel-, Haselnuss-, Walnuss- oder Hanföl: Unzählige Sorten von Öl, aber auch Essig, Chutneys, Aufstriche, Senf oder Marmelade werden im Hofladen der Ölmühle Fessinger in großer Auswahl angeboten. Die Produkte werden überwiegend regional produziert. So stammen die Traubenkerne, Grundlage für das kaltgepresste Traubenkernöl, direkt vom Kaiserstuhl.

Ospelehof

Windeck 2,
79856 Hinterzarten
T +49 (0) 7652 5482
www.ospelehof.de

Ein Bauernhof mit Gesamtkonzept: Familie Braun zählt nicht nur Wiesen, Wald und Weiden zu ihrem Bauernhof, sie vermietet auch Ferienwohnungen und stellt Schwarzwald-Naturkosmetik sowie viele unterschiedliche Käsesorten her. Zudem verkauft sie ihre Produkte – und die anderer regionaler Erzeuger – im hofeigenen Bauernladen. Auf dem Hof gibt es auch Führungen.

Rainhofs Marktscheune

Höllenthalstraße 96,
79199 Kirchzarten
T +49 (0) 7661 9880 921
www.rainhof-marktscheune.de

Wo früher die Kutschpferde umgespannt wurden, bevor es ins Höllental ging, zeigt sich diese alte Scheune aus dem Jahr 1790 heute in ganz anderer Funktion. Das Kulturdenkmal gilt als eines der größten seiner Art im badischen Raum und beherbergt nicht nur Gastronomie mit Terrasse und Gartenwirtschaft, sondern auch einen Laden mit Produkten von rund 40 regionalen Erzeugern: Es gibt Schwarzwald-Miso, Schinken, Aufstriche, Marmeladen, Gewürze oder Dips, aber auch Liköre, Craft Beer, Pralinen und Zigarren.

Schwarzwälder Flammkuchen Manufaktur

Gewerbestraße 8a,
79112 Freiburg im Breisgau
T +49 (0) 7664 5048 530
www.schwarzwaelder-flammkuchen.de

Erst gab es den Flammkuchen nur am Foodtruck, jetzt ist das Unternehmen gewachsen und die Flammkuchen für Profi- und Hobbyköche werden vorgefertigt und gefrostet verkauft. So können sie zu Hause oder im Lokal frisch vom Grill oder aus dem Ofen serviert werden. Die Flammkuchen-Profis lassen sich bei der Arbeit über die Schulter schauen und laden nach Opfingen ein, damit man ihnen in ihrer gläsernen Küche zugucken kann. Die Flammkuchen gibt es direkt im Werk zu kaufen, aber auch in vielen Supermärkten in der Region.

Walters Hofladen

Wippertskirch 2,
79112 Freiburg im Breisgau
T +49 (0) 766 41396
www.ferienhof-walter.de

Kirschen, Zwetschgen, Äpfel, Mirabellen oder Spargel, badische Weine, Liköre, Bauernbrot, Hefegebäck oder Säfte: Das ist nur ein Teil des großen Angebots in diesem Hofladen nahe des Tunibergs. Zum Betrieb gehören auch Ferienwohnungen und Gästezimmer sowie ein Hofcafé, in dem unter anderem selbst gebackener Kuchen serviert wird.

BADEN-WÜRTTEMBERG

Black Forest Jerky

Alte Bundesstraße 84,
79194 Gundelfingen
T +49 (0) 761 7665 6951
www.blackforestsnacks.com

Hier geht es um Fleisch – aber kein frisch geschlachtetes oder gut abgehängtes, sondern um proteinreiches Trockenfleisch, das sich als Snack in vielen Alltagssituationen anbietet. Ob im Büro, beim Wandern oder abends auf der Couch, meinen die Metzger der Familie Rückert. Sie marinieren das Fleisch, das von Weiderindern aus der Region stammt, und würzen es zum Beispiel mit Jalapeños, Habaneros und Carolina Reaper vom Chiligarten Freiburg. Zu kaufen ist das Fleisch, das es in neun Geschmacksrichtungen gibt, auch im Black Forest Concept Store in der Freiburger Altstadt.

Die Eismanufaktur

Sandstraße 2,
79104 Freiburg im Breisgau
T +49 (0) 761 4898 5311
www.dieeismanufaktur.de

Nur zwölf Eissorten, die jedoch aus hochwertigen Zutaten wie Schwarzwaldmilch, ohne künstliche Farbstoffe und natürlich hausgemacht sind: Das ist das Basis-Angebot dieser Eis-Manufaktur, die in ihrem Café aber auch Müsli, Obstsalat, Schokokuchen oder Marzipangebäck anbietet.

Emils Bio-Manufaktur

Kartäuserstraße 60,
79102 Freiburg im Breisgau
T +49 (0) 761 2160 91630
www.emils.com

Keine Zusatzstoffe, kein Kristallzucker, keine Verdickungsmittel, keine Zitronensäure – alles, was die beiden Firmengründer hinter Emils in ihrer Manufaktur herstellen, egal, ob Dressings, vegane Mayo, Ketchup oder Apfelmus, kommt „ohne" aus. Sie wurden schon mehrfach für ihre Produkte ausgezeichnet – entweder als bestes Convenience-Food oder eben, weil sie vegan sind. Die Produkte sind in vielen Hof- oder Bioläden gelistet.

Käse und Wein

Münzgasse 1,
79098 Freiburg im Breisgau
T +49 (0) 761 3824 60

Die Käsetheke ist mehrere Meter lang: Mehr als 200 verschiedene Käse-Sorten – darunter die gängigen wie Appenzeller und Gouda, aber eben auch seltene, gereifte und gewürzte Sorten – sind in diesem Käsegeschäft mitten in Freiburg im Angebot. Die Käse stammen aus kleineren Betrieben und Manufakturen. Daneben gibt es auch Oliven, Antipasti, Käsequiche, regionale Weine sowie Fleisch und Wurstspezialitäten.

Miriams GeschmackSache

Breisacherstraße 10–12,
79241 Ihringen
T +49 (0) 766 8864 9460
www.miriams-geschmacksache.de

Die unterschiedlichsten Aromen gehören dazu, wenn Miriam Kokemoor neue Chutneys oder Aufstriche zubereitet. Egal, ob es sich um ein Chutney aus grünen Tomaten, eines aus Birnen und Quitten oder um einen Basilikum-Limetten-Sirup oder eine scharfe Chilisauce handelt. Die gelernte Hotelkauffrau und Hobbyköchin verkauft ihre selbst gemachte Feinkost – neben vielen anderen Produkten aus der Region – im kleinen Laden, zu dem auch ein Café und eine Vinothek gehören.

Schätzle Teigwaren

Schwarzwaldstraße 67a,
79183 Waldkirch
T +49 (0) 175 5369 362
www.buchholzernudeln.de

Eine Nudelfabrik gab es schon seit 1925, sie war aber 2013 geschlossen worden. Nachdem die Brüder Matthias und Markus Schätzle die Fabrik ihrer Vorfahren wieder reaktivierten, werden dort nun in vierter Generation die Buchholzer Nudeln nach altem Rezept, aber mit vielen neuen Ideen hergestellt. Und so gibt es jetzt gewalzte Bandnudeln, Suppennudeln, handgeschnittene Spaghetti oder Spiralen aus Bronzeformen. Zahlreiche Supermärkte verkaufen die traditionsreichen Nudeln.

METZGEREI

Metzgerei Dirr

Königschaffhauserstraße 17,
79346 Endingen
T +49 (0) 764 21627
www.metzgerei-dirr.de

Ein Avantgardist mit einer eigenen Wurstphilosophie: So wird Markus Dirr bezeichnet, der die vierte Generation einer Metzgerfamilie verkörpert, die in Endingen am Kaiserstuhl seit 1897 ein Wurst-Geschäft betreibt. Dirrs Kaiserstühler Schinken und die Salamisorten sind inzwischen überregional berühmt. Luftgetrocknetes stellt er in unterschiedlichen Variationen her. Familie Dirr verkauft ihre – und viele andere – Produkte im Geschäft am Marktplatz, aber auch auf den Märkten in der Region.

BADEN-WÜRTTEMBERG

VINOTHEKEN

Alte Wache – Haus der badischen Weine

Münsterplatz 38,
79098 Freiburg im Breisgau
T +49 (0) 761 2028 70
www.alte-wache.com

Wer badische Weinkultur kennenlernen will, ist in dieser außergewöhnlichen Vinothek in einem denkmalgeschützten Gebäude aus dem 18. Jahrhundert direkt neben dem Münster richtig. Hier sind viele badischen Weine vertreten, kann man Gutedel, Grau- und Spätburgunder oder Winzersekte direkt vor Ort als „Viertele" verkosten oder sich in der Vinothek etwas für zu Hause mitnehmen.

Sonnenplätzle

Marktplatz 16,
79206 Breisach am Rhein
T +49 (0) 7667 9049 52
www.badischer-winzerkeller.de

Aus der früheren Vinothek wurde das Sonnenplätzle: Vor allem Weine aus dem Badischen Winzerkeller sind hier im Angebot. Insgesamt werden auf rund 120 Quadratmetern mehr als 100 Weine, Sekte, Edelbrände und Geschenkartikel rund um den Wein präsentiert.

Weinhandlung Drexler

Merianstraße 4,
79104 Freiburg im Breisgau
T +49 (0) 761 33 923
www.weinhandlung-drexler.de

1000 verschiedene Weine aus Deutschland, Frankreich, Italien, Spanien, Portugal, Österreich, Schweiz sowie aus Übersee sind in dieser Weinhandlung, die bereits vor 100 Jahren aufgebaut wurde, im Angebot. Spezialität des Hauses: Weinraritäten zu beschaffen. Das dazugehörige Restaurant Drexler mit seiner italienisch-französischen-badischen Karte befindet sich in der Rosastraße in der Nähe des Colombischlössles.

Weinhaus Opfinger Winzer

Dürleberg 8,
79112 Freiburg im Breisgau
T +49 (0) 766 4613 9970
www.weinhaus-opfingen.de

Wein zum Spargel, zum Grillen oder zum Zwiebelkuchen: Das Weinhaus der Opfinger Winzer hält alle Weine der Region rund um den Tuniberg vor. Mit dabei sind fruchtige Vesper-Weine bis zum Eiswein oder eine Spätlese aus dem Barrique. Außerdem wird Weinliteratur verkauft sowie Winzersekte, Tresterbrände oder Weingelee.

Traumhaft übernachten und genießen

- **Sechs 4-Sterne (Superior) Erlebnis-Hotels**

- **25 Restaurants und Bars – eine kulinarische Reise durch Europa**

- **2-Sterne Restaurant „Ammolite – The Lighthouse Restaurant"**

- **Einzigartig thematisierte Zimmer**

- **Fünf Sauna- und vier Poolbereiche**

- **Drei Wellness- und Spa-Bereiche**

- **Exklusiver Zugang zum Europa-Park und zu Rulantica**

Jetzt buchen: europapark.de/hotels

COMING 2022!

IOI
EATRENALIN
New dimensions for all your senses

EUROPA PARK®
HOTELS

® Mack INTERNATIONAL

N

BADEN-WÜRTTEMBERG

SCHALLSTADT • • EBRINGEN

A 5

BAD • • EHRENKIRCHEN
KROZINGEN

• STAUFEN
IM BREISGAU

HEITERSHEIM •

BUGGINGEN • • MÜNSTERTAL

• SULZBURG

TODTNAU •

∧ ∧
∧
*Gletscher-
kessel Präg*

MÜLLHEIM • • BADENWEILER

B 317

• SCHLIENGEN

B 3

EFRINGEN-KIRCHEN •

BINZEN •

• LÖRRACH

B 34

• WEIL
AM RHEIN

BAD
SÄCKINGEN •

• GRENZACH-WYHLEN

A 3

Von den höchsten Höhen des Hochschwarz-
walds bis zur wärmsten Ecke im Rheinknie
Deutschlands reicht dieser Landstrich im
Südwesten Badens. Das Markgräflerland wird von der
Schweiz und Frankreich als hochgeschätzte Nachbarn
umgeben. Weintypisches Markenzeichen und Alleinstellungsmerkmal fürs Markgräflerland ist der Gutedel,
der dort seit mehr als 200 Jahren wächst. Und weil
das Klima in dieser südlichen Region so mild ist, wachsen hier auch Palmen, Zitrusfrüchte, Mammutbäume
und andere exotische Pflanzen.

GRAFENHAUSEN

HÄUSERN

STÜHLINGEN

B 500

Rhein

Übersicht

WEIN

WEINGUT BLANKENHORN

Basler Straße 2
79418 Schliengen
> S. 294

LANDWEINGUT BRENNEISEN

Am Weiler Weg 2
79588 Efringen-Kirchen
> S. 294

HERMANN DÖRFLINGER

Mühlenstraße 7
79379 Müllheim
> S. 295

SCHLOSSGUT EBRINGEN

Schlossplatz 1
79285 Ebringen
> S. 295

WINZERHOF EBRINGEN

Sommerbergweg 1
79285 Ebringen
> S. 295

WEINGUT GREINER

Bürgler Straße 48
79418 Schliengen
> S. 296

WEINGUT THOMAS HARTENECK

Brezelstraße 15
79418 Schliengen
> S. 296

WEINGUT HEINEMANN

Mengener Straße 4
79238 Ehrenkirchen
> S. 297

FRANZ HERBSTER

Krozinger Straße 36
79238 Ehrenkirchen
> S. 297

WEINGUT AM KLOTZ

Auf der Festung 2
79588 Efringen-Kirchen
> S. 297

WEINGUT LÄMMLIN-SCHINDLER

Müllheimer Straße 4
79418 Schliengen
> S. 298

MARKGRÄFLER WINZER

Winzerstraße 2
79588 Efringen-Kirchen
> S. 298

BIOWEINGUT MISSBACH

Schönbergstraße 32
79285 Ebringen
> S. 298

WEINGUT NOLL

Kirchstraße 20a
79426 Buggingen
> S. 299

WEINGUT RIEGER

Noblingstraße 13b
79426 Buggingen
> S. 299

WEINGUT RÖSCHARD

Breslauer Straße 75
79576 Weil am Rhein
> S. 299

PRIVAT-WEINGUT SCHLUMBERGER-BERNHART

Weinstraße 19
79295 Sulzburg
> S. 300

GASTRONOMIE

WEINGUT AM SCHLIPF – SCHNEIDER

Lörracher Straße 4
79576 Weil am Rhein
> S. 300

WEINGUT SCHNEIDER-PFEFFERLE

Kolpingstraße 7
79423 Heitersheim
> S. 301

WEINGUT JOSEF WALZ

Hauptstraße 34
79423 Heitersheim
> S. 301

FRITZ WASSMER

Lazariterstraße 2
79189 Bad Krozingen
> S. 301

MARTIN WASSMER

Am Sportplatz 3
79189 Bad Krozingen
> S. 302

WEINGUT ZÄHRINGER

Johanniterstraße 61
79423 Heitersheim
> S. 302

WEINGUT ZIEREISEN

Markgrafenstraße 17
79588 Efringen-Kirchen
> S. 302

WEINGUT ZIMMERMANN

Bürgelnblick 1 – Auf dem Schliengener Berg
79418 Schliengen
> S. 303

ZOTZ

Staufener Straße 3
79423 Heitersheim
> S. 303

3LIS

Weinstraße 38
79295 Sulzburg
> S. 304

ALTE POST HEBELSTUBE

Posthalterweg / An der B 3
79379 Müllheim
> S. 304

AMBIENTE
Ballrechterstraße 8
79219 Staufen im Breisgau
> S. 304

BOMMELS
Koppengasse 10
79589 Binzen
> S. 305

DERWALDFRIEDEN
Dorfstraße 8
79674 Todtnau
> S. 305

DIE KRONE

Hauptstraße 30
79219 Staufen im Breisgau
> S. 305

BADEN-WÜRTTEMBERG

ECKERT
Baslerstraße 20
79639 Grenzach-Wyhlen
> S. 306

GASTHAUS SCHWANEN
Talstraße 9
79780 Stühlingen
> S. 306

GASTHAUS ZÄHRINGER HOF
Stohren 10
79244 Münstertal/
Schwarzwald
> S. 307

GENUSS-APOTHEKE
Schönaugasse 11
79713 Bad Säckingen
> S. 307

HIRSCHEN
Hauptstraße 69
79295 Sulzburg
> S. 307

HIRSCHEN BRITZINGEN
Markgräflerstraße 22
79379 Müllheim
> S. 308

KRONE
Hauptstraße 58
79576 Weil am Rhein
> S. 308

LA MAISON ERIC
Im Brühl 7
79295 Sulzburg
> S. 308

SPIELWEG
Spielweg 61
79244 Münstertal/
Schwarzwald
> S. 309

STORCHEN RESTAURANT
Felix-und-Nabor-Straße 2
79189 Bad Krozingen
> S. 309

TABERNA
Marktplatz 7
79379 Müllheim
> S. 309

RESTAURANT TEMPEL
Werderstraße 44
79379 Müllheim
> S. 310

TRAUBE BLANSINGEN
Alemannenstraße 19
79588 Efringen-Kirchen
> S. 310

🛏 HOTELS

ALTE POST
Posthalterweg / An der B 3
79379 Müllheim
> S. 311

**BRAUEREIGASTHOF
ROTHAUS**
★ ★ ★ s
Rothaus 2
79865 Grafenhausen
> S. 311

**DERWALDFRIEDEN
NATURPARKHOTEL**
★ ★ ★ ★
Dorfstraße 8
79674 Todtnau
> S. 312

DIE KRONE
Hauptstraße 30
79219 Staufen im Breisgau
> S. 312

**DORMITORIUM – HOTEL
AM KLOSTERGARTEN**
Klosterplatz 2
79295 Sulzburg
> S. 312

**ECKERT
FINE DINING | HOTEL**
★ ★ ★ ★
Baslerstraße 20
79639 Grenzach-Wyhlen
> S. 313

HOTEL KRONE
★ ★ ★ s
Hauptstraße 58
79576 Weil am Rhein
> S. 313

**HOTEL RESTAURANT
HIRSCHEN**
Hauptstraße 69
79295 Sulzburg
> S. 313

HOTEL SCHWARZMATT
★ ★ ★ ★ s
Schwarzmattstraße 6a
79410 Badenweiler
> S. 314

LANDHOTEL KRONE
★ ★ ★ ★
Hauptstraße 12
79423 Heitersheim
> S. 314

ROMANTIK HOTEL SPIELWEG
Spielweg 61
79244 Münstertal/
Schwarzwald
> S. 314

TRAUBE BLANSINGEN
Alemannenstraße 19
79588 Efringen-Kirchen
> S. 315

🥣 EINKAUFEN

AB-HOF-VERKAUF

OBSTHOF SEHRINGER
Hauptstraße 1a
79227 Schallstadt
> S. 316

FEINKOST

DORFLADEN BRITZINGEN
Markgräflerstraße 33
79379 Müllheim
> S. 316

VINOTHEKEN

**STAUFENER WEINLADEN
BY HEGER & FRIENDS**
Hauptstraße 24
79219 Staufen im Breisgau
> S. 316

Wein

Weingut Blankenhorn

Basler Straße 2,
79418 Schliengen
T +49 (0) 7635 82000
www.weingut-blankenhorn.de

👤 Martin und Yvonne Männer
🏠 Markus Weickert
🍷 Yvonne Männer
Rebfläche 25 ha

Yvonne und Martin Männer haben das traditionsreiche Weingut Blankenhorn mit einem umfassenden Um- und Ausbau ganz nach ihren Vorstellungen und damit sehr anspruchsvoll umgestaltet. Das Markgräflerland verfügt damit über einen weiteren auch architektonisch interessanten Anziehungspunkt, in dessen eigener Weinbar die zahlreichen Weine des VDP-Mitglieds verkostet werden können. Diese fokussieren sich in Hinblick auf die favorisierten Rebsorten hauptsächlich auf Gutedel und Burgundersorten. Letztere werden besonders für die Lagenweine verwendet.

Landweingut Brenneisen

Am Weiler Weg 2,
79588 Efringen-Kirchen
T +49 (0) 7628 8009 87
www.weingut-brenneisen.de

👤 Dirk Brenneisen
🏠 Dirk Brenneisen
🍷 Dirk Brenneisen
Rebfläche 9 ha
Gründung 2000

Hier im Herzen des Markgräflerlandes sprießen ganz typisch Gutedel und Spätburgunder in den Rebzeilen, auch Chardonnay, Weiß- und Grauburgunder dürfen nicht fehlen - so auch bei Quereinsteiger Dirk Brenneisen. In deren Ausbau setzt der ehemalige Werkzeugmacher ebenfalls auf Altbewährtes: Bis auf einen einzigen Einstiegswein werden alle Weine werden mitsamt der Hefe in Holzfässern gelagert und kommen ungeschönt und für Veganer geeignet in die Flasche. Über den Wein hinaus wird in der hauseigenen Destillerie Hochprozentiges gebrannt.

Hermann Dörflinger

Mühlenstraße 7,
79379 Müllheim
T +49 (0) 7631 2207
www.weingut-doerflinger.de

👤 Hermann Dörflinger
🏠 Hermann Dörflinger
🍷 Hermann Dörflinger jr. &
   Ansgar Schätzle
Rebfläche 20 ha
Gründung 1900

Klar und geradlinig in der Struktur sind die Weine des Weingutes Dörflinger. Alle Moste lassen Betriebsleiter Hermann Dörflinger und sein Sohn Hermann Dörflinger junior aus Überzeugung durchgären. Was auf die Flasche gefüllt wird, soll ein guter Essensbegleiter sein. Die Weinberge sind in den Lagen Pfaffenstück, Reggenhag und Sonnhalde in Müllheim sowie Römerberg in Badenweiler zu finden. Rund zwei Drittel sind mit weißen Rebsorten und ein Drittel mit Spätburgunder bepflanzt.

Schlossgut Ebringen

Schlossplatz 1,
79285 Ebringen
T +49 (0) 7664 6805
www.schlossgut-ebringen.de

🏠 Andreas Engelmann
🍷 Andreas Engelmann
Rebfläche 8 ha
Gründung 2004

„Unsere Weine bekennen Farbe und bringen das einzigartige Terroir elegant und feinfruchtig zur Geltung", sagt Betriebsleiter und Kellermeister Andreas Engelmann voller Inbrunst. Die Grundlage für die hohe Qualität der Weine sind vier besondere Gewanne am Ebringer Sommerberg. Sauvignon Blanc und Chardonnay gedeihen an kühlen West- und der Pinot Noir an warmen Südwesthängen. Letzteren baut Engelmann nach burgundischem Vorbild aus. Ein Aushängeschild des Betriebes ist auch der Crémant.

Winzerhof Ebringen

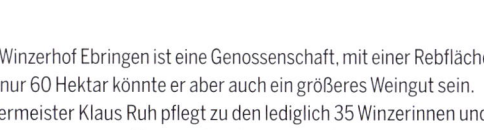

Sommerbergweg 1,
79285 Ebringen
T +49 (0) 7664 6350
www.winzerhof-ebringen.de

🍷 Klaus Ruh
Rebfläche 60 ha
Gründung 1951

Der Winzerhof Ebringen ist eine Genossenschaft, mit einer Rebfläche von nur 60 Hektar könnte er aber auch ein größeres Weingut sein. Kellermeister Klaus Ruh pflegt zu den lediglich 35 Winzerinnen und Winzern einen engen Kontakt. Dies kommt der Qualität der Weine sehr zugute, ebenso wie die meist nach Süden ausgerichteten Weinberge. Was viele nicht wissen: Die Albert-Ludwigs-Universität Freiburg hat am Munzinger Kapellenberg und am Freiburger Lorettoberg Reben. Ausgebaut werden die Weine in Ebringen.

Weingut Greiner

Bürgler Straße 48,
79418 Schliengen
T +49 176 3277 6202
www.weingut-greiner.com

👤 Maximilian Greiner
🏠 Maximilian Greiner
🍷 Maximilian Greiner
Rebfläche 2 ha
Gründung 2017

Der familiäre Obstbaubetrieb wurde zum Weingut, der studierte Önologe zum Gutsherrn. Seit 2017 keltert Maximilian Greiner seine Weine im eigenen Keller und legt großen Wert auf deren individuelle Charakteristik. Guter Wein entstehe durch Zeit, Holzfassausbau und gute Ideen, so der Winzer. Der Einsatz einer alten Korbpresse, heute vornehmlich bekannt aus der Champagnerproduktion, tut sein Übriges dazu, aus den biodynamisch angebauten Weißburgunder-, Chardonnay-, Gutedel-, Spätburgunder- und Schwarzriesling-Beeren das Bestmögliche herauszuholen.

Weingut Thomas Harteneck

Brezelstraße 15,
79418 Schliengen
T +49 (0) 7635 8837
www.naturwein-harteneck.de

👤 Thomas Harteneck
🏠 Thomas Harteneck
🍷 Christoph Fischer
Rebfläche 10 ha
Gründung 1997

„Zurück zu den Wurzeln und zur natürlichen Ursprünglichkeit", lautet das Motto des seit einem runden Vierteljahrhundert biodynamisch arbeitenden Winzers Thomas Harteneck. Gemeinsam mit Kellermeister Christoph Fischer und Team widmet sich Harteneck der Produktion ungeschönter, unfiltrierter und nur minimal geschwefelter Naturweine. Sei es ein Grauburgunder oder Cabernet Blanc im Gewand eines Orange Wine, eine badische Pet-Nat-Cuvée oder eine der zahlreichen Variationen vom Gutedel – jeder Wein soll seine individuelle Geschichte erzählen.

Weingut Heinemann

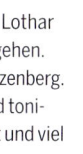

Mengener Straße 4,
79238 Ehrenkirchen
T +49 (0) 7664 6351
www.weingut-heinemann.de

👤 Lothar Heinemann
🏠 Lothar Heinemann
🛢 Lothar Heinemann
Rebfläche 18 ha
Gründung 1556

„Der Boden ist mein Erbe. Ich habe ihn nur geliehen", sagt Lothar Heinemann. Deshalb müsse man mit ihm sehr sorgsam umgehen. Das Weingut verfügt über einige der besten Steillagen am Batzenberg. Löss mit einem hohen Kalkgehalt, Verwitterungsgestein und toniger Lehm schaffen in Verbindung mit warmer Mittelmeerluft und viel Sonnenschein gute Voraussetzungen für gehaltvolle und finessenreiche Weine. Darüber hinaus setzt der Betrieb auf geringe Erträge von meist unter 50 Liter je Ar.

Franz Herbster

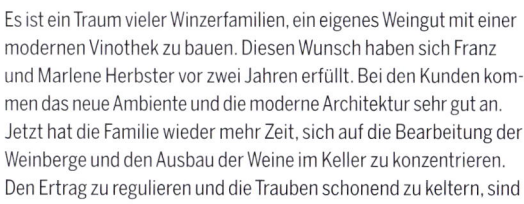

Krozinger Straße 36,
79238 Ehrenkirchen
T +49 (0) 7633 4067 095
www.herbster-weine.de

👤 Franz Herbster
🏠 Franz Herbster
🛢 Franz Herbster
Rebfläche 13 ha
Gründung 2006

Es ist ein Traum vieler Winzerfamilien, ein eigenes Weingut mit einer modernen Vinothek zu bauen. Diesen Wunsch haben sich Franz und Marlene Herbster vor zwei Jahren erfüllt. Bei den Kunden kommen das neue Ambiente und die moderne Architektur sehr gut an. Jetzt hat die Familie wieder mehr Zeit, sich auf die Bearbeitung der Weinberge und den Ausbau der Weine im Keller zu konzentrieren. Den Ertrag zu regulieren und die Trauben schonend zu keltern, sind wichtige Bausteine ihrer Philosophie.

BADEN-WÜRTTEMBERG

Weingut am Klotz

Auf der Festung 2,
79588 Efringen-Kirchen
T +49 (0) 7628 8057 090
www.weingut-am-klotz.de

👤 Familien Keller & Reinecker
Rebfläche 7 ha
Gründung 2019

Das im Jahr 2019 begonnene interfamiliäre Weinbauprojekt um Fritz und Friedrich Keller sowie Herbert und Steffen Reinecke schreitet voran. Die Lage am Isteiner Klotz mit seinem Korallenkalkboden hatte es den beiden Vater-Sohn-Gespannen angetan, sie sei das perfekte Zuhause für Gutedel und Burgunder, so die einhellige Meinung. Neben Cabernet Sauvignon sind es diese Rebsorten, die ihren Weg durch die namhaften Winzerhände in die Flaschen finden. Die Parzellen werden möglichst naturnah bewirtschaftet, im Keller wird nicht geschönt oder filtriert.

Weingut Lämmlin-Schindler

Müllheimer Straße 4,
79418 Schliengen
T +49 (0) 7635 440
www.laemmlin-schindler.de

👤 Gerd Schindler
🏠 Gerd Schindler
🍷 Friedhelm Maier &
Gerd Schindler
Rebfläche 21 ha
Gründung 1862

Den Ort Mauchen würde wahrscheinlich kein Mensch kennen, wenn dort nicht das Weingut Lämmlin-Schindler beheimatet wäre. Gerd Schindler hat 1995 das Weingut von seinen Eltern übernommen. Er hat großen Respekt vor der jahrhundertelangen Geschichte der Familie, ist jedoch auch offen für neue Entwicklungen. An oberster Stelle im Bio-Betrieb steht ein ausgeprägtes Qualitätsbewusstsein. Die Weine zeichnen sich neben ihrer eigenen Klasse auch dadurch aus, dass sie Lust auf ein zweites oder drittes Glas machen.

Markgräfler Winzer

Winzerstraße 2,
79588 Efringen-Kirchen
T +49 (0) 7628 91140
www.markgraeflerwinzer.de

🏠 Hagen Rüdlin
🍷 Martin Leyh
Rebfläche 900 ha
Gründung 1952

Die Markgräfler Winzer verstehen sich als „das dynamische Weinkollektiv im Markgräflerland". An Selbstbewusstsein hat es dem geschäftsführenden Vorstand Hagen Rüdlin noch nie gefehlt. Doch es gelingt ihm immer mehr, den Worten auch Taten folgen zu lassen. Vor allem der Gutedel hat qualitativ deutlich zugelegt, sogar im Einstiegsbereich. Doch das reicht Rüdlin nicht. Und so baut die Genossenschaft auch Weine aus Einzellagen aus, hinter denen viel Arbeit steckt und die vorzüglich munden.

Bioweingut Mißbach

Schönbergstraße 32,
79285 Ebringen
T +49 (0) 7664 6513
www.bioweingut-missbach.de

👤 Ralph und Petra Mißbach
🍷 Ralph Mißbach
Rebfläche 8 ha
Gründung 1758

Im Demeter-Weingut Mißbach richtet sich alles nach der Natur. „Besondere Weine entstehen, wenn Natur, Mensch und Handwerk im Einklang sind", zeigen sich Ralph und Petra Mißbach überzeugt. Ihr besonderes Augenmerk gilt den Böden, denn sie seien die Basis für ausdrucksstarke Weine. Seit dem Jahrgang 2020 werden alle Moste ausschließlich spontan vergoren. Eine Entscheidung, die sich gelohnt hat. Denn die Vergärung mit eigenen Hefen aus Weinberg und Keller verleiht den Mißbacher Weinen eindeutig mehr Individualität.

Weingut Noll

Kirchstraße 20a,
79426 Buggingen
T +49 (0) 160 9704 9293
www.weingut-noll.com

👤 Helmut Noll
Rebfläche 4 ha
Gründung 1987

Das 1987 gegründete Weingut steht für generationsübergreifendes Arbeiten. Winzermeister und Betriebsleiter Helmut Noll und Sohn Fabian, der nach seinem Bachelorabschluss in Weinbau und Önologie frischen Wind in die Produktion des elterlichen Guts bringt, packen in Weinberg und Keller gemeinsam an. Basis, Premium und Top heißen die drei Qualitätsstufen, die Vater und Sohn aus den für die Region typischen Rebsorten Spät-, Weiß- und Grauburgunder, Chardonnay und Gutedel keltern. Muskateller und Nobling komplettieren das Sortiment.

Weingut Rieger

Noblingstraße 13b,
79426 Buggingen
T +49 (0) 7634 2013
www.weingutrieger.de

👤 Philipp Rieger
🏠 Philipp Rieger
🍷 Markus Brauchle
Rebfläche 25 ha

Seit 2013 führt Philipp Rieger das Weingut seiner Eltern, die ihren Landwirtschaftsbetrieb Mitte der 1980er-Jahre auf die Produktion und Vermarktung von Wein spezialisierten. Im Keller bekommt der Familienbetrieb Unterstützung von außen: Kellermeister Markus Brauchle kümmert sich um die Vinifikation der nach Demeter-Kriterien angebauten Trauben. Deren Varianz ist hoch: Gutedel in verschiedenen Ausbauarten, u. a. als Chasselas aus dem Holzfass, trifft auf Muskateller, Burgunder, Merlot und Cabernet Sauvignon. Auch Alkoholfreies wird angeboten.

BADEN-WÜRTTEMBERG

Weingut Röschard

Breslauer Straße 75,
79576 Weil am Rhein
T +49 (0) 7621 74000
www.weingut-roeschard.de

👤 Gerd Röschard
🏠 Werner Röschard
🍷 Ralf Röschard
Rebfläche 8,5 ha
Gründung 2003

Der Weiler Schlipf ist durch seine exponierte Süd-Südwest-Steillage, das mediterrane Klima und den hohen Kalkgehalt des Bodens eine der Top-Lagen des Markgräflerlandes. Die Burgunderweine gelingen hier besonders elegant. Die sanft ansteigende und sehr sonnenreiche Haltinger Stiege bringt dagegen vor allem feinwürzigen Gutedel hervor. Dass naturnahes Arbeiten ganz oben in der Weingutsphilosophie steht, ist für die Röschards keine Frage. Handlese, konsequente Ertragsreduktion und Verzicht auf mechanische Pumpen sind wichtige Eckpfeiler dessen.

Privat-Weingut Schlumberger-Bernhart

Weinstraße 19,
79295 Sulzburg
T +49 (0) 7634 8992
www.schlumbergerwein.de

👤 Claudia Schlumberger-
Bernhart & Ulrich Bernhart
🏠 Claudia Schlumberger-
Bernhart & Ulrich Bernhart
🛢 Claudia Schlumberger-
Bernhart & Ulrich Bernhart
Rebfläche 9,5 ha
Gründung 1723

„Die Erzeugung von großen Weinen in kleinen Stückzahlen mit naturnaher Bewirtschaftung ist das Ziel unserer täglichen Arbeit", sagen Ulrich Bernhart und Claudia Schlumberger-Bernhart. Ihnen ist es wichtig, die meisten Arbeiten im Weinberg und im Keller selbst erledigen zu können, deshalb soll die Größe des Betriebes überschaubar bleiben. Die Weine präsentieren sich sehr puristisch, alle lässt Ulrich Bernhart durchgären. Auf 85 Prozent der Rebfläche wachsen Gutedel und Burgundersorten.

Weingut am Schlipf – Schneider

Lörracher Straße 4,
79576 Weil am Rhein
T +49 (0) 7621 72817
www.weingut-am-schlipf.de

👤 Claus Schneider
🏠 Johannes &
Christoph Schneider
🛢 Johannes &
Christoph Schneider
Rebfläche 17 ha
Gründung 1892

Johannes und Christoph Schneider haben eine klare Philosophie: Ihre Weine sollen möglichst unverfälscht und kompromisslos zeigen, wo sie herkommen – von den von Kalkstein geprägten Lagen am Tüllinger Berg. In dem Weingut, das sie in der sechsten Generation bewirtschaften, haben sie sich bewusst dafür entschieden, die alten Methoden der Weinbereitung beizubehalten. Die Weine sollen ohne große äußere Eingriffe reifen. Bei den Rebsorten gibt es eine klare Konzentration auf Gutedel und die noble Burgunder-Familie.

Weingut Schneider-Pfefferle

Kolpingstraße 7,
79423 Heitersheim
T +49 (0) 7634 2836
www.weingut-schneider-pfefferle.de

👤 Katharina &
Mathias Pfefferle
🏠 Katharina &
Mathias Pfefferle
Rebfläche 8,1 ha
Gründung 2001

Katharina und Mathias Pfefferle mögen es, ihren eigenen Weg zu gehen. Schon früh haben sie bei der Bearbeitung ihrer Weinberge auf Bio gesetzt und auch im Keller wird schon mal einiges anders gemacht als bei Kolleginnen oder Kollegen. Ihr Ziel ist es, individuelle Weine auf die Flasche zu bringen, in denen sich Klima und Boden widerspiegeln. Die nächste Generation steht in den Startlöchern. Tochter Leonie studiert nach einer Winzerlehre Weinbau und Kellerwirtschaft in Geisenheim.

Weingut Josef Walz

Hauptstraße 34,
79423 Heitersheim
T +49 (0) 7634 5530 30
www.weingut-walz.de

👤 Thomas Walz
🏠 Thomas Walz
🍷 Max Wolf
Rebfläche 17 ha
Gründung 1712

Thomas Walz ist ein Tausendsassa. Er managt nicht nur den rund 17 Hektar großen Betrieb, sondern engagiert sich in zahlreichen Gremien für das Markgräflerland und für ganz Baden. So ist er als Vizepräsident ein wichtiger Eckpfeiler des Badischen Weinbauverbands. Im Weinberg haben bei ihm biologische Bewirtschaftung und Nachhaltigkeit oberste Priorität. Im Keller setzt er auf trockene, aber dennoch fruchtbetonte und rebsortentypische Weine. Ein Weg, der immer mehr von Erfolg gekrönt ist.

BADEN-WÜRTTEMBERG

Fritz Waßmer

Lazariterstraße 2,
79189 Bad Krozingen
T +49 (0) 7633 3965
www.weingutfritzwassmer.de

👤 Fritz Waßmer
Rebfläche 38 ha
Gründung 1998

Glücklicherweise hat sich Fritz Waßmer nicht mit dem Anbau von Erdbeeren, Spargeln und Weihnachtsbäumen zufriedengegeben, sondern die Liebe zum Wein entdeckt. Heute besitzt er Weinberge in herausragenden Lagen im Markgräflerland, am Kaiserstuhl und im Breisgau, zum Beispiel den Schlossberg in Staufen, den Kaiserberg in Herbolzheim, den Roten Berg in Kenzingen und die Sommerhalde in Bombach. Zuerst brillierte Waßmer mit großen Rotweinen, heute gehören allerdings auch die Weiß- und Grauburgunder zu Badens Spitze.

Martin Waßmer

Am Sportplatz 3,
79189 Bad Krozingen
T +49 (0) 7633 15292
www.weingut-wassmer.de

👤 Martin Waßmer
🏠 Martin Waßmer
🍷 Martin Waßmer
Rebfläche 38 ha
Gründung 1997

Martin Wassmer gelingt es in seinem Weingut, nicht nur hervorragende Spätburgunder auf den Markt zu bringen, sondern auch Grau- und Weißburgunder sowie Chardonnays, die keinen Vergleich zu scheuen brauchen. Voraussetzungen dafür sind Weinberge in besten Lagen, eine strikte Begrenzung der Menge, viel Erfahrung und ein glückliches Händchen im Keller - all dies kann der Betrieb vorweisen. Dazu gesellt sich eine gesunde Portion Ehrgeiz, über die Martin Wassmer ohne Zweifel ebenfalls verfügt.

Weingut Zähringer

Johanniterstraße 61,
79423 Heitersheim
T +49 (0) 7634 5048 90
www.weingut-zaehringer.de

👤 Fabian Zähringer
🏠 Paulin Köpfer
🍷 Simon Höre
Rebfläche 55 ha
Gründung 1844

Die Politik fordert immer stärker den Anbau von pilzwiderstandsfähigen Rebsorten (Piwis). Im Weingut Zähringer gibt es diese schon sehr lange. Denn Betriebsleiter Paulin Köpfer ist ein Pionier des biologischen Weinbaus in Baden und ein unermüdlicher Kämpfer für mehr Biodiversität in den Weinbergen. Deshalb gehören zu einer Weinprobe bei den Zähringers nicht nur der Gutedel und die Burgundersorten, sondern auch beispielsweise Souvignier Gris, Viognier und Cabernet Franc.

Weingut Ziereisen

Markgrafenstraße 17,
79588 Efringen-Kirchen
T +49 (0) 7628 2848
www.ziereisen.de

👤 Hanspeter Ziereisen
🏠 Hanspeter Ziereisen
🍷 Hanspeter Ziereisen
Rebfläche 20 ha

Wer Ziereisen liest, denkt Gutedel und vice versa. Aus dieser vermeintlich schlichten Rebsorte keltert Hanspeter quer durch alle Qualitätsstufen – mit dem „Jaspis Gutedel 10hoch4" sogar im absoluten Spitzensegment – dieses Vorurteil widerlegende Weine. Gerade deshalb wurden nun 20.000 neue Gutedelreben aus über 100-jährigen Rebstöcken selektiert und in aufwendiger Einzelpfahlerziehung gepflanzt. Abseits des badischen Klassikers zeigt der gelernte Schreiner bei Syrah, Muskateller und den Burgundersorten sein über Jahre erarbeitetes Können.

Weingut Zimmermann

Bürgelnblick 1 –
Auf dem Schliengener Berg,
79418 Schliengen
T +49 (0) 7635 665
www.zimmermann-wein.de

👤 Karl-Ernst Zimmermann
🏠 Karl-Ernst Zimmermann
🛢 Karl-Ernst Zimmermann
Rebfläche 10,5 ha
Gründung 1985

Karl-Ernst Zimmermann ist die Frucht in seinen Weinen wichtig. Deshalb werden die Weißweine gezügelt vergoren, wie er es nennt. Dies gilt sowohl für den Gutedel als auch die Grau- und Weißburgunder. Die Rotweine werden auf der Maische vergoren und zu einem großen Teil im Barriquefass ausgebaut. Im Angebot des Weingutes sind auch ein roter Gutedel und ein grüner Markgräfler. Wer den Betrieb besucht, kann sich auf einen Ausblick auf die Rheinebene, den Schwarzwald und die Vogesen freuen.

Zotz

Staufener Straße 3,
79423 Heitersheim
T +49 (0) 7634 5082 20
www.weingut-zotz.de

👤 Martin, Michael &
Julian Zotz
🛢 Dennis Meindl
Rebfläche 95 ha
Gründung 1865

Mit Blick zum Heitersheimer Malteserschloss liegt das Weingut Zotz idyllisch am Ortsrand. Die Reben stehen überwiegend in der Lage Maltesergarten und sind geprägt von den fruchtbaren und tiefgründigen Böden aus Löss und Lehm. Der hohe Kalkgehalt sorgt für Eleganz wie auch für eine vielschichtige Aromatik. Vom Badenweiler Römerberg kommen zudem kräftige Burgunder. Der Betrieb hat eine große Sortenvielfalt, fühlt sich jedoch weiterhin dem Markgräfler Augapfel, dem Gutedel verpflichtet.

BADEN WÜRTTEMBERG

Gastronomie

3Lis

Weinstraße 38,
79295 Sulzburg
T +49 (0) 7634 6954 242
www.troislis.de

Im freundlich-hellen Landgasthof mit seinen beiden dezent modernisierten Stuben und den historischen Wandmalereien im Markgräfler Winzerort Laufen zeigte sich die mediterran-orientalische Fusionsküche von Sükrü Türker zuletzt stärker denn je. Vom hausgebackenen Laugenbrötchen mit schwarzem Sesam bis zu den Mignardises zum Kaffee, von türkischen Teigtaschen und orientalischem Linsenragout bis zur klassisch butterzart geschmorten Rinderbacke prägen handwerkliche Qualität und eine reduziert-elegante Präsentation das Menü.

Alte Post Hebelstube

Posthalterweg / An der B 3,
79379 Müllheim
T +49 (0) 7631 17870
www.alte-post.net

„Z' Müllen an der Post", wusste schon der namengebende Dichter Johann Peter Hebel (1760–1826), schmeckt der Wein und fließt in Strömen, ob in den gemütlichen Stuben am Kachelofen oder im lauschigen Innenhof – heute freilich gesittet und von Pierre-Marie Barrels badisch-französischer Küche begleitet. Dessen klug kompakte Karte repräsentiert die Region, etwa mit Rehmaultaschen mit feinem Biss und locker-aromatischer Füllung, ergänzt durch Abstecher in die weite Welt, sie verrät Anspruch und eine klassische Basis.

Ambiente

Ballrechterstraße 8,
79219 Staufen im Breisgau
T +49 (0) 7633 8024 42
www.restaurant-ambiente.com

Solche unkompliziert-sorgfältigen Kleinrestaurants haben in Frankreich Tradition, in Deutschland sind sie kostbare Raritäten: Monsieur in der Küche, Madame im Service, im Angebot eine gepflegte, unaufgeregte Küche ohne Folklore oder modische Mätzchen. Bei Melanie und Mathias Luiz wird frisch und leicht gekocht und stets so elegant wie klar angerichtet, die Weinkarte geleitet kundig sor tiert durch Baden und andere Anbaugebiete, die hauchzarten Gläser kommen makellos poliert auf den Tisch. Hierher müssten Berufsschul-Exkursionen führen!

Bommels

Koppengasse 10,
79589 Binzen
T +49 (0) 7621 7057 915
www.bommelsbachstuebli.de

Ausgerechnet im südbadischen Dreiländereck findet man authentische Pizza napoletana. Der Autodidakt Christian Brombacher lässt seinen Teig zwei volle Tage lang ruhen, heizt den Holzofen auf knapp 500 Grad und backt seine Pizzen, wie es sich gehört, kaum anderthalb Minuten. Seine Kreationen mögen seltsam benannt sein („Extrem lecker", „Käse ohne Ende"), erfreuen Puristen jedoch mit erstklassigen Zutaten: San-Marzano-Tomaten, Fior di latte, 'Nduja calabrese. Dazu ein Lasser vom Hahn und hinterher einen exzellenten Espresso!

derWaldfrieden

Dorfstraße 8,
79674 Todtnau
T +49 (0) 7674 9209 30
www.derwaldfrieden.de

> derWaldfrieden
   naturparkhotel   S. 312

Hoch oben, wo der Schwarzwald wieder licht und weit wird, steht dieser Vorzeigebetrieb – nachhaltig ohne Frömmelei, Gründungsmitglied der Naturparkwirte im Südschwarzwald, von Slow Food geadelt. Produkte und kulinarische Traditionen der Gegend bilden die Basis einer zeitgemäßen Regionalküche mit Wurstsalat, geschmorter Kalbshaxe, ab und zu einem Ausflug ins Exotische sowie einer weithin gerühmten Schwarzwälder Kirschtorte. Für die volle Erholung gibt's vis-à-vis ein preisgekröntes Spa-Haus.

Die Krone

Hauptstraße 30,
79219 Staufen im Breisgau
T +49 (0) 7633 5840
www.die-krone.de

> Die Krone   S. 312

Die alteingesessene, familiär-persönlich geführte Krone in der malerischen Staufener Altstadt wurde als Gasthaus bereits im Jahr 1520 erwähnt. Feine badische Regionalküche wird hier serviert, von Gänseleberterrine über Filet vom weißen Heilbutt in Zitronen-Kapern-Butter auf Blattspinat bis zum in Ahr-Spätburgunder geschmorten Rinderbäckle auf Karotten-Kartoffel-Stampf mit glasiertem Spitzkohl. Die Zutaten sind nach Möglichkeit regional, nicht selten von Bio-Betrieben.

Eckert

Baslerstraße 20,
79639 Grenzach-Wyhlen
T +49 (0) 7624 91720
www.eckert-grenzach.de

> Eckert
Fine Dining | Hotel   S. 313

Nicolai Wiedmer ist noch jung, doch hat man das Gefühl, er koche schon eine Ewigkeit im Eckert – lang genug jedenfalls, um seine sehr charakteristische Handschrift zu entwickeln und das Restaurant in der Spitzengruppe der Region Basel zu etablieren. So liebt er orientalische Aromen, ohne indes im sechsgängiges Menü östliche Gerichte direkt zu zitieren. Dabei zieht er kräftige Farben den Pastelltönen vor, bleibt aber immer elegant. Die stattliche Weinkarte zeugt von Sinn fürs Spezielle und vernachlässigt doch die Klassiker nicht.

© Janne Kern

Gasthaus Schwanen

Talstraße 9,
79780 Stühlingen
T +49 (0) 7744 5177
www.gasthaus-schwanen.de

In dritter Generation führen Alexandra und Markus Wekerle diesen freundlich-heimeligen Landgasthof mit badischen Gerichten, die von der Jahreszeit bestimmt und an blumengeschmückten Tischen serviert werden, etwa ein Zweierlei vom Wildschwein mit Gewürzrotkraut und Dinkel-Spätzle oder ein Rückensteak vom Weiderind unter Pommery-Senfkruste mit Kartoffelgratin. Nicht selten variiert Markus Wekerle die Heimatküche anhand seiner Erfahrungen in Ecuador und Sri Lanka.

Gasthaus Zähringer Hof

Stohren 10,
79244 Münstertal/
Schwarzwald
T +49 (0) 7602 256
www.zaehringerhof.de

Oben auf dem Stohren, mit Blick über Münstertal und Rheinebene bis zu den Vogesen, bringt Christoph Riesterer in dritter Generation badische Klassiker in höchster Qualität auf den Tisch – allein die zugleich röschen und zarten Brägele (hochdeutsch: Bratkartoffeln) wären schon die Anreise wert. Darüber hinaus gibt's mal eine Brust vom Schwarzfederhuhn auf Spargelrisotto, mal einen Rehrücken unter der Haselnusskruste mit wildem Brokkoli und Kartoffel-Sellerie-Püree.

Genuss-Apotheke

Schönaugasse 11,
79713 Bad Säckingen
T +49 (0) 7761 9333 767
www.genuss-apotheke.de

Der Name trügt zum Glück: Das Fünf- bis Sieben-Gänge-Menü von Raimar Pilz wirkt keineswegs pharmazeutisch, sondern naturnah-individuell. Diese Qualität zeigt sich schon beim Brechen des herrlichen Sauerteigbrots, danach zum Beispiel an texturell interessanten Kürbis-Variationen mit Zwetschgen-Essig-Sorbet, Petersilienerde und Walnuss-Emulsion oder mutig knapp gegartem Hirsch mit äußerst schmackhafter Maiscreme, etwas Rotkohl und Senfkresse, ergänzt durch bittersüße Noten von Vogelbeeren.

Hirschen

Hauptstraße 69,
79295 Sulzburg
T +49 (0) 7634 8208
www.douce-steiner.de

Auf klassischer Basis kocht Douce Steiner mit zeitgemäßer Leichtigkeit und Frische so durchgängig animierend, dass die Vorfreude auf den nächsten Teller auch bei großen Menüs bis zum Dessert anhält, etwa von zartem Kürbisflan mit Trüffeljus als Gruß aus der Küche über die Verbindung einer aromatischen Langoustine royale mit cremigem Kalbsbries auf mariniertem Spitzkraut bis zu einer herbstlich-frischen Interpretation von Apfel, Birne, Quitte und Zimtblüte. Schauplatz ist einer der schönsten Landgasthöfe der Republik – hell, warm, herzlich.

Hirschen Britzingen

Markgräflerstraße 22,
79379 Müllheim
T +49 (0) 7631 5457
www.hirschen-britzingen.de

„Fein, regional, bodenständig" soll die Küche sein, so hat man es sich hier auf die Fahnen und die Website geschrieben – und hält Wort! Sorgfältiger als in diesem Vorzeige-Gasthaus werden die badischen Klassiker kaum irgendwo gepflegt, von der goldenen Brühe über feinen Ochsenmaulsalat bis zu röschen Brägele, und auch in den Kategorien Schnitzel, Forelle oder Schäufele bietet Martin Schumacher in vierter Generation Referenzqualität. Seine Stammgäste danken es ihm, ohne Reservierung geht nichts.

Krone

Hauptstraße 58,
79576 Weil am Rhein
T +49 (0) 7621 78963
www.kroneweil.de

> Hotel Krone   S. 313

Im elegant modernisierten Landhotel in Rufweite von Fondation Beyeler und Vitra Campus kocht Peter Prüfer naturnah und produktorientiert, ein bisschen zeitgeistig und vor allem handwerklich substantiell: Kabeljau im Safransud mit Kürbis-Crunch, Challans-Entenbrust mit Pfefferjus oder auch eine klassische Oxtail mit Ochsenschwanz-Raviolo. Schön einfallsreich ist das vegane Sechs-Gänge-Menü, mal regional (Wintergemüse „Südbaden" – Frisée, Traubenkernöl, Meerrettich), mal weltläufig (Linse, Petersilienwurzel, Wirsing mit Curry).

la maison Eric

Im Brühl 7,
79295 Sulzburg
T +49 (0) 7634 6110
www.la-maison-eric.de

Während die meisten Gourmetlokale nur noch abends öffnen – so auch, nur einen Steinwurf entfernt, das berühmte Hirschen –, beschränkt sich im hübschen Fachwerkhaus das lang bewährte Duo Dagmar Hauck am Herd und Eric Grandgirard im Service auf ein kleines, animierendes Mittagsmenü sowie den nachmittäglichen Café-Betrieb. Gekocht wird so klassisch wie sorgfältig, etwa lauwarmer Kartoffel-Linsen-Salat mit Kabeljau und Senfsauce, ein Erbsensüppchen mit Jakobsmuscheln oder Entenbrust auf einer dichten Rotweinjus.

Spielweg

Spielweg 61,
79244 Münstertal/
Schwarzwald
T +49 (0) 7636 7090
www.spielweg.com

> Romantik Hotel
  Spielweg   S. 314

Am heimischen Herd mitten im Traumschwarzwald macht Viktoria Fuchs trotz neuer Fernsehprominenz keine Abstriche. Viele Zutaten kommen aus der Nähe, die Ideen teils aus badischer Tradition, teils aus Asien. Käse und Wurst stellt der Senior Karl-Josef Fuchs selbst her. Keine Küche der zarten Akkorde, aber das passt perfekt zur munteren Stimmung in der Stube. Wenn auf Flädlesuppe, Wildschwein-Dim-Sum und Thai-Curry mit Wildentenbrust ein feines Dessert folgt, ist das Johannes Schneiders Verdienst: Der Partner von Viki Fuchs ist gelernter Konditor.

Storchen Restaurant

Felix-und-Nabor-Straße 2,
79189 Bad Krozingen
T +49 (0) 7633 5329
www.storchen-schmidhofen.de

Mit unaufgeregter Substanz und souveränem Handwerk überzeugen Fritz und Jochen Helfesrieder im familieneigenen Vorzeigegasthof. Einen bretonischen Hummer mit schönem Eigengeschmack, eleganter Melonen-Süße und einer luftigen Krustentier-Bisque bringen Vater und Sohn ebenso perfekt gegart auf die weiß eingedeckten Tische in der hellen Stube wie ein auf der Haut gebratenes Filet vom Rheinzander auf lauwarmem Salat von Bulgur, grünem Spargel und Safrangemüse oder badische Kutteln von perfektem Biss in buttrigem Sud.

Taberna

Marktplatz 7,
79379 Müllheim
T +49 (0) 7631 1748 84
www.taberna-restaurant.de

Dieses kleine Weinbistro entzieht sich in Angebot und Anmutung konsequent der südbadischen Behäbigkeit. Stattdessen setzt man hier auf eine frische, weltläufige Küche mit regionalen Einsprengseln und wagt gar, eine nennenswerte Zahl südafrikanischer Weine auf die Karte zu setzen. Das hat auch deswegen Erfolg, weil der Brite Tom Birks derzeit der beste Koch zwischen Sulzburg und Blansingen ist und handwerklich tadellose Kleinigkeiten voller Geschmack und Substanz auf die blanken Holztische schickt.

Restaurant Tempel

Werderstraße 44,
79379 Müllheim
T +49 (0) 7631 9367 844
www.tempel.restaurant

Kein Missverständnis bitte – das muntere Restaurant heißt nach der neoklassizistischen Fassade des Sparkassenbaus und will keineswegs das Klischee vom „Gourmet-Tempel" bedienen. Gut isst man hier trotzdem: saubere regionale Produkte, solides Handwerk, zurückhaltende Kalkulation. Abends schickt Matthias Höhne allerlei Zwischengang-Portionen aus der Küche, vom halbflüssig gebackenen Ei auf Cremespinat und Nussbutterpüree mit Pfefferschaum bis zu saftigem Pulled Pork vom Schäufele mit Zwiebelchutney und Senfmayo.

Traube Blansingen

Alemannenstraße 19,
79588 Efringen-Kirchen
T +49 (0) 7628 9423 780
www.traube-blansingen.de

> Traube Blansingen   S. 315

Müssten wir die Küche der Traube mit einem Wort charakterisieren, dann wäre das „Präzision" – Zubereitungen, Garstufen und vor allem die Optik sind bei Brian Wawryk immer makellos. All das brächte freilich wenig, stimmte nicht ebenso der Geschmack in den nordisch getönten, vom jahreszeitlichen Angebot des Markgräflerlands bestimmten Gerichten des kreativen Kanadiers. Auf Augenhöhe damit ist die restlos originelle Weinbegleitung von Daniela Hasse: Alles, was sie einschenkt, fällt im positiven Sinn aus der Norm.

BADEN-WÜRTTEMBERG

Hotels

Alte Post

Posthalterweg / An der B 3,
79379 Müllheim
T +49 (0) 763 117 870
www.alte-post.net

Ein Haus mit Geschichte: Die Alte Post, inmitten der Weinregion Markgräflerland gelegen, wurde bereits im 18. Jahrhundert erbaut und versprüht noch heute viel von dem Charme alter Tage, wobei bei der Fokus heute klar auf Nachhaltigkeit liegt. 1990 avancierte das Haus zum ersten Umwelthotel Deutschlands, 2006 wurde das Bio-Hotel EMAS-zertifiziert. Je nach Typ stehen dem Gast unterschiedliche Arrangements zur Verfügung, auch in Sachen Kulinarik ist das familiengeführte Haus eine Reise wert.

Brauereigasthof Rothaus

★★★s

Rothaus 2,
79865 Grafenhausen
T +49 (0) 7748 5229 600
www.rothaus.de

Inmitten des südlichen Schwarzwalds gelegen, bietet das Haus auf dem Gelände der Staatsbrauerei Rothaus in Grafenhausen rustikal-modern eingerichtete Zimmer. Besonders für Ausflügler – ob im Winter oder Sommer – ist das Haus ein beliebter Ausgangspunkt, Schluchsee, Titisee und Feldberg sind in kurzer Zeit zu erreichen. Nach der Rückkehr kann man von einem der Balkone, über die manche Zimmer verfügen, einen herrlichen Ausblick auf die Schweizer Alpen genießen. Mit einem Glas Bier in der Hand, versteht sich.

derWaldfrieden naturparkhotel

★★★★

Dorfstraße 8,
79674 Todtnau
T +49 (0) 7674 920 930
www.derwaldfrieden.de

> derWaldfrieden   S. 305

1889 als Bauernhaus erbaut, formte Familie Hupfer das Hotel im Hochschwarzwald nach und nach zu einem Juwel der Region um. Heute ist das mit viel Liebe zur Natur gestaltete, architektonisch moderne Refugium inmitten von Wäldern und grünen Wiesen ein beliebter Rückzugsort für Wellnessurlauber und Naturliebhaber. Kulinarisch bietet Volker Hupfer seinen Gästen regionale Köstlichkeiten mit Raffinesse.

Die Krone

Hauptstraße 30,
79219 Staufen im Breisgau
T +49 (0) 7633 5840
www.die-krone-staufen.de

> Die Krone   S. 305

Das alteingesessene, familiär geführte Hotel in der Staufener Altstadt verfügt über traditionell eingerichtete Zimmer, die teilweise einen eigenen Balkon haben, und ist ein idealer Ausgangspunkt für Rad- oder Wandertouren im Hochschwarzwald. Traditionell geht es auch im dazugehörenden Gasthaus zu, das 1520 erstmals urkundlich erwähnt wurde – hier wird vorderhand feine badische Regionalküche angeboten.

Dormitorium – Hotel am Klostergarten

Klosterplatz 2,
79295 Sulzburg
T +49 (0) 763 48992
www.dormitorium-sulzburg.de

Das Hotel ist nicht nur ob seiner Lage im romantischen Sulzburg im Markgräflerland ein echter Hotspot in der Gegend, auch die insgesamt zehn Zimmer (neun Doppel-, ein Einzelzimmer) sind dank der liebevollen Restauration durch die Hausherrin eine echte Reise wert. Zum Hotel gehört obendrein ein kleines Weingut, das sich seit über 500 Jahren mit viel Leidenschaft dem ökologischen Weinanbau und -ausbau widmet.

BADEN-WÜRTTEMBERG

Eckert
Fine Dining | Hotel

★ ★ ★ ★

Baslerstraße 20,
79639 Grenzach-Wyhlen
T +49 7624 917 20
www.eckert-grenzach.de

> Eckert   S. 306

Das stilvolle Hotel im Besitz der Familie Wiedmer genießt eine ruhige Lage in Grenzach-Wyhlen unweit der Schweizer Grenze. Die 44 Zimmer sowie die beiden Suiten sind elegant und im Wohnbereich mit Holzböden ausgestattet. Im hauseigenen Restaurant – und der aus den 1930er-Jahren stammenden Gaststube – gibt mit Rainer P. Wiedmer kein Unbekannter den Ton an. Und: Die Weinkarte umfasst mehr als 450 Positionen.

Hotel Krone

★ ★ ★ s

Hauptstraße 58,
79576 Weil am Rhein
T +49 (0) 7621 1542 698
www.kroneweil.de

> Krone   S. 308

Nicht weit von der Grenze zur Schweiz und zu Frankreich gelegen, bietet das Hotel in der Altstadt von Weil am Rhein höchsten Komfort und zeitlose Eleganz. Die alten Zimmer wurden im Stil eines jahrhundertealten Wirtshauses belassen und um eine edle und individuelle Inneneinrichtung ergänzt. Die neuen Zimmer beeindrucken durch die Verwendung von natürlichen Materialien (Lehmwände) und geben durch die bodenhohe Verglasung einen schönen Blick über die Dächer der Stadt frei.

Hotel Restaurant
Hirschen

Hauptstraße 69,
79295 Sulzburg
T +49 (0) 7634 8208
www.douce-steiner.de

Ein kleines Haus mit großer Gastronomie – das ist der Hirschen in Sulzburg, im Landkreis Breisgau-Hochschwarzwald, wo Hausherrin Douce Steiner ihr Gäste mit Hingabe kulinarisch verwöhnt, aber auch im hauseigenen Hotel eine klar Linie verfolgt. Um der Zeit die Eile zu nehmen, verfügt keines der klassisch-elegant eingerichteten Zimmer über Fernseher oder Internet.

Hotel Schwarzmatt

★★★★ s

Schwarzmattstraße 6a,
79410 Badenweiler
T +49 (0) 763 2820 10
www.schwarzmatt.de

Das Relais & Châteaux Hotel im Besitz der Familie Mast-Bareiss liegt ruhig und mitten im Grünen, am Rande des Thermal-Kurortes Badenweiler im sonnigen Markgräflerland und ist das Schwesternhotel des Bareiss in Baiersbronn. Die Zimmer und Suiten sind im eleganten Landhausstil gehalten und in verschiedenen Kategorien buchbar, zum Haus gehört mit „Sano e Salvo" auch ein umfangreicher Wellnessbereich mit Indoor-Pool, Saunalandschaft, Kosmetik und Massage.

Landhotel Krone

★★★★

Hauptstraße 12,
79423 Heitersheim
T + 49 (0) 763 4510 70
www.landhotel-krone.de

Die Geschichte des Hauses reicht bis ins Jahr 1618 zurück, zumindest erschien es damals erstmals in den Geschichtsbüchern. Heute zeugen alte, tragende Holzbalken im Restaurant, dem ältesten Teil des Hauses, von der langen Tradition, während im Hotel moderne Gemütlichkeit den Ton angibt. Insgesamt 14 Zimmer befinden sich im Haus, darüber hinaus gibt es einen beheizten Pool sowie eine Sonnenterrasse.

Romantik Hotel Spielweg

Spielweg 61,
79244 Münstertal/
Schwarzwald
T +49 (0) 7636 7090
www.spielweg.com

Bereits in der sechsten Generation verwöhnt die Familie Fuchs ihre Gäste inmitten des idyllischen Südschwarzwalds. Die Zimmer und Suiten sind großzügig bemessen und geben einen schönen Blick auf so manchen Schwarzwaldgipfel frei. Auch in der Küche haben die Familienmitglieder das Sagen: Während Karl-Josef Fuchs unter anderem hervorragende Wildgerichte zaubert, zeigt seine Tochter Viktoria gemeinsam mit Johannes Schneider, wie viel Geschmack in regionalen Produkten steckt.

> Spielweg   S. 309

Traube Blansingen

Alemannenstraße 19,
79588 Efringen-Kirchen
T +49 (0) 7628 9423 780
www.traube-blansingen.de

> Traube Blansingen   S. 310

Auch nach dem Besitzerwechsel Anfang 2022 bleibt das Haus Anlaufstation für Genussfreunde aller Art: Nach einem Dinner im ausgezeichneten Restaurant kann man in einem der neun modern eingerichteten Zimmer nächtigen und vom Fenster aus die alten Rebstöcke bewundern, die das Landhaus aus dem Jahr 1811 umringen. Zum Verweilen laden auch der schöne Innenhof und die Lounge ein, zum Entspannen die hauseigene Sauna.

Einkaufen

AB-HOF-VERKAUF

Obsthof Sehringer

Hauptstraße 1a,
79227 Schallstadt
T +49 (0) 176 7016 7745
www.obsthof-sehringer.de

Äpfel, Kirschen, Zwetschgen und Spargel werden auf diesem Hof schon in der fünften Generation angebaut und direkt vermarktet. Zum Angebot gehören aber auch Fruchtsäfte, Apfelwein und selbst destillierte Edelbrände. Einkaufen kann man im Hofladen, in dem auch eigene Backwaren angeboten werden. Auf der Kaffeewiese lässt sich eine Rast einlegen. Kirschen, Äpfel, Birnen und Zwetschgen können je nach Saison auch selbst gepflückt werden.

FEINKOST

Dorfladen Britzingen

Markgräflerstraße 33,
79379 Müllheim
T +49 (0) 7631 7490 170
www.dorfladengenossenschaft-britzingen.de

Der Dorfladen wird genossenschaftlich auch mithilfe vieler Ehrenamtlicher geführt und bietet in seinem regionalen Sortiment nicht nur Obst, Gemüse, Käse, Fleisch, Wein, Seifen, Schokolade, Konserven oder Kaffee, sondern auch ein kleines Café mit Terrasse, auf der Frühstück, Vesper oder Kaffee und Schwarzwälder Kirschtorte serviert werden. Rund um den Laden gibt es viele Veranstaltungen mit Kultur und Weingenuss, freitagabends gibt es immer Flammkuchen und Wein.

VINOTHEKEN

Staufener Weinladen by Heger & friends

Hauptstraße 24,
79219 Staufen im Breisgau
T +49 (0) 7633 9217 367
www.heger-weine.de

Weine aus Deutschland, Frankreich, Portugal, Spanien und Italien sind im „Wii-Lädele" vom Weingut Heger aus dem Kaiserstuhl im Angebot. Hier im Herzen von Staufen gibt es aber auch Gewürze, Gläser, Brände und Accessoires rund um den Weingenuss.

Baden

Wein aus dem Garten Deutschlands.

 Die Weinregion Baden ist eine geschützte Ursprungsbezeichnung.

badischerwein.de/gU

BODENSEE & OBERSCHWABEN

Von einer roten Zwiebel, einem Meer und dem höchsten Wein

Von Anke Kronemeyer

Größtes deutsches Binnengewässer, drittgrößter See Europas, 63 Kilometer lang, 395 Meter über dem Meeresspiegel, mit Obersee und Untersee 536 Quadratkilometer groß: Das sind die Eckdaten des **Bodensees**, den sich politisch Bayern und Baden-Württemberg teilen. Er wird auch das **„Schwäbische Meer"** genannt, aber das wiederum hören nicht alle so gerne. Wer am Bodensee lebt, fühlt sich nicht wirklich als Schwabe, sondern eher als – na ja, als ein internationale Bodensee'ler halt. Inmitten einer Vier-Länder-Region: Deutschland, Österreich, Schweiz und Liechtenstein grenzen an den See.

Nichts. Kein Geräusch. Absolute Stille. Der See liegt vor uns, die Pflanzenwelt der Insel Mainau hinter uns. Hier hört man – nichts. Unfassbar. Doch, da. Jetzt brummt es weit aus der Ferne. Aber auch das ganz leise. Ein Zeppelin bewegt sich von Ost nach West, überfliegt den See. Nostalgisches Reisen. Der Zeppelin ist am Bodensee zu Hause – wie so vieles andere. Der rote Apfel, der Nebel über dem See, der Langmut, die Entschleunigung, der blaue Himmel, die weißen Wolken. Klingt irgendwie nach einem Paradies.

Vielleicht ist es das. Auf jeden Fall eine Region, die zu entdecken sich lohnt, die dazu einlädt, auf der Autofähre von Konstanz nach Meersburg in Urlaubsatmosphäre zu kommen, sich die sanft hügelige Landschaft mit Fernblick bis in die Schweiz anzusehen, Stopp in Überlingen oder Hagnau zu machen, hier eine Gasse mit kleinen Geschäften zu entdecken, dort einen Schoppen Weißherbst oder Müller-Thurgau und/oder einfach nur den Ausblick über den See genießen, der in weiter Ferne am Alpenpanorama endet.

Sobald man sich dem See nähert, stellt sich sofort ein mediterranes Lebensgefühl ein. Natürlich vor allem in den wärmeren Monaten, aber auch im Herbst oder im knackig-kalten Winter hat der See seinen Reiz. Im Sommer lockt er zum Sonnenbad, zum Ausflug mit dem Segel- oder Motorboot oder sogar der eigenen Yacht, zum Surfen oder Tauchen. Dann kann es in den Orten, die direkt am Wasser liegen, auch schon mal trubelig werden. In den kalten Monaten freut man sich auf einen Besuch in einer der Thermen, über Bewegung an der frostig-frischen Luft, über das erste leichte Eis auf dem Wasser, das aber nur selten begehbar ist. Unabhängig davon, zu welcher Jahreszeit man seine Freizeit am Bodensee verbringt: Nicht nur das Wasser ist reizvoll, sondern auch der ein oder andere Ausflug etwas weiter ins Land. Konstanz ist mit seiner komplett erhaltenen Altstadt immer einen Besuch wert, mit der Fähre geht es von dort ins idyllische Meersburg, ebenfalls ein hübscher Ort, von dem aus man entspannt nach Überlingen und ins Weinanbaugebiet rund um Hagnau weiterfahren kann. Aber auch die Zeppelinstadt Friedrichshafen oder Radolfzell, bekannt für die Mettnau-Kur, bieten sich an. Wer sich bei seiner Tour sportlich betätigen will: Der Bodensee-Radweg ist stolze 259 Kilometer lang. Zu viel für einen Tag, auch mit dem E-Bike, aber vielleicht Motivation, immer mal wieder in einem der Gasthöfe, Hotels oder Restaurants mit regionaler Speisekarte einzukehren.

Wer auf dem Weg durch die Lande genau hinschaut, findet in der leicht hügeligen Landschaft auch immer wieder Weinberge. Denn der Weinbau spielt eine große Rolle rund um den See. Schon im 12. Jahrhundert, wenige Jahre nach Gründung des Klosters Salem, begannen die Zisterzienser mit dem Weinanbau. Als im 18. Jahrhundert ein Orgelbauer aus Dijon beauftragt wurde, ein solches Instrument in Salem zu bauen, kamen auch die ersten Reben aus dem Burgund nach Salem und legten den Grundstein für einen der besten Spätburgunder aus der Bodenseeregion. Ein kleiner Rekord: Am Südwesthang des Hohentwiel liegen die höchsten Weinberge Deutschlands – auf einer Meereshöhe von gut 560 Metern. Apropos Wein: Im Vineum im früheren Heilig-Geist-Spital in Meersburg kann man einen interaktiven Rundgang durch die Kulturgeschichte des Weins erleben. Mit Verkostung vor Ort übrigens. Und damit wären wir beim Thema Genuss. Der handelt von einem knallroten Bodensee-Apfel, von ganz besonderen, ebenfalls roten Zwiebeln von der Halbinsel Höri, von Fischen direkt aus dem See oder von gesundem Gemüse von der Insel Reichenau.

So ist der Bodensee seit Jahrzehnten berühmt für seinen Fischbesatz. Der **Bodensee-Felchen** galt lange als besondere Delikatesse. Aber: Es werden schon seit

Der Weinbau spielt schon seit dem 12. Jahrhundert eine wichtige Rolle am Bodensee.

Jahren weniger Felchen gefangen, weil es immer weniger Nährstoffe im See gibt. Der See wurde über die Jahrzehnte nach und nach sauberer, sodass die Tiere weniger Nahrung finden. Das wirkt sich auf die Fangquote aus. Und es gibt sogar Jahre, in denen so wenige Felchen herausgeholt werden, dass sie – um die Nachfrage vor allem aus den Restaurants zu decken – aus dem Ausland importiert werden müssen. Berühmt ist aber auch der **Bodensee-Apfel**, der in diesem sonnigen Voralpenklima beste Bedingungen hat. Er strahlt meist in leuchtendem Rot von den Bäumen und verlockt direkt zum Anbeißen. Wie gut, dass an vielen Straßenecken Kisten mit Apfeltüten stehen, die man ins Auto laden kann. Apfelbäume stehen auf fast 90 Prozent der gesamten Obstanbaufläche nördlich des Sees. Rund 1400 Bauern ernten im Jahr insgesamt mehr als 250.000 Tonnen. Apfelbäume wachsen seit mehr als 1000 Jahren am nördlichen See, zunächst nur einzelne Exemplare vor allem in den Gärten der wohlhabenden Fürsten und Klöster. Ein Apfel galt als Luxus. Erst im 18. Jahrhundert wurden aufgrund eines Dekrets von Friedrich dem II. mehr Äpfel angebaut und damit auch als „Gemeingut" verzehrt. Denn der Apfel galt als Symbol eines gut regierten Landes.

Beste Bedingungen hat aber auch die Zwiebel, die hier Höri-Bülle heißt und ebenfalls rot ist. Eigentlich stammt sie aus Kalabrien, wurde aber vor mehr als 1200 Jahren auf der Halbinsel Höri angepflanzt und bekam so ihren Namen. „Bülle" stammt vermutlich vom Wort „zwiebolle". Weil die **Höri-Bülle** so empfindlich ist, wird sie ausschließlich per Hand geerntet. Der Bodensee'ler genießt sie am liebsten roh im Wurstsalat oder zum Felchen, es gibt aber auch Rezepte für Zwiebel-Pizza. Dazu wird dann ein Glas „süeßa Moscht" getrunken. Fehlt nur noch das **Gemüse**, das auf der Insel Reichenau, der größten Bodensee-Insel, wächst. 724 wurde dort ein Benediktiner-Kloster gegründet, 818 erst Wein, später dann Gemüse angepflanzt. Dank des milden Mikroklimas entwickelte sich die Insel zu Deutschlands Gemüse-Insel Nummer eins, auf der nicht nur Tomaten und Paprika, Gurken, Salate oder Brokkoli und Zucchini wachsen. Aber nicht nur deswegen ist sie beliebtes Reiseziel. Auch die romanischen Kirchen des Klosters Reichenau locken die Besucher auf diese wunderbare Halbinsel, die auch UNESCO-Weltkulturerbe ist.

Den Bodensee vorzustellen, ohne den touristischen Hotspot, die Insel Mainau, zu

Der Bodensee und weite Teile Oberschwabens gehören seit mehr als zehn Jahren zum UNESCO-Welterbe.

erwähnen? Nicht vorstellbar. Denn diese Insel, 45 Hektar groß, lockt im Jahr nicht nur rund eine Million Gäste an, sondern steht für eine gigantische Vielfalt an Flora und Fauna, die ihresgleichen sucht. 1951 baute Graf Lennart Bernadotte das Areal zu einem wahren Blumenparadies um, das mitsamt dem barocken Schloss aus dem 18. Jahrhundert nach wie vor im Familienbesitz ist und sorgfältig und zugleich visionär von seinen Kindern Bettina und Björn in seinem Sinn weiterentwickelt wird. Je nach Jahreszeit blühen dort Meere von Tulpen, Narzissen, Hyazinthen, Rosen oder Dahlien, laden Schmetterling- und Palmenhaus zu kleinen Touren ein, kann man stundenlang durch die Anlagen spazieren gehen und einfach nur die prachtvolle Natur direkt am Bodensee genießen.

Zur Region rund um den Bodensee gehört übrigens auch Oberschwaben, zu dem wiederum der westliche Zipfel des Allgäus, das Württembergische Allgäu, gerechnet wird. Dort findet man viele Moore als Hinterlassenschaft der Eiszeit, Moorheilbäder laden jedes Jahr viele Kurende ein. In Oberschwaben locken zudem prächtige Sakralbauten auch in vielen kleinen Orten. Eiszeitnatur und Barockkultur treffen hier in einer wunderbaren Kombination aufeinander. Der Bodensee und weite Teile Oberschwabens gehören seit mehr als zehn Jahren zum UNESCO-Welterbe. Grund: der Fund von prähistorischen Pfahlbauten, die an 100 Stellen entdeckt wurden und Zeugnis geben vom Alltag und den Lebensbedingungen der Menschheit vom 5. bis zum 1. Jahrtausend vor Christus. Das größte Pfahlbautenmuseum befindet sich am nördlichen Seeufer, in Unteruhldingen.

WEITERE INFORMATIONEN
www.bodensee.eu
www.bodensee.de

BADEN-WÜRTTEMBERG

beigestellt

BADEN-WÜRTTEMBERG

Heike Maria Winder

Schon eine Stunde vor Sonnenaufgang holt Heike Maria Winder die Netze ein, die sie am Vorabend ausgelegt hat. Hauptsächlich fängt sie **Bodenseefelchen, Barsche, Seeforellen, Hechte und Seesaiblinge**. Sie lebt direkt am See und in ihrer Familie hat die Bodenseefischerei Tradition. Leider gehen immer weniger Fische ins Netz. Als sie 1995 mit der Fischerei begann, gab es noch 175 Lizenzen, heute ist sie **eine von 60 Fischern am Bodensee**. Nur wenige unter ihnen sind Frauen.

EMPFEHLUNGEN

Bergstüble Höchsten

Rubacker 16,
88693 Deggenhausertal
T +49 (0) 7555 9198 00
Das Bergstüble Höchsten ist
ein uriges Blockhaus, das nach
einer tollen Wanderung zum
Rasten abseits vom Trubel einlädt. Die außergewöhnliche
Panoramasicht bis über den See
ist sensationell. Für Kinder gibt
es einen großen Spielplatz.

Zur Winzerstube

Seestraße 1,
88709 Hagnau am Bodensee
T +49 (0) 7532 4948 617
www.zur-winzerstube.de
Die Winzerstube ist perfekt für
ein romantisches Dinner in
ruhiger Atmosphäre mit Post-
karten-Abendrot. Die Lage direkt am Bodenseeufer ist traumhaft, die Küche phänomenal –
und nebenbei kann man von der
Terrasse aus die Fischer bei
der Arbeit beobachten.

Weingut Röhrenbach

Wolfgangweg 18,
88090 Immenstaad
am Bodensee
+49 (0) 7545 94140
www.roehrenbach.de
Das Weingut Röhrenbach liegt
idyllisch im Weinberg und hat
eine lange Tradition. In der Familie wurden die ersten Müller-
Thurgau-Reben am deutschen
Seeufer angepflanzt, die zuvor
aus der Schweiz mit einem Ru-
derboot geschmuggelt werden
mussten. Es gibt hier interessante Weinproben mit kulinarischen Erlebnissen.

Suppengrün

Sigismundstraße 19,
78462 Konstanz
Tel +49 (0) 7531 9171 00
**www.suppengruen-
konstanz.de**
Köstliche Tages- und Wochen-
suppen für jeden Geschmack
und ein abwechslungsreiches
Salatbuffet mit Kräutern aus
dem eigenen Garten – das erwartet den Gast mittags im
„Suppengrün". Hier ist alles
frisch, regional, saisonal und
liebevoll hausgemacht. Für zwei
Euro bekommt man Tafelwas-
ser, so viel man trinken kann,
außerdem unterstützt man damit das Hospiz Konstanz.

Wochenmarkt Ravensburg

Marktstraße 7–45,
88212 Ravensburg
Der Wochenmarkt in Ravensburg ist einzigartig und findet
jeden Samstag statt. In den
alten Gassen herrscht eine tolle
Atmosphäre und man bekommt
alles, was das Herz begehrt.
Anschließend kann man noch
durch die Innenstadt schlendern und das bunte Treiben genießen.

**Eine Spezialität aus der
Region, die man unbedingt
probieren muss.**
Bodenseefelchen! Und zwar
frisch geräuchert und noch
warm aus dem Ofen. Diese
Delikatesse ist nicht immer
zu haben. Man braucht etwas
Glück oder man kann bei einem
Bodenseefischer nachfragen.
Am besten schmecken sie üb-
rigens von Juni bis September.

BADEN-WÜRTTEMBERG

An diesem See dreht sich viel um den Genuss: Zum einen ist die Landschaft ein Genuss für Auge und Seele. Zum anderen wächst rund um den See Wein, der von Wasser, Sonne und Wind geprägt wird. Es gibt sogar einen Seewein, den Müller-Thurgau. Und zum dritten verbindet man mit dem Bodensee kulinarische Genüsse wie Bodenseefelchen, das Gemüse von der Insel Reichenau oder die Höri-Bülle, eine ganz besondere Zwiebel. Der Bodensee ist zudem ein Früchteparadies, dort wächst Tafelobst in allen Variationen.

BADEN-WÜRTTEMBERG

SCHWENDI

MASELHEIM

MITTELBIBERACH

A 7

KIRCHDORF AN DER ILLER

B 30

BAD SAULGAU

BAD SCHUSSENRIED

OSTRACH

AULENDORF

B 32

B 465

FRICKINGEN

DEGGEN-HAUSERTAL

RAVENSBURG

VOGT

A 96

SALEM

B 33

B 32

AMTZELL

MARKDORF

MEERSBURG

STETTEN

HAGNAU

B 30

TETTNANG

ARGENBÜHL

ISNY

IMMENSTAAD

NEUKIRCH

FRIEDRICHSHAFEN

B 31

LANGENARGEN

WASSERBURG

Bodensee

BADEN-WÜRTTEMBERG

Übersicht

 WEIN

BADEN-WÜRTTEMBERG

WEINGUT AUFRICHT

Höhenweg 8
88719 Stetten
> S. 335

SUSANNE UND BERTHOLD CLAUSS

Obere Dorfstraße 39
79807 Lottstetten
> S. 335

WINZERVEREIN HAGNAU

Strandbadstraße 7
88709 Hagnau
> S. 336

LORENZ & CORINA KELLER

Steinbuck 36
79771 Klettgau
> S. 336

WEINGUT KRESS

Mühlbachstraße 115
88662 Überlingen
> S. 337

WEINGUT MARKGRAF VON BADEN SCHLOSS SALEM

Schloss Salem
88682 Salem
> S. 337

WINZERVEREIN MEERSBURG

Kronenstraße 19
88709 Meersburg
> S. 337

WEINGUT REBHOLZ

Bergstraße 1
78315 Radolfzell am Bodensee
> S. 338

SCHMIDT AM BODENSEE

Hattnau 62
88142 Wasserburg (Bodensee)
> S. 338

GASTRONOMIE

ANGLERSTUBEN

Reichenaustraße 51
78467 Konstanz
> S. 339

ATELIER TIAN

Veitsburg 2
88212 Ravensburg
> S. 339

BRASSERIE COCOTTE

Grüner-Turm-Straße 16
88212 Ravensburg
> S. 340

BRASSERIE COLETTE TIM RAUE

Brotlaube 2a
78462 Konstanz
> S. 340

CASALA

Uferpromenade 11
88709 Meersburg
> S. 340

DAS ELLGASS

Dorfplatz 10
88260 Argenbühl
> S. 341

RESTAURANT ESSZIMMER

Hauptstraße 9–15
88477 Schwendi
> S. 341

FALCONERA

Zum Mühlental 1
78337 Öhningen
> S. 341

GASTHOF ZUM HIRSCH

Argenstraße 29
88099 Neukirch
> S. 342

GASTHOF ZUM KRANZ

Dorfstraße 23
79807 Lottstetten
> S. 342

JOHANNITER-KREUZ

Johanniterweg 11
88662 Überlingen
> S. 343

LA OLIVA

Höristraße 2
78315 Radolfzell am Bodensee
> S. 343

RESTAURANT LAMM

Baltringer Straße 14
88437 Maselheim
> S. 343

LANDGASTHOF LÖWEN

Kirchdorfer Straße 8
88457 Kirchdorf an der Iller
> S. 344

LANDGASTHOF ZUM ADLER

Hauptstraße 44
88662 Überlingen
> S. 344

LANDHOTEL GASTHOF ZUM HIRSCH

Hauptstraße 27
88356 Ostrach
> S. 345

LÖWEN ALTHEIM

Hauptstraße 41
88699 Frickingen
> S. 345

LUMPERHOF

Lumper 1
88212 Ravensburg
> S. 345

BADEN-WÜRTTEMBERG

MOHREN

Kirchgasse 1
88693 Deggenhausertal
> S. 346

OPHELIA
Seestraße 25
78464 Konstanz
> S. 346

S'ÄPFLE
Kaiserpfalzstraße 50
78351 Bodman-Ludwigshafen
> S. 346

SAN MARTINO GOURMET
Bruderturmgasse 3
78462 Konstanz
> S. 347

SCHATTBUCH
Schattbucher Straße 10
88279 Amtzell
> S. 347

SEEHALDE
Maurach 1
88690 Uhldingen-Mühlhofen
> S. 348

SEEHOF
Bachstraße 15 (Am Yachthafen)
88090 Immenstaad am Bodensee
> S. 348

SEO KÜCHENHANDWERK
Marktplatz 1
88085 Langenargen
> S. 348

STAADER FÄHRHAUS
Fischerstraße 30
78464 Konstanz
> S. 349

🛏 HOTELS

BERGHOTEL JÄGERHOF
★ ★ ★ ★ s
Jägerhof 1
88316 Isny im Allgäu
> S. 350

BIOHOTEL MOHREN
Kirchgasse 1
88693 Deggenhausertal
> S. 350

ELLGASS ALLGÄU HOTEL
Dorfplatz 10
88260 Argenbühl
> S. 350

HEINZLER AM SEE
Strandbadstraße 3
88090 Immenstaad am Bodensee
> S. 351

HOTEL & RESTAURANT VOGTER ADLER
★ ★ ★ s
Ravensburger Straße 2
88267 Vogt
> S. 351

HOTEL ARTHUS & RITTERKELLER
Radgasse 1
88326 Aulendorf
> S. 351

HOTEL BORA
★ ★ ★ ★ s

Karl-Wolf-Straße 35
78315 Radolfzell am Bodensee
> S. 352

HOTEL HIRSCHEN
Kirchgasse 3
78343 Gaienhofen
> S. 352

HOTEL MAIER
Poststraße 1–3
88048 Friedrichshafen
> S. 352

HOTEL RIVA
★ ★ ★ ★ ★ s

Seestraße 25
78464 Konstanz
> S. 353

HOTEL SEEHALDE
Maurach 1
88690 Uhldingen-Mühlhofen
> S. 353

HOTEL SEEHOF
Bachstraße 15
88090 Immenstaad am
Bodensee
> S. 354

LANDGASTHOF ZUM ADLER
★ ★ ★

Hauptstraße 44
88662 Überlingen
> S. 354

RINGHOTEL KRONE SCHNETZENHAUSEN
★ ★ ★ ★ s

Untere Mühlbachstraße 1
88045 Friedrichshafen
> S. 354

ROMANTIK HOTEL JOHANNITER-KREUZ
★ ★ ★ ★

Johanniterweg 11
88662 Überlingen
> S. 355

ROMANTIK HOTEL KLEBER POST
★ ★ ★ ★

Poststraße 1
88348 Bad Saulgau
> S. 355

ROMANTIK HOTEL RESIDENZ AM SEE
★ ★ ★ ★

Uferpromenade 11
88709 Meersburg
> S. 356

SEEHOTEL VILLA LINDE
Kaiserpfalzstraße 50
78351 Bodman-Ludwigshafen
> S. 356

BADEN-WÜRTTEMBERG

EINKAUFEN

AB-HOF-VERKAUF

BRENNESSELHOF EIGELTINGEN
Hochbuchstraße 17
78253 Eigeltingen
> S. 357

DER STOTZ HOF
Wirrensegel 6
88677 Markdorf
> S. 357

DESTILLERIE SENFT
Dorfbachstraße 10
88682 Salem
> S. 357

KÄSKÜCHE ISNY
Maierhöfener Straße 78
88316 Isny im Allgäu
> S. 358

MÜHLENLADEN AILINGER MÜHLE
Talstraße 25
88427 Bad Schussenried
> S. 358

OBSTHOF STEFFELIN
Gartenweg 1
88677 Markdorf
> S. 358

PFIFFIKUS
Im Estlikofer 26
78479 Reichenau
> S. 358

STRAUSSENFARM
Airach 3
78333 Stockach
> S. 359

METZGEREI

OTTO MÜLLER METZGEREI UND FEINKOST
Rosgartenstraße 20
78462 Konstanz
> S. 359

VINOTHEKEN

NEUE VINOTHEK INSEL REICHENAU
Münsterplatz 2a
78479 Reichenau
> S. 359

VINEUM
Vorburggasse 11
88709 Meersburg
> S. 360

VINOTHEK VINTAGE 1989
Manzeller Straße 20
88045 Friedrichshafen
> S. 360

Wein

Weingut Aufricht

Höhenweg 8,
88719 Stetten
T +49 (0) 7532 2427
www.aufricht.de

 Robert & Manfred Aufricht
 Robert Markheiser
Rebfläche 42 ha

Das Weingut von Robert und Manfred Aufricht am Bodensee ist ohne Zweifel ein besonderer Ort für Genießer. Die Sonne spiegelt sich auf dem Wasser und in der Ferne grüßen die schneebedeckten Alpen. Hinzu kommen Weine, die von einer akribischen Arbeit im Weinberg und im Keller sowie vom besonderen Seeklima zeugen. Sohn Johannes experimentiert gekonnt mit neuem Holz und hat eine kleine, eigene Weinlinie kreiert. Und auch Tochter Sophia bringt sich kräftig in das Weingut mit ein.

Susanne und Berthold Clauß

Obere Dorfstraße 39,
79807 Lottstetten
T +49 (0) 7745 5492
www.weingutclauss.de

 Berthold & Susanne Clauß
 Berthold Clauß
 Berthold Clauß
Rebfläche 19 ha
Gründung 1982

Die rund 19 Hektar Weinberge des Weingutes Clauß am südlichen Zipfel der Republik zwischen Schaffhausen und Zürich profitieren vor allem vom milden Klima von Rhein und Bodensee. Dies ist nicht nur bei den Burgundern spürbar, sondern auch beim Rosé und beim Müller-Thurgau, von dem es sogar eine Resérve-Variante gibt. Die Premium-Lagen liegen im Klettgau und sind von Kalkgestein und Lehm geprägt. Ganze vier Winzer und Winzerinnen aus drei Generationen der Familie Clauß sind hier zurzeit am Werk und bereichern den Weinbau mit ihren Erfahrungen.

Winzerverein Hagnau

Strandbadstraße 7,
88709 Hagnau
T +49 (0) 7532 1030
www.hagnauer.de

Jochen Sahler
Rebfläche 177 ha
Gründung 1881

Der Winzerverein Hagnau hat einen unschätzbaren Vorteil: Er liegt nur wenige Meter vom Ufer des Bodensees entfernt, also dort, wo jedes Jahr hunderttausende Menschen ihren Urlaub verbringen. Daher wird sehr viel Wein an Privatkunden verkauft, was es dem Betrieb ermöglicht, seine 52 Winzerfamilien überdurchschnittlich zu entlohnen und in einen Neubau zu investieren. Bei den Weinen sind die Müller-Thurgaus eigentlich jedes Jahr eine sichere Bank. Die Rebsorte und das Seeklima passen gut zueinander.

Lorenz & Corina Keller

Steinbuck 36,
79771 Klettgau
T +49 (0) 7742 8586 64
www.weingut-lck.de

Lorenz Keller
Lorenz Keller
Lorenz Keller
Rebfläche 24 ha
Gründung 2003

„Der Umgang mit Wein ist wohl eine der schönsten, interessantesten und vielseitigsten Künste", sagen Lorenz und Corina Keller. Aus dieser Überzeugung heraus widmen sie sich in ihrem Weingut im Winzerdorf Erzingen im Klettgautal direkt an der Schweizer Grenze dem Ausbau ihrer Weine. Drei Faktoren spielen dabei für sie eine besonders große Rolle – die Achtung der Natur bei der Arbeit im Weinberg, die Handwerkskunst im Keller und die Geduld, den Weinen die nötige Zeit für die Reife zu geben.

Weingut Kress

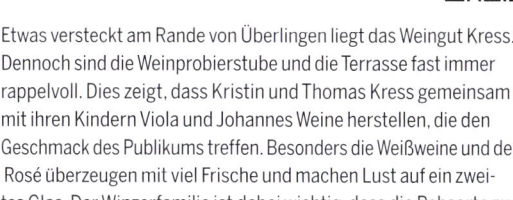

Mühlbachstraße 115,
88662 Überlingen
T +49 (0) 7551 65855
www.weingut-kress.de

👤 Familie Kress
🗄 Volker Blum
Rebfläche 33 ha

Etwas versteckt am Rande von Überlingen liegt das Weingut Kress. Dennoch sind die Weinprobierstube und die Terrasse fast immer rappelvoll. Dies zeigt, dass Kristin und Thomas Kress gemeinsam mit ihren Kindern Viola und Johannes Weine herstellen, die den Geschmack des Publikums treffen. Besonders die Weißweine und der Rosé überzeugen mit viel Frische und machen Lust auf ein zweites Glas. Der Winzerfamilie ist dabei wichtig, dass die Rebsorte zu jeder Zeit deutlich erkennbar ist.

Weingut Markgraf von Baden Schloss Salem

Schloss Salem,
88682 Salem
T +49 (0) 7553 81284
www.markgraf-von-baden.de

👤 S.K.H. Bernhard Prinz
   von Baden
🏛 Volker Faust
🗄 Manon Dague
Rebfläche 90 ha

Schloss Salem gehört zu den beeindruckendsten Kulturdenkmälern am Bodensee und in ganz Baden-Württemberg. Seit 1802 ist es der Sitz der Markgrafen von Baden, die seit dieser Zeit auch die umfangreichen Rebflächen des ehemaligen Zisterzienserklosters bewirtschaften. Rund 90 Hektar Reben gehören heute dazu. Die Weine werden direkt in den historischen Kellern des Schlosses ausgebaut. Sie sind geprägt von der Nähe der Weinberge zum Bodensee und überzeugen vor allem mit viel Eleganz und Frische.

BADEN-WÜRTTEMBERG

Winzerverein Meersburg

Kronenstraße 19,
88709 Meersburg
T +49 (0) 7532 43160
www.meersburger.de

Rebfläche 60 ha

Wenn die knapp 30 Winzer ihre insgesamt ca. 600 Tonnen Trauben abgeliefert haben, liegt deren Verarbeitung in der Hand von Kellermeister Valentin Wagner. Aus ihnen keltert der gebürtige Reichenauer neben sortenreinen Bodensee-Klassikern wie Müller-Thurgau und Spätburgunder auch sommerliche Cuvées und Schaumweine. Dass manche Weinbauern der 1884 gegründeten Genossenschaft mittlerweile schon in der fünften Generation ihre Beeren liefern, ist ein Statement für sich. Im eigenen Wein- und Kulturzentrum kann verkostet, eingekauft und gefeiert werden.

Weingut Rebholz

Bergstraße 1,
78315 Radolfzell am Bodensee
T +49 (0) 151 1273 1770
www.rebholz-wein.de

 Hans Rebholz
Hans Rebholz
Hans Rebholz
Rebfläche 7 ha
Gründung 2002

Dass der Weg zum eigenen Weingut steinig sein kann, weiß Hans Rebholz genau. Nach jahrelanger Administration in Genossenschaften und Kellereien bot sich im Jahr 2002 endlich die lang ersehnte Gelegenheit und er konnte mit dem Bohlinger Galgenberg seinen ersten eigenen Weinberg bestocken. Dass dafür mit mehr als 30 Grundeigentümern Pachtverträge ausgehandelt werden mussten, war kein Hindernis auf dem Weg zur Erfüllung des Traums. Heute bewirtschaftet Rebholz schon stolze sieben Hektar, die hauptsächlich mit Burgundersorten bepflanzt sind.

Schmidt am Bodensee

Hattnau 62,
88142 Wasserburg (Bodensee)
T +49 (0) 8382 9432 174
www.schmidt-am-bodensee.de

Familie Schmidt
Eugen Schmidt
Sebastian Schmidt
Rebfläche 13 ha

Liebe überwindet Weinbaugebiete. Aus dem Nahetal zog Eugen Schmidt der Liebe zu seiner Frau Margret wegen an den Bodensee. In dem generationsübergreifenden Familienbetrieb packen alle mit an: Sohn Sebastian, der bereits seit 2011 auf Augenhöhe mit dem Vater die weinbaulichen Prozesse leitet, ebenso wie dessen für das Geschäftliche zuständige Bruder Maximilian. Sebastians Frau Katrin kümmert sich um die hauseigene Gastronomie. Familie Schmidt legt Wert auf eine präzise, kühle Stilistik ihrer vorwiegend aus Burgundersorten gekelterten Weine.

BADEN-WÜRTTEMBERG

Gastronomie

Anglerstuben

Reichenaustraße 51,
78467 Konstanz
T +49 (0) 7531 8180 487
www.anglerstuben.com

Von außen verspricht das Angelsportvereinsheim im Industrie-gebiet Unterlohn wenig, im Treppenhaus informiert ein Schaukas-ten über die aktuellen Probleme mit Kormoranen. Der großzü-gige, modern eingerichtete Restaurantraum im Obergeschoss si-gnalisiert dann aber einen Anspruch, den die Küche von Christian Siebel durch ambitionierte Teller mit einem Stich ins Zeitgeistige überzeugend einlöst. Wer einen selbst gefangenen Fisch mit-bringt, bekommt ihn nach Gusto zubereitet. Von der schönen Ter-rasse schaut man auf den Seerhein.

Atelier Tian

Veitsburg 2,
88212 Ravensburg
T +49 (0) 751 9512 5949
www.atelier-tian.de

Nein, das Atelier Tian in der Veitsburg hat nichts mit Tian in München oder Wien zu tun: Das Wort bedeutet auf Mandarin „hoch" und hier heißt zudem der Küchenchef und Inhaber ChrisTIAN Ott. Unter dem Motto „handgemacht, weltoffen, saisonal" gelingt ihm im urban ein-gerichteten Restaurant unangestrengt gut der Spagat aus ehrlicher Wirtshausküche und Feinem à la Kaisergranat-Bisque. Ein Extralob verdient die Souschefin und Patissière Steffi Fischer für das über mehr-ere Gläser reichende verspielte Dessert „Der verpasste Rummel".

Brasserie Cocotte

Grüner-Turm-Straße 16,
88212 Ravensburg
T +49 (0) 751 8887 9001
www.brasserie-cocotte.de

Inhaber und Küchenchef Stefan Schulze hat viel Erfahrung in der schweizerischen und deutschen Spitzengastronomie gesammelt, unter anderem beim Wolfsburger „Aqua". Seit 2019 zelebriert er in seiner Heimatstadt am eigenen Herd französische Bistroküche mit modernen Akzenten: Moules marinières, handgeschnittenes Rehrückentatar, Entenleber-Terrine, Bœuf bourguignon vom Bioland-Rind. Erstklassiges Handwerk ist ihm dabei genauso wichtig wie die nachhaltige Erzeugung der Zutaten.

Brasserie Colette
Tim Raue

Brotlaube 2a,
78462 Konstanz
T +49 (0) 7531 1285 107
www.brasseriecolette.de

Mitten in der Altstadt führt ein Treppenaufgang mit der Gründerzeit-Grandezza einer alten Fabrikantenvilla hinauf zur Bodensee-Dependance von Tim Raues feiner Bistroküche. Dort in der Beletage dann Frankreich pur: bei der Baguette, den Weinen, dem Mineralwasser und natürlich sehr dominant auch bei den Gerichten, vom gerösteten Blumenkohl mit Roquefort, Walnuss und Traube über Kaninchenleber mit Calvados-Apfel bis zum Bœuf bourguignon. Der Service wirkt entspannt, die Preise sind fair.

Casala

Uferpromenade 11,
88709 Meersburg
T +49 (0) 7532 80040
www.hotel-residenz-meersburg.com

> Romantik Hotel
Residenz am See　　　S. 356

Wer hier kein Überraschungsmenü möchte, muss die Gänge vorab online bestellen – so kann Markus Philippi allen Krisen zum Trotz das volle Programm anbieten. Bei ihm enthält das Waldpilzragout in einer offenen Lasagne großzügig dosierte Trüffel, eine Salade niçoise wird attraktiv in ihre Elemente zerlegt und ein Kaninchenfilet in der Kräutercrêpe gerät zum echten Höhepunkt einer klug komponierten Speisenfolge, zu deren Stil allerlei cremige Texturen gehören. Im Sommer ist die ruhige Terrasse abseits vom Meersburger Touristenrummel eine Wohltat.

Das Ellgass

Dorfplatz 10, 88260 Argenbühl
T +49 (0) 7566 1578
**www.hotel-ellgass.de/
kulinarik-genuss**

> Ellgass Allgäu Hotel   S. 350

Seit 1907 ist dieser historische Gasthof im Besitz der Familie Ellgass, 1996 hat sie auf Hofwirtschaft mit eigenen Produkten umgestellt. So ist Sepp Ellgass nicht nur für die Weidehaltung seiner Pinzgauer Rinder zuständig, er sorgt auch in der Küche dafür, dass die Tiere so vollständig wie köstlich verwertet werden, von der Sülze über Zwiebelfleisch, Gulasch und Schmorbraten bis zur „Ox-Bratwurst". Als vegetarische Alternativen gibt es Kässpätzle oder Schlutzkrapfen, dazu regionale Fassbiere und Weine.

Restaurant Esszimmer

Hauptstraße 9–15,
88477 Schwendi
T +49 (0) 7353 98490
**www.oberschwaebischer-
hof.de**

Der junge Julius Reisch, nach Stationen von Sylt bis Baiersbronn ins Elternhaus zurückgekehrt, zeigt bereits einen sicheren Stil und unerbittliche Genauigkeit. Süßkartoffel, Sanddorn-Miso und Koriader verband er zu einem aromatischen Paukenschlag, in brauner Butter gerösteter Kabeljau auf Brunnenkresse-Brandade, gekrönt von Osietra-Kaviar und Seeigel-Schaum, bot ein fein austariertes klassisches Geschmacksbild. Selbst das Sorbet zwischendurch ist hier erwähnenswert: gelbe Paprika mit Sesam, Holunderblüte und einer Spur weißer Schokolade.

Falconera

Zum Mühlental 1,
78337 Öhningen
T +49 (0) 7735 2340
www.falconera.de

Eine heimatbetonte, mediterran beeinflusste, hochveredelte Wohlfühlküche im allerbesten Sinn! Bei Johannes Wuhrer überzeugt das Zusammenspiel stets kräftiger Geschmacksträger, die sich trotz fulminanten Kontrasten in Aromen und Textur harmonisch zu einem Ganzen fügen, etwa bei einer krachend-knackig karamellisierten Entenleber mit Orange auf Linsen in altem Balsamico. Die Gerichte werden nicht nur als echter Augenschmaus angerichtet, sondern auch in so großzügigen Portionen, wie man sie in der Gourmet-Gastronomie sonst kaum einmal findet.

Gasthof zum Hirsch

Argenstraße 29,
88099 Neukirch
T +49 (0)7528 1765
www.gasthof-zum-hirsch.com

Artur F. Renz, Mitglied bei Green Chefs und Slow Food, kocht im einladenden Gasthof im Dörfchen Goppersweiler ehrlich boden-ständig und fantasievoll zugleich. Davon zeugt zum Beispiel Kalbs-rücken mit Lavendelsauce, Riebelschnitte und lila Gartenkarotten oder ein Wolfsbarschfilet mit geschmortem Bleichsellerie und Paprikachutney, im vegetarischen Menü ein Steinpilztörtchen auf Kräuter-Mozzarella-Creme oder geschmorte Zwiebel mit Sahne-polenta auf Mangold.

Gasthof zum Kranz

Dorfstraße 23,
79807 Lottstetten
T +49 (0) 77 4573 02
www.gasthof-zum-kranz.de

Die Küche von Gerd Saremba basiert auf einer handwerklich tadel-losen mehrheitsfähigen Klassik, die er mit ein paar originellen Elementen anreichert. Ein Rehbock-Medaillon mit eingelegten Apri-kosen, jungen Erbsen, Blattspinat, Pfifferlingen, Kartoffel-Espu-ma und Rosmarinjus gefiel durch seine Leichtigkeit, eine Cantuc-cini-Mousse mit Vin-Santo-Nektarinen und Vanilleeis durch ihre Schlichtheit. So etwas überzeugt auch viele Gäste aus der Schweiz, deren Staatsgebiet die Gemeinde fast gänzlich umschließt.

Johanniter-Kreuz

Johanniterweg 11,
88662 Überlingen
T +49 (0) 7551 9370 60
www.johanniter-kreuz.de

> Romantik Hotel
Johanniter-Kreuz   S. 355

Das Restaurant gehört zum gleichnamigen Romantik Hotel im Dorfkern des beschaulichen Andelshofen. In gemütlichem Fachwerk mit offenem Kamin lässt Andreas Liebich selbst ernannte „Traditionsgerichte" servieren wie Filet von der Eismeerforelle an eigener Kaviarsauce mit Blattspinat, Lorbeerkartoffeln und Basilikum oder geschmorte Bauernente in Orangen-Pfeffer-Sauce mit grünem Spargel und Kartoffelkrapfen. Zur Wahl steht auch ein vegetarisches Menü.

La Oliva

Höristraße 2,
78315 Radolfzell am Bodensee
T +49 (0) 7732 8233 646
www.la-oliva-radolfzell.de

Nein, auf den Bodensee schaut man aus diesem Restaurant nicht, die Atmosphäre hier am Ortsrand von Radolfzell wirkt eher spanisch – mehr als die Stierkampf-Motive an den Wänden trägt dazu die südländische Herzlichkeit des Gastgeberpaars Manuela Ende und Eladio Rodriguez bei. Vor allem aber begeistert die ausgezeichnete Küche mit einer Tapas-Auswahl von pikanten Miesmuscheln bis zur Paprikawurst, mit Paella, mediterranen Fischgerichten oder argentinischen Black-Angus-Steaks.

Restaurant Lamm

Baltringer Straße 14,
88437 Maselheim
T +49 (0) 7356 9370 78
www.sulminger-lamm.de

In klassisch-elegantem Ambiente geht es freundlich und ungezwungen zu. Küchenchef Mike Becker setzt auf die Aromenstärke marktfrischer Zutaten, bei Maishähnchenbrust mit grünem Spargel genauso wie bei geschmorten Bäckchen vom Schwäbisch-Hällischen Landschwein mit Kartoffel-Erbsen-Püree oder einem Filet vom Wolfsbarsch mit Pfifferlingen und Thymiannocken. Neben zwei Vier-Gänge-Menüs (eines davon vegetarisch) gibt es eine Reihe von À-la-carte-Gerichten.

BADEN-WÜRTTEMBERG

Landgasthof Löwen

Kirchdorfer Straße 8,
88457 Kirchdorf an der Iller
T +49 (0) 8395 667
www.loewen-oberopfingen.de

Ehe Alexander Ruhland in vierter Generation die Küche des über 100-jährigen Gasthofs übernahm, hatte er unter anderem bei Hans Haas und bei Vincent Klink gearbeitet. Entsprechend ambitioniert sind seine Gerichte, ob glasiertes Kalbsbries mit süßsaurem Gemüse, Bärlauch-Emulsion und Schwarzbrotchip, eine gebratene Jakobsmuschel mit zweierlei Blumenkohl, Mandel und Trüffel oder ein confiertes heimisches Eigelb mit Pinienkern-Spinat und Périgord-Trüffel im vegetarischen Menü.

Landgasthof Zum Adler

Hauptstraße 44,
88662 Überlingen
T +49 (0) 7553 82550
www.adler-lippertsreute.de

Zwiebelrostbraten mit hausgemachten Spätzle, ein Felchenfilet mit Rieslingschaum und Gemüsejulienne oder ein Ragout vom heimischen Reh mit Haselnussspätzle: Der Wirt Peter Vögele, in diesem mehr als 300 Jahre alten Fachwerkbau in elfter (!) Generation am Werk, kocht badisch-traditionell ohne Schnörkel, aber grundsolide und mit hochwertigen Zutaten. Das Ambiente des Hauses ist unverfälscht historisch – man beachte nur die durchhängende Kassettendecke.

> Landgasthof
Zum Adler   S. 354

Landhotel
Gasthof zum Hirsch

Hauptstraße 27,
88356 Ostrach
T +49 (0) 7585 92490
www.landhotel-hirsch.de

Rehpastete, Linseneintopf, Zwetschgenknödel mit Zimtparfait – in diesem Traditionsgasthof bürgen Josef Ermler und sein Sohn Johannes für eine wohlschmeckende schwäbische Küche, die sich nach den Jahreszeiten richtet. Zu den Klassikern des Hauses zählen geschnetzelte Leber in feiner Schalotten-Rotwein-Sauce mit Bratkartoffeln und der Zwiebelrostbraten von der württembergischen Angus-Färse mit kräftiger Rotweinsauce, buntem Gemüse und Spätzle. Sommers sitzt man auf der idyllischen Gartenterrasse.

Löwen Altheim

Hauptstraße 41,
88699 Frickingen
T +49 (0) 7554 8631
www.loewen-altheim.de

Mit 400 Jahren Tradition kulinarisch auf der Höhe der Zeit ist dieser Gasthof im Hinterland des Bodensees. Bei den Zutaten für seine saisonale Frischeküche achtet Roman Pfaff auf anständige Herkunft: Die gegrillte Maishähnchenbrust, die von gelbem Ratatouille-Gemüse und Parmesankartoffeln begleitet wird, trägt das Label Rouge, und die Saltimbocca vom Schweinerücken stammt vom Schwäbisch-Hällischen Landschwein. Drinnen sitzt man gemütlich unter einer Holzdecke, draußen unter Kastanien.

Lumperhof

Lumper 1,
88212 Ravensburg
T +49 (0) 751 3525 001
www.lumperhof.de

Im idyllisch neben alten Linden gelegenen Gartenlokal wird in gemütlich-rustikaler Atmosphäre aufgetischt. Jochen Fischer, einst Souschef des legendären Fusion-Pioniers Albert Bouley im hiesigen Waldhorn, versteht es geschickt, in seine regional und saisonal geprägte Küche auch mediterrane, orientalische und asiatische Einflüsse einzuflechten. Das Geflügel stammt aus eigener Haltung, das Wild aus heimischer Jagd, im Garten wachsen Obst, Gemüse und Kräuter.

BADEN-WÜRTTEMBERG

Mohren

Kirchgasse 1,
88693 Deggenhausertal
T +49 (0) 7555 9300
www.mohren.bio

> Biohotel Mohren   S. 350

Das Mohren zelebriert schwäbische Wirtshauskultur auf konsequent ökologische Art: Die Küche ist zu 100 Prozent zertifiziert und verarbeitet nur, was auf dem eigenen Bioland-Hof oder von Ökobauern und -züchtern der Umgebung produziert worden ist. Auf den Tisch kommt dann zum Beispiel ein Fischsüpple mit Rucola-Pesto, ein vier Wochen gereifter und 18 Stunden geschmorter Rinderbraten, ein Ragout von Edelpilzen mit hausgemachten Spätzle oder ein Teller mit einer der verschiedenen Maultäschle-Varianten.

Ophelia

Seestraße 25,
78464 Konstanz
T +49 (0) 7531 3630 90
www.restaurant-ophelia.com

> Hotel RIVA   S. 353

In der schmucken weißen Villa am Bodensee bewegt sich die Küche von Dirk Hoberg verlässlich in den festen Bahnen einer elegant modernisierten, handwerklich tadellosen Klassik. Typisches Beispiel: ein saftiges Stück Seeteufel, getoppt mit etwas Ragout von Schweinebauch, grünen Bohnen und Tomaten, dazu Artischockenragout und -püree sowie eine animierende Tomaten-Beurre-blanc – aromatisch und klar, süffig ohne jede Schwere. Allenfalls würden wir Hoberg mehr Mut zur Reduktion wünschen, zur gezielten Vervollkommnung der Geschmacksbilder.

s'Äpfle

Kaiserpfalzstraße 50,
78351 Bodman-Ludwigshafen
T +49 (0) 7773 9599 30
www.seehotelvillalinde.de

> Seehotel Villa Linde   S. 356

Kevin Leitner kocht in einem eigenständigen, leichten, produktbetonten Stil, der jenseits hipper Zitrusaromen und asiatischer Noten gekonnt mit Säure spielt, etwa bei Saiblingstatar unter einer Nocke Joghurt-Espuma mit Puffreis auf grünem Gazpacho. Das edel-schlichte Restaurant besticht im Sommer durch eine Terrasse mit Blick über den Obersee, hat aber echten Nachholbedarf bei der Tischbeleuchtung – erst die Bitte um eine Kerze enthüllte uns zu später Stunde ansatzweise, welch schöne Tellerkunstwerke uns sonst verborgen geblieben wären.

San Martino Gourmet

Bruderturmgasse 3,
78462 Konstanz
T +49 (0) 7531 2845 678
www.san-martino.net

Im historischen Keller an der alten Stadtmauer serviert Jochen Fecht sein Gourmetmenü an vier weiß eingedeckten Tischen. Die klassisch fundierte Moderne auf den Tellern sieht durchweg sehr ästhetisch aus. Der Geschmackskosmos aber, beim vierteiligen Apéro noch vielversprechend aufgefächert, gerät bei manchen Gängen aus der Balance, wenn etwa würzig-zarte Escabeche-Poularde mit krossem Haut-Chip von mehr als beherzt gepfeffertem Blauflossenthun ausgeknockt wird. Die Preisgestaltung zielt aufs dominierende Schweizer Publikum.

Schattbuch

Schattbucher Straße 10,
88279 Amtzell
T +49 (0) 7520 953 788
www.schattbuch.de

Eigentlich dient das Schattbuch nur nebenbei als Gourmetrestaurant, in erster Linie verköstigt es die Belegschaft der Robotik-Firma FTP. Deren Slogan „Neue Wege gehen. Bewährtes hinterfragen. Visionen leben" passt aber mindestens so gut im schicken, ganz in schwarz gehaltenen Anbau an die Produktionshalle: Die säurebetonte Küche von Sebastian Cihlars und Nico Lanz greift zwar die hippen asiatischen Einflüsse moderner Spitzengastronomie auf, interpretiert sie jedoch innovativ in einer ganz eigenständigen Aromenwelt.

Seehalde

Maurach 1,
88690 Uhldingen-Mühlhofen
T +49 (0) 7556 92210
www.seehalde.de

> Hotel Seehalde   S. 353

Gut, dass jede Regel Ausnahmen hat! „Schöne Aussicht = schlechte Küche und hohe Preise", das stimmt an diesem Gunstplatz in der Bucht von Maurach ganz und gar nicht: Was auf die Tische kommt, hat uns noch nie enttäuscht und ist gastfreundlich kalkuliert, die vorzügliche Weinauswahl inbegriffen. Angefangen mit Häppchen wie Aal mit Rührei und Kürbiskernöl, Rotaugen nach Matjes-Art oder Felchen mit Senfsauce legt Markus Gruler den Schwerpunkt auf Bodenseefische, ein Steinbutt oder Kalbskutteln liegen ihm aber ebenso.

Seehof

Bachstraße 15 (Am Yachthafen),
88090 Immenstaad
am Bodensee
T +49 (0) 7545 9360
www.seehof-hotel.de

> Hotel Seehof   S. 354

In Traumlage am Bodensee pflegt der erfahrene Könner Jürgen Hallerbach kulinarische Klassiker und verarbeitet dabei konsequent regionale Zutaten, ob beim Dreierlei aus Saibling-Matjes, Räucherfelchen und Felchen-Kaviar, bei Coq au vin vom Oberschwäbischen Landhuhn oder bei der rosig gebratenen Rehkeule. Serviert wird all das wahlweise im Panoramarestaurant Alois (mit See- und Alpenblick), auf der Seeterrasse (herrlich an Sommerabenden) oder in der alten Badischen Weinstube (unser Lieblingsplatz).

SEO Küchenhandwerk

Marktplatz 1,
88085 Langenargen
T +49 (0) 7543 93380
www.seevital.de/seevital-welt/seo

Auf die schön schlichten Holztische im kleinen Gourmetbereich mit Seeblick kommt ein ausführliches Überraschungsmenü, in dem die eher schmelzig-mächtigen Gerichte des jungen Küchenchefs Roland Pieber und die stilistisch eigenständigen Beiträge der Patissière Kathrin Stöcklöcker interessante Kontraste bilden. Der hauseigene Kräuter-, Gurken- und Tomatengarten steuert zu nahezu jedem Gang nicht nur höchst Dekoratives bei, sondern auch rare Aromen, die gekonnt die jeweilige Eigenart der hochklassigen regionalen Zutaten betonen.

Staader Fährhaus

Fischerstraße 30,
78464 Konstanz
T +49 (0) 7531 3616 763
www.staaderfaehrhaus.de

Die monatlich wechselnde Speisekarte dieses direkt am Bodensee gelegenen Restaurants mit malerischer Seeterrasse, Gartenhäuschen und Chef's Table besticht nicht nur mit einer vielfältigen À-la-carte-Auswahl, sondern hat sogar verschiedene Menüs in petto. Von klassisch über vegetarisch bis hin zum Interesse weckenden Überraschungsmenü können hier mit Blick auf das Binnengewässer bis zu sieben Gänge genossen werden. Die gut kuratierte Käsekarte sollte dabei nicht außer Acht gelassen werden.

Hotels

Berghotel Jägerhof

★★★★s

Jägerhof 1,
88316 Isny im Allgäu
T +49 (0) 7562 770
www.berghotel-jaegerhof.de

Traumhaft am Berghang gelegen, besteht die großzügige Hotelanlage aus drei miteinander verbundenen Gebäuden, die allesamt im eleganten Landhausstil gehalten sind. Wie der Name schon verspricht, verfügt das Haus über eine weitläufige Naturparkanlage mit einem großen Wald, in dem sich Muffel-, Dam- und Rotwild tummeln. Die Zimmer sind naturgemäß mit viel Holz eingerichtet und in verschiedenen Kategorien verfügbar.

Biohotel Mohren

Kirchgasse 1,
88693 Deggenhausertal
T +49 (0) 7555 9300
www.mohren.bio

32 Zimmer mit Blick auf Bodensee und Alpen, in den Garten oder ins Dorf – das erwartet die Gäste im Mohren, das von der Familie Waizenegger mit viel Gespür für Nachhaltigkeit geführt wird. Das ist freilich auch im Restaurant zu sehen: Obst, Gemüse, Kräuter kommen aus der eigenen Landwirtschaft direkt in die Küche, die 100% biozertifiziert ist. Gemütliche Stuben sowie eine Panoramaterrasse und ein Sommergarten mit traumhafter Aussicht bieten den Gästen viel Platz für kulinarische Genüsse.

> Mohren   S. 346

Ellgass
Allgäu Hotel

Dorfplatz 10,
88260 Argenbühl
T +49 (0) 7566 1578
www.hotel-ellgass.de

Erfrischend anders – so wird das gemütliche Allgäuer Hotel gerne beschrieben. Und ja, es ist ein gelungener Twist zwischen rustikal und modern, der sich in den 28 Zimmern des Hauses wiederfindet. Das Prinzip lebt die Familie Elgass auch in der 1996 gegründeten Hofwirtschaft, die mit Allgäuer Klassikern wie Schlutzkrapfen oder Kässpatzen sowie mit hauseigenen Spezialitäten (z. B. Gekochtes und Geschmortes vom Weiderind, Ellgasser Suppentöpfe) glänzt.

> Das Ellgass   S. 341

Heinzler am See

Strandbadstraße 3,
88090 Immenstaad
am Bodensee
T +49 (0) 754 5931 90
www.heinzleramsee.de

Unmittelbar am Ufer des Bodensees am westlichen Stadtrand von Immenstaad gelegen, kann man hier in einem der 27 Zimmer oder im hauseigenen Spa-Bereich Ruhe und Entspannung finden. Fast alle Zimmer sind mit einem nach Süden ausgerichteten Balkon bzw. einer Loggia ausgestattet, die den direkten Blick auf den See freigeben. Die beiden Hausherren Thomas und Michael Heinzler kümmern sich im Restaurant um das leibliche Wohl der Gäste, die Küche ist landestypisch und anspruchsvoll.

Hotel & Restaurant Vogter Adler

★★★ S

Ravensburger Straße 2,
88267 Vogt
T +49 (0) 7529 9122 12
www.vogter-adler.de

Das 1777 erbaute Haus wurde 2018 vom Wirtsehepaar Andreas und Nicole Humburg sorgfältig renoviert und verfügt über zehn liebevoll eingerichtete Zimmer mit hohem Holzanteil. Sowohl im Hotel mit seinem Aktivangebot (Yoga, Klangschalen, Wellness, Massagen) als auch in der Küche wird das Wort Nachhaltigkeit großgeschrieben, die Nahrungsmittel werden von regionalen – wie das Hotel biozertifizierten – Landwirtschaftsbetrieben geliefert.

Hotel Arthus & Ritterkeller

Radgasse 1,
88326 Aulendorf
T +49 (0) 7525 92210
www.ritterkeller.de

Schlafen und Wohnen mit romantischem Schlossblick in einem einzigartigen Ambiente – es ist eine besondere Atmosphäre einer mittelalterlichen Ritterherberge, verbunden mit modernstem Komfort, die dieses Erlebnishotel versprüht. So verfügt es unter anderem über elf Themen- und zwei Turmzimmer. Wer das Ausgefallene sucht, ist natürlich auch im historischen Ritterkeller bestens aufgehoben – hier werden Edelleute, Mägde, Knechte, Pfeffersäcke und Vaganten, aber auch Kurzurlauber und Erholungssuchende mit „Kurzweil, Trunk und Gaumenfreuden" verwöhnt.

BADEN-WÜRTTEMBERG

Hotel bora

Karl-Wolf-Straße 35,
78315 Radolfzell am Bodensee
T +49 (0) 7732 9504 00
www.bora-hotsparesort.de

Am westlichen Ufer des Bodensees, in Radolfzell, liegt dieses Kleinod für Wellness- und Naturliebhaber sowie Erholungssuchende. Die 84 Zimmer des Vier-Sterne-Superior Design- und Wellnesshotels sind geräumig, komfortabel und mit viel Holz eingerichtet, einer perfekten Auszeit steht dank Seezugang (mit großzügiger Liegewiese) und einem 8.000 Quadratmeter umfassenden Wellnessbereich nichts im Wege.

Hotel Hirschen

Kirchgasse 3,
78343 Gaienhofen
T +49 (0)7735 93380
**www.hotelhirschen-
bodensee.de**

Das Hotel liegt auf der Spitze der Halbinsel Höri und bietet einen herrlichen 270-Grad-Panoramablick über den westlichen Bodensee. Das Haus verfügt über Zimmer und Suiten in unterschiedlichen Kategorien. Für alle, die länger bleiben möchten, bietet der Hirschen ein Ferienhaus sowie Design-Apartments und Ferienwohnungen an. Der Wellnessbereich des Hauses glänzt nach Renovierung mit Infinity-Pool und Panoramasauna.

Hotel Maier

Poststraße 1–3,
88048 Friedrichshafen
T +49 (0) 7541 4040
www.hotel-maier.de

Ein optimales Refugium für Naturliebhaber: Das familiengeführte Hotel geht mit der Zeit und verfügt dank eines 2020 erbauten Hofhauses über zwanzig neue Zimmer mit Design-Anspruch. Nur wenige Schritte entfernt kann man vom Ufer des Bodensees einen herrlichen Blick über das Wasser und die nahen Alpen genießen. Zudem verfügt das Vier-Sterne-Haus über einen Spa-Bereich mit finnischer Sauna und Dampfbad.

WEIN
SÜDEN
HOTEL

BADEN-WÜRTTEMBERG

Hotel RIVA

Seestraße 25,
78464 Konstanz
T +49 (0) 7531 3630 90
www.hotel-riva.de

> Ophelia   S. 346

Das 5-Sterne-Superior-Hotel in Konstanz direkt an der Uferpromenade besticht dank eleganter Jugendstilvilla und einem lichtdurchflutenden Neubau mit einer perfekten Symbiose aus Tradition und Moderne. Die Zimmer sind geräumig, modern und mit raumhohen Fenstern ausgestattet, auch Spa-Freunde kommen hier voll auf ihre Kosten – neben Sauna, Dampfbad, Ruhe- und Fitnessraum verfügt das Haus auch über einen beheizten Rooftop-Pool und ein vielfach ausgezeichnetes Gourmetrestaurant.

WEIN
SÜDEN
HOTEL

BADEN-WÜRTTEMBERG

Hotel Seehalde

Maurach 1,
88690 Uhldingen-Mühlhofen
T +49 (0) 7556 92210
www.seehalde.de

> Seehalde   S. 348

Seit 1917 beherbergt und bewirtet Familie Gruler ihre Gäste auf höchstem Niveau. Neben der Traumlage direkt am See, beschützt von der Wallfahrtskirche Birnau, ist vor allem die Küche eine Reise wert, für die in vierter Generation die beiden Brüder Markus und Thomas Gruler verantwortlich zeichnen. Während Markus in der Küche mit ausgefallenen Interpretationen regionaler Köstlichkeiten verwöhnt, kümmert sich Thomas um Service und Weinkeller.

Hotel Seehof

Bachstraße 15,
88090 Immenstaad
am Bodensee
T +49 (0) 7545 9360
www.seehof-hotel.de

> Seehof   S. 348

Einst ein einfaches Gasthaus, gilt der Seehof heute als eine der ersten Adressen am See: Nach einer umfassenden Renovierung besticht das Haus durch seine Top-Lage am See sowie modern eingerichtete Zimmer mit einem grandiosen Blick auf Bodensee, Yachthafen und die umliegenden Berge. Auch kulinarisch wird hier nichts dem Zufall überlassen: Die Badische Weinstube zählt zu einer der besten Weinstuben des Landes, im innenarchitektonisch spannenden Panoramarestaurant Alois gelingt der perfekte Mix aus hoher Handwerkskunst und Leidenschaft für regionale Qualität.

Landgasthof Zum Adler
★★★

Hauptstraße 44,
88662 Überlingen
T +49 (0) 7553 82550
www.adler-lippertsreute.de

> Landgasthof
  Zum Adler   S. 344

Inmitten von Lippertsreute, idyllisch gelegen am Rande des Salemer Tals, präsentiert sich das stattliche, über 300 Jahre alte und liebevoll restaurierte Fachwerkhaus des Landgasthofs Zum Adler seinen Gästen. Das Haus verfügt über 16 gemütliche Gästezimmer, Appartements und Ferienwohnungen, die einen Urlaub zum Genuss machen. Apropos Genuss: In mittlerweile elfter Generation verwöhnt das mehrfach ausgezeichnete Team um Peter Vögele seine Gäste mit einer unverfälschten badischen Küche.

Ringhotel Krone Schnetzenhausen
★★★★ₛ

Untere Mühlbachstraße 1,
88045 Friedrichshafen
T +49 (0) 754 14080
www.ringhotel-krone.de

Am Stadtrand von Friedrichshafen, umgeben von Obstbaumwiesen und einer üppigen Gartenanlage, steht das Ringhotel Krone Schnetzenhausen. Die Zimmer sind hell und komfortabel eingerichtet und eine gute Basis für Ausflüge in die Umgebung (Blumeninsel Mainau, Schloss Salem). Für Golffreunde befinden sich in der Umgebung gleich sieben Plätze, Ruhesuchenden sei ein Besuch im Wellnessbereich empfohlen, dort findet man Saunalandschaft, Salzgrotte, Hallenschwimmbad und Freibad.

BADEN-WÜRTTEMBERG

Romantik Hotel Johanniter-Kreuz

★ ★ ★ ★

Johanniterweg 11,
88662 Überlingen
T +49 (0) 7551 9370 60
www.johanniter-kreuz.de

> Johanniter-Kreuz   S. 343

Das Landhaus zählt stolze 400 Jahre, seit 1913 ist es im Besitz der Familie Liebich und wird aktuell in vierter Generation liebevoll geführt. Die Zimmer sind idyllisch und komfortabel eingerichtet und genau richtig für all jene, die nach einem anstrengenden Golf-Tag Entspannung suchen. Die findet man übrigens auch im hauseigenen Spa (mit Sauna, Sanarium und einer Rückentherapiewanne mit Whirlfunktion) oder aber im stilvollen Restaurant, wo Andreas Liebich die Gäste mit regionaltypischen und leichten Gerichten verwöhnt.

Romantik Hotel Kleber Post

★ ★ ★ ★

Poststraße 1,
88348 Bad Saulgau
T +49 (0) 7581 5010
www.kleberpost.de

Das geschichtsträchtige Haus befand sich 188 Jahre in Besitz der Familie Kleber und beherbergte in dieser Zeit eine Vielzahl an Staatsgästen und Schriftstellern. 2008 von der Familie Reisch übernommen und stilvoll renoviert, spürt man noch heute die Tradition, aber auch reichlich frischen Wind. Das Haus verfügt über 57 Zimmer in verschiedenen Kategorien und ist ein Paradies für Liebhaber zeitgenössischer Kunst. Werke von Gerold Miller, Brigitte Kowanz und Co tragen maßgeblich zum Einrichtungskonzept des Hauses bei.

BADEN-WÜRTTEMBERG

Romantik Hotel
Residenz am See

★★★★

Uferpromenade 11,
88709 Meersburg
T +49 (0) 753 2800 40
**www.hotel-residenz-
meersburg.com**

> Casala   S. 340

Eingebettet zwischen Weinbergen und dem Bodensee verfügt das Haus unweit der historischen Altstadt über einen atemberaubenden Blick auf See und Alpen. Jedes der Zimmer besticht durch seinen individuellen Charakter und die Gäste haben durch die Partnerschaft mit der direkt gegenüberliegenden Meersburg-Therme die Möglichkeit, die einzigartige Saunalandschaft und Wellness-Behandlungen zu Sonderkonditionen genießen zu können. Auch in puncto Kulinarik ist das Romantik Hotel top, das Restaurant verwöhnt seine Gäste mit modern interpretierter Bodenseeküche.

WEIN
SÜDEN
HOTEL

Seehotel
Villa Linde

Kaiserpfalzstraße 50,
78351 Bodman-Ludwigshafen
T +49 (0) 7773 9599 30
www.seehotelvillalinde.de

> s'Äpfle   S. 346

Auf dem Gelände der ehemaligen Poststation erbaut, bietet das Hotel alles, was es für eine gelungene Auszeit braucht: einen herrlichen Blick auf den Bodensee und zwölf geschmackvoll eingerichtete Zimmer sowie zwei Suiten, die maritimes Flair versprühen. Für Entspannung sorgt ein hauseigenes Spa, die „Linde Oase", sowie eine Liegewiese mit romantischem Badehaus. Auch Gourmets kommen hier auf ihre Kosten – das Restaurant ist bekannt für seine regionalen Spezialitäten, die man am besten auf der Seeterrasse genießt.

# Einkaufen

Brennesselhof Eigeltingen

Hochbuchstraße 17,
78253 Eigeltingen
T + 49 (0) 7465 91212
www.brennesselhof-bodensee.de

In traditioneller handwerklicher Arbeit entsteht auf diesem Demeter-Hof stichfester Joghurt in unterschiedlichen Varianten. Auf dem Hof werden noch Pferde, Ponys, Schafe, Kühe, eine Sau und Hühner gehalten, die Betreiber bieten zudem Kutschfahrten sowie Hochzeitstauben an, die man sich für einen besonderen Event ausleihen kann. Brennnesseln werden hier aber nicht angebaut oder vertrieben: Den Namen haben Studenten dem Hof gegeben, nachdem sie ihn Anfang der 1980-Jahre gekauft hatten und eigentlich damit nur provozieren wollten.

Der Stotz Hof

Wirrensegel 6,
88677 Markdorf
T +49 (0) 175 4101 860
www.derstotzhof.de

Der Kürbis spielt die Hauptrolle auf diesem Hof, aber ebenso werden Erdbeeren, Artischocken, Äpfel und Aprikosen auf den 35 Hektar Fläche angebaut. Das Obst und Gemüse, aber auch die selbst produzierten eigenen Produkte wie Cider werden an vielen Verkaufsständen in der Region verkauft. Außerdem finden auf dem Hof viele Events – wie zum Beispiel Kürbisschnitzen – statt.

Destillerie Senft

Dorfbachstraße 10,
88682 Salem
T + 49 (0) 7553 8831
www.senft-destillerie.de

Edelbrände, Liköre, Rum, Wodka und sogar ein badischer Single Malt Whiskey – bei Familie Senft dreht sich seit mehr als 30 Jahren alles um die Brennkunst. Die Früchte, die dabei verarbeitet werden, wachsen und reifen direkt am Bodensee. Sind die Destillate gebrannt, ruhen sie in Edelstahl-Tanks, Whisky, Wodka und einige Brände reifen in Barrique-Fässern. Verkauft werden aber auch Nudeln mit Gin-Aroma, Apfelessig oder Senf und Grillsaucen, die alle in Zusammenarbeit mit kleinen Manufakturen produziert werden.

BADEN-WÜRTTEMBERG

Käsküche Isny

Maierhöfener Straße 78,
88316 Isny im Allgäu
T + 49 (0) 7562 9127 00
www.kaeskueche-isny.de

In dieser Bio-Heumilch-Käserei werden Allgäuer Bergkäse und andere Spezialitäten hergestellt – und das so, dass jeder zugucken kann. Denn in dieser Käsküche gibt es auch eine Schaukäserei. Joghurt, Quark, Sauerrahm und andere Milchprodukte gehören ebenfalls zum Angebot sowie ein großes Sortiment an Bio-Lebensmitteln.

Mühlenladen Ailinger Mühle

Talstraße 25,
88427 Bad Schussenried
T + 49 (0) 7583 2256
www.ailinger-muehle.de

Dinkelmehl, Spätzlemehl, Getreide, Backzutaten, Nudeln, Müsli, Schnäpse, Liköre, Gewürze, Seifen oder Kaffee sind in diesem Mühlenladen im Angebot. Die Mühle wird in fünfter Generation betrieben und es wird dort immer noch Mehl gemahlen – wie seit dem Jahr 905. In der Kornscheuer kann man mit bis zu 180 Gästen private Feste feiern.

Obsthof Steffelin

Gartenweg 1,
88677 Markdorf
T +49 (0) 7544 73400
www.steffelin.de

Obst aus eigenem Anbau, Eier, Brot, Säfte oder Kartoffeln werden im Hofladen verkauft, dort wird aber auch ein umfangreiches Frühstück serviert, das nicht nur die Übernachtungsgäste in Anspruch nehmen können. Edelbrände und Liköre, unter anderem ein selbst gebrannter Gin, gehören ebenfalls zum Angebot von Familie Steffelin, die sich Familienfreundlichkeit und Gesundheitsbewusstsein auf die Fahnen geschrieben hat.

Pfiffikus

Im Estlikofer 26,
78479 Reichenau
T + 49 (0) 7534 9995 13
www.pfiffikuss.bio

Natürliche Lebensmittel und Gewürze aus biologischem Anbau stehen hier im Mittelpunkt. Im Angebot sind Gewürze, Bratling-Mischungen, helle und dunkle Saucen, Kräutersalze oder Tomatenpesto. Streuwürze und Gemüsebrühe wurden selbst entwickelt. Die allermeisten Produkte sind vegan und glutenfrei. Besucher können sich auf der Insel Reichenau auch den Kräutergarten mit den mehr als 100 Heilpflanzen ansehen.

Straußenfarm

Airach 3,
78333 Stockach
T + 49 (0) 7771 9187 044
www.straussenfarm-hegau-bodensee.de

Straußeneier, Straußenfleisch, Federn, Schinken oder Leberwurst vom Straußenfleisch: Hier dreht sich alles um den schnellen Laufvogel. Seit zehn Jahren züchtet Familie Frick Strauße und verkauft ihr Fleisch, das Geflügelfleisch ähnelt und wegen seines hohen Eiweiß- und geringen Fettgehalts als relativ gesund gilt. Auf dem Hof finden zudem Führungen sowie viele Events statt, etwa Kindergeburtstage oder Firmenfeiern.

METZGEREI

Otto Müller
Metzgerei
und Feinkost

Rosgartenstraße 20,
78462 Konstanz
T +49 (0) 7531 5937 11
www.otto-mueller.de

Beste Qualität und größte Sorgfalt: Das ist das Firmencredo dieser Traditionsmetzgerei, die 90 Prozent ihrer Produkte selbst herstellt. Dabei wird mit Landwirten in der Region zusammengearbeitet. Zum Angebot gehört – auch in den anderen Filialen – ein täglich wechselnder Mittagstisch. Rosmarinbraten vom Kalb, Kräuterbierschinken oder unendlich viele Wurstsorten bietet das Fleisch-Sortiment (das übrigens auch geliefert wird), die Feinkost-Abteilung zudem fertige Salate, Obst, Backwaren, Milchprodukte und zahlreiche Käse-Sorten.

VINOTHEKEN

Neue Vinothek
Insel Reichenau

Münsterplatz 2a,
78479 Reichenau
T + 49 (0) 7534 293
www.winzerverein-reichenau.de

Geschichte pur: Die neue Vinothek befindet sich im historischen Balkenkeller unter dem Westflügel des Rathauses, direkt am Durchgang zum Klosterhof. Erbaut wurde dieses Ensemble als neuer Klosterkonvent südlich des Münsters im frühen 17. Jahrhundert. Die Vinothek wird vom Winzerverein Reichenau betrieben, die dort auch ihre eigenen Weine ausschenkt und verkauft. Der 1896 gegründete Winzerverein Insel Reichenau ist die kleinste selbstständige Winzergenossenschaft in Baden. Die frühere Klosterinsel Reichenau ist seit dem Jahr 2000 UNESCO-Welterbestätte.

Vineum

Vorburggasse 11,
88709 Meersburg
T +49 (0) 7532 440 260
www.vineum-bodensee.de

Eine Vinothek inklusive Museum zur Weingeschichte präsentiert sich in diesem ungewöhnlichen Gebäude. Im Mittelpunkt steht die historische Weinpresse von 1607, in allen Räumen kann man nette Geschichten rund um den Wein erfahren. Und am Ende sogar am Automaten bei einer Führung oder individuell gleich mehrere Weine verkosten.

Vinothek Vintage 1989

Manzeller Straße 20,
88045 Friedrichshafen
T +49 (0) 157 3087 0454
www.vintage1989.de

Südafrika, Italien, Bodensee, Schaumwein – zu all diesen Themen werden hier Weinproben angeboten, die von Gruppen ab acht Personen gebucht werden können. Die Weinhandlung ist zudem breit aufgestellt, hat ein großes deutsches, aber auch internationales Sortiment.

Kleiner Schritt in die Bahn, großer Sprung fürs Klima.

Lasst uns was bewegen.

bwegt

Mobilität für Baden-Württemberg

SCHWÄBISCHE ALB

BADEN-WÜRTTEMBERG

iStock

Von Höhlen, Höhen und Historie

Von Anke Kronemeyer

Hier wurde **Menschheitsgeschichte** geschrieben, wurden die ersten von Menschenhand geschaffenen Kunstwerke entdeckt. Aber auch erdgeschichtlich hat die Schwäbische Alb mit ihren Fossilien aus dem Jurameer, Vulkankratern und einem weitverzweigten Höhlennetz einiges zu bieten: Aus einem eigentlich kargen Stück Land mit unfruchtbaren Böden hat sich der Landstrich im **Süden von Stuttgart** zu einer wahren Genussregion entwickelt. Die Hauptrollen spielen dabei unter anderem **Linsen, Streuobstwiesen und sogar eine Schnecke**.

D ie Alb, die Schwäbische. Ja, sie schreibt sich mit dem weichen B, nicht mit dem harten, angelehnt an die Alpen. Obwohl: Die Wörter sind irgendwie verwandt. Woher die Alb ihren Namen hat, wissen Historiker nicht so genau. Auf keinen Fall vom Albtraum. Im Gegenteil. Es ist richtig schön rund um Ehingen, Zwiefalten, Hohenstein und in den größeren Städten wie Reutlingen und Tübingen. Die Schwäbische Alb, 180 Kilometer lang und 40 Kilometer breit, nimmt ein Fünftel von Baden-Württemberg ein, wird eingegrenzt von Tuttlingen im Westen und Ellwangen im Osten. Wer sich dem Land mit seinen schroffen Felsen, engen Tälern und steilen Hängen nähert, erfährt Geschichte ohne Ende, kann eine Reise in die Vergangenheit unternehmen, viel über die Urzeit lernen, landet aber auf jeden Fall wieder im Hier und Jetzt. Und das ist meistens lecker.

Eine Station auf dieser Reise sollte unbedingt Lichtenstein sein. Die Sehenswürdigkeit dort am Ende der extrem langen Straße (Vorsicht: Tempo 30 mit Radarkontrolle) ist Schloss Lichtenstein. Es wurde 1842 von Graf Wilhelm von Württemberg auf einem Felsen erbaut – aber nur, weil dem Herzog der Roman „Lichtenstein" von Wilhelm Hauff aus dem Jahr 1826 so gut gefiel. Wer hier steht, erlebt Alb pur. Höhenangst ist verboten, wer sich dem Albtrauf mit seinem spektakulären Felsenrand und den gewaltigen Höhenunterschieden nähert. Im Echaztal offenbaren sich sensationelle Ausblicke auf die ursprüngliche und raue Landschaft. Die Aussicht geht bis nach Reutlingen und zum Mittleren Neckar, streift aber immer wieder den Albtrauf, der vor Jahrmillionen entstanden ist. Und nötigt dem Besucher Respekt ab. Denn hier steht man auf Boden, der sich gebildet hat, nachdem sich das Jurameer zurückgezogen hat. In und an diesem Meer lebten damals Meereskrokodile, Saurier wie der Ichthyosaurier, Haie und Störe.

Übrig geblieben ist diese schroffe Landschaft, sind karge Böden, aber auch versteinerte Fische und andere Fossilien und vor allem Höhlen – 2800 sind bekannt. Weil die Alb das größte Karstgebiet ist und der Boden aus Kalkstein besteht, versickert das Wasser auf der Oberfläche und hat so ein – zum Teil sogar begehbares – Höhlensystem entstehen lassen. Als herausragend sind die Wimsener Wasserhöhle, die Laichinger Tiefenhöhle, die Falkensteiner und die Nebelhöhle, aber auch die Bärenhöhle zu nennen, ebenso der Blautopf bei Blaubeuren als Karstquelle.

Und in genau diesen Höhlen ereignete sich legendäre Menschheitsgeschichte: Dort wurden die ältesten Musikinstrumente und figürlichen Darstellungen gefunden wie die berühmte 35.000 Jahre alte Venus vom Hohle Fels, aber auch der 40 Zentimeter große Löwenmensch oder kleine, aus Elfenbein geschnitzte Pferdefiguren. Die Eiszeit-Kunst, die als erste kulturelle Leistung des Menschen gilt, ist seit 2017 UNESCO-Weltkulturerbe. All das lässt sich für den Besucher nacherleben – in Museen, bei Aktionen zum Selbstmachen oder bei einem Tauchgang in einer Höhle.

Aber auch auf andere Art lässt sich die Alb mit allen Sinnen erleben: beim Genuss. Da bieten sich viele Spezialitäten an, die zum Teil typisch schwäbisch – wie die Maultaschen und Spätzle –, aber zum anderen Teil typisch älblerisch sind. Man kommt bei diesem Thema um die Linse nicht herum: Sie wurde früher oft und gerne angebaut, weil sie auf dem sehr kargen Boden gut gedieh. Die Alb wurde zum Schwerpunkt des deutschen Linsenanbaus – bis weit in die 1950er-Jahre. Dann wurden Linsen irgendwie uncool und von anderen Ernährungstrends abgelöst. In den 1980er-Jahren kamen einige Bio-Bauern auf die Idee, aus Frankreich die Le-Puy Linse einzuführen und anzubauen – als Grundlage für das schwäbische Nationalgericht Linsen mit Spätzle. Aber die alte Alb-Linse war nie vergessen, darum wurde noch einmal 20 Jahre später gezielt nach altem Saatgut gesucht und in einer russischen Gendatenbank gefunden. Seitdem wird die kleine Frucht in einer Erzeugergemeinschaft von mehr als 50 Anbaubetrieben gehegt und gepflegt. Plötzlich ist die Linse wieder in – weil sie ein Eiweiß-

Hier sieht man eine schroffe Landschaft, karge Böden, versteinerte Fische und vor allem viele Höhlen.

lieferant ist, weil sie zur vegetarisch-veganen Küche passt und natürlich: weil sie von der Alb kommt und damit ein regionales Produkt ist. Das hat zur Folge, dass die Alb-Leisa, wie sie auch heißen, stark nachgefragt sind.

Ebenso wie ein weiteres Alb-Produkt: die Weinbergschnecke. Schon früh gab es in der Gegend Schneckenzüchter, zum Beispiel in Hayingen-Indelhausen. Schnecken galten in der adventlichen Fastenzeit als leckere Spezialität und wurden darum auch mühsam über die Donau in Fässern nach Österreich transportiert. Aus dem Jahr 1624 ist eine solche Fahrt zu Klöstern nach Österreich belegt. Auch heute noch spielt die *Helix pomatia* eine große Rolle: So ist die Albschnecke nach einer Anregung von Slow Food ein „eingetragenes Markenzeichen zur Wiederbelebung der traditionellen Schneckenproduktion". Außerdem ist die „Ulmer Auster", wie sie auch genannt wird, das Wappentier der Slow-Food-Bewegung. Der Genuss von der Alb hat noch mehr Beteiligte: So gibt es Käse vom Albbüffel, Safran aus Sonnenbühl, schwäbischen Whisky aus Tübingen und Owen, Lamm von der Wacholderheide, Bier aus Ehingen, aber auch Schwäbischer-Alb-Dinkel. Der wurde auf Initiative des Bäckers Hei-

ner Beck rekultiviert. Eine eigene Erzeugergemeinschaft kümmert sich um das Korn, das dann in Mühlen und Bäckereien weiterverarbeitet wird. Genuss von der Alb darf nicht ohne die landschaftsprägenden Streuobstwiesen erzählt werden. Zwischen Alb und Neckar bilden sie mit rund 26.000 Hektar eine der größten zusammenhängenden Streuobstlandschaften Europas. Dort stehen 1,5 Millionen Obstbäume –es wachsen Äpfel, Birnen, Kirschen und Zwetschgen. In vielen Brennereien und Mostereien werden die Früchte verarbeitet. Vorzeigeproduzent ist Jörg Geiger in Schlat, der aus dem Wiesenobst Destillate, Schaumweine, alkoholfreie PriSeccos und Gin produziert. Wenn schon ein Genuss-Botschafter der Alb erwähnt wird, darf Simon Tress, einer der bekanntesten deutschen Bio-Köche, nicht fehlen. Er übernahm den elterlichen Gastronomiebetrieb in Hayingen-Ehestetten im Biosphärengebiet und setzt in Hotel und Restaurant seine Idee von Bio-Küche um. Regionale Produkte spielen bei der Zubereitung die wichtigste Rolle. In seiner Manufaktur produziert er mit seinen Brüdern außerdem Convenience in Bio-Qualität. Und der Wein? Wächst der auch auf der Alb? Eher am Rande, schuld sind Klima und Höhe.

BADEN-WÜRTTEMBERG

Aber eines der wenigen Weingüter sollte doch erwähnt werden – das von Helmut Dolde in Frickenhausen. Der frühere Biologie-Lehrer bewirtschaftet auf 530 Metern Meereshöhe einen der höchsten Weinberge Baden-Württembergs und bringt jedes Jahr immer wieder tolle Silvaner, Rieslinge oder Spätburgunder hervor, die bei vielen Wettbewerben Preise einstreichen.

Weil die Alb so ein besonderer Landstrich ist, wurden Teile von ihr – exakt 85.000 Hektar – auch als von der UNESCO anerkanntes Biosphärengebiet ausgewiesen, das „ein modellhaftes Miteinander von Ökonomie, Ökologie und Sozialem" abbilden soll. Im Mittelpunkt: der frühere Truppenübungsplatz Münsingen in der Nähe des aufgelassenen Ortes Gruorn. In der schützenswerten Kulturlandschaft sollen sich Rotmilan und Wanderfalke, Orchideen und Silberdistel zu Hause fühlen, Obst auf den Wiesen gedeihen und die Wacholderweiden blühen. Das Biosphärengebiet wird durch Wander- und Radwege im Sinne eines sanften Tourismus erschlossen. Radler können zum Beispiel auf dem Alb-Neckar-Radweg oder auf dem Schwäbische-Alb-Radweg die Region erkunden. Oder Wanderer sich auf dem Besinnungsweg in Ehingen entspannen.

Letzte Frage: Wie ist denn der Alb-Bewohner so als Typ? Der Älbler selbst ist zwar ein Mensch, der anpacken kann, der es ja die ganzen Jahre musste, um aus dem Land das Beste herauszuholen. Er ist aber auch oft melancholisch, wenn nicht sogar schwermütig. Ein bisschen kauzig und knorrig zudem, der sich nicht so schnell dem Fremden öffnet. Wenn er dann aber für seine Sache brennt, hört er so bald nicht mehr mit dem Schwätzen auf. Also einfach ein bisschen Geduld mit ihm haben, er taut schon auf.

WEITERE INFORMATIONEN
www.schwaebischealb.de
www.biosphaerengebiet-alb.de

BADEN-WÜRTTEMBERG

Kultivierte Wildnis – Obst aus Wiese und Wald

Von Harald Beck

BADEN-WÜRTTEMBERG

Streuobst in idyllischer Hügellandschaft – kaum irgendwo sonst sind die Wiesen mit den verstreut stehenden, zumeist alten und knorrigen Bäumen so prägend für das Landschaftsbild wie im Vorland der Schwäbischen Alb. Verbunden ist dies mit einem Reichtum der besonderen Art: Mehr als 6000 Obstsorten sind in der Blütezeit des Streuobstbaus bis zum 20. Jahrhundert kultiviert worden. 2700 Apfelsorten werden in historischer Gesamtschau gezählt, 800 Birnensorten, 400 verschiedene Süßkirschensorten oder 400 Versionen der pflaumenartigen Gewächse. Doch der Reichtum dieser einzigartigen Kulturlandschaft zwischen Neckar und Alb, zum Teil auch im Rheintal oder entlang des nördlichen Bodenseeufers, ist gefährdet. Die Früchte sind klein und schrumpelig, die Arbeit lohnt sich kaum – für das bisschen Ertrag. Immerhin gibt es inzwischen wieder Mostereien, die nicht nur frisch gepressten Apfel- und Birnensaft im Sortiment haben. Vielmehr sind es

Betriebe, die den Most auch vergären und veredeln oder die andere, reizvolle Produkte aus dem Wiesenobst gewinnen, darunter inzwischen auch eine beträchtliche Zahl von alkoholfreien Getränken.

Der aus dem Obst – zumeist aus Äpfeln und Birnen – gewonnene und nach wenigen Tagen vergorene Fruchtsaft ist eine regionale Spezialität. Auch elegante Obstweine, Früchte-Seccos, Schnäpse und Brände entstammen diesem biodiversen Reichtum. Einst war es schlicht wirtschaftliche Not, die zu den weiträumig angelegten Obstbaumwiesen geführt hat. Schon zu Beginn des 19. Jahrhunderts ist etwa in Württemberg vielerorts der Weinbau aufgegeben worden. Auf den einstigen Weinbergen wurden Obstbäume gepflanzt, mit der für die Viehzucht wichtigen Möglichkeit der zusätzlichen Grünlandbewirtschaftung.

Der Erhalt dieser artenreichen Kulturlandschaft wird von Politik und Naturschutz immer wieder beschworen. Mehr als Worte helfen indessen Wertschätzung und Wertschöpfung. Jörg Geiger aus Schlat bei Göppingen hat früh das Potenzial des Wiesenobstes erkannt. „Der mit dem Streuobst tanzt", titelte etwa ein österreichisches Magazin über ihn. Ob Champagner-Bratbirne oder Stuttgarter Gaishirtle, Börtlinger Wein- oder Hauxapfel, ob Wacholder oder Wermut: Schwäbisches Wiesenobst samt Kräutern und Beeren seien ob ihres herzhaften und geschmacksträchtigen Wesens einfach ideal geeignet für die Herstellung von Destillaten, Schaumweinen oder alkoholfreien PriSeccos, sagt der Mann, der einst im elterlichen Betrieb die Liebe zum Streuobst entdeckte. Und der sich das Handwerk der Getränkekreation samt modernen Erkenntnissen oder alten Techniken als Autodidakt selbst beigebracht hat. Der Erfolg seiner von Dutzenden Streuobstproduzenten belieferten Manufaktur ist beispielhaft, Vorbild auch für viele andere, die Destillate, Obstweine oder schwäbischen Cider erzeugen.

© Simon Tress

BADEN-WÜRTTEMBERG

Simon Tress

Konsequenter als viele andere setzt Simon Tress auf Bio-Qualität, auf Nachhaltigkeit und Transparenz. Zusammen mit seinen Brüdern und der Mutter betreibt er auf der Schwäbischen Alb vier bio-zertifizierte Restaurants, darunter das Demeter & Bioland Fine-Dining Restaurant 1950, in dessen Küche die CO_2-Bilanz der Produkte – sorgsam „Leaf-to-Root" und „Nose-to-Tail" verarbeitet, um Lebensmittelabfall zu vermeiden – berücksichtigt wird. Die Botschaft ist klar: **Mensch und Natur sollen genussvoll im Einklang miteinander sein.**

EMPFEHLUNGEN

Wochenmarkt Bad Urach

Marktplatz, 72574 Bad Urach
Der mir liebste Markt in der
Umgebung ist in Bad Urach,
weil er sehr vielfältig und schön
bestückt ist. In der Heimat
des neuen Bundeslandwirt-
schaftsministers Cem Özde-
mir lohnt es sich, den Markt an
einem Samstag zu besuchen,
mit der traumhaften Altstadt
Bad Urachs als Kulisse.

Wein et cetera

Uracher Straße 7/1,
72581 Dettingen an der Erms
T +49 (0) 7123 8883 33
www.wein-etc.de
Die Weinhandlung meines Ver-
trauens ist Wein et cetera in
Dettingen/Erms von Ute und
Evangelos Pattas. Evangelos,
auch Eigentümer des Restaurants Délice in Stuttgart, ist ein
wandelndes Weinlexikon, liebt
und lebt das Thema. Für unser
Restaurant 1950, in dem wir
nur Demeter-Weine aus Baden
und Württemberg verwenden,
steht er uns beratend zur Seite,
stimmt die Weine mit meinen
Menüs ab.

Gasthaus zum Adler

Gartenstraße 1,
72531 Hohenstein-Eglingen
T +49 (0) 7383 384
www.adler-eglingen.de
Mein Lieblingswirtshaus für zu
Mittag ist der Adler in Eglingen,
hier wird echt schwäbisch gekocht. Ein uriger Gasthof, in dem
am Wochenende ganze vier Generationen arbeiten. Tipp: Durch
die eigene Jagd ist das Wild besonders zu empfehlen.

Alb-Leisa

Am Hochberg 25,
89584 Lauterach
T +49 (0) 7375 9978 00
www.lauteracher.de
Eine Spezialität, die man hier
probiert haben muss, sind unsere Alblinsen, deren Vielfalt
weiter zunimmt. Seit 2020 gibt
es jetzt schon Alb-Buchweizen
von der Erzeugergemeinschaft
Alb-Leisa, die von Lutz Mammel aus Lauterach vermarktet
wird. Max Mammel, Lutz' Bruder, baut auch wunderbaren
Knoblauch an. Alle Produkte
aus Lauterach sind in Bioland-
Qualität.
> S. 399

Demeterhof Freytag-Wörz

Steighof 9, 72525 Münsingen
T +49 (0) 7383 504
www.demeterhof-freytag.de
Die Familie Wörz und Freytag
hat auf Ihrem Demeterhof
auf den Steighöfen einen kleinen und feinen Hofladen mit
hauseigenen Produkten – von
Fleisch über Milch, Eier bis hin
zum Gemüse, alles in Deme-
ter-Qualität. Und das bereits in
dritter Generation seit 1954.

Heimatküche Bechingen

Ehinger Straße 12,
88499 Riedlingen
T +49 (0) 7373 2882
www.tress-gastronomie.de
Das Restaurant meiner lieben
Mama Inge ist für mich das ge-
mütlichste, regionaltypische
Lokal für jeden Tag. In der Heimatküche in Bechingen bin ich
sehr oft als Gast und genieße
die entspannte und authentische Atmosphäre. Und natürlich ist alles in 100 % Bio-Qualität aus der Region.

BADEN-WÜRTTEMBERG

N

BADEN-WÜRTTEMBERG

UHINGEN

A 8

OWEN

PLIEZHAUSEN

METZINGEN

TÜBINGEN

BAD URACH

Neckar

PFULLINGEN

ST. JOHANN

NEHREN

MÜNSINGEN

STARZACH

LICHTENSTEIN

SONNENBÜHL

B 465

B 27

HOHENSTEIN

HAYINGEN

B 463

ALBSTADT

B 313

B 312

B 14

SIGMARINGEN

Donau

HAUSEN OB
VERENA

BEURON

WURMLINGEN

TUTTLINGEN

Die Schwäbische Alb ist mehr als 200 Kilometer lang und 40 Kilometer breit, wird eingegrenzt von Tuttlingen im Südwesten und Ellwangen im Nordosten. Sie nimmt ein Fünftel von Baden-Württemberg ein, Ulm und Reutlingen sind ihre beiden größeren Städte. Erdgeschichtlich hat diese Region mit ihrer schroffen Landschaft viel zu bieten, man kann Fossilien aus dem Jurameer, Vulkankrater und ein weit verzweigtes, zum Teil begehbares Höhlennetz entdecken. Und: Die Alb hat sich zu einer Genussregion entwickelt.

Übersicht

GASTRONOMIE

ANIMA
In Wöhrden 5
78532 Tuttlingen
> S. 380

BERG BRAUEREIAUSSCHANK KLOSTERGARTEN
Klosterstraße 30
72793 Pfullingen
> S. 380

BIO-FINE-DINING-RESTAURANT 1950
Aichelauer Straße 6
72534 Hayingen
> S. 381

BÖRSLINGER HOF
Ballendorfer Weg 5
89177 Börslingen
> S. 381

BRAUEREIWIRTSCHAFT BERG
Graf-Konrad-Straße 21
89584 Ehingen
> S. 382

BRAUMANUFAKTUR
Im Dorf 5
72531 Hohenstein
> S. 382

BUONGIORNO TRATTORIA
Radgasse 15
73430 Aalen
> S. 383

DORFSTUBE
Im Dorf 12
72820 Sonnenbühl
> S. 383

GASTHAUS LAMM
Dorfstraße 56
89143 Blaubeuren
> S. 383

GASTHAUS WIDMANN'S LÖWEN
Struthstraße 17
89551 Königsbronn
> S. 384

GASTHOF LINDE
Untere Vorstadt 1
72458 Albstadt
> S. 385

GASTHOF ZUM BAD
Burghof 11
89129 Langenau
> S. 385

GOURMET-RESTAURANT AUF SCHLOSS FILSECK
Filseck 1
73066 Uhingen
> S. 386

GOURMETRESTAURANT „FINE DINING RS"
Burg Staufeneck 1
73084 Salach
> S. 386

HERRENGASS
Welzheimer Straße 11
74417 Gschwend
> S. 386

HIRSCH
Im Dorf 12
72820 Sonnenbühl
> S. 387

**HOTEL & RESTAURANT
FORELLENHOF RÖSSLE**
Heerstraße 20
72805 Lichtenstein
> S. 387

**RESTAURANT KRIETSCH
(EHEM. FUGGEREI)**
Münstergasse 2
73525 Schwäbisch Gmünd
> S. 388

LANDGASTHAUS ZUR LINDE
Schönbuchstraße 8
72124 Pliezhausen
> S. 388

LANDGASTHOF ADLER
Riegestraße 15
89192 Rammingen
> S. 388

ROSE
Aichelauer Straße 6
72534 Hayingen
> S. 389

SCHRANNERS WALDHORN
Schönbuchstraße 49
72074 Tübingen
> S. 389

SEESTERN
Friedrichsau 50
89073 Ulm
> S. 390

SIEDEPUNKT
Eberhard-Finckh-Straße 17
89075 Ulm
> S. 390

TREIBGUT
Friedrichsau 50
89073 Ulm
> S. 391

**URSPRUNG – DAS
RESTAURANT**
Struthstraße 17
89551 Königsbronn
> S. 392

🛏 HOTELS

BIO-HOTEL ROSE
★★★
Aichelauer Straße 6
72534 Hayingen
> S. 393

BURGHOTEL STAUFENECK
★★★★★ s
73084 Salach
> S. 394

HIRSCH
★★★★
Im Dorf 12
72820 Sonnenbühl
> S. 394

HOFGUT HOHENKARPFEN
★★★ s
Hohenkarpfen 1
78595 Hausen ob Verena
> S. 394

**HOTEL & RESTAURANT
FORELLENHOF RÖSSLE**
★★★★
Heerstraße 20
72805 Lichtenstein
> S. 395

**HOTEL & RESTAURANT
SCHWANEN**
★★★★
Bei der Martinskirche 10
72555 Metzingen
> S. 395

HOTEL BISCHOFFS
★★★★
Pfählerstraße 7
72574 Bad Urach
> S. 395

**HOTEL GASTHOF
HERRMANN**
★★★★
Ernst-Bezler-Straße 3
72525 Münsingen
> S. 396

HOTEL LINDE
Untere Vorstadt 1
72458 Albstadt
> S. 396

**HOTEL SCHLOSS
WEITENBURG**
Weitenburg 1
72181 Starzach
> S. 396

**HOTEL SPEIDEL'S
BRAUMANUFAKTUR**
Im Dorf 5
72531 Hohenstein
> S. 397

KARLS HOTEL
★★★★
In den Burgwiesen 7
72488 Sigmaringen
> S. 397

**LAGO HOTEL & RESTAURANT
AM SEE**
Friedrichsau 50
89073 Ulm
> S. 397

**LANDGASTHOF
KÖHLERS KRONE**
Drei-Kreuz-Straße 3
89584 Ehingen
> S. 398

**RESTAURANT & HOTEL
WILDER MANN**
Karlstraße 2–4
73433 Aalen
> S. 398

WIDMANN'S ALB.LEBEN
Struthstraße 17
89551 Königsbronn
> S. 398

EINKAUFEN

Gastronomie

Anima

In Wöhrden 5,
78532 Tuttlingen
T +49 (0) 7461 7803 020
www.restaurant-anima.de

Res. ♟ ⊕ HTH

Das Anima ist ein Tempel der minimalistischen Kulinarik, ein geordneter Raum in Brauntönen, in dessen offener Küche Heiko Lacher und Johannes Schühle so zu Werke gehen, wie es zur Stadt Tuttlingen als Weltzentrum der Medizintechnik passt: präzise, puristisch, perfekt. Aus ganz einfachen Zutaten arbeiten sie allerfeinste Nuancen heraus, oft mit einer zarten Zitrusnote, und diesem minimalistischen Stil entsprechend serviert Janice Lacher die auch optisch hochklassigen Teller nahezu wortlos, aber herzlich. Chapeau!

Berg Brauereiausschank Klostergarten

Klosterstraße 30,
72793 Pfullingen
T +49 (0) 7121 99410
klostergarten-pfullingen.de

Auf gemütlichen Wirtshausstühlen wird hier im urig-rustikalen Gastraum an originalen Tischen aus den 1920ern Platz genommen und die große, deftige Küche Schwabens ebenso genossen wie deren leichte und modern interpretierte Variationen. Auf diese zeitgemäße Aufarbeitung hat sich das junge Küchenteam konzentriert, in deren Fokus die selbst gemachten Maultaschen stehen. Auch die stattliche Schnitzelauswahl kann sich sehen lassen. Auf der flexiblen, wöchentlich wechselnden Aktionskarte finden sich saisonale Leckereien aus der nächsten Umgebung.

Bio-Fine-Dining-Restaurant 1950

Aichelauer Straße 6,
72534 Hayingen
T +49 (0) 7383 94980
www.tressbrueder.de/bio-fine-dining-restaurant-1950

> Rose   S. 389
> Bio-Hotel ROSE   S. 393

Im Jahr 1950 hat der Großvater des Küchenchefs Simon Tress seinen Hof biodynamisch ausgerichtet. Heute tragen fast alle Produkte im Lokal ein Demeter- oder Bioland-Label, gekocht wird anspruchsvoll und möglichst abfallfrei. Die Gerichte tragen keine Namen, stattdessen ist jede Zutat mit der Prozentzahl gelistet, die ihrem Anteil am Ganzen entspricht, bis hin zu 0,001 % Chili. Die sorgsam angerichteten vegetarischen Teller selbst wirken beruhigend normal, die Aromen sind kräftig. Zu manchen Gängen kann auch Fleisch bestellt werden – als Beilage.

BADEN-WÜRTTEMBERG

Börslinger Hof

Ballendorfer Weg 5,
89177 Börslingen
T +49 (0) 7340 9189 99
www.boerslinger-hof.de

Anja und Sascha Holzwarth arbeiten mit dem besten, was die Schwäbische Alb zu bieten hat. Damit die Gäste ein genaues Bild davon bekommen, woher die Komponenten ihrer Mahlzeiten stammen, sind die Lieferanten der regionalen Lebensmittel direkt in der Speisekarte aufgeführt. Und die lässt nicht zu wünschen übrig: Kraftvolle Suppen, Braten und vegane Gerichte bieten ebenso wie die kleine Vesperkarte kulinarische Freuden für jeden Gast. Saisonale Events und Aktionen liefern weitere Vielfalt.

BADEN-WÜRTTEMBERG

Brauerei-Wirtschaft Berg

Graf-Konrad-Straße 21,
89584 Ehingen
T +49 (0) 7391 7717 33
www.bergbier.de

Die urige Brauereigaststätte sieht genauso aus, wie man sie sich vorstellt: viel Holz, lange Tische, der ein oder andere sinntragende Spruch an der Wand und ein ewig munteres Treiben zwischen den Plätzen. Stilecht ausgeschenkt werden hier natürlich die vor Ort gebrauten Bierspezialitäten, deren Genuss erst recht in der Kombination mit den schwäbischen Leibspeisen aus der Küche zu glücklichen Gesichtern führt. Die passenden Bierempfehlungen finden sich direkt in der Karte.

Brau-Manufaktur

Im Dorf 5,
72531 Hohenstein
T +49 (0) 7387 98900
www.speidels-braumanufaktur.de

> Hotel Speidel's
   BrauManufaktur   S. 397

Hotel, Brauerei und Restaurant unter einem historischen Dach. In Speidel's BrauManufaktur wird jeder Wunsch erfüllt. Im Gasthof Lamm, dem Restaurant des Hauses, kommen den Gästen neben dem selbstverständlich Selbstgebrauten zahlreiche Köstlichkeiten aus der Umgebung auf den Tisch. Dass das Bier dabei hie und da auch Einzug in die Speisen erhält, etwa in Form der Biersuppe mit Hopfennocken oder der Dunkelbiersoße zu Spanferkel und Landschweinfilet, ist Ehrensache. Ein umfangreiches fleischfreies Angebot sowie eine reichhaltige Vesperkarte ergänzen das Menü.

BuonGiorno Trattoria

Radgasse 15,
73430 Aalen
T +49 (0) 7361 9339 986
www.buongiorno-aalen.de

Eine Trattoria im allerbesten Sinne. Paolo Julita, langjähriger Maître im Mannheimer Da Gianni, hat sich hier vor einigen Jahren einen Traum erfüllt. Die Gerichte auf der kleinen Karte bereitet der Chef in seiner offenen Küche aus erstklassigen italienischen Produkten zu, pointiert und in konstant hoher Qualität. Salumi, Formaggi, vorzügliche Pasta und würzige Fleischgerichte: Für jeden Liebhaber italienischer Kost ist etwas dabei. Guter Service, sehr gute Whisky-Auswahl.

Dorfstube

Im Dorf 12,
72820 Sonnenbühl
T +49 (0) 7128 92910
www.romantikhotel-hirsch. de/de/dorfstube.html

Ein getäfeltes Wirtshausidyll, so hübsch wie gemütlich, ist das Zweitrestaurant des Hotels Hirsch. In der Dorfstube wird verfeinert rustikal und meist mit regionalen Zutaten gekocht, wobei von den Schlachttieren möglichst wenig übrig bleibt: Neben den Klassikern Maultaschen und Zwiebelrostbraten stehen Innereien wie süßsaure Suppe mit Alblamm-Nieren, Hirnsuppe und Rinderkutteln im Rotweinsud auf der Karte. Dazu passt ein Württemberger Viertele oder eine der fair kalkulierten Flaschen.

> Hirsch   S. 394
> Hirsch   S. 387

Gasthaus Lamm

Dorfstraße 56,
89143 Blaubeuren
T +49 (0) 7344 6419
www.fewo-lamm.de

Auf über 160 Jahre schwäbischer Gastlichkeit kann Familie Mattheis nun schon zurückblicken und noch immer strömen die Gäste herbei, wenn die Türen geöffnet werden. Wer kann dem verführerischen Geruch hausgemachter Maultaschen, Kässpätzle oder verschiedener Braten auch widerstehen? Es wird sich dabei nicht auf Traditionen ausgeruht, sondern auch einmal etwas Neues gewagt. So zum Beispiel das Lammcurry mit Mandelbanane oder die hausgemachten Eissorten. Passende Weinempfehlungen – natürlich alles lokale Tropfen – finden sich direkt in der Karte und lassen keine Wünsche offen.

Gasthaus Widmann's Löwen

Struthstraße 17,
89551 Königsbronn
T +49 (0) 7328 96270
www.widmanns-albleben.de

Im traditionsreichen Gasthaus auf dem Albuch sitzen Feriengäste und Einheimische fröhlich beisammen und die Küche liefert unter Volldampf blitzsaubere schwäbische Klassiker (exzellente Festtagssuppe mit Maultasche, Grieslklöße und Flädle!) und allerlei Verfeinertes vom lauwarmen marinierten Kalbskopf bis zum rosigen Hirschkalbsrücken in Wacholderjus. Außerdem gibt es trocken gereifte Steaks, einen beliebten Mittagsteller und gastfreundlich kalkulierte Überraschungsmenüs.

Gasthof Linde

Untere Vorstadt 1,
72458 Albstadt
T +49 (0) 7431 1341 40
www.gasthof-linde.com

> Hotel Linde   S. 396

Das pittoreske Fachwerkhaus in Albstadts Zentrum beherbergt neben einem modernen Hotel ein ambitioniertes Restaurant, das sich ganz dem lokalen Genuss verschrieben hat. Für mehr als zwei Drittel aller angebotenen Gerichte wurden ausschließlich Zutaten aus der unmittelbaren Region genutzt – erkennbar am Löwen-Symbol in der Speisekarte. Und diese hat es in sich: Ziegenkäse von der Zollernalb, Lachsforelle aus Hettingen, Wild aus eigener Jagd. Die gut sortierte Weinkarte bietet Positionen aus der Gegend, aber auch aus internationalem Anbau.

Gasthof zum Bad

Burghof 11,
89129 Langenau
T +49 (0) 7345 96000
www.gasthof-zum-bad.de

Hans Häge traut sich was. In anderthalb Jahrzehnten am Herd des familieneigenen Gasthofs hat er seine Handschrift entwickelt, verbindet Regionales mit Weltläufigem bei Gänseleberparfait im Piña-Colada-Stil mit Kokoschips, Ananas-Coulis und Brioche, bei saftigen Perlhuhn-Röllchen und roter Garnele mit Duftreiscreme und Mango, bei der selbstsicheren Kombination aus Rochenflügel und Oktopus mit weißen und roten Tomaten, Mozzarella und Wassermelone oder bei im besten Sinn klassischem Rücken und Ragout vom Langenauer Rehbock.

BADEN-WÜRTTEMBERG

Gourmet-Restaurant auf Schloss Filseck

Filseck 1,
73066 Uhingen
T +49 (0) 7161 28380
www.restaurant-auf-schloss-filseck.de

Unverputzte Steinmauern und Balkendecke prägen das Restaurant in dem Renaissancebau mit mittelalterlichen Kellern. Dass der Küchenchef Daniele Corona italienische Wurzeln hat, kann man zumindest an den Namen ablesen, die der gebürtige Esslinger seinen Gerichten gibt. Stilistisch trifft man hier freilich eher auf ein ambitioniertes Crossover mit vielen interessanten und hochwertigen Elementen, denen es manchmal am letzten Schliff oder an harmonischer Abstimmung fehlt.

Gourmetrestaurant „fine dining RS"

Burg Staufeneck 1,
73084 Salach
T +49 (0) 7162 9334 40
www.burg-staufeneck.de

> Burghotel Staufeneck   S. 394

Hoch oben auf Burg Staufeneck sind schon die ersten Häppchen aus der Küche von Rolf Straubinger und Markus Waibel großartig – Luxus-Rösti mit Lachs und Lachskaviar, eine Entenlebermousse mit Heidelbeeren oder Karottenvariationen in der Austernschale. Beim Menü gibt es nur die Wahl zwischen vegetarisch oder nicht, da hat man mit dem dicken, enorm reichhaltigen Flaschenweinbuch länger zu tun. Bei Hauptgerichten wie dem perfekten Heilbutt mit Beurre blanc, Blumenkohl und Schalotten lässt der Service dankenswerterweise die Sauciere da.

Herrengass

Welzheimer Straße 11,
74417 Gschwend
T +49 (0) 7972 9125 20
www.herrengass-gschwend.de

Im legeren Restaurant mit Korbstühlen und blanken Tischen kocht Markus Elison mit besten Zutaten Schwäbisch-Mediterranes wie gebratenes Fjordforellenfilet auf wildem Blumenkohl in Rieslingschaum. Schweinefleisch stammt hier von der Erzeugergemeinschaft Schwäbisch Hall, aus regionaler Jagd ein Hirschrücken in Tonkabohnen-Jus auf glasierter Petersilienwurzel und Kartoffelnocken. Zwetschgen, Holunder, Rhabarber sowie Kräuter und Gemüse kommen aus den Gärten von Tanten und Großmüttern.

Hirsch

Im Dorf 12,
72820 Sonnenbühl
T +49 (0) 7128 92910
www.romantikhotel-hirsch.de

Im Gourmetrestaurant im hellen Landhausstil kocht Gerd Windhösel handwerklich gekonnt mit vorwiegend regionalen Zutaten – gerade hier im Biosphärengebiet Schwäbische Alb ein schlüssiges Konzept. So spielen Alb-Lamm und „Alb-Wagyu" sowohl bei den À-la-carte-Klassikern als auch in den Menüs wichtige Rollen, letzteres zum Beispiel als ein, dank 24 Stunden Niedrigtemperatur-Garung, zartmürbes Flankenstück mit leicht bissfestem Wurzelgemüse, Kartoffeln, ein wenig Sommertrüffel und einer glänzenden Holunderjus als Grundierung.

Hotel & Restaurant Forellenhof Rössle

Heerstraße 20,
72805 Lichtenstein
T +49 (0) 7129 92970
www.forellenhof-roessle.de

Facettenreich sind die Räumlichkeiten dieses gemütlichen Hotelrestaurants ebenso wie die Gerichte in der Speisekarte. Egal, ob man nun in einer der urigen Stuben, im modernen Wintergarten oder auf der Terrasse Platz nimmt, zu entdecken gibt es immer etwas. Allem voran natürlich die Forellenkarte mit Tieren aus der eigenen, über 140 Jahre zurückreichenden Zucht. Egal, ob klassisch im Ganzen serviert, geräuchert oder als Salat, die Frische ist unschlagbar. Auch über den Fisch hinaus wird regional gearbeitet; mindestens 90 Prozent der Produkte stammen aus der Umgebung.

BADEN-WÜRTTEMBERG

Restaurant Krietsch (ehem. Fuggerei)

Münstergasse 2,
73525 Schwäbisch Gmünd
T +49 (0) 7171 30003
www.restaurant-krietsch.de

Zumindest die Grundmauern der ehemaligen Fuggerei reichen tief ins Mittelalter zurück. Im Windschatten des Münsters isst man unter imposanten Kreuzgewölben oder auf der Terrasse Regionales wie schwäbischen Rostbraten mit Schmorzwiebeln und handgeschabten Spätzle oder geschmälzte Maultaschen mit Kartoffel-Gurken-Salat, alternativ Klassiker wie Wiener Schnitzel oder Cordon bleu. Auch ein veganes Menü wird angeboten, muss aber zwei Tage im Voraus bestellt werden.

Landgasthaus zur Linde

Schönbuchstraße 8,
72124 Pliezhausen
T +49 (0) 7127 8900 66
www.linde-doernach.de

Im stattlichen Dorfgasthaus mit der großen Terrasse geht der Ehrgeiz von Andreas Goldbach weit über Regionalgerichte hinaus. Seine oft mediterran getönten Teller sind dekorativ angerichtet, zeugen von Kreativität und handwerklichem Können. Nur kommt bei allem Aufwand manchmal kein abgerundetes Geschmacksbild heraus, etwa bei einem perfekt gegarten, aber allzu salzigen Saibling mit Rauchspeckgelee und interessant erdiger Walnuss-Whiskey-Creme, dessen begleitende Linsen eine etwas spitze Säure abbekommen hatten.

Landgasthof Adler

Riegestraße 15,
89192 Rammingen
T +49 (0) 7345 96410
www.adlerlandgasthof.de

Die Karte – teils regional-bürgerlich, teils französisch-mediterran geprägt – liest sich verheißungsvoll im Gasthaus mitten auf der Schwäbischen Alb: Gerichte wie ein knusprig gebratenes, saftiges Wolfsbarschfilet auf angenehm bissfesten Sepianudeln, eine exakt rosa gegarte, mit feiner Farce gefüllte Wachtel und ein perfektes Topfensoufflé erfüllten die Erwartungen auch. Nur dass die Küche des Patrons Jan Bimboes bei mehreren Gängen die gleiche Gemüsemischung verwendete, erschien uns doch allzu pragmatisch.

Rose

Aichelauer Straße 6,
72534 Hayingen
T +49 (0) 7383 94980
www.tress-gastronomie.de

> Bio-Fine-Dining-
    Restaurant 1950   S. 381
> Bio-Hotel ROSE   S. 393

In den Stuben des stilvollen Gasthauses wird eine verfeinerte Regionalküche mit durchweg ökologisch erzeugten Zutaten serviert.
Alle Hauptgerichte sind erst einmal vegetarisch – wer Fleisch möchte, kann zu Tellern wie gebratenem Spitzkraut und Zweierlei vom
Grünkern oder geschmortem Saisongemüse mit Kräuterkartoffeln
nach Belieben „Beilagen" ordern wie Rücken vom Bioland-Schwein
unter einer Kräuterkruste oder Edelteil und Feinragout vom Maß-
halderbucher Bioland-Rind.

Schranners Waldhorn

Schönbuchstraße 49,
72074 Tübingen
T +49 (0) 7071 61270
www.schranners-waldhorn.de

Ein Ausflug nach Bebenhausen ist nie verkehrt: Der Tübinger Vorort
mit der einstigen Zisterzienserabtei hat den Charme eines gepflegten
Freilichtmuseums. Maximilian Schranners Küche ist sowohl bei
würzig angemachtem Tatar, Schwäbischer Festtagssuppe und Zwiebelrostbraten in ihrem Element als auch bei einer Tranche vom
Seeteufel mit gesmokten Roten Beten und Vadouvan-Schaum – das
Abendmenü, dessen Gänge auch einzeln bestellbar sind, gibt es
in einer Wirtshaus-, einer Gourmet- und einer fleischlosen Version.

Seestern

Friedrichsau 50,
89073 Ulm
T +49 (0) 731 2064 000
www.lago-ulm.de

> LAGO hotel & restaurant
  am see   S. 397
> Treibgut   S. 391

„Nordisch schlichte, aber gemütliche Bootshaus-Atmosphäre direkt am Wasser" – hier stimmt die Selbstbeschreibung auf der Website genau, und so leicht und kreativ wie dort versprochen ist Klaus Buderaths Küche auch. Aus Top-Zutaten kocht er weltläufig auf französischer Basis vier bis acht Gänge mit oder ohne Fleisch, sogar zum in der Spitzenküche eher stiefmütterlich behandelten Thema Salat fällt ihm Überzeugendes ein. Die alkoholfreie Getränkebegleitung bietet ebenfalls mit Sorgfalt Verfeinertes und Selbstgemachtes.

© Bildwerk89

Siedepunkt

Eberhard-Finckh-Straße 17,
89075 Ulm
T +49 (0) 7319 2710
www.siedepunkt-restaurant.de

Jeden Mittwoch zum Candle-Light-Dinner gibt es im schlichteleganten Restaurant oder auf der charmanten Terrasse ein Überraschungsmenü, an den übrigen Tagen erfährt man im Voraus zumindest die Hauptzutaten der drei bis sechs Gänge. Die Küche von Benedikt Wittek macht Spaß mit modernisierter Klassik wie Blumenkohl-Varianten mit Rotwein-Beurre-blanc oder gebeizten Scheiben von der Rehkeule mit Tapenade, getrockneten Oliven und Oliven-Malto, zeigte zuletzt aber auch einige Schwächen.

Treibgut

Friedrichsau 50,
89073 Ulm
T +49 (0) 731 2064 000
hotel.lago-ulm.de/
treibgut-restaurant-bar/

> LAGO hotel & restaurant
am see   S. 397
> Seestern   S. 390

Mehr als um Kreativität – dafür ist der Seestern zuständig – geht es im Treibgut darum, dass alles hausgemacht ist und die Zutaten aus anständiger Erzeugung stammen. Hier kommen Wohlfühl-Klassiker auf den Tisch: Maultaschen, Wiener Schnitzel, Penne all'arrabbiata, Zwiebelrostbraten oder, einen Hauch feiner, Filet vom Adlerfisch auf Tomatenragout mit Salbeinudeln in leichter Weißwein-Butter-Sauce. Ab zwei Personen gibt es üppige 500-Gramm-Cuts vom bayerischen Weidelandrind.

© Bildwerk89

Ursprung – das Restaurant

Struthstraße 17,
89551 Königsbronn
T +49 (0) 7328 96270
www.widmanns-albleben.de

> Widmann's Alb.leben   S. 398
> Gasthaus
   Widmann's Löwen   S. 384

Die Einrichtung des kleinen Gourmetrestaurants im Hotel auf der Schwäbischen Alb ist nordisch-reduziert. Groß hingegen sind die Ambitionen und der Aufwand, den Küchenchef Andreas Widmann betreibt, manchem Teller täte etwas Reduktion gut. Aber auch so sucht das Menü mit regionalen Zutaten und ein paar asiatischen Schlenkern im weiten Umkreis seinesgleichen dank so eigenständigen Gängen wie einer Rolle vom Schweinebauch mit Spätzle-Sauerkraut-Füllung, geschmelzten Zwiebeln, Linsenvinaigrette und gepuffter Schwarte.

Hotels

Bio-Hotel ROSE
★ ★ ★

Aichelauer Straße 6,
72534 Hayingen
T +49 (0) 7383 94980
**www.tressbrueder.de/
bio-hotel**

Ⓟ⊛Ⓜ⋔⛌⛭ ⚏   🍴

Nicht nur in Sachen Genuss, auch in puncto Hotel ist die Familie Tress Vorreiter, wenn es um das Thema Nachhaltigkeit geht. So war auch die Rose das erste zertifizierte Bio-Hotel in Baden-Württemberg. Das spüren auch die Gäste: Die Zimmer sind in baubiologischem Vollholz gehalten, die Wände mit reiner Tonerde verputzt. Im Restaurant verwöhnt Spitzenkoch Simon Tress, neben Bio-Fleisch stehen auch vegetarische und vegane Gerichte auf der Karte. Die Familie betreibt in der Nähe auch die „Outlets" Schloss Ehrenfels und die Wimsener Mühle. Mutter Tress kümmert sich zudem um den Landgasthof Heimatküche in Bechingen.

BADEN-WÜRTTEMBERG

Burghotel Staufeneck

★★★★★ s

73084 Salach
T +49 (0) 7162 9334 40
www.burg-staufeneck.de

> Gourmetrestaurant
   „fine dining RS"   S. 386

Das geschichtsträchtige Haus wird von den Familien Schurr und Straubinger mit Bodenständigkeit, Kreativität und Erfahrung geführt und verfügt über 41 Zimmer sowie drei Suiten. Für die nötige Entspannung nach einer ausgiebigen Wanderung in der Region sorgt ein 750 Quadratmeter großer Wellnessbereich oder ein Besuch einem der beiden Restaurants, die sowohl Fans der Haute Cuisine als auch jene der klassischen schwäbischen Küche bedienen.

Hirsch

★★★★

Im Dorf 12,
72820 Sonnenbühl
T +49 (0) 7128 92910
www.romantikhotel-hirsch.de

> Hirsch   S. 387
> Dorfstube   S. 383

Mitten im Herzen der Schwäbischen Alb, im kleinen Luftkurort Sonnenbühl-Erpfingen, steht mit dem 4-Sterne-Hotel Hirsch ein wahres Juwel mit liebevollem Flair, gemütlichen, individuell eingerichteten Zimmern bzw. Suiten und einer exquisiten wie ausgezeichneten Küche. Während sich Silke Windhösel in der rustikalurigen Dorfstube charmant und aufmerksam um den Service kümmert, bereitet Gerd Windhösel mit seinem Team kulinarische Genüsse zu.

Hofgut Hohenkarpfen

★★★ s

Hohenkarpfen 1,
78595 Hausen ob Verena
T +49 (0) 7424 9450
www.hohenkarpfen.de

Für alle, die im Urlaub das Besondere suchen, ist dieses Drei-Sterne-Haus südlich von Hausen ob Verena perfekt. Die Zimmer zeigen noch original erhaltene Fachwerkelemente und sind im eleganten Landhausstil eingerichtet. Zudem kommen hier auch Kunstliebhaber auf ihre Kosten – alle Werke, die im Haus ausgestellt sind, stammen von lokalen Künstlern, die vom Hotel wiederum mit Zuschüssen bedacht wurden.

Hotel & Restaurant Forellenhof Rössle
★★★★

Heerstraße 20,
72805 Lichtenstein
T +49 (0) 7129 92970
www.forellenhof-roessle.de

> Hotel & Restaurant
  Forellenhof Rössle   S. 387

Mitten im charmanten Echazteil, im Lichtensteiner Ortsteil Honau gelegen, steht der Forellenhof. Dort kann man naturgemäß nicht nur sehr gut essen (selbstgezüchtete Forellen), sondern auch behaglich wohnen. Die geräumigen Zimmer überzeugen mit Eleganz, warmen Farben und hellen Möbeln, wem das romantische Ambiente vor Ort nicht reicht, ist in Windeseile beim nahegelegenen romantischen Schloss, das spektakulär auf einem Felsen thront und über einen weitläufigen Park verfügt.

Hotel & Restaurant Schwanen
★★★★

Bei der Martinskirche 10,
72555 Metzingen
T +49 (0) 7123 9460
www.hotel-schwanen-metzingen.de

Inmitten der Outletcity bietet dieses familiengeführte Vier-Sterne-Hotel Komfort mit modernen und traditionellen Elementen. Die 72 Zimmer und Ateliers bestechen durch hochwertiges Interieur, ausgesuchte Accessoires und edle Materialien. Im Restaurant Zur Schwane werden schwäbische Spezialitäten mit den besten Produkten aus der Region serviert. Weil man sich nach einer kraftzehrenden Shoppingtour belohnen sollte.

Hotel Bischoffs
★★★★

Pfählerstraße 7,
72574 Bad Urach
T +49 (0) 7125 9473 30
www.bischoffs-badurach.de

Ein altes Gebäude in neuem Glanz erstrahlen lassen – so lautete das Vorhaben von Anja und Michael Bischoff, die mit viel Liebe und Geschmack ein ehemaliges Brauereigebäude entkernten und ihm neues Leben einhauchten. Heute kann der Gast in dem Haus, das auch über einen modernen Anbau verfügt, zwischen 18 Zimmern wählen – jedes für sich dank des Gespürs der Hausherrin einzigartig. So gibt es Zimmer über zwei Etagen, Zimmer mit freiliegendem Gebälk und eines mit einer Deckenhöhe von vier Metern.

BADEN-WÜRTTEMBERG

Hotel Gasthof Herrmann

★ ★ ★ ★

Ernst-Bezler-Straße 3,
72525 Münsingen
T +49 (0) 7381 18260
www.hotelherrmann.de

Was vor über 100 Jahren als einfacher Gasthof begann, ist heute eine Institution inmitten des Städtchens Münsingen. Seit vier Generationen familiengeführt bietet das romantische Hotel seinen Gästen die perfekten Randbedingungen für einen erholsamen Urlaub. Die zum Großteil frisch renovierten Zimmer sind mit regionalen und natürlichen Materialien wie Zirbenholz, Naturlehm- und Tonwänden ausgestattet, neben einer regional-kreativen Küche erwartet den Gast auch ein eigener Spa-Bereich mit Pool, Sauna und entspannenden Massagen.

Hotel Linde

Untere Vorstadt 1,
72458 Albstadt
T +49 (0) 7431 1341 40
www.gasthof-linde.com

Vor allem im Sommer, mit den geschmückten Blumenkästen, ist dieses Fachwerkhotel inmitten der Schwäbischen Alb ein echter Hingucker. Zentral, aber ruhig gelegen, wohnt man hier in einem der 43 geschmackvoll und mit Fichten-Altholz eingerichteten Zimmern, besonders jene im Dachgeschoss versprühen viel Charme und Charakter. In den gemütlich eingerichteten Stuben lassen sich auch hervorragend Feste feiern und Tagungen abhalten.

> Gasthof Linde   S. 385

Hotel Schloss Weitenburg

Weitenburg 1,
72181 Starzach
T +49 (0) 7457 9330
www.schloss-weitenburg.de

In einem liebevoll restaurierten Schloss aus dem Jahre 1062 befindet sich - hoch über dem Neckar zwischen Schwarzwald und Schwäbischer Alb gelegen - dieses traumhafte Refugium. Das historische Flair der drei im Renaissance-, Barock- und Neugotik-Stil gestalteten Hotelflügel verbindet sich mit zeitgemäßem Komfort, die Zimmer sind romantisch eingerichtet und verfügen teilweise über Himmelbett bzw. Kachelofen. Das Alleinstellungsmerkmal dieses Hotels ist der charmante Gastgeber: Baron Max-Richard von Rassler.

BADEN-WÜRTTEMBERG

Hotel Speidel's BrauManufaktur

Im Dorf 5,
72531 Hohenstein
T +49 (0) 7387 98900
**www.speidels-
braumanufaktur.de**

> BrauManufaktur   S. 382

Ein Hotspot, nicht nur für Bierfreunde: In diesem Hotel in ruhiger Lage in Hohenstein-Ödenwaldstetten kann man zwar auch ein Bierseminar besuchen und sein eigenes Bier brauen, es ist aber ob der Lage auch für all jene zu empfehlen, die gerne erholsame Spaziergänge in frischer Luft machen. Die Zimmer tragen individuelle Namen (Hopfenhimmel, Malzdarre, etc.) und sind mit sehr viel Holz, aber modern und funktional eingerichtet, teilweise mit Balkonen in Richtung Braugarten.

Karls Hotel

★★★★

In den Burgwiesen 7,
72488 Sigmaringen
T +49 (0) 7571 9279 60
www.karlshotel.de

2021 eröffnet, beeindruckt das Karls Hotel gleich vorweg durch seine Lage. Direkt an der Donau gelegen (und deshalb für Radausflüge perfekt) hat man vom Hotel aus einen traumhaften Blick auf das Hohenzoller'sche Schloss Sigmaringen. Insgesamt findet man hier 70 modern und stilvoll eingerichtete Zimmer und Suiten, die sich sowohl für Aktivurlauber als auch für Geschäftsreisende eignen. Das zum Hotel gehörende Restaurant Bootshaus ist auf Feiern und Events spezialisiert.

LAGO hotel & restaurant am see

Friedrichsau 50,
89073 Ulm
T +49 (0) 731 2064 000
hotel.lago-ulm.de

> Seestern   S. 390
> Treibgut   S. 391

Am Ufer der Donau und in unmittelbarer Nähe zum Messezentrum gelegen, bietet das 2010 neu eröffnete 4-Sterne-Design-Hotel 60 komfortable Zimmer und einen wunderbaren Spa-Bereich, von wo aus man einen herrlichen Blick auf den angrenzenden Natursee hat. Viel beachtet ist auch die Küche des Hauses: So kredenzt Klaus Buderath im nordisch anmutenden Seestern leichte, kreative und abwechslungsreiche Menüs.

BADEN-WÜRTTEMBERG

BADEN-WÜRTTEMBERG

Landgasthof Köhlers Krone

Drei-Kreuz-Straße 3,
89584 Ehingen
T +49 (0) 7395 331
www.koehlers-krone.de

Schon in dritter Generation empfängt Familie Köhler die Gäste in ihrem Landgasthof. Die familiäre Herzlichkeit ihrer Gastgeber zieht die Reisenden ebenso an wie die freundlich eingerichteten Zimmer mit ihren gemütlichen Betten und liebevoll eingestreuten Deko-Elementen. Nach dem reichhaltigen Frühstücksbuffet mit regionalen Köstlichkeiten von der Alb lässt es sich gestärkt in die Natur aufbrechen, bevor der Tag bei hausgemachten schwäbischen Leckereien im Restaurant seinen Ausklang findet.

Restaurant & Hotel Wilder Mann

Karlstraße 2–4,
73433 Aalen
T +49 (0) 7361 8800 840
www.wildermann-aalen.de

Das Hotel befindet sich drei Kilometer vom Stadtzentrum Aalen entfernt neben einem Restaurant, das seit rund 80 Jahren von derselben Familie geführt wird. Es wurde im Juni 2017 neu eröffnet und bietet den Gästen ruhige, geräumige Zimmer und Appartements. Das Hotel ist zudem ein idealer Ausgangspunkt, um im Besucherbergwerk Tiefer Stollen in Wasseralfingen, wo bis vor einem Jahrhundert noch Eisenerz abgebaut wurde, vorbeizuschauen.

Widmann's Alb.leben

Struthstraße 17,
89551 Königsbronn
T +49 (0) 7328 96270
www.widmanns-albleben.de

Umgeben von einer traumhaften Naturkulisse befindet sich dieses Refugium, das keine Wünsche offen lässt. Übernachten kann man sowohl in gemütlichen Zimmern als auch in traumhaften Chalets oder in einem der drei komfortablen Albstylewagen, sprich umgearbeiteten Waldarbeiterwagen mit Regendusche. Auch die Kulinarik kommt hier nicht zu kurz: Ausgezeichnet ist das Ursprung mit seinen schwäbischen Spezialitäten auf Top-Niveau, während im Widmann's Löwen Landküche plus Biergarten geboten werden.

> Ursprung –
    das Restaurant   S. 392
> Gasthaus
    Widmann's Löwen   S. 384

# Einkaufen

Alb-Leisa Hofladen

Am Hochberg 25,
89584 Lauterach
T +49 (0) 7375 9978 00
www.lauteracher.de

Bio-Lebensmittel von der Schwäbischen Alb wie Buchweizen, Leindotteröl, Hanfsamen oder Nudeln, aber eben auch die legendären Linsen „Alb-Leisa" werden von rund 100 Bioland-Bauernhöfen einer Erzeugergemeinschaft angebaut und im Hofladen in Lauterach verkauft.

Albgut Münsingen

Königstraße 10,
72525 Münsingen
T +49 (0) 7381 9313 30
www.albgut.de

Neues Leben an historischer Stätte: Die frühere Truppenunterkunft aus dem Kaiserreich des ausgehenden 19. Jahrhunderts wurde revitalisiert und in das Biosphärengebiet Schwäbische Alb integriert. Es gibt dort ein Museum, die Hochschule für Wirtschaft und Umwelt nutzt einige Räume, und es gibt kleine Manufakturen, die ihre Produkte zum Kauf anbieten: eine Kakao- und Kaffeerösterei, eine Seifen- und eine Nudelmanufaktur samt Nudelmuseum, ein Springer-le-Hersteller sowie Erzeuger rund um Alb-Öl, Essig, Merinowolle oder Naturmode.

Berg Brauerei

Brauhausstraße 2,
89584 Ehingen
T +49 (0) 7391 7717 33
www.bergbier.de

Wenn das keine Brau-Tradition ist: Seit 1757, mittlerweile in 9. Generation, braut Familie Zimmermann an der Donau, wo sich Oberschwaben mit der Schwäbischen Alb verbindet, Bier. Das Getreide für die zahlreichen Bier-Spezialitäten stammt aus der Region. Zur Brauerei gehören neben der Brauereiwirtschaft auch ein Brauerei-Lädele, Besucher können Führungen, Bierverkostungen oder Braukurse buchen.

Berghof Rabel

Berghof,
73277 Owen
T +49 (0) 7021 8619 61
www.berghof-rabel.hoffrisch.de

Seit mehr als 60 Jahren gibt es diesen Hof schon, auf dem nicht nur Whisky gebrannt wird. Wild wachsende Blüten und Beeren werden zu Bränden, Weinen, Säften und Marmeladen verarbeitet. Auf den Streuobstwiesen wird heimisches Obst geerntet, aus Zucchini und Kürbis werden Chutneys hergestellt. Alle Produkte sowie viele weitere kleine Geschenke werden im hofeigenen Laden verkauft.

Biotal Hofgemeinschaft

Talstraße 23,
89542 Herbrechtingen
T +49 (0) 7324 9833 499
www.milchmobil.de

120 Hektar groß ist das Land dieses Öko-Hofs, der seit Ende der 1980er-Jahren von drei Familien bewirtschaftet wird. Neben der Milchviehherde gibt es auf dem Hof auch Schafe, Ziegen, drei Esel und Wasserbüffel. Auf den Feldern wächst zudem Getreide. Alles, was produziert wird, wird unter anderem im hofeigenen Laden – der biologisch aus Stroh, Lehm und Holz gebaut wurde – verkauft. Dort gibt es Milch, Käse, Joghurt, Kosmetik, Backwaren oder Fleisch aus eigener Schlachtung. Dem Laden angegliedert ist auch ein Hofcafé mit kleiner Bistro-Karte. Milchprodukte werden außerdem mit dem „Milchmobil" direkt zu den Abonnenten geliefert.

BADEN-WÜRTTEMBERG

Die Ölfreunde

Donautalstraße 17,
88631 Beuron
T +49 (0) 7570 666
www.dieoelfreunde.de

Chiliöl, Kräuteröl, Rapsöl oder Hanföl, Leindotter- oder Schwarzkümmelöl: In dieser Ölmühle von Jung-Unternehmer Paul Bethle, der noch zur Schule geht, werden alle Sorten unter ökologischen Aspekten hergestellt. Die Produkte werden über den Online-Shop vertrieben, es gibt aber auch einen Hofladen, in dem außer den Ölen Mehl, Proteine, Tierfutter, Liköre und Brände aus eigener Herstellung sowie Senf aus Großmutters Produktion verkauft werden.

finch Whiskydestillerie

Am Berg 5,
72535 Heroldstatt
T +49 (0) 7389 758300
www.finch-whisky.com

Gin, Wodka, Rum, aber vor allem Whisky werden in dieser Destillerie von Hans-Gerhard Fink gebrannt und wurden bereits mehrfach prämiert. Die Zutaten für den schwäbischen Hochland-Whisky wachsen direkt vor der Haustür, außerdem wird das klare Wasser aus den karstigen Tiefen der Alb verwendet. Zur Brennerei gehört ein kleiner Laden, außerdem werden Brennerei-Führungen angeboten.

Heimatsmühle

Heimatsmühle 1,
73433 Aalen
T +49 (0) 7361 91510
www.heimatsmuehle.com

Seit 1808 ist diese Mühle im Besitz der Familie Ladenburger – jetzt schon in 6. Generation. In der Müllerei werden Roggen, Hafer, Gerste, Dinkel und Weizen zu Mehl verarbeitet, auf den 85 Hektar werden zudem Charolais-Rinder und Landschweine gehalten. Das Getreide für die Markenmehle stammt überwiegend aus der Region. Kaufen kann man die Mühlenprodukte im Mühlenladen, in dem es neben Mehlen auch Müsli, Brotaufstriche, Gewürze, Soßen, Süßigkeiten oder auch Weine und Öle gibt.

Hirschbrauerei

Friedrichstraße 34,
78573 Wurmlingen
T +49 (0) 7461 9420
www.hirschbrauerei.de

Seit 1782 wird hier Bier gebraut – und das mit regionalen Zutaten. Es gibt ein Dutzend verschiedene Sorten – Pils, Weizen oder Radler, mit oder ohne Alkohol. Besondere Attraktionen für Besucher sind Brauereiführungen, das Bierwelt-Museum, ein Waldseilpark oder eine Märchengolfbahn.

Manufaktur Jörg Geiger

Eschenbacher Straße 1,
73114 Schlat
T +49 (0) 7161 9990 224
www.manufaktur-joerg-geiger.de

Die Champagner-Bratbirne war das erste Obst, das Jörg Geiger für seinen alkoholfreien Schaumwein entdeckte. Er gründete daraufhin seine – noch immer deutschlandweit einzigartige – Wiesenobst-Manufaktur und entwickelte viele andere Getränke aus dem heimatlichen Obst von Streuobstwiesen, für die er mittlerweile großes Lob auch aus dem Ausland bekommt. Zur umfangreichen Produktpalette gehören alkoholfreie, aber auch alkoholhaltige Getränke wie Cider oder Apfel im Portweinstil. Einen Überblick über alle Geiger-Produkte gibt es im Ladengeschäft an der Manufaktur, in der auch Führungen durch den Keller angeboten werden.

Manufaktur Rösch

Göppinger Straße 26,
73342 Bad Ditzenbach
T +49 (0) 7334 5287
www.manufaktur-roesch.de

Hier dreht sich alles um die Hagebutte, denn das Familienunternehmen Rösch produziert seit mehr als 160 Jahren Hagebuttenmark und Hagebuttenkonfitüre. Mittlerweile wurde das Sortiment auf 25 Konfitüren erweitert. Verkauft wird auf Wochenmärkten in der Region, aber auch im Hofladen, in dem es zudem eigenen Honig, Säfte aus Spitzwegerich oder Wacholderbeeren sowie Wein aus der Hagebutte gibt.

BADEN-WÜRTTEMBERG

BÄCKEREI

BeckaBeck

Unter Lau 3,
72587 Römerstein
T +49 (0) 7382 9372 00
www.beckabeck.de

Heinrich Beck könnte auch als Philosoph durchgehen. Der ungewöhnliche Handwerksbäcker von der Alb macht sich viele Gedanken – über Brot, Teigruhe, die Herkunft der Zutaten, die (gesundheitliche) Wirkung der Produkte, die aus seiner Backstube kommen, über Nachhaltigkeit und die Region. Darum bezieht er sein Getreide für Brot und Brötchen ausschließlich von der Alb, stammen die Kräuter aus biologischem Anbau und arbeitet er nur mit heimischen Landwirten zusammen. Verkauft wird in mehreren Filialen, eine herausragende ist die H-Albzeit in Merklingen. Dort bietet er gemeinsam mit Ludwig Failenschmid und dessen Alb-Metzgerei eine schwäbische Markthalle mit Bäckerei, Metzgerei und Gastronomiekonzept an.

FEINKOST

Fragaleria

Karlsbader Straße 18,
73527 Schwäbisch Gmünd
T +49 (0) 7171 8774 804
www.fragaleria.de

Wein, Spirituosen und Feinkost wie Olivenöle aus der Toskana, Balsamico-Essig aus Modena, Nudeln, Pesto, Gewürze – alles, was das Herz des Italien-Fans begehrt, wird von Nadine und Antonio Fragale in ihrem Geschäft im Rehnehnhof bei Schwäbisch Gmünd angeboten. Aber auch Whisky, Rum, Gin und Cognac gehören zum Sortiment, ebenso zahlreiche Weine. Neben dem Verkauf wird regelmäßig zur After-Work-Verkostung und anderen Events eingeladen, eine kleine Speisekarte rundet das Angebot an.

METZGEREI

Metzgerei Failenschmid

Parkstraße 2,
72813 St. Johann
T +49 (0) 7122 82870
www.failenschmid.de

Zwei Tiere sind für diese Metzgerei ganz wichtig: Der Albbüffel hat viel Auslauf und durch das natürliche Futter aus dem Biosphärengebiet hat sein Fleisch einen kernigen Geschmack. Das Alblinsenschwein wird artgerecht und naturnah gehalten und mit Alblinsen gefüttert. Beide Tiere werden bei Failenschmid nach handwerklicher Art und Weise zu feinen Fleisch- und Wurstspezialitäten verarbeitet. Mit der Liebe zum Handwerk und zu regionalen Produkten heimst die Metzgerei, zu der auch ein Landgasthof gehört, immer wieder Auszeichnungen ein und gilt als eine der besten im ganzen Land.

Auszeit Deluxe
im größten
Outlet Europas[*]

outletcity.com

Ein Citytrip, der weder Shopping- noch Freizeitwünsche offenlässt.

Die Outletcity Metzingen heißt alle herzlich willkommen, die das Zusammenspiel aus Mode, Beauty, Interior, Architektur, Genuss und Erlebnis schätzen. Mehr als 150 Premium- und Luxusmarken mit ganzjährig reduzierten Preisen, sowie das weltweit größte BOSS Outlet machen den Shopping-Tag zu einer echten Auszeit Deluxe. Darüber hinaus laden Weinproben und Spaziergänge in Metzingen zu Entspannung und Genuss inmitten der Weinberge ein.

OUTLETCITY
METZINGEN

*Nach Verkaufsfläche bzw. Größe - Marktgutachten "Outlet Centres in Europe", S. 27 (Dezember 2021) der ecostra GmbH, www.ecostra.de/studien_und_marktberichte/outlet-centres-europe_2021-12.pdf

INDEX

Wein

BADEN-WÜRTTEMBERG

BADEN-WÜRTTEMBERG

Gastronomie

BADEN-WÜRTTEMBERG

BADEN-WÜRTTEMBERG

🛏 **Hotels**

BADEN-WÜRTTEMBERG

BADEN-WÜRTTEMBERG

Einkaufen

BADEN-WÜRTTEMBERG

BADEN-WÜRTTEMBERG

Geschäftsführung Dr. Hannah Fink-Eder
Executive Publisher Hans Fink
Leitung des Expertenrats Otto Geisel
Chefredaktion Ursula Macher
Redaktion Anke Kronemeyer, Nick Pulina
Chefin vom Dienst Rebecca Wiederstein, Rakete Content GmbH

Anzeigenvermarktung BuzzON GmbH

Vertrieb Edition Michael Fischer GmbH,
Donnersbergstr. 7, 86859 Igling, www.emf-verlag.de

Autoren Harald Beck, Vincent Klink, Anke Kronemeyer, Otto Kühnle,
Ursula Macher, Nick Pulina, Gerold Zink
Fotoredaktion Nicola Powell
Fotocredits Ana Fernweh Photography, Michael Bode, Brauerei Rothaus,
Hotel Restaurant Seehalde, Hotel Sackmann GmbH, iStock, Anke Kronemeyer,
Axel Martens, Qfact – Phillipe Steinmayer, Ralf Seidel, Alexandra Sinz,
Stuttgart-Marketing GmbH / Volker Eckhardt, TMBW / CMR Joachim Negwer,
TMBW_Denger, TMBW / Mende, TMBW_Lengler, TMBW_Raatz, TMBW /
Christine Garcia Urbina, Simon Tress, Sebastian Wehrle, Weingut Ziereisen

Layout und Satz brand unit GmbH, Lehargasse 7, A-1060 Wien
Kartografie brand unit GmbH, Lehargasse 7, A-1060 Wien
Covergestaltung Conni Hahn/Art Direction & Design
Lithografie Mario Rott, brand unit GmbH, Lehargasse 7, A-1060 Wien
Lektorat Print Company Verlagsgesellschaft m.b.H.,
Gumpendorfer Str. 41/6, A-1060 Wien

Datenmanagement Sebastian Schäfer, Sandra Mair

BADEN-WÜRTTEMBERG

Copyright by
HENRIS Edition GmbH,
Gault&Millau Deutschland /
1. Auflage 2022

© HENRIS Edition GmbH,
82166 Gräfelfing

29. Jahrgang

ISBN 978-3-7459-1080-3

Die Genusswelt der Restaurants und
Weine finden Sie auch auf Facebook
www.facebook.com/
gaultmillaudeutschland
und Instagram
www.instagram.com/
gaultmillau_deutschland

Printed in Germany by Parzeller print & media GmbH
Verlagsanschrift HENRIS Edition,
Elsenheimerstr. 28, 80687 München,
www.henris-edition.com

Jetzt zu unserem Newsletter
anmelden und immer auf dem
Laufenden bleiben
www.gaultmillau.de

VOM
HOCHSCHWARZWALD